中华现代佛学名著

王恩洋文集

王恩洋 著　习细平 选编

《中华现代佛学名著》丛书编委会

主　编：赖永海　陆国斌

编　委（以姓氏拼音为序）：

陈　坚　　陈永革　　程恭让　　邓子美　　董　平
董　群　　府建明　　龚　隽　　洪修平　　黄夏年
净　因　　赖永海　　李利安　　李四龙　　李向平
李　勇　　刘立夫　　刘泽亮　　吕建福　　麻天祥
潘桂明　　圣　凯　　唐忠毛　　王邦维　　王雷泉
王月清　　魏道儒　　温金玉　　吴根友　　吴晓梅
吴言生　　吴忠伟　　徐文明　　徐小跃　　杨维中
业露华　　余日昌　　张风雷　　张　华　　朱丽霞

出版策划：王　皓

总　　序

晚清民国是中国近现代史上一个比较特殊却又非常重要的发展阶段。与清王朝的极度衰落相对应,中国佛教也进入一个"最黑暗时期"。在汉传佛教生死存亡的关键时刻,宁波天童寺的"八指头陀"和南京金陵刻经处的杨仁山居士,一僧一俗,遥相呼应,掀起了一场波澜壮阔的佛教复兴运动。

晚清民国的佛教复兴催生了一大批具有重大社会影响的佛教思想家。其中,既有以佛教为思想武器,唤醒民众起来推翻封建帝制的谭嗣同、章太炎,又有号召对传统佛教进行"三大革命"的太虚大师,更有许多教界、学界的知名学者,深入经藏,剖析佛理,探讨佛教的真精神,留下了数以百计的佛学著作。他们呼唤佛教应该"应时代之所需",走上贴近社会、服务现实人生的"人间佛教"之路。这种"人间佛教"思潮,对当下的中国佛教仍然产生着深刻的影响。

晚清民国佛教复兴的另一个重要产物,是在中国近现代思想史上留下一大批哲学、佛学名著,诸如谭嗣同的《仁学》、太虚的《即人成佛的真现实论》、梁漱溟的《东西文化及其哲学》等。这批著作所产生的巨大影响力,既推动了当时中国佛教实现涅槃重生,实现历史性转变;也是那个时代整个社会思潮历史性转向的一个缩影,是一份极其宝贵的思想文化遗产。

习近平主席在联合国教科文组织总部的讲话中指出:"佛教产生于古代印度,但传入中国后,经过长期演化,佛教同中国儒家文化和道家文化融合发展,最终形成了具有中国特色的佛教文化,给中国人的宗教信仰、哲学观念、文学艺术、礼仪习俗等留下了深刻影响。"

从宗教、文化传播、发展史的角度说,佛法东传,既为佛教的发展焕发出生机,又为中国传统文化注入了活力。13世纪后,佛教在其发源地——印度日渐消失,与此不同,佛教在中国的发展却是另外一种景象。自两汉之际传入中国后,两千多年来,佛教与中国本土文化,在既相互排斥斗争,又相互吸收融合的道路上砥砺前行,逐渐发展成为一股与儒、道鼎足而三的重要的思想、学术潮流。此中,佛教在中国化过程中的契理契机,是其所以能不断发展壮大、历久弥新的最重要的原因之一。

值得一提的是,佛教的中国化,尤其是中国化佛教的形成,既成就了佛教自身,也进一步丰富和促进了中国传统文化的发展。

首先,中国化的佛教本身就是中国传统文化的一个重要组成部分,例如最能体现中国佛教特质的"禅宗",它本身就是一种中国传统文化。对此,学界、教界应已有共识。

其次,佛教的中国化,一直是在与中国本土文化互动的过程中实现的。在这个过程中,佛教对于中国本土传统文化影响之广泛和深远,在许多方面也是人们所始料未及的。

就哲学思想而论,中国古代传统的哲学思想,自魏晋南北朝起,就与外来的佛学产生深刻的互动乃至交融。佛教先是依附于老庄、玄学而得到传播,但当玄学发展到向、郭之义注时已达到顶点,是佛教的般若学从"不落'有''无'"的角度进一步发展了玄学。

隋唐时期的中国哲学，几乎是佛教哲学一家独大。此一时期作为儒家代表人物之韩(愈)、李(翱)、柳(宗元)、刘(禹锡)之哲学思想，实难与佛家之天台、华严、唯识、禅宗四大宗派的哲学思想相提并论。

宋明时期，儒学呈复兴之势，佛学则相对式微。但是，正如魏晋南北朝老庄玄学之成为"显学"，并不影响儒家思想在伦理纲常、王道政治等方面仍处于"主流"地位一样，对于宋明时期"中兴"的"新儒学"，如果就哲学思辨言，人们切不可忘记前贤先哲的一个重要评注："儒表佛里""阳儒阴释"。"儒表"一般是指宋明新儒学所讨论的大多是儒家的话题，如人伦道德、修齐治平，等等；"佛里"则是指佛教的本体论思维模式。一言以蔽之，宋明"新儒学"，实是以佛家本体论思维模式为依托建立起来的心性义理之学。

哲学之外，佛教对于中国本土传统文化的各种表现形式，诸如诗歌、书画、雕塑、建筑、戏剧、音乐乃至语言文字等，都有着十分深刻的影响。当今文史哲各学科，乃至社会各界之所以逐渐重视对佛学或佛教文化的研究，盖因中国传统文化与佛教确实存在着十分密切的甚至是内在的联系。就此而论，不了解佛教、佛学和佛教文化，实难对中国传统文化有一个全面深刻的理解和认识。

晚清民国时期是中国现代史上一个重要的历史阶段，也是中国本土文化与外来思想激烈碰撞的一个重要的时间节点。此一时期的中国佛教，一身而兼外来宗教与本土文化二任，扮演着十分重要的角色。当时所产生的一大批佛学名著，也是近现代中国思想文化的一个重要组成部分。整理、再版和研究这批历史名著，对于梳理近现代中国思想文化的发展大势，理解思想文化与社会发展之间的相互关系，进而达到文化自觉和文化自信，具有十分重要的意义。有鉴于此,商务印书馆约请了一批著名的佛学研究专家,组成《中华现代佛学名著》丛书编委会。由编委会遴选、整理出百部最具影响力的晚清民国时期的佛学名著,并约请了数十位专家、学者,撰写各部名著的导读。导读包含作者介绍、内容概要、思想特质、学术价值和历史影响等,使丛书能够最大限度地适应不同人群、不同文化层次读者的需求。丛书既为人文社会科学研究者提供了一批弥足珍贵的原始文献资料,也为普罗大众了解佛教文化打开了方便之门;既有利于进一步推动"全民阅读"和"书香社会"的建设,也能让流逝的历史文化获得重新彰显,让更多读者从优秀传统文化中汲取营养,不断提升人文素养和人生境界。应该说,这也是我们编纂《中华现代佛学名著》丛书之初衷。

佛学名著即将付梓,聊寄数语,以叙因缘,是为序。

赖永海

丁酉年仲秋于南京大学

凡 例

一、《中华现代佛学名著》丛书收录晚清以来，为中华学人所著，成就斐然、泽被学林的佛学研究著作。入选著作以名著为主，酌量选录名篇合集。

二、入选著作内容、编次一仍其旧，正文之前加专家导读，意在介绍作者学术成就、著作成书背景、学术价值及版本流变等情况。

三、入选著作率以原刊或作者修订、校阅本为底本，参校他本，正其讹误。前人引书，时有省略更改，倘不失原意，则不以原书文字改动引文；如确需校改，则出脚注说明版本依据，以"编者注"或"校者注"形式说明。

四、作者自有其文字风格，各时代均有其语言习惯，故不按现行用法、写法及表现手法改动原文；原书专名（人名、地名、术语）及译名与今不统一者，亦不作改动。如确系作者笔误、排印舛误、数据计算与外文拼写错误等，则予径改。

五、原书为直排繁体，除个别特殊情况，均改作横排简体。原书无标点，仅加断句；有简单断句者，不作改动；专名号从略。

六、原书篇后注原则上移作脚注，双行夹注改为单行夹注。文献著录则从其原貌，稍加统一。

七、原书因年代久远而字迹模糊或纸页残缺者，据所缺字数用"□"表示；字数难以确定者，则用"（下缺）"表示。

目　　录

导　　读 …………………………………………… 习细平　1

佛学通释

重刊《佛学通释》序 ……………………………………… 17
本师释迦牟尼佛第一 ……………………………………… 19
有情八苦第二 ……………………………………………… 20
善恶业道第三 ……………………………………………… 23
十恶业道第四 ……………………………………………… 25
十善业道第五 ……………………………………………… 27
烦恼第六 …………………………………………………… 31
善法第七 …………………………………………………… 37
界趣第八 …………………………………………………… 46
一切法无我第九 …………………………………………… 60
缘生第十 …………………………………………………… 67
唯识第十一 ………………………………………………… 91
附：佛学解行论 …………………………………………… 103

人生哲学与佛学

人生哲学与佛学 …………………………………………… 121

《人生学》自序……………………………………………………… 147
人生之实相
　　——《人生学》初篇……………………………………… 149
四十自述…………………………………………………………… 224
五十自述…………………………………………………………… 287

佛学论丛

大乘起信论料简…………………………………………………… 363
大乘非佛说辩……………………………………………………… 395
成立唯识义………………………………………………………… 416
佛法真义…………………………………………………………… 434
金刚般若波罗蜜经释论…………………………………………… 475

导　　读

习细平

王恩洋(1897—1964),字化中,四川南充人,是我国近现代著名的佛学家、教育家和思想家。其学术研究主要以佛学、儒学见长,是欧阳竟无门下著名弟子之一,对近代佛教义学的提振产生了重要的推动作用。

1919年,王恩洋就读于北京大学哲学系,师从梁漱溟研习印度哲学,同年12月被捕入狱,服刑4个月。1921年4月,受梁漱溟推荐到南京欧阳竟无门下求学。1925年3月,返回内学院筹建法相大学。1930年,创办龟山书房,并招生讲学。1931年,因生源逐渐增多,即重修龟山书房,扩大其规模,并作《龟山书房记》一文,明确提出了"惟吾之教,儒佛是宗。佛以明万法之实相,儒以立人道之大经"①的办学宗旨。1942年龟山书房被迫停办,同年2月赴内江创办了东方佛学院(后更名为东方文教研究院),并刊行《文教丛刊》杂志。1951年6月,东方文教研究院被川西人民政府接收,王恩洋便返回故里,陆续担任过川北行政公署顾问、四川省政协委员、中国佛教协会理事、四川省佛教协会常务理事等职务。1964年2月5日,王恩洋先生在成都病逝,享年67岁。

---

① 释惟贤:《深切怀念恩师王恩洋先生》,载《佛教研究》,中国佛教文化研究所1998年版,第73页。

一、《起信论》之论争

《起信论》是近代佛学研究中争议最大的一部论著。1923年,王恩洋撰《大乘起信论料简》一文,提出"《起信论》非佛教论,背法性故,坏缘生故,违唯识故"[1],认为《起信论》并非佛法之正理,由此而引发了关于《大乘起信论》真伪的论争。此次论争中,尤以王恩洋与太虚的论战最为激烈。二人论争主要是围绕立论依据、等无间缘可否作缘生义、真如与无明可否互熏、真如可否摄正智等四个问题展开的。

一是立论依据。太虚作《大乘起信论唯识释》认为,马鸣菩萨造《起信论》是菩萨自证心境,故《起信论》所言之"众生心",指的就是登地菩萨心境,他说:"此论示大乘法,谓'众生心'。此'众生心',既不应指为'异生心',摄无漏现行故;亦不应指为'如来心',生灭门中摄有漏故;亦不应指为'真如性',摄生灭故。虽其意指'四圣六凡共通之心相',名为'众生心',但除若圣若凡各各之心,别无有一共通之心可得,其共通者只是心之义相,即诸心心所聚皆同觉了,此'觉了相'等于'空无我'之诸法'共相',不过'觉了'是一切心心所聚之'共相','空无我'是一切法之'共相'而已。共相唯是假名而非实事,则亦不能指'圣凡共通之心相'谓'众生心',故此当'大乘法'之'众生心',唯依据'亦有漏可代表六凡亦无漏可代表四圣之地上菩萨心'能说明之,此即予谓马鸣菩萨造此论依据点之所在也。"[2]王恩洋在《起信论唯识释质疑》中以疑点来反驳《起信

---

[1] 张曼涛:《〈大乘起信论〉与〈楞严经〉考辨》,台北大乘文化出版社1986年版,第115页。

[2] 李广良:《心识的力量:太虚唯识学思想研究》,华东师范大学出版社2004年版,第198—199页。

论》为菩萨心境所造。第一个疑点是法依众生心境还是自说菩萨心境。他说:"以吾人所闻,则诸佛菩萨说法立教为度生也。将度众生必先了然于众生心境,聚根胜解界行差别,一一审知而后说法。其贪行者令观不净,其嗔行者令观慈悲,是大乘者为说菩提,其小乘者为说解脱,令一切众生知苦断集证灭修道。凡此种种,皆凡夫心境也。而诸佛菩萨依之说法。正说者,悲之等流,今说法不依众生境说而自说其所有心境,将与凡夫何干。审谛思之,似未当理,此一义也。"①可见,王恩洋认为菩萨说法是为了度众生,若法不依众生心境来说而自说菩萨心境,则此法与凡夫是毫无关系的。第二个疑点,王恩洋认为"根本智"亲证真如即是佛境界,兼合菩萨境界与众生境界之二义,而非太虚所说的只是菩萨境界。可见,前者在"理",后者在"行",二者的理论基点是不同的。第三个疑点是菩萨说法必须依于佛说的经典,即使是菩萨自证心境也必须要与佛说教相符合,而《起信论》却不契合佛之教理。显然,王恩洋是从唯识学的教义来诠释《起信论》的。第四个疑点,王恩洋认为就《起信论》全文来看,其立义并非入地菩萨自证心境。如果是菩萨地,那么"诸所有行皆还灭事,更不趋向流转","是染法缘起无由得立也"。然《起信论》染净因果同时并说,后得智后仍然有有漏心、心所法。而太虚正是从《起信论》有漏、无漏的关系来确立菩萨的自证心境。有漏无漏要涉及"等无间缘可否作缘生义"了。后太虚又作《答起信论唯识释质疑》,认为菩萨造论虽立于自证心境,但并不限于自证心境,上探佛智,下揽生情,说不同的法,但是造论的宗点还在于自证心境,就像一国"政权集中之国都"。可见,太虚之说更

---

① 张曼涛:《〈大乘起信论〉与〈楞严经〉考辨》,台北大乘文化出版社1986年版,第162页。

具有圆通性。

二是等无间缘可否作缘生义。太虚在《大乘起信论唯识释》中以等无间缘作缘生义，菩萨心有漏无间导生无漏，可以上同如来，代表四圣，无漏无间导生有漏，可以下同众生，代表凡夫。他对《起信论》的文本"是心则摄一切世间出世间法"作出解释，他说："'是心'若依地上'菩萨心'说，有漏无间无漏现行，根本智相应心心所，亲证真如，后得智相应心心所，变缘真如诸法，故摄出世间一切清净法；无漏无间有漏现行，俱生二执二障（初地以上）或俱生法我执所知障（八地以上）相应心心所聚，变缘诸法，故摄六凡世间或三乘世间之烦恼业果一切不清净法。"①王恩洋作《起信论唯识释质疑》，认为根据唯识义理只有因缘和增上缘说缘生义。等无间缘和所缘缘对于诸法缘生不是必要条件，另外等无间缘势用微弱，用于灭，不用于生。第一，为什么诸法"缘生"不必具有等无间缘呢？从等无间缘的概念来说，等无间缘仅指依心、心所法前后开辟引导，不包含色法在内，而"缘生"的涵义只是用于因缘和增上缘。王恩洋的解释来源于《成唯识论》，他引用《成唯识论》的话"果能变皆单就等流异熟、二因习气因缘增上二种缘力"，以此说明等无间缘势弱，不能缘生色法。第二，为什么说等无间缘势劣呢？那是因为等无间缘于心、心所开辟引导，"用在消极不在积极，用在灭时不在生时"，而"诸法之用唯在生时，不在灭时"。王恩洋的解释还是从等无间缘没有"缘生"义来说的。太虚则认为菩萨从加行位到通达位，从有漏心起无漏心，前刹那第一之有漏心，对后刹那通达位起之无漏心，为顺增上缘，亦即等无间缘，即由前一刹那有漏善心开辟引导，为胜增上缘，后一刹那之无漏心，得现起。根本无漏引生

---

① 太虚：《法相唯识学》（下），商务印书馆2002年版，第199页。

后得,后得等无间引生有漏,有漏善心又等无间引生无漏,如此一来,是等无间缘作缘生义。可见,王恩洋与太虚就"等无间缘"和"缘生"概念的理解是有差异的。从唯识义理来说,有漏(通善、恶、无记三性)善性、无漏(唯善性)是可以互为等无间缘的,王恩洋是不会反对的,但是他认为有漏、无漏不可以说是等无间缘互"生",等无间缘势弱说灭,增上缘势强才说生。但是,太虚找到了经典依据来论证他的观点,"则唯识论'阿陀那识及前五识有漏无间有无漏生,第六、七识有漏、无漏、染、不染等无间互生'",可见"生"字是明确有的。

三是真如与无明的熏习关系。王恩洋在《大乘起信论料简》中认为,真如是无为法既非能熏亦非所熏,并从唯识学的角度来解释熏习的含义,认为能熏与所熏只限于现行(前七识)与第八识,是四缘中的因缘关系。然真如是无为法,无明是染心所,故不可互熏。太虚认为,《起信论》的熏习义是四缘都说,诸法可以互相作为能熏和所熏。前刹那心能影响于后刹那心即为等无间缘熏习。太虚说:"至于熏习,吾虽通说四缘熏习,未别提等无间缘熏习也。然唯识就因缘目生增种子为熏习,故能熏唯前七而所熏唯第八,此论通就四缘,目凡法有展转互相影响之关系为熏习,故诸法通为能熏及所熏。(前刹那心能影响于后刹那心即为等无间缘熏习。)就其列'真如''无明''业识''妄境'四法谈熏习可知也。熏习名同,熏习义异,故不能执唯识中之熏习名义责此令齐!"[①]太虚这里明确地指出,《起信论》熏习的涵义与唯识学所说的熏习涵义是不同的。可见,二人论争的概念是不一样的,因为他们各自对熏习涵义的诠解是不同的。

---

① 太虚:《法相唯识学》(下),商务印书馆2002年版,第99—100页。

四是真如可否摄正智。王恩洋认为真如是无为法,从来没有人把真如划分为有为法。从唯识学五法(相、名、分别、正智和真如)来说,前四法是有为法,但是相、名、分别是有漏法,正智是无漏法,所以争论的焦点就是真如可否摄正智的问题。王恩洋认为真如与正智有别:正智只是用,属有为法;真如才是体,属无为法。按照王恩洋的观点,正智虽属无漏,但正智和相、名、分别四法都属于有为法,是不能被无为法真如所摄的。不过,王恩洋认为真如与正智还是不即不离的,因为真如本不离开诸法而单独存在,但是他更多强调的是体用法相不可杂乱。太虚则认为,唯识学唯说分别,摄正智于分别;而《起信论》宗真如,含正智于真如。正智与分别同属于有为法,可以与分别合;正智与真如同属于无漏法,也可以与真如合。

这次关于《大乘起信论》的僧俗二界的大论战无疑对后来中国佛学教理的发展产生了重大影响,推进了佛教思想概念的厘清,促进了传统佛教义学的现代诠释。

二、人生哲学

王恩洋人生哲学的发展和形成,大体与他的生平经历一脉相承,主要是围绕人生之实相、人生之正道及完成人生正道之方法等三个方面展开。

首先,人生之实相。第一是业报相续。王恩洋将"业"解释为"行为","报"解释为"结果","人生即业报"。人生之相续,其实也就是业报之相续。第二是群体共存。王恩洋认为"人无父母,则莫由生",且人之生长必须依赖父母的养育,同时由于人自身的能力的有限性,人自身需要不断向别人请教学习,在社会关系中和社会分工中才能实现人的生存和满足,故"人生实非孤独所能生,必待群而后生"①。第三是心智创作。王恩洋认为人之生存全赖能善于利用心智所创造之各种各样的器具,故言"人类之生存,全恃心智之造作谋为焉可也"②。第四是苦恼拔除。王恩洋认为:"所谓苦恼之拔除者,苦谓苦痛,身之所受。恼谓忧恼,心之所感。由诸违缘拂逆身心,于是有苦恼生。苦恼既生,则有避除之欲。有避除之欲,则有拔除之业。由起彼业,而苦恼因是以除,则复有安乐之感受,是即为报。"③可见,快乐的产生是基于烦恼的拔除,而这些易失的快乐"有拔苦之功,别无享乐之用"④。

其次,人生之正道。基于业报相续,人应当勤行善业;基于群体共存,人应当贵德轻利;基于心智创作,人应当好学明理;基于苦恼拔除,人应当寡欲知足。"人生之正道,皆根据人生之实相,即人生之原理而起。人之生也,为业果之相续,故当善造业以成其福果。……人之生也,为群体之共存,故人不能遗世而孤立。……将欲为群体之共存,犹不可不培养发展其群性。群性之长养莫贵乎贵德而轻利,尚公而忘我。……人之生也赖智慧之创造,而智慧生于好学。人之能学原于自知其不能。故必虚心自反而后可以纳善受教,自以为是则受学无地矣。学又必抉择是非而不可盲从。又必实践自得而不可倚赖,深造自得,然后居安资深取之左右逢源而不匮矣。学以成智……尤不可滥用其智以自私,必明于因果之正道,顺理而不悖。……人之生也为苦恼之拔除,非别有幸福快乐之

---

① 王恩洋:《王恩洋先生论著集》(第五卷),四川人民出版社1999年版,第10页。
② 王恩洋:《王恩洋先生论著集》(第五卷),四川人民出版社1999年版,第12页。
③ 王恩洋:《王恩洋先生论著集》(第五卷),四川人民出版社1999年版,第12页。
④ 王恩洋:《王恩洋先生论著集》(第五卷),四川人民出版社1999年版,第18页。

可享也。故虽努力造业,而作业不可趋向于贪求,享受不可不节其嗜欲。适可而知止,好乐而无荒,少欲而知足,则欲给而生遂,苦拔而无害矣。……人生之正道如是,遵而行之,真足以己立而立人,自度而度他,永无颠踬倾跌之患,而免于颠倒猖狂盲瞽,以奔驰于人生之歧途险路矣已。"①

再次,人生正道之方法。王恩洋认为,要完成此人生之正道,就必须借助"世出世间东西圣人儒佛之学"②,即儒佛之学。其主要是以儒佛文化纠正西洋文化之缺陷,王恩洋认为,西洋文化"一者使人生失其意义;二者使人类丧其同情;三者使道德日趋堕落"③。这与以"淑身善世"为目的、以对自然和异类采取"调和融洽"为方法的中国文化,以及以"出世无为"为目的、以"庆离世间修出世道断除烦恼"为方法的印度文化是相悖的,其实质是对待精神文明和物质文明关系的不同看法。而西洋文化之流弊纠正之法乃是"调节人之心性,使人心足以支配物质文明","以为当先培植人之德性,使有超越功利之心,然后乃能不为彼物质文明所迷乱,然后乃能利用之,去其弊而收其利"。④

三、唯识学

王恩洋的唯识学思想形成了名相、义理、《新唯识论》及《起信

---

① 王恩洋:《王恩洋先生论著集》(第五卷),四川人民出版社1999年版,第726—728页。
② 王恩洋:《王恩洋先生论著集》(第五卷),四川人民出版社1999年版,第99页。
③ 王恩洋:《王恩洋先生论著集》(第五卷),四川人民出版社1999年版,第109页。
④ 王恩洋:《王恩洋先生论著集》(第五卷),四川人民出版社1999年版,第116页。

论》等多个不同的体系。

一、名相概念的解读。主要是唯识学的源流问题,从不同的角度对唯识学的概念进行了厘定。王恩洋在《唯识通论·唯识史略》中认为,唯识思想应该溯源到《华严经》《楞严经》《解深密经》和《密严经》等,并认为:"唯识一宗有两要义:一者说三界唯心;二者建立阿赖耶识。如是二义,诸经具明。故唯识言,本自安立,非由后起。虽然,如来说教,机感随缘,众义兼陈。初无定范。如摩尼珠,杂彼众宝。当而所时。诸大菩萨闻是法者,亦各现前受用,或证无生,或具种智;推演系列,盖非所图。此诸宗皆然,非独唯识也。故当尔时有唯识教,无唯识宗,有唯识义,无唯识学。"[1]唯识学的阶段分为无著、世亲时代,十大论师和译梁宏布时代,只是追溯了唯识学的大乘经典。第二是唯识学的界定。王恩洋说:"在佛学中有称为法相学者,有称为唯识学者,其内容本同,今合称法相唯识学,有特别之意义在。以近人或谓法相学范围宽广,通于大乘小乘之一分而言,唯识学只属大乘之一分而已。余意法相唯识学应合称,小乘不应归入法相学,故以法相唯识学名之也……"[2]又云:"本宗又名法相宗。由于本宗以五法三自性严辨诸法染净,空有诸法实相。又由本宗以无量名数无量法门诊表分析一切法所有自性差别,因果体用,名相明确,义理精严,无不正之名,无不定之义,无含糊混杂的思想,无越级陵次的行持。法相明而知见正,知见正而行果真,圣教于焉显扬,实相由之证得,故名法相宗。"[3]又

---

[1] 王恩洋:《中国佛教与唯识学·唯识通论》,宗教文化出版社2003年版,第178页。
[2] 太虚:《法相唯识学》,商务印书馆2002年版,第20页。
[3] 王恩洋:《中国佛教与唯识学·唯识通论》,宗教文化出版社2003年版,第563页。

云:"本宗又名唯识宗。由于本宗从认识上证得一切识亲所缘缘皆由自识之所变现,离自心相无能直取外境。又从有情行为业果,种种不同,无有不从自心认识倒及无倒,正与不正,染与离染,善与不善之所分判,策发引生,故契经说三界唯心,论说万法唯识。显如斯教,证如斯理,最后发展为《成唯识论》,即依此论,后世称本宗为唯识宗。"①王恩洋同时也对慈恩宗、瑜伽宗作了界定。

二、唯识义理的诠释。唯识学义理主要是围绕万法唯识、真如和般若为核心展开的。王恩洋认为,唯识的涵义主要有四重:"一者诸法所缘不取外境义,二者一切诸法不离识义,三者赖耶持种恒转如流义,四者异熟招感业果无失义。"②同时他将唯识分为境事唯识和观行唯识。就此而言,王恩洋的唯识学继承了玄奘、窥基的思想。对于真如,他说:"如是实性、实相、实理,于常常时遍一切法,真实不虚,故名圆成实性,亦称无为,谓即真如。"③并用唯识三性解释真如,认为唯实和般若有八种不同。第一,所途别性宗言空,就遍计而言,因此一切皆空相宗言有,就依他、圆成而言,因此一切皆有。第二,所遮异小乘谈有,龙树、提婆出,为了破斥小乘有而立大乘空,自此以后,空见偏离,无著、世亲出,为了破大乘恶趣空而立大乘有宗。第三,根据殊性宗言真谛,真俗二谛空有不二相宗言三性,遍计、依他、圆成有无各殊。第四,缘境别性宗在根本智上,实证真如相宗在后得智上,变相而缘。第五,宗旨殊性宗修观行瑜伽,以证空相宗修境事瑜伽,在论法相。第六,权实异相宗言

---

① 王恩洋:《中国佛教与唯识学·唯识通论》,宗教文化出版社2003年版,第564页。
② 王恩洋:《中国佛教与唯识学·唯识通论》,宗教文化出版社2003年版,第6页。
③ 王恩洋:《中国佛教与唯识学·唯识通论》,宗教文化出版社2003年版,第47页。

三性,遍计所执性、依他起性、圆成实性,空如其空,有如其有,为实语空宗依三性立三无性相无性、生无性、胜义无性,为权说。第七,广略不同空宗仅说空,相宗既说空,也说有,宗普被三乘。第八,先后时异空宗在先,有宗在后。可见,王恩洋的区分是为了引出二者相同之处。

三、对熊十力《新唯识论》哲学体系的评判。王恩洋说:"新论思想体系,一言以蔽之,曰一元的唯心论而已矣。何谓一元的唯心论? 曰宇宙万象,摄于心物。心物二事,起于本体。本体云者,万化之根源,即本心是也。"①又说:"唯大易即流行而见本体,即本体而起变化,生生不息,而本性莹然……一万物同此一源出,同归此一源,一即一切,一切即一。性海出生万法,万法同一性海。沤泡虽多,水性一也。水性虽一,沤泡异也。是故心物一体,天地一体。无人我,无内外,无古今。大仁至健,穷神尽化,至矣。此之谓一元论。神化故非物质,物质但为神化之禽聚以为神化运行之具而非其终结,终结复归于至建不屈之辞,为生命为心灵以主宰役物而不为物役,而后生化之机以周流四达,故为唯心论也。盖从物而观,则成形定质而界域确然。自心而观,则感应常通而彼此一体。故一元必唯心,唯心而后一元也。此之谓一元的唯心论。"②就事实而言,熊十力的哲学体系确属唯心主义的一元论。同时王恩洋对熊十力"性智"说进行了批判,认为其"废缘生谈显现,废因缘而立本体,斥因果而谈体用。建立一定性真常独立之本体,以为生化万象之机"③。其实质是站在佛教的立场上对熊十力空有二宗思想

---

① 王恩洋:《中国佛教与唯识学·唯识通论》,宗教文化出版社2003年版,第475页。
② 王恩洋:《中国佛教与唯识学·唯识通论》,宗教文化出版社2003年版,第477页。
③ 王恩洋:《中国佛教与唯识学·唯识通论》,宗教文化出版社2003年版,第505页。

进行驳斥。王恩洋倾向于本体的多元化，反对绝对的一元论思想。

四、教育思想

王恩洋的教育思想主要是围绕教育的宗旨、教育与国家命运之关系和教育改革的方法等三个方面进行建构，呈现出较强的时代性特征。

一是"儒佛是宗"的教育主旨。王恩洋认为，儒家学说是"为学之道，正心之本"的立人之道，佛教是认识世界的真义，解决生死根本问题的"大道"，二者当为教育之宗旨。他把儒佛两者的关系看成既互相独立，如儒学为立人之大经，是做人之本，佛学为明万法之实相，是认识世界之源，各有所重；又有互相渗透之处，如在他的著作中经常有以佛释儒，或以儒释佛的说法。他认为，"当将国学尽量提倡……发扬光大我国文化以推行于全世界"[1]，体现了强烈的爱国主义情怀。

二是国运与教育命运相系。王恩洋认为教育是立国之本，国盛教盛，国衰教衰，故而提倡"教育救国"之主张。王恩洋认为当今国事败坏，"由果推因，必然前者之教育宗旨未善，制度不良，有以致之"[2]。他提出教育应秉持"增长人之知能，完善人之德性"之宗旨。而现今国家的教育宗旨弊病是"亦不能尽教育之职责，弗能增长人之知能，而又愚迷之。弗能调善人之德性，而又败坏之。而且教育弗能普及，人之有天才者无有均等受学之机会，徒以养成社会

---

[1] 王恩洋：《教育改革论》，《重光》1938年第6期。
[2] 王恩洋：《教育改革论》，《重光》1938年第6期。

上特权阶级之流民之资格,而无与于领袖引导群众,又从而蠹蚀之。余之忧忧不得展布其才能者,歧途百出,因而扰乱社会是也"①。当代国家和社会所出现的各种弊病,"吾以为在在皆与教育不良有关,方今穷极思变,将欲复兴民族,固全国家,为永远根本之图,固莫先于改良教育矣"②。

三是教育改革的主要方法。基于教育对国家的重要性,王恩洋提出了自己的改革主张,即"应革变其制度,厘正其宗旨"③。对于前者,王恩洋先生认为应有三条途径:"一者国家全力统制实行养士,使教育平等。二者开放教权于社会,尊重师儒,实行考试。三者二道并行,相互调济。"④对于后者,也有三条途径:一是"改尚智求知的教育,为尚德重情的教育是也"⑤;二是"当将仅为特权阶级而设之教育改为全民众教育为宗旨之教育"⑥;三是"当将半殖民地奴隶教育改为以养成民族独立文化独立为宗旨之教育也"⑦。总之,这些改革教育宗旨都是结合当时的现实提出的一些具体的改革措施。

---

① 王恩洋:《教育改革论》,《重光》1938年第6期。
② 王恩洋:《教育改革论》,《重光》1938年第6期。
③ 王恩洋:《教育改革论》,《重光》1938年第6期。
④ 王恩洋:《教育改革论》,《重光》1938年第6期。
⑤ 王恩洋:《教育改革论》,《重光》1938年第6期。
⑥ 王恩洋:《教育改革论》,《重光》1938年第6期。
⑦ 王恩洋:《教育改革论》,《重光》1938年第6期。

佛学通释

重刊《佛学通释》序

民十九、二十年间,龟山书院初建,作佛学浅训,以教始业。境行及果,拟各一篇。篇若干章,章一二百字,便持诵也。平生执笔,动涉深思。思深,辞遂广。二章以往,体例顿变。缘生唯识,乃成巨文。因更名通释。通释云者,贯通经论,会其旨归。剖析奥义,导引初学。使庶士无望洋之惧,学徒有得要之功。上篇共得十有一章。初本师释迦牟尼佛,彰圣教祖,以崇信也。次有情八苦,显世间相,以兴感也。三、四、五章善恶业道,六章、七章烦恼善法,详业惑以明因也。八章界趣,详异熟以明果也。如是七章,亦即人天乘教。求世间福利者,读是七章知所行持戒惧。求出世者,亦知所厌离,并修积资粮矣。九章一切法无我,略述法相,世出世间理事所依,并前六、七两章,即一部《百法明门论》也。学法相者,每苦名相广陈,生涩寡味;不达名相,又至理难寻。今析百法为数章,间侧于业道界趣之后,即以明其与世间因果总别之关系。事义兼明,庶为易入。法相既陈,诸法所以生起之因,及诸法转变非常中条然不易之定理,亟应研求。故十章缘生,广明斯义。一切法无我也,何以惑业苦三,三界五趣,流转不穷?缘生无自性也,何以自作自受,业果无尽?故最后一章,明唯识也。唯识之理明,而后缘生有统,万法有依。业果轮回之义立,出世圣道之因成。故此一章,总束初篇,生起行果。佛法境界,略备于斯。书成,黄联科居士亟请宣流,遂出净财，由内学院印行之，已十五年矣。内院迁蜀，此论板绝。五年前佛学书局请再板流通，而未果。今文教院乃重刊焉，因叙其概略如此。

此书有二失：一曰头小尾大，初章太不称也。我佛世尊，三大劫修行，四十年教化，事迹繁广，德业无上，如四含律部之所记载，如本行赞经之所歌颂，赫赫巍巍，生人崇敬向往，岂区区百余字所能概述哉？故应改作。不改作者，仰弥高，钻弥坚，欲赞无以为辞，撮土无益于泰山，不如不改，以存吾浅训之旧也。二有始无终，行果不备，无以彰佛法之全也。洋初著述，始于《唯识通论》，继则《佛学概论》，三则《通释》，皆以病障，不获成书，意常憾憾。待后《人生学》《世间论》诸书告成，近且广疏《杂集论》《瑜伽师地论》，凡《概论》《通释》未尽之义，均可取而详焉，虽不续作亦无不可。《唯识通论》，独在必续耳。法从缘生，自无定性。著述之事，独运心力，犹有不能强者乎？今《通释》之后，附以《解行论》，亦聊补百一也。嗟夫！世间之学，宗教有信仰而无理智，科学穷物理而忽人心，哲学精思辨而无修证。崇信仰而失理智，迷信也。穷物理而略人心，末技也。精思辨而无修证，戏论也。教堂林立于欧美，科学普及于五洲，哲学云兴于今古，无以救世之穷，只以益其乱，诚足悲也。世界有融信仰理智于一炉、穷物相心识而一统、极思辨行证而一贯者乎？佛法是也。然而残躯徒在，精神早亡，三藏空存，莫窥胜义。学佛者不为盲目之迷信证修，则同无实践之思辨，见侮世间，束手待毙，不以伤乎？今有欲中兴悲智融、心境一、行果备之佛教以济拔世间者乎？《佛学通释》愿负嚆矢以前驱。

1946年2月19日于东方文教研究院

本师释迦牟尼佛第一

　　本师释迦牟尼佛,二千四百九十年前生于中天竺迦毗罗国释氏王宫。(父名净饭,母曰摩耶。)神宇伟异,智虑绝伦,因游四门,哀老病死。叹人事之无常,悲众苦之逼切。舍世荣华,辞家习道。雪山林中,苦行六年。菩提树下,成正等觉。摧伏众魔①,度生老死。于是应缘②说法③,教化有情④。四十余年,度济无量。然后娑罗树间,入般涅槃⑤。世尊逝已,弟子传法,法被五天,转入东亚。迄今世界交通,而五洲万国莫不沾被佛化焉。

---

① 怨害也。凡能为怨敌损害正道者,皆称曰魔。
② 机缘也。因缘佛也。随人有可度之机会,应以何种因缘得度,便为说何种教法也。
③ 法,教法也。教人以修行之方法,拔苦之正道也。
④ 有情,感知觉之物也。草木金石无情无知,即非有情。如人、天、畜生等是也。
⑤ 此云圆寂。功德圆满,湛然寂灭也。此处作灭逝意。灭其身形,逝往余处也。

有情八苦第二

佛言，一切有情有八种苦，曰生苦、老苦、病苦、死苦、怨憎会苦、爱别离苦、求不得苦、一切无常五取蕴苦。

生何故苦？逼榨故苦。于住胎时，母腹包孕，母若饮食不节，肢体劳动，或受风寒，感苦痛时，子亦同病。出胎下地，转运艰难，一触外风，便至闷绝，苟有不幸，或在胎即死，或出胎即死，或复移时而死，或时母子俱死，或子生母死。凡生产时，母所受苦，或等或增，子必同受。由母之苦，知子亦苦。是为生苦。

老何故苦？衰朽故苦。身体僵惫，心智消失，耳目不聪明，血气不充盈，步履艰难，动作不灵，力与愿违，事不从心。种种苦恼，皆随老臻。是曰老苦。

病何故苦？灾害故苦。风雨不时，饮食不节，动止失宜，疾病随之。宛转床褥，呼号天地。为害为灾，为虐为厉。以羸以虚，或残或废。诸多不幸，皆由病至。是曰病苦。

死何故苦？丧亡故苦。人间何事，转瞬百年。其生也不易，其殁也忽焉。眷恋宗亲，泣涕涟涟。田园财宝，一旦弃捐。可爱者身，委迹黄泉。纵尔力撼山河末由救也，即得才高北斗何所用焉？别离丧亡，愁叹忧悲，皆与死连。是曰死苦。

怨憎会何故苦？贼害故苦。同此天地，同此区域，情志乖舛，利害冲突。或因家产货财，怨生骨肉。或因喜怒爱憎，祸起床褥。

始以嫌恨,终成怨仇。相疑相忌,以讼以殴。至乃怨家债主,狭路相逢,短刀相接,白刃填胸,如狼如虎,为寇为凶,肝脑涂地,手足西东,死犹饮恨,戾气横空。此其为苦,苦可知矣。是曰怨憎会苦。

爱别离何故苦?哀伤故苦。父慈子孝,兄爱弟敬,夫妇好合,朋友忠信。情谊周浃,深入无间,仁义和顺,乐斯极焉。恩重如山,情深似海。一旦别离,悲结莫解。或乃寿命终尽,父母长逝,眷念劬劳,哀号擗地。树欲静兮风不止,子欲养兮亲不存。终身抱恨,饮泣酸辛。亦有雨打繁花,风折嫩条,年少气盛,中道早夭。父母哀痛,亲友悲号。高堂无定省之人,家庭无经营之主。托稚子于孀妻,羌丁零而凄楚。死者吞声,生者荼苦。月榭风台,春池夏圃。感花落而心伤,闻杜鹃而泪下。苍天苍天,曷其有所。至乃祸起非常,家国板荡。兄弟分张,妻子离散。江湖飘零,山岳阻障。形影靡依,神魂惆怅。游子陨他乡之泪,思妇有长夜之叹。或有孤臣仗节于天涯,良友相思于万里。鸿雁无飞,鱼书不至。心悠悠以空怀,邈相见之无期。想音容于梦寐,答恩义兮何时。黯然销魂者,信唯别离之愁思。是知人生多苦,乐亦成苦。若是者曰爱别离苦。

求不得何故苦?懊恼故苦。人生各有所求,所求不必尽得。纵时得矣,不能不失。于是患得患失之心生矣。其有不得于财货者,饥寒困苦,生事艰难。其有不得于名誉者,羞惭懊闷,局地踏天。其有不得于权势者,穷愁丧气,失魂颠连。其有不得于威力者,逃亡丧败,委骨边疆。盖闻"冯唐易老,李广难封。黜贾谊于长沙,非无圣主。窜梁鸿于海曲,岂乏明时"。况乃比干爱君而伏剑,屈原忧国而沉湘,淮阴侯功成而诛夷三族,楚霸王兵败而自刎乌江。彼其人者,怀忠志,有壮节,足智谋,多武力,所求弗获,终就屠灭。至于宵小佞人,妄希宠誉,狗党狐群,招揽权势,狐媚阴谋,倾诈狠戾,罔害忠良,颠覆国事。一旦机变时移,报应昭至,家室为墟,身首异地,燃腹为灯,饮头为器,遗臭万年,毒流千祀。其事君子羞称,其人人神共弃,固不足以详记也。若夫匹夫匹妇,熙熙往来,求名不得,求利不谐,穷愁忧苦,伤心痛哉。劳劳以生,役役以死,行不出于乡间,名不著于图史。振古迄今,总总林林,抑无从而胜纪也。语曰:"贪夫殉财,烈士殉名,夸者死权,众庶凭生。"凡有所求,每丧其身。若是者曰求不得苦。

何谓一切无常五取蕴苦?色受想行识,是称为五蕴。集聚成身,无常为性。七苦所依,流转靡定。老子曰:"吾之大患,为吾有身;及吾无身,吾有何患?"是知五取蕴者,众苦之根本也。是为一切无常五取蕴苦。

佛视有情无不受此八种苦者,故称世间以为苦海。泛大慈舟,随方济度。诸佛菩萨大慈大悲,大愿大力,如是如是。

善恶业道第三

佛言,业有三种,身业、语业、意业。或善,或恶。

何谓业?谓起心动念,故作是思,欲作欲行,彼彼等事,即由是思,有所造作,有所施为,或自损害,或损害他,或自饶益,或饶益他,如是者名曰业。

何谓身业?依身所作,是为身业。谓起彼思愿已,举手动足,执持器物,往来屈伸,而有所作,或损或益,是名身业。

何谓语业?依语所作,是为语业。谓起彼思愿已,摇唇动舌,发动音声,有所言说,有所表示,或顺或逆,是为语业。

何谓意业?依意所作,是为意业。谓起彼思愿已,谋量计度,审虑决断。种种施为,名为意业。

如是三业,皆依心起。设非思愿,误动身语,不名为业。是故三业,意业为本。

何谓善业?依于善心所起之业,名为善业。谓所作业,性离染污,鲜白纯净,无有过失,顺应正理。能自饶益,能饶益他。此世顺益,他世顺益。或为饶益他而自刻苦,或暂时艰苦能引后世利乐,难行能行,难忍能忍。或为禁制他人过失故而起种种苦切责罚身业、语业,虽似于他作不饶益,而实于他引饶益事。如是一切总为善业。

何谓恶业?依于烦恼所起之业,是为恶业。谓所作业,能自损害,能损害他。此世衰损,他世衰损。或自饶益,而损害他。为现前安乐故,招后世衰损。或假于他作饶益事,心实于彼作不饶益。诸如是事,其心下劣,其心染污,其行违理,能引种种不利益事。总名恶业。

何谓业道？道如路然,是所游履义,是所行义。业所行道,名为业道。

何谓善业道？善业所行道,名善业道。行此道故,成就善业。随种种善业道,有种种善业。

何谓恶业道？恶业所行道,名恶业道。行此道故,成就恶业。随种种恶业道,有种种恶业。

十恶业道第四

佛言,有情有十恶业道,身三、语四、意三,谓杀、盗、淫、妄语、离间语、粗恶语、秽亵语、贪欲、嗔恚、邪见。

何谓杀业?谓心残忍,或性贪痴,于他有情发起恶愿,作不饶益,执持刀杖,或打或割,乃至断彼生命。是为杀。或自杀,或教他杀,或见杀随喜,或为杀作助伴,如是一切总名杀业。

何谓盗业?谓心贪鄙,或性嗔痴,于他有情物不与而取。若偷窃,若劫夺,若巧谋诈取据为己有而受用之。是为盗。或自盗,或教他盗,或见盗随喜,或与盗作助伴,如是一切总名盗业。

何谓淫业?谓心贪染,或性恚痴,违越礼法,于他妻女起不净行。若自行淫,若教他淫,若见淫随喜,如是等是为淫业。

何谓妄语?谓心愚痴,或性贪恚,于所知事,固说不知。于不知事,固说为知。于是说非,于非说是。有说无,无说有。少说多,多说少。正说邪,邪说正。虚伪诳惑,欺罔于他。或与人期约,食言无信。如是一切,是为妄语业。

何谓离间语?谓心恚嫉,或性贪痴,于他有情,骨肉朋侣亲爱和合,心不随喜,心怀嫉妒。于彼彼前,说彼彼恶。毁谤诽诬,令相疑忌。散其亲爱,翻成仇衅。见其乖离,其心不怍,反以为快。是为离间语业。或称两舌。

何谓秽亵语?谓心鄙秽,贪恚愚痴,不顾礼法,幻说种种市井鄙野秽杂言论,或谈人闺阃,或发人阴私。戏笑倡优,邪词淫唱,乃至文人无行,构作种种绮语淫辞,诲盗诲淫,荡人心志,伤坏风俗。如是一切,皆为秽亵语。或称绮语。

何谓粗恶语?谓心忿恚,或性贪痴。于他有情,不能容忍。于小违逆,心起愤发。出诸世俗粗恶言词,以蛆蜇他。或讥或谤,或詈或骂。如是一切,是为粗恶语。亦称恶口。

何谓贪欲?贪谓爱著,欲谓欣乐。由爱彼故,染著不舍。随便发起欣悦希慕,是为贪欲。贪欲业者,谓依于贪欲,所有造作。于所贪事,计取计得,计为我有,爱著不舍,种种谋为,审虑决定,是为贪欲业。

何谓嗔恚?嗔谓憎恶,恚谓懊恼。性不安忍,于不如意事起憎恼故。嗔恚业者,谓依于嗔恚有所造作,于所嗔事施设方便,或相违拒,或相贼害憎恼不舍,种种谋议,审虑决定,是为嗔恚业。

何谓邪见?谓由愚痴,于诸事理不能明解,因起种种颠倒计执。无常计常,不净计净,无因无果,无善恶是非。于不如此事见为如此,于不应正理事见为正理,是为邪见。邪见业者,依于邪见所有造作。于不应作事一切恶业,无惭无愧,无有忌惮,谓为应作,欢喜而作,种种计谋,审虑决定,是为邪见业。

以上十种恶业道是恶业之所行,能成就恶业。行此业道,能损害他,亦自损害;能败坏他,亦自败坏。于现在世,恶名恶称,恶声流布,亲友乖离,人共憎恶。或受世法枷械囚戮。于当来世,堕诸地狱、饿鬼、鸟兽虫介道中,受种种苦。纵生人中,贫穷下贱,短命孤独,盲聋愚痴,无诸智慧,无诸福德,最可哀悯。故此十业道,一切不可行,一切恶业,决当戒除,决当禁制。未作不作,作已述悔。

十善业道第五

佛言,有情有十善业道,身三、语四、意三,谓不杀、不盗、不淫、不妄语、不两舌、不恶口、不绮语,无贪、无嗔、正见。

何谓不杀?谓性慈仁,无贪嗔痴。由是于他有情生命,起防护行。见他有情现受苦时,尚起无量悲心悯心,与乐拔苦。设见他杀,尚当尽己力能禁止防护,况乃于他身体肢节捶打损伤乃至害命?是为不杀。

何谓不盗?谓性廉正,无贪嗔痴。由是于他财物,起离染行。苟非其义,虽他授与千驷万钟,国土城邑,尚自不受。苟非其义,虽属他物,下至一介,尚不妄取。设见他盗,尚当尽己力能教诫禁制,况乃自行窃盗劫夺诈谋等事?是为不盗。

何谓不淫?谓性贞净,无贪嗔痴。由是于他有情身分,起离染行。视听言动,安住律仪。非礼弗践,尚不于他,非礼视听言说戏笑。设见他淫,尚当尽己力能诲谕禁制,护其贞操,况自于他异性身分起于非礼不净之行?是为不淫。

何谓不妄语?谓性诚信,无贪嗔痴。由是与人,说真实语。见说为见,知说为知。不见不知,说不见知。凡所言说,质直诚谛,无伪无讹,不减不增,称顺正理,不违正理。又若与他信誓要期,必先审量合礼仪否,可践履否;复自审量己力己能能践履否;而后许诺。终不妄言,不顾义理,不顾力能,而轻许诺,致令后时违失信约。既已许诺,则必至诚,殷重实践。虽遭困难,终不违易。亦不见利,而变初心。托孤寄命,临大节而不可夺,尽瘁鞠躬,忠诚无二。始终一致,生死不渝。设若见他说妄语时,尚自惭愧,晓喻劝导,令其诚实,令其忠荩,况乃自行欺诈不信说诸妄语?是为不妄语。

何谓不两舌?谓性贤善,无贪恚痴。由是于他有情骨肉朋侣,说和合语。隐恶扬善,固其欢爱。设见他人骨肉乖违,朋侣离异,社会国家团体破坏,则便现行种种如理正言。劝以大义,喻以至情,释其嫌衅,捐其私忿,弃旧图新,重归于好,益亲于前。见他有情亲爱乖违,心尚不忍,悲悯悼惜,况乃于他和合有情说离间语命之乖违?是为不两舌。

何谓不恶口?谓性柔和,无贪嗔痴。由是于他,说逊顺语。持身以礼,接人以礼,温恭退让,心常谦下,软语问讯,含笑先言。设他有情,于己无礼,常能自反,内省己愆。纵遭横逆,多能容忍,不便于他,忿恨含怒,出诸恶言,恶詈恶骂。终以大度,霁色慈颜,化彼轻薄,凶戾愚顽。于他恶口,尚能忍受,况自于他发恶言耶?是为不恶口。

何谓不绮语?谓性肃恭,无贪嗔痴。由是于他,说如法语。能自敬重,能敬重他,不以倡荡戏笑脱略威仪,求他容悦。亦不轻薄,谈人闺阃,摘人阴私。光明正大,端重质直。言笑不苟,为世轨范。凡所论说,应理如法。教诫化导,引大义利。于他倡荡绮语淫辞,尚不欲见尚不欲闻,况乃自说诸非法语?是为不绮语。

何谓无贪?谓于净妙可意境事,无所染著,淡泊寂然,无诸系恋,是为无贪。无贪业者,由无贪故,发起正行。于离染事,不盗淫等,筹量计度,审虑决定。是为无贪业。

何谓无嗔?谓于违逆不如理事,无所恚恼,慈悲仁恕,平等容忍，是为无嗔。无嗔业者，由无嗔故，发起正行。于他有情，发起防护，逊顺和合；不杀、不恶口、不两舌等，筹量计度，审虑决定，是为无嗔业。

何谓正见？谓由无痴，于诸事理，明解不迷；由是为缘，智慧抉择，得正知见。善恶是非，因果正理，实谛实境，皆如实知，是为正见。正见业者，由正见故，发起正行；于诸恶法，遍能远离；于诸善法，遍能发起；不杀不盗，乃至无贪嗔痴，筹量计度，审虑决定，是为正见业。

以上十种善业道，是善业之所行，能成就善业。行此道者，能自饶益，能自成就；能饶益他，亦成就他。于现世间，受诸义利，世所赞慕，众所归附，亲党和顺，朋侣广大。设处尊位，能以善道摄化有情。道之以德，齐之以礼。省刑罚，薄赋敛。仁政仁声，不言而信，正其身而民自服。设居草野，则能清操励俗，以德润身。尊道以富，崇德以贵。不忮不求，无愧无怍。身安心安，超然自得。于当来世，生人天中，寿命长远，资财充盈，身相端严，言语敦肃，宗党炽盛，善友所亲，信士所信，心神清净，德性贤仁，智慧明哲。种种福德之所丛集，皆集于此十善业道中。故诸智者，当共修学。

问：行是十善业道所有善业，何者坚固，何者强盛？答：若自发愿，心力坚强，意志诚挚，不随他人，不可引夺，如是作业，坚固强盛，当知定能感得此世他世种种功德。若异此者，但随他作，或逼迫而作，自无诚意，当知其业不坚，所有功德亦甚鲜少。然无有过，渐亦能起强盛大果。

问：如是善业所有功德，何者广大？答：于是善业，若自诚愿，既能自作，亦教他作，见作随喜，与作助伴，己立立人，己达达人，当知功德最为广大。

问：如是善业所有功德，何者最上？答：于是善业若自诚愿勤励作时，都无所为，都无所求，不希果报。又自作已，都不自有所有功德，心意寂然，不自爱著，不自满足，而能回向出世圣道大菩提中与作资粮。如是作时，所有功德最胜无上。

烦恼第六

佛言,一切有情,由诸烦恼造众恶业,由诸烦恼流转生死。

何谓烦恼?何者烦恼?云何由诸烦恼造众恶业,由诸烦恼流转生死?

言烦恼者,烦谓烦扰,恼谓恼害。谓如是法,性是染污,性不寂静,覆蔽真实,惑乱心识,于他有情能为扰害,故名烦恼。

贪嗔痴等二十六法是为烦恼。如是二十六法,依其品位,共别四种,谓根本烦恼六、大随烦恼八、中随烦恼二、小随烦恼十。

根本烦恼六者,谓贪、嗔、痴、慢、疑、恶见。此六烦恼为一切烦恼根本,由有此故,余随烦恼随应得生,设断此故,余悉不起。是故此六,名根本烦恼。

贪 言贪者,于有有具,染著为性。能障无贪,生苦为业。谓由爱力取蕴生故。

嗔 言嗔者,于苦苦具,憎恚为性。能障无嗔,不安隐性恶行所依为业。不安隐者,心怀憎恚,多住苦故。

慢 慢者,恃己于他,高举为性。能障不慢,生苦为业。生苦者,谓若有慢,于德有德,心不谦下。由此生死,轮转无穷,受诸苦故。

无明 无明者,于诸事理,迷暗为性。能障无痴,一切杂染所依为业。杂染所依者,由无明故,起疑、邪见、贪等烦恼随烦恼业,能招后生杂染法故。

疑 疑者,于诸谛理,犹豫为性。能障不疑善品为业。障善品者,以犹豫故,善不生也。

恶见 恶见者,于诸谛理颠倒推度,染慧为性。能障善见,招苦为业。盖恶见者,多受苦故。此见有五,谓身、边、邪、见取、戒禁取也。

大随烦恼八者,谓掉举、昏沉、不信、懈怠、放逸、失念、散乱、不正知。

掉举 掉举,谓即嚣动,令心于境不寂静为性。能障行舍、奢摩他为业。

昏沉 昏沉,谓即瞢重,令心于境无堪任为性。能障轻安、毗钵舍那为业。

不信 不信者,于实德能不忍乐欲,心秽为性。能障净信,惰依为业。此中心秽,谓不纯直。不纯直者,多秽浊故。

懈怠 懈怠者,于善恶品修断事中,懒惰为性。能障精进,增染为业。言增染者,以懈怠者增长染故。

放逸 放逸者,于染净品不能防修,纵荡为性。障不放逸,增恶损善为业。

失念 失念者,于诸所缘不能明记为性。能障正念,散乱所依为业。失念则心散乱故。

散乱 言散乱者,谓即躁扰,于所观境令心流荡为性。能障正定,恶慧所依为业。

不正知 不正知者,于所观境谬解为性。能障正知,毁犯为业。由不正知多毁犯故。此中毁言,谓谤正理;犯,谓违越正行。

中随烦恼二者,谓无惭、无愧。

无惭 无惭者,谓不顾自法,轻拒贤善为性。能障碍惭,生长恶行为业。此中自法者,谓自善法,如信无贪等。不顾者,谓无忌惮。儒者所云良知良能,是为自法,不受良知制裁谏举而肆作诸恶,是为不顾自法。由轻拒贤善故,不顾自法,无有羞耻,造诸恶行故。

无愧 无愧者,谓不顾世间,崇重暴恶为性。能障碍愧,生长恶行为业。此中不顾世间者,谓不顾世间非议。由崇重暴恶故,于世间公道正义都无忌惮,无有羞耻造诸恶行故。

无惭无愧俱以无耻而为其相,而二别者,无惭轻拒贤善,无愧崇重暴恶故。由轻拒贤善故不顾自法,由崇重暴恶故不顾世间。是以此二各别为体,非是一法。

小随烦恼十者,谓忿、恨、恼、嫉、害、悭、憍、覆、诳、谄。

忿 忿者,依对现前不饶益境,愤发为性。能障不忿,执仗为业。仗谓器仗,谓怀忿者多发暴恶身表业故。

恨 恨者,由忿为先,怀恶不舍,结怨为性。能障不恨,热恼为业。谓怀恨者,不能含忍,恒热恼故。

恼 恼者,忿恨为先,追触暴热,狠戾为性。能障不恼,蛆螫为业。言追触等者,谓追往恶,触现违缘,心便狠戾,多发嚣暴凶鄙粗言蛆螫他故。

嫉 嫉者,殉自名利,不耐他荣,妒忌为性。能障不嫉,忧戚为业。谓嫉妒者,闻见他荣,深怀忧戚,不安隐故。

害 害者,于诸有情心无悲悯,损恼为性。能障不害,逼恼为业。谓有害者,逼恼他故。

忿等五法,皆以根本烦恼中嗔为体,随其分位种种差别,是故行相种种不同,由是别立忿等五法。谓由嗔故,于不如意事心怀热恼，起憎恚心。或时愤发，而有忿相。忿已不舍，内起恨心，更触现缘，追忆往恶，暴热狠戾，复起于恼。或由殉自名利不耐他荣故，而起于嫉。由嗔等故，于他有情起损害心，复名为害。随种种缘，嗔起行相有种种异，由是分位不同，立种种名。是故此五皆嗔为体。

悭 悭者，耽著财法，不能惠舍，秘吝为性。能障不悭，鄙蓄为业。谓悭吝者，心多鄙啬，蓄积财法不能舍故。

憍 憍者，于自盛事，深生染著，醉傲为性。能障不憍，染依为业。谓憍醉者，生长一切杂染法故。此中醉傲者，醉谓沉迷，傲谓憍举，由沉迷财色者，于他憍举，无忌惮故。

悭、憍二法，俱以贪爱一分为体。由贪爱故，于可意事生起染著；由爱著故，秘吝鄙啬，不能惠舍，有悭相起，故立为悭。由爱彼故，彼可意事设兴盛时，心便醉傲，而起于憍。设本无贪，何物足悭，何事可憍者？是故此二以贪为体。

覆 覆者，于自作罪，恐失利誉，隐藏为性。能障不覆，悔恼为业。谓覆罪者，后必悔恼，不安隐故。此中言隐藏者，是覆自性。何所隐藏？谓自作罪。何因隐藏？恐失利誉故。云何不覆？谓于自作罪明白雪露。由无痴故，不恐失利誉。由无贪故，雪露忏悔。覆障不覆，是为覆业。又由覆故，令心悔恼，亦为覆业。此中悔恼，悔非善悔，由非悔自作罪故。彼何故悔？谓覆罪者，由恐失利誉故，常恐他人发觉彼罪，心不安隐，是以时时有悔恼生。悔由作罪当失利誉故。由恐失利誉故，是以生恼。设非然者，君子之过，如日月之食，其过也人皆见之，其更也人皆仰之，光明磊落，心常坦然，何故生恼。故彼悔恼，非善法悔，但是患得患失之情，贪痴为之。

诳 诳者，为获利誉，矫现有德，诡诈为性。能障不诳，邪命为业。谓矫诳者，心怀异谋，多现不实邪命事故。此中诡诈，是诳自性。云何诡诈？矫现有德。何故诡诈？为获利誉。云邪命者，谓邪活命。不以正道获得资财，以自活命，而由诡诈罔他资财，以自活命，是为邪命。

谄 谄者，为罔他故，矫设异仪，险曲为性。能障不谄，教诲为业。谓谄曲者，为网帽他，曲顺时宜，矫设方便；为取他意，或藏己失，不任师友正教诲故。此中险曲，为谄自性。险谓险诈，意虽顺尔，心实欺尔故；曲谓委曲，实虽欺尔，貌曲顺尔故。云何险曲？矫设异仪故。所谓巧言令色足恭者是。何故险曲？为罔他故。何故罔他？无非网他利养称誉爵赏富贵尔。此中能障不谄教诲为业者，谓障不谄及障教诲也。由矫设异仪故，覆藏己失，不任师友正教诲也。当知此中亦造邪命业，非但不任教诲，影略说故。

覆诳谄三，俱以贪痴二分为体。云贪分者，恐失利誉，为获利誉，网他利誉故。云痴分者，由彼不知因果正理，不履正道自求多福。隐覆诈罔，避他讥嫌，乞他荣利；不特恶业日增，他生难受其苦；覆为人觉，诳谄破败，终必为世共鄙弃故；是故为痴。设不痴者，纵极贪欲，必不出此覆及诳谄最下最劣之途也。然而此辈固自以为聪明者也。是故大愚之人，唯小慧者当之。

此二十随烦恼，何以名随烦恼耶？谓是根本烦恼分位差别等流性故。随彼烦恼起，故名随烦恼。云分位差别者，谓如忿悭等，但是嗔贪等分，由于分位种种不同立彼彼法故，非离彼法而别有体。云等流者，是同类义，等引生义。如无惭等，是贪嗔等烦恼同类法，复由彼贪等起，故此等烦恼随应俱生，故名等流。依彼体故，待彼生故，随烦恼法，故名随烦恼。

此中随烦恼复分大中小者，由彼生起范围广狭，有差别故。大随烦恼遍染心故，名大随烦恼。中随烦恼遍不善心故，不遍染心故,名中随烦恼。小随烦恼各别起故,不遍染心,不遍恶心,范围最狭,名小随烦恼。此中各别起者,谓起忿时不起于恨,起忿等时不起悭覆等;各各别起,名各别起。

如是已显烦恼体性。

所谓由诸烦恼造众恶业者,如前善恶业道中言,十恶业等俱由贪嗔痴等之所起故,设无烦恼恶业无由生,是故说言由诸烦恼造众恶业也。问:前恶业道因但言贪、嗔、愚痴、恶见,唯此四者独造恶业,余烦恼亦造恶业耶?答:一切烦恼俱造恶业。谓十小随,即贪嗔等分位性故。由无惭愧方造恶业故。八大随烦恼,遍于染心,凡恶业起皆为助伴故。由有慢故,于德有德,心不谦下,不能进修善品胜行;于所作恶,亦复不能虚心改悔;执非为是,得少为多;由是因缘,不修圣道。由有疑故,于诸谛理犹豫不决,虽闻圣道,不生信心,不起加行。如是二者,由障善故,善法不生;善法不生故,恶行无际;一切恶业,亦彼为因。故诸烦恼无不造业也。然经论中,但说贪、嗔、痴、恶见为十恶业道因者,以贪嗔痴不善根故,恶见一种由慧邪择势力强故,就胜以说,但说四者。自余烦恼,或彼分位,或彼助伴,略故不说。

所谓由诸烦恼流转生死者,谓由烦恼故造众恶业,由恶业故受三恶道苦;设虽作善,而由烦恼故不成无漏,不出世间,由是因缘,不得解脱,流转生死。

如是一切烦恼,彼生起时,能恼乱心,令心颠倒,令造恶业,能引自害,能引他害,能引俱害,生现法罪,生后法罪,生俱法罪,生忧生苦,远解脱乐,失胜善法,盛事衰退,恶声流布,智者所诃,有德所厌,身坏命终堕诸恶趣那落迦中,令不证得自胜义利,彼彼过失无量无边。凡有智者应知厌离,应修对治,令远诸恶,安住身心于善法中。

善法第七

佛言，一切有情，由于善法造诸善业，由善法故解脱生死。

何谓善法？何者善法？云何由善法故造诸善业，由善法故解脱生死耶？

言善法者，谓如是法，唯善心中之所生起，自性净善，离诸愆秽，无有过恶，此世他世俱作利益，于自于他都无违损，是为善法。

善法多种，约分为二：一者自性善，二者相应善。言自性善法者，不待他缘，自体是善，名自性善。略十一种：所谓信、惭、愧、无贪、无嗔、无痴、精进、轻安、不放逸、行舍、不害。言相应善法者，谓如是法性是不定，由与善法相应起故而成善法，名相应善。若善心，若善触、善作意、善受、善想、善思乃至善寻伺等，皆是。然今且说善欲、善胜解、善念、善定、善慧五种。以此五者力最强故，凡胜善法皆依此成，离正愿、正慧等不能修作世出世间善行证故。即前十一种自性善法，亦赖此五转殊胜故，转有力故。故今合前，共说十六种善法。

信 信者，谓于印顺境，至诚倚任，心净为性。对治不信，乐善为业。此中言印顺境者，印谓印可，顺谓随顺，即是胜解。论言胜解是信因故。境谓境界，通人与法。由于彼境起胜解故，随于彼境生起信心。信含二义：一者至诚，纯直一心无二无杂是为至诚。二者倚任，倚谓倚恃，任谓委任，委任、信任是信义故。由任彼故，倚恃于彼,亦由恃彼,而任彼故,合言倚任。此中至诚,显信体净,纯直不二,是净相故。此中倚任,显信行相,必于所缘,或人或法,起倚任心,方成信相故。然倚任而不至诚,不得为信,体不净故,亦非真实倚任故。设至诚而不倚任,亦不成信,无所信故,义不显现故,是故合说至诚倚任。佛法常言至心皈命,是此义也。心净为性者,论言此信澄清,能净心等,如水清珠能清浊水。由于善法等至诚倚任故,由是令心纯直不二,无染无杂,悉成善法。此显信法体极净善义。从能净他,显自体净也。由斯善法,以信为首。近有以信通三性者,彼全不了此义也。不信反此,无有至诚,无所倚任,二三其德,性不清净,是故说言心秽为性,自相浑浊,复能浑浊于心心所,如极秽物自秽秽他。由有信故,彼相皆无。是故说言,对治不信为业。又由至诚倚任故,爱乐勤修一切善法。是故复言,乐善为业。谓如于三宝所起深信者,爱乐勤修一切佛道。于彼彼人起深信者,亦能于彼乐作施忍等善法也。

按:通常言信,每与胜解合为一谈。故有迷信、正信之别。实则信体非迷,以性净故。唯独胜解,体通三性,于不应理处起印持时,名为邪解。邪解即是常徒所称迷信耳。然迷不在信,但在胜解,特胜解于信常引令生,必于彼起解,方于彼起信故。是以通常二者合说,或时就果说因,称解为信也。近人有因正信、迷信之故而谓信通三性者,彼于信体全不了知,亦背圣言心净为性之旨,非特不知胜解而已。然此信体,实大难辨,数年思维,得义如此,庶几不背圣教,而亦能释正信、迷信之疑耳。

惭 惭者,依自法力,崇重贤善为性。对治无惭,止息恶行为业。谓依自法,尊贵增上,崇重贤善,羞耻过恶,对治无惭,息诸恶行。

愧 愧者,依世间力,轻拒暴恶为性。对治无愧,止息恶行为业。谓依世间,诃厌增上,轻拒暴恶,羞耻过罪,对治无愧,息诸恶行。

惭愧二法,俱以羞耻为相。然二别者,惭由崇重贤善故,耻作过恶;愧由轻拒暴恶故,耻作过恶。耻果虽同,耻体则异。是故惭以敬重为体,即自尊心;愧正以羞耻为体,即远恶心。由是无惭者,以不自敬重为体,是即卑鄙,或云轻薄。由卑鄙故,不复以无德无行为耻,因而不顾自法,轻拒贤善。无愧者,以无羞耻为体,是即无忌惮,由无忌惮故,因而不顾世间,崇重暴恶。故此四法,不以崇重、轻拒为性,而以敬重、羞耻、卑鄙、无耻为性。

无贪 无贪者,于有有具(有谓三有,具谓三有中资生什物等),无著为性。对治贪著,作善为业。

无嗔 无嗔者,于苦苦具(苦谓苦果,具谓彼能生苦因等,如刑狱天灾等),无恚为性,对治嗔恚,作善为业。

无痴 无痴者,于诸谛理明解为性。对治愚痴,作善为业。

无贪嗔痴名三善根,能正生起诸善业故。三不善根,近对治故。

问:无痴与慧有何差别?答:无痴以静照为用,智慧以抉择为功。无痴如明镜,智慧如利剑。明镜照物,物无遁形,然无损于物。利剑割物,迎刃而解,用不得当或时大伤于物。是故无痴但善,慧通三性。断障证真,智慧之用较无痴为大。邪见恶慧,造业作恶,其害亦较愚痴为猛。盖痴但不明事理,见则复增恶执也。然慧若不与痴俱,终不成恶慧。此三界生死所以以无明为本也。无痴若不得智慧,终难成断惑之功,此出世圣道所以以智慧为主也。

精进 精进者,于修善断恶事中,勇悍为性。对治懈怠,满善为业。此中勇悍为性者,勇表胜进,悍表精纯,即显精进发扬蹈厉刚健笃实无畏无屈自强不息义。染与无记诸法无有此义,是故精进性唯是善。精进差别,共有五种,所谓被甲、加行、无下、无退、无足,即经所谓有势、有勤、有勇、坚猛、不舍善轭义。言被甲者,谓初发心,由精进故观对一切广大难行诸胜事业都无所畏,誓愿成彼,故此精进名为被甲。譬如勇士将入阵时,被甲而往,不畏矢石,即是有势。言加行者,谓由精进故,既发心已,即便勤修一切善法,加行而行,不稍懈怠,故名加行,即是有勤。无下者,谓于修行时由精进故,心不下劣,不但修习易行细行,于诸广大难行胜行皆能修故,即是有勇。无退者,谓修习广大难行行故,设遇艰难逼迫,种种苦事,由精进故堪能忍受,而更加行,不因彼苦退失本心,是即坚猛。无足者,谓由加行已得证断,成就果利,由精进故不因证断而自满足。更发胜心,更修胜行,于后后品广大胜果转成得故。世间道中四禅、四无色定,出世道中四果、十地乃至如来等,名后后胜果,即不舍善轭。言善轭者,轭谓车轭,以轭牛者,令循正道,能有所往。律仪戒法亦尔,能防护心,不越圣道,能进修行,名为善轭。诸有得少为足者,少有所得,便自放逸,弃戒律仪,于自身心不加防护,是为舍善轭也。如此者,虽得犹失,况能胜进。不舍善轭者,不以少为足,愈益防护身心,故能胜进不息也。言满善为业者,满谓成满。无贪嗔痴三善根能正发善,精进策励成满彼善,故云满善。设无精进,或由怠逸善不成满也。

精进亦名勤,然在庸俗或时误解为通三性。以恶无记事中,亦有勤修义故。所谓小人为不善,亦唯日不足也。然而彼勤不名善者,以无精进义故。染著为性,非精纯,非胜进。故精进不通三性。

然由精进故,于修断事加行不息,故亦称勤。而实精进不但是勤,论说精进,有五种故。是故今者但称精进。

轻安 轻安者,远离粗重,调畅身心,堪任为性。对治昏沉,转依为业。堪任性者,显轻安体。有力有能,能负重任,名堪任也。由堪任故,伏除定障,令所依止转轻安故。就果说因,立轻安名。由有堪任性而后远离粗重,调畅身心,令轻安也。云转依为业者,依谓依止,即是身心。身心为一切法依,故名依也。转令轻安,名转依也。此法生起依于等持,在不定地此法不生。

不放逸 不放逸者,精进三根于所断修防修为性。对治放逸,成满一切世出世间善事为业。此中言精进三根者,谓不放逸别无体性,总依精进三根防修相用,立此法故。何故依四别立此法?谓修行者于修行时,善恶二法互为消长,起善心已,彼烦恼等亦时乘隙待缘而起,所谓道高一尺魔高一丈者是也。故必时存敬畏戒慎之心,虽居暗室如临大宾,勤厉策心自强不息,善心相续无断无间,然后烦恼无由而起。故依防修特立此法。云何应知离此四法无别防修?能作善法是即三根,能策发者是即精进。善既勤修,恶自不起。非离作善,有别防恶,是故不放逸,即精进三根。

行舍 行舍者,精进三根令心平等正直无功用住为性。对治掉举,静住为业。谓即四法,令心远离掉举等障,静住名舍。平等正直无功用住初中后位辨舍差别,先心平等,次心正直,后无功用故。无功用者,不勉强义。由不放逸,先除杂染,舍复令心寂静而住。此无别体,如不放逸,离彼四法无相用故。

不害 不害者,于诸有情不为恼损,无嗔为性。能对治害,悲悯为业。谓即无嗔,于有情所不为损恼,假名不害,无嗔与乐,不害拔苦。是谓此二粗相差别,为显慈悲二相别故,利乐有情彼二胜故,即于无嗔别说不害。

正愿 正愿者,于诸善法深起希望,善欲为性。对治邪欲,正勤所依为业。诸善法者,是正愿境。希望者,是正愿相。欲别三种善染俱非。正愿自体,即是善欲。由正愿故,邪欲不生,复于所愿发勤精进。故说对治邪欲勤依为业。

正忍 正忍者,依正教理证力,于实德能深生印持,善解为性。对治邪解,净信所依为业。忍谓认可,于决定境不起犹豫。此忍依教理证力,闻思修起。随依教等有正邪故,忍有正邪。正忍差别略有三种:一忍有实,谓于诸法实事理中深认可故。二忍有德,谓于三宝真净德中深认可故。三忍有能,谓于一切世出世善深认有力能成得故。依此正忍,净信得生,由斯于所认顺境中纯直一心忠诚倚任。倚任彼故,发正希望,誓愿成办,是为正愿。由斯论说,忍谓胜解,即是信因,乐欲谓欲,即是信果。三法和合恒不相离,有净信者,必有彼因果正解欲故。由斯胜解,常说为信,所谓信有实、信有德、信有能等,理实有无审决之词,正是解用。纯直净心起倚任者,方是信体。解通三性,信唯是善。不识于解假说信者,便执净信亦通三性,由斯更有正信、迷信种种差别。理实迷悟唯胜解用,解而谬者斯谓迷耳。信斯由解体别,解但信因,由正解故生起净信。(此中论说谓《成唯识论》。)

正念 正念者,依正教理闻思证境,明记不忘,善念为性,对治失念,定依为业。言定依者,由正念故;于所缘境数数忆持,便能令心专注不散,而起定故。(正念作业非但引定,亦能成就戒根律仪。所谓由正念故,密护根门,防守正念,常委正念,念防护意,行平等位,眼见色已而不取相不取随好,恐依是处由不修习眼根律仪防护而住,其心漏泄,所有贪忧恶不善法,故即于彼修律仪行防护眼根,依于眼根修律仪行,乃至依于意根修律仪行等,亦是修习圣道菩提分法;所谓四念住乃至念觉支、念圣道支等,是故正念,为胜善法。)

正定 正定者,依正教理调治其心,令于所缘专注寂静,静虑为性。对治散乱伏诸烦恼,智依为业。正定亦名心一境性,令心于境和合不散故。定学亦名心学,谓调治心令离烦恼证寂静故。是故专注不散是定义,不为烦恼所动是正定义,然此正定依正教理而起,由正教理系心所缘专注不散,由是便能澄静其心,令心坚固,不为烦恼之所动摇。即是便能对治散乱,伏诸烦恼。又由心澄清寂静故,离诸尘垢,犹如明镜,亦如止水,便能发生明慧,烛照真境,是故复为智慧所依。如是正定体即静虑。非无所缘,顽如木石,故说名虑。非散寻求,亦离烦恼,故名为静。静而能虑,虑而体静,名静虑也。诸有不识正定义者,以为槁木死灰,枯坐绝想,斯谓定耳。若尔,无想外道何以为圣所诃。又此静虑非但专缘一境,故论说言:"心专注言,显所欲住即便能住,非唯一境,不尔见道历观诸谛前后境别应无等持。"当知正定亦名神足,由定离障令心自在,欲勤心观神境靡测,是定力故。故此静虑以离烦恼寂静而住为第一义。但不为烦恼所动,虽五眼三明,神通变化,造作胜业,愈见其定力之广大耳。正定差别,世出世间各有多种,兹不广述。

正慧 正慧者,依正教理闻思修习观察诸法因果性相,于诸境界无有迷惑,简择为性。对治恶见,断诸烦恼,菩提涅槃果依为业。简谓简别,择谓拣择,慧观诸法简别是非拣择善恶,实事真理确然不移,因果体相决定不谬,由斯便能对治恶见,恶见断故,依彼烦恼无明爱等亦悉断除,烦恼断故,菩提涅槃彼果遂证,是为正慧作业也。此慧差别复有多种,随闻思修所成别故;有无分别,世出世间,加行根本,有漏无漏,种种异故。随其体异,作用亦殊。对治断修,有能无能，殊胜微劣，种种差别。非谓微智便证菩提，略涉闻思便断烦恼。然高以下基，胜从劣起，辗转引发，功以渐跻，次第行修，终自成得也。

上来已显善法各别体性。

所谓由善法故造诸善业者，如前十善业道中所说各种善业俱由无贪、无嗔、无痴、正见等之所起故。设无善法，善业无由得生，前善业道中但言无贪、无嗔、无痴以及正见发诸善业，余诸善法为不发善业耶？一切俱能引发善业。谓由信故，令心等净。由惭愧故，止息恶行，崇重善法。由精进故，于诸善业勤行不退。由不放逸，能善防修。由轻安故，伏除定障，多所堪任。由行舍故，于修善业平等正直无功用住。不害即无嗔，于诸有情多起悲悯，拔除苦厄。又修善业者必有正愿，于所作业必有正解。彼由正念、正定、正慧成就世出世间胜善法故。是故一切善法，皆造善业。但言四者，就胜说故。由无贪等名三善根，正生善故，是不善根正对治故。正见即正慧，于善等境决断胜故，于善等行为照明故。以是偏说，非谓作善无信欲等。

所谓由善法故解脱生死者，生死相续由诸烦恼，断烦恼故证得解脱，已如前说。心依谁，由谁断烦恼耶？曰：依诸善法，由诸善法。善与烦恼，无始时来，相障相治，两数不并。故此起时，彼法不起。此力强时，彼法势微。由烦恼故，善法衰损。善法起故，烦恼伏灭。是故由修善法，能断烦恼。烦恼断故，生死解脱也。然此善法分漏、无漏。所云漏者，三界善摄，无明爱取所引发故、所杂染故，非真净善；但能造作世间善业，不能造修出世圣道，于粗烦恼虽能损伏，于彼细者无力伏除，全无力能断彼种子。故脱生死，唯无漏善。然有漏善依于圣道正见起者，能正引发，出世圣道，于脱生死远作资粮。不然,有情无始生死,既无现起无漏善法,何能顿脱生死也?设依世间外道起者,虽极苦行勤修静虑,无正慧故,虽生色、无色天摄受福果,报尽复还轮回五趣,永无解脱之期也。

如斯善法,令身清净,令心清净,能远恶业,能修善业,能招现世乐,能引后世福,乃至毕竟断诸烦恼解脱生死,永除世间一切苦厄。谁有智者而不爱乐修习如是善者!

界 趣 第 八

佛言，一切有情由诸烦恼或善法故，造种种业。由诸业力，于三界五趣中，生死相续，受种种果。

何谓三界？何谓五趣？依何种法建立界趣？由何种业力生何种界趣？于诸界趣中受何种果？复云何知一切界趣皆是有耶？

欲界、色界及无色界，是谓三界。境、地、品类，是界义。由诸有情境、地、品类欲、色等异，故别为欲色等三界。欲界者，饮食男女是谓为欲，此界有情不离此欲，故名欲界。色界有情已无男女欲，于诸食中复离段食，由定等力资养身心，故不名欲。由有根身、有色境故，名为色界。无色界者，欲色并离，但由心识相续而住，色身境界并无有故，名无色界。

人、天、饿鬼、旁生、地狱，是名五趣。业之所向，生死所归，有情所依，趣向、归趣，及以依趣，并名趣也。言人趣者，人者仁也，亲亲为大，情爱最重，故名为人。圆颅，方趾，直立，步行，以手作事，妙造诸业，灵巧胜余，是其特征。言天趣者，天者颠也，五趣中尊。或则飞行自在，或则定味自资，福德最胜，寿命最长，是其特征。言旁生者，旁者傍也，无别器界，随于人天趣中傍杂而生，故名旁生。或爬行飞走，横身而行，异诸人天直立飞行故，以其横生名旁生也。如鸟、兽、昆虫、鳞、介等。言饿鬼者，鬼者诡也，有少神异，无大威德，或于人中能少作祟，而自不免奇饿苦厄，名饿鬼焉。言地狱者，谓捺落迦,此云苦器。生彼中者,长时忍受冰冻、火炙、刀刺、山击、禽啄、兽啖种种奇苦,较人间狱千万亿倍,故名地狱也。

复次,于天趣中复有阿修罗,修罗者天也,阿者非也,义云非天。由阿修罗,以其福报原属天趣。然天性直,彼性不直,好作威福恼害有情,故斥云非天,亦云魔也。犹于人中诸不仁者,斥以禽兽,名曰非人也。或有别立此趣名阿修罗趣者,则共六趣。然人中亦有非人,鬼中亦有厉鬼,若如此别则趣不止六,故今但云五趣耳。

复次,于每趣中,复随业报差别每趣更有种种不同,如地狱中有八大那落迦,所谓等活、黑绳、众合、号叫、大号叫、烧热、极烧热、无间是;八寒那落迦,所谓疱、疱裂、喝唽咕、郝郝凡、虎虎凡、青莲、红莲、大红莲是,乃至近边那落迦、独一那落迦等。旁生趣中复分飞禽、走兽、飞虫、爬虫、鱼鳞、龟介等。饿鬼趣中复分火炭鬼、瘿鬼、猛焰鬘鬼、食粪秽鬼等。于人趣中复分南瞻部洲人、东毗提诃人、西瞿陀尼人、北拘卢洲人等。(太虚上人云,洲即星也,余三洲即火星、金星等。)于天趣中复分六欲天、四禅天、四无色界天。六欲天者,谓四大王众天、三十三天、时分(忉利)天、知足(睹史)天、乐化天、他化自在天。四禅天者,谓色界四禅天,初禅有三天,谓梵众天、梵前益天(亦云梵辅)、大梵天。二禅三天:少光天、无量光天、极净光天。三禅三天:少净天、无量净天、遍净天。四禅三天:无云天、福生天、广果天(有无想天,即广果摄)。复有五净居天亦在四禅,谓无烦天、无热天、善现天、善见天及色究竟天。此系圣者所居。更有超过净宫大自在住,是十地菩萨最后生处。如是色界共十八天。无色四天者,谓空无边处天、识无边处天、无所有处天、非想非非想天,如是等。是故欲界通有五趣,谓地狱、旁生、饿鬼、人、天。色、无色界但有天趣。

复次，又依三界施设九地，谓欲界五趣共为一地，谓欲界地。色界四地，谓初禅为一地，二、三、四禅各为一地。无色界四地，谓空无边处地、识无边处地、无所有处地、非想非非想地。如是九地亦称九有。

复次，五趣有情有四种生，说为四生，谓胎生、卵生、湿生、化生。云胎生者，谓识住母胎，身分成已而后产生，是为胎生。卵生者，谓识住卵中，身分成已，破壳而出，是为卵生。湿生者，谓不借胎卵，无有父母，但倚湿气，即成身分，是为湿生。化生者，不待余缘，但随自业，死已即生，一切身分顿时出现，是为化生。人趣胎生，旁生一分如兽等亦为胎生，一分如鸟等是卵生，一分如微虫等是湿生，天及地狱俱系化生，鬼趣或胎生或化生。

如是已说三界、五趣、九地、四生，表之如次：

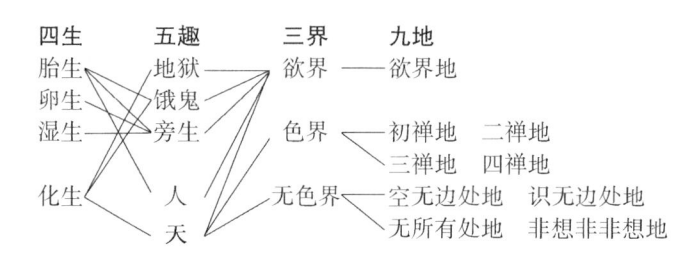

四生	五趣	三界	九地
胎生	地狱	欲界	欲界地
卵生	饿鬼		
湿生	旁生	色界	初禅地　二禅地
			三禅地　四禅地
化生	人	无色界	空无边处地　识无边处地
	天		无所有处地　非想非非想地

所谓依何建立界趣者，谓依根本阿赖耶识，及彼所变根身器界，建立界趣。

阿赖耶识者，此云藏识，是一切法所熏所依。此识能藏诸法种，故名为藏识。此识为依余识、余法方得生起，故又名根本识。又由于此识是诸业异熟果故，又名异熟识。时异、性异以及变异，是异义。熟谓成熟。由此果与因异时而熟，异性而熟，变异而熟，故名异熟果也。所以者何？以业在前世果在余世故。业是善恶果是无记故。业果变异而成熟故。此异熟识是界趣体。体相深细，此中不详。

所云根身者，根谓六根，眼、耳、鼻、舌、身、意。身谓所依，亦是聚集体义。由色等法聚集一体，扶持诸根令生识等，故名根身，即有情自体。

器界者，山河大地、草木禾稼、宫室园林、日月光明为有情自体之所依止，是为器界。一切有情趣生差别，即由彼根身器界而差别。由根身差别者，谓五趣有情根身各各别异故。由此根身说为天、人、旁生、鬼、狱等，谓或飞行自在，或直立蠕动，或端严妙好，或丑陋狞恶，或形量广大，或形量微小，或寿长远，或寿短促。此五趣中，瞻部洲人身量不定，或时高大，或时卑小，然随自肘三肘半量。东、西、北三洲人身量渐增，量有一定。六欲天转复高大。色界中天梵众天半逾缮那，梵辅天一逾缮那，以上诸天以次倍增。诸那落迦身量不定，恶业愈大身量愈增。旁生饿鬼亦尔。无色界天无有色故，无有身量。五趣寿量亦随罪福大小或短或长。此洲人寿无定，时长时促。东洲人寿量二百五十，西洲人寿五百，北洲人寿千岁。诸天寿量以次愈增，乃至非想非非想天寿八万劫。旁生饿鬼寿量不定，近边独一那落迦亦尔。八寒那落迦望八大那落迦随其次第各减一半。八大那落迦以次寿增。至无间狱，寿一中劫。

复次，地狱、饿鬼、旁生及人，六根皆具，并有色身。唯有天中，欲天如人。色界天中，诸根虽具，多分无用，以离断食等故。（初禅鼻舌二根无用，以上五根并无用，以全不假外境为用故。）无色界天以无色故，色根色身俱无所有。但由意根生起意识，极寂静住。是为根身三界差别。

器界差别者，谓五趣中地狱、饿鬼、人、天随报不同，器界亦异。

地狱器界遍是寒冰、烈火、剑树、刀山种种苦器。饿鬼器界遍是旷野沙石、脓河粪池种种饥墟。人趣器界,空水陆三,稼穑为食,飞走为役,劳而后获,苦乐相半。天趣器界,富乐庄严,光明遍照,随意而得,任情受用,得诸快乐。旁生无别器界,随生人天器界中,亦得享受彼器苦乐一分。然多受人天役使,无有自在。又色界天器界虽妙,然以定味为乐,不以外境为乐。无色界天以无色故,器界全无,以无色身不依彼住故。是为界趣器界差别。

复次,依于器界建立三千世界。谓下从地狱所依处,上至梵世天（初静虑）,每一恒星之所照临,名一世界。合千世界名小千世界。千小千世界名中千世界。千中千世界名一大千世界。合此名为三千大千世界,为一佛土。如来于中现正等觉,于无边界施作佛事。每一三千大千世界同坏同成。如是四方上下各有无边无际三千世界。或坏,或成,或有正坏,或坏已空,或有正成,或成已住；譬如天雨,滴犹车轴,无有间断,从空而注。一切有情从无始来,辗转生死,依于世界。设此世界已坏已空,便往生于余世界中。余世坏空,又转生于余世界中。或此世界空已复成而余世界坏已空,亦复随缘还生此界,乃至未得断障离系。由是世界无断际故,一切有情生死相续亦无断际。

问：下从地狱上至梵世名一世界,乃至辗转成三千界,第二静虑以上不入此三千界耶？答：亦此三千界摄。然二静虑以上已非日月之所照临,故不摄入每一世界中。然三千大千世界同坏同成,而二、三、四禅名三灾顶,即二、三禅亦与三千大千世界同其成坏。当知初、二、三禅亦三千大千世界所摄也。然彼界极大,既不摄于每一世界,或亦不摄入小千中千,或每一三千大千世界中有一二禅、三禅也。四禅当亦如此。由彼器界虽出三灾不共三千界成坏,然大自在宫为十地菩萨成佛处所,而一佛土即一三千大千世界,是知每一三千界有一四禅天也。无色界天既无器界,又非诸佛菩萨所生处所,即不摄于三千大千世界中矣。

如是根身器界虽俱异熟识变,然根身是识之所执受,安危共同。器界非识之所执受,不共安危。是以识若舍身,身便烂坏,以无执持者故。身若损坏,识亦自去,以不堪用故。是以识之与身,恒共生死。器界与识,不同存亡。有情命终,设还生此界此趣者,彼识相续,不别另变器界;设转生余界余趣者,虽此有情已不续变如是器界,然由余有情识相续变故,彼器仍存。以此器界共业所感,一切有情所互变故。是以根身生死为时甚暂,器界成坏为时极长,要历八十中劫以为一期。以二十中劫成,二十中劫住,二十中劫坏,二十中劫坏已空,合如是八十中劫名一大劫。

异熟识变根身器界果报成就。所以者何？由变根身成能受用,由变器界成所受用,根所发识为受用者。依于六根生起六识,受用境界种种苦乐故。又根身一分亦所受用,如病痛等。

所谓依何种业力生何种界趣者,业如前业道说,善业有十,谓不杀等;不善业有十,谓杀等。由如是各别业力,各别生于五趣三界,谓由上品十不善业故,生地狱中。中品十不善业故,生饿鬼中。由下品十不善业故,生旁生中。随其所应,生上中下三品苦。复由上中下品十善业,故生于三界人天善趣中,受上中下三品乐。又上中下三品善恶业中,各别复分三品。所谓上上,上中,上下;中上,中中,中下;下上,下中,下下。如是所受三品苦乐各别复分上上乃至下下。是以同为地狱,又分八大、八寒、近边、独一种种不同,受苦亦异。同属天趣,三界又殊。于一地中得报复异。同是人趣,而富贵、贫贱、智愚、贤不肖亦各不同。鬼及旁生亦复如是。业种种不同，报种种差别，虽巧历不能计，又不但九品而已矣。

复次，十恶业中杀业与嗔，多堕地狱。盗之与贪，多堕饿鬼。淫与愚痴，多堕旁生。四种语业如其所应堕于三趣。前言轻重，此说义类；参伍错综，业果如是。

生徒疑云："若谓愚痴遂堕旁生者，小儿初生，知识未开，倏尔便逝；及诸愚人，混混噩噩，安分守己，无侮于人，常为人欺，没已俱应堕旁生耶？"不尔。云愚痴者，谓由愚痴能发不善业者，如不识父母，不敬长上，有恩不报，见善反嗔，由如是业故堕恶趣。彼童子辈知识未开，烦恼未起，性唯无记，未造诸业，不受彼果也。无业不受果。无记业亦不受果。唯善恶业乃受果耳。

复次，人、鬼、旁生多分杂业，不纯善恶。言杂业者，谓善恶杂。或有多业相杂，或有一业自杂。多业杂者，谓如是有情，以某种善业故应生人趣，复以余恶业故贫贱夭折。由前生多贪故贫贱，多杀故夭亡，淫故妻女不贞，盗故财物耗散，妄语、两舌故六亲不和、伶丁孤苦，乃至邪见、愚痴故冥顽不灵、盲聋喑哑，如是等。鬼中大力鬼（或名多财鬼）、旁生中麒麟凤凰等，以某种恶业堕于鬼旁生趣，复以余善业故旁生人中受人供养（如大力鬼），或旁生人天受人天爱养（如麟凤等）。所谓一业自杂者，谓有业意乐（即志愿）虽善，而方便（即行使之方法）不善，或有业方便虽善，而意乐不善。如是就意乐故应生人趣，就方便故人中受苦，就意乐故应生鬼及旁生，由方便故而复受福。是为杂业杂受也。

复次，三界福果虽并由十善业得，然色、无色天必于前生更修彼地禅定止观，离下地欲而后能得。十善业者，但属于戒。禅定止观，则定也。必戒定相资，始生上界八地也。由是分业复为三种：一者福业，谓得人及六欲天果十善业。二者非福业，谓堕三涂（地狱、饿鬼、旁生)十不善业。三者不动业,谓色、无色天定果业。言不动者,亦有二义:一者定地摄故,二者受果期限决定无中夭故。由如是三业,生三恶趣,欲界人天,及色、无色界中。

所谓于诸界趣中受何种果者,谓受苦及乐。所云苦者,《瑜伽师地论》云,那落迦有情多分受用极治罚苦,旁生有情多分受用相食啖苦,饿鬼有情多分受用极饿渴苦,人趣有情多分受用匮乏追求种种之苦,天趣有情多分受用衰恼堕没之苦。

地狱有情受用极治罚苦者,谓于等活大地狱中,众多有情共同聚集。业增上生众多苦具,次第而起,更相残害,闷绝躄地。次于空中发大声言:"此诸有情可还等活!可还等活!"次彼有情欻然复起。起已,复由前诸苦具更相残害。如是长时受苦。恶业未尽,未能得出,故名等活。(今世列强等,以诸苦具转相功伐,力尽而息,稍苏复战,已造等活地狱于人间矣。)黑绳狱中有多狱卒以诸黑绳拼彼罪人以为四方,或为八方,或为种种图画文像,彼既拼已,随其处所若凿若斩,若斫若剜,长时受苦,故名黑绳。众合狱中有诸有情辗转聚合,便有狱卒驱逼令入两铁如糯头大山之间,彼既入已,两山迫之,一切门中血便流注。如两铁糯头如是,两铁羝头、马头、象头、狮子及以虎头大山亦尔。复令和合置大铁槽中,即便压之,如压甘蔗,血便流注。复和合已,有大铁山从上而堕,令彼有情躄在铁地,若斫若刺,或捣或裂,血肉横飞,长时受苦。先业未尽,未能便出,故名众合。号叫狱中,受如是苦:彼中有情为求舍宅入大铁室,彼才入已,大火欻起,即被烧燃,极遍烧燃,苦痛逼切,发声号叫,故名号叫。大号叫狱,室如胎藏,苦号倍增,名大号叫。烧热狱中,受苦如是:彼中狱卒以诸有情置无量逾缮那热极热遍热烧燃大铁鏊上,左右转之,表里烧燸;又如炙鱼,以大铁串从下贯之,彻顶

53

而出,反复炙之,令彼诸根毛孔口中悉皆焰起。复置罪人于热极热遍热烧燃大铁地上,或仰或覆,以极热烧燃大铁椎棒或打或筑,遍打遍筑,令如血抟。由此因缘,长时受苦,故名烧热。于极烧燃狱中,苦更逾此。谓以三支大热铁串,从下贯之,彻膊及顶,眼耳鼻口及诸毛孔猛焰流出;又以极热烧燃大铜铁鍱遍裹其身,又复倒掷极热烧燃弥满灰水大铁镬中而煮煎之;其汤涌沸,罪人随汤出没飘转,血肉皮脉悉皆销烂,唯骨锁在。寻复漉之,置铁地上,令其血肉皮脉复生如故,还治镬中。余如烧热狱中说,故名极烧热。无间狱中受如是苦,谓从东方多百逾缮那烧热极烧热遍烧热大铁地上,有猛炽火腾焰而来,刺彼有情穿皮入肉断筋破骨,复彻其髓烧如脂烛,如是举身皆成猛焰。如从东方,南西北方亦复如是。由此因缘,彼诸有情与猛焰和杂,唯见火聚从四方来,火焰无间,受苦无间。唯闻逼苦号叫之声,知有众生。又以铁箕盛满烧燃极烧燃遍极烧燃猛焰铁炭而簸揃之;复置热铁地上,令登大热铁山,上而复下,下而复上。拔出其舌,百钉张之,令无皱褶,如张牛皮。复更仰卧热铁上,以热烧铁钳钳口令开,以烧燃极烧燃遍极烧燃大热铁丸置其口中,烧口及咽彻于腑脏,从下而出。又以烊铜灌口,烧喉及口,彻于腑脏,从下流出。所余苦恼,如极热说。故名无间。多是造作无间之业,来生是中。(无间业五:弑父母,破和合僧,毁坏正法,杀阿罗汉,恶心出佛身血。)此但略说粗显苦具,非但只此。自余近边、独一、八寒地狱中苦,不复广述。皆是极恶罪人、不孝父母、不识尊亲、奸险凶狠、贪权好杀、荼毒生民、草菅人命、寡人之妻、孤人之子、独人之父、鳏人之夫、争地以战杀人盈野、争城以战杀人盈城、不畏圣言、不敬三宝、杀盗邪淫、妄语两舌、贪嗔痴慢,种种罪业之所招感。

所谓旁生趣更相残害苦者,如羸弱者,为诸强力之所杀害,由此因缘受种种苦。又不自在，他所驱驰，多被鞭挞，与彼天人为资生具。是皆前世以强凌弱、以众暴寡、负人之债、劳人之力、害人命者，恶业所感。

所谓饿鬼趣受极饥渴苦者，谓或由外障故不得饮食，谓彼有情，前生由习上品悭故，生鬼趣中，常与饥渴相应。皮肉血脉枯槁如炭，头发鬅乱，面黑唇焦，以舌舐面，驰走惶惶。所到泉池，为余有情执杖刀索行列守护，令不得趋或强趋之，便见其泉变成脓血，自不能饮。或由内障故不能饮食，谓或有鬼，口或如针，口或如炬，又或颈瘿，其腹宽大，纵得饮食，自然不能若啖若饮。或于饮食无有障碍而仍饥渴长时受苦，谓有饿鬼名猛焰鬘，随所饮啖皆被烧燃。复有饿鬼名食粪秽，或有一分食粪饮溺，或有一分唯能饮啖极可厌恶生熟臭秽，纵得香美而不能食。或有一分自割身肉而啖食之，纵得余食竟不能啖。是皆生前贪得无厌，悭吝不舍，煎人膏血以供情欲，诈伪欺盗，聚敛掊克，人自饥虚我自肥饱，人自哀号我自欢歌，人无立锥我自连城，无一念慈与一念悲，残忍刻薄，恶业所感。人趣中多受匮乏苦者，谓诸贫穷下贱鳏寡孤独者，衣食住居不足不自在故，或时更遇天灾人祸，劫夺兵戈等等苦厄，如是等。又复人中一切有情皆受变坏老病死苦、怨憎会苦、爱别离苦、求不得苦，如前八苦章说。如是一切皆由恶业所招，薄福所感。

天趣中受衰恼坠堕苦者，谓六欲天，将欲没时，五相先现：一衣现垢染，二鬘现萎悴，三两腋汗流，四身便臭秽，五不乐本座。诸天此相现时，知将坠堕，遂生忧恼，怅念天乐不复享受，更怖当来坠堕之苦。此时惶恐倍逾寻常。所谓欢乐极兮、哀情多者，六欲天之谓也。色、无色界天无如是等苦，由不动善业之所引生，非苦受器故。然由粗重苦故说彼有苦，有烦恼故，有障碍故，于死及住不自在故。

唯有出世无漏界中一切粗重诸苦永断，是故唯此是胜义乐，当知所余一切是苦。

已说三界五趣苦，彼乐当说。

四种那落迦中无有乐受，三种饿鬼中亦尔。彼大力鬼旁生人中，有外门所生资具乐，然为众苦所杂。

又人趣乐，以转轮王最胜微妙。（此就报说，若就修言，轮王之乐不如修道至乐，此在内故，彼在外故。）又北拘卢洲人最受福，有如意树，出众资具，随彼人众欲之所需，自然在手。复有杭稻，不种而获。无有我所，无有系属。但造善业，决定胜进。最极自由，无诸祸害。是修上品十善业道之所感生。

诸天趣中受极广大天之富乐。形色殊妙，多诸适悦。其身内外皆悉清洁，无有臭秽。有四天宫，金、银、颇胝、琉璃所成，种种文彩绮饰庄严。种种台阁楼观层级，窗牖罗网，皆可爱乐。钿以摩尼光明照耀。复有食树，出四食味，青黄赤白，名曰酥陀。复有饮树，流甘露水。复有乘树，生诸妙乘。复有衣树，出诸妙衣。复有庄严具树，出生种种庄严之具。复有熏香鬘树，大集会树，最胜微妙高广遍覆。三十三天雨四月中，以天妙五乐共相娱乐游集其中。复有歌笑舞乐之树，资具之树，从此出生种种乐器，种种资具，天欲受用自然来现，不劳勤劬而得享乐。帝释所居有普胜殿，殊胜无比。有善法堂，以会诸天，令观妙义。又诸天身自然有光，随其明暗以辨昼夜。又彼诸天唯发喜乐，无诸忧恼（唯除死时）。常闻歌舞调笑之音，常见种种可意之色，嗅微妙香，尝美好味，触美好触。常无疾病，亦无衰老。无饮食等匮乏所作俱生之苦。是皆前生持戒、布施、忍辱、克己、利济和合他有情故，令受斯福。唯有一失，不如人中：恒行放逸，为乐所牵，无有胜进，虚度时日，故诸智者不希求此。

于色界中,初静虑地受生诸天,即受彼地离生喜乐;第二静虑地诸天受定生喜乐;第三静虑地诸天受离喜妙乐;第四静虑地诸天受舍念清净寂静无动之乐。无色界天受极寂静解脱之乐,谓一切下地有多杂染,有多过失,由于先时修彼地定,观下粗性而生厌离,观上妙性而生欣乐,次第修习得上地定,离下地欲,离下地欲已,次于后生生于上地,便得享受彼上地乐。

初静虑地受生诸天即受彼地离生喜乐者,离者离欲界欲,及恶不善法故。所得转依,从离欲及恶不善法所生之喜乐,名离生喜乐。第二静虑诸天受定生喜乐者,二禅离初禅欲,无有寻伺,其定多相续住,故名定。由定所生喜乐,更胜初禅,故名定生喜乐。第三静虑诸天受离喜妙乐者,由离二禅欲故,离于喜。由于喜故,令心踊跃,不为妙乐;三禅离喜,由无踊跃而安住故,转得安适,故名离喜妙乐。第四静虑地诸天受舍念清净寂静无动之乐者,四禅离三禅欲故,复无有乐;由有乐故,仍有动转;今离寻伺喜乐一切动故,其心平等,其心正直,心无转动,而安住故,名舍清净;由超过寻伺喜乐一切动故,心不忘失而明了性名念清净;由舍念清净故寂静无动,由寂静无动故乐,此乐以超过苦乐以为乐也。是名舍念清净寂静之乐。

无色界诸天受极寂静解脱之乐者,云极寂静者,较于四禅寂静胜故。云解脱者,以离色故。有碍有对,是名为色。此离彼故,所缘无边,如处虚空,无对无碍,名解脱焉。非谓断障寂灭之解脱也。由极寂静解脱故,说以为乐,名受极寂静解脱之乐。

复次,五趣有情复随所受身量大小、寿命长短、所依器界及身心等种种殊异故,彼苦乐受弥复殊异。

云何应知一切界趣皆实有者,谓欲界人趣及旁生趣,人所共见,共知是有?云何说有余趣余界等?既色、无色界天、地狱等,非人所见知,如何说有?既说为有,如何不为吾人现见知耶?

答:常人知识原有限量,诸不知者,取证圣言,由闻知故。诸闻知者,不违理故,是真实有,如闻科学家言地圆动等。谓地之圆及地之动,虽不为人现见能知,然由不违理故,闻彼科学家言而信实有。现见世间一切有情作业异故得果亦异,因果定理真实不虚,三界五趣依业报立,不违缘起,故真实有。既有善恶及诸定业,故定应有福及非福不动诸报,随业类殊,界趣以异。不尔,善既无功,恶亦无报。有情既死,应成断灭。有因无果,违缘生义,亦违世间。又彼圣人是实语者、如语者、不妄语者、不诳语者,既诸所说若苦集灭道、善恶业道等皆应正理,皆是实有,云何果报之义而独非实?况夫鬼趣有情,虽不尽为人共见知,然亲见者亦随在有,古书所传,今人所说,世多信有故。既此诸趣皆非无有,然有可知不可知者,有情果报随业而殊,或细或粗,或劣或胜,境界既种种不同,而识力强弱又种种差别,故有可见或不可见。同界有情多分能见,以业报相似,识力之差不过远故。异界有情多分不可见,以业报过异,识力过差故。识之所缘即自界地亦多有不可见者,谓过细则不可见,如借显微镜所见,非常识所可见。过远则不可见,如借望远镜所见,非常识所可见。过大不可见,如蚁虱等不能见人为短、为长、为状何似,人亦不能见地球是圆、是方、是动、是静及其轻重等。(昔人谓地方而静,依悬想说;今人谓地圆而动,依推理说;要皆非现见也。)有过近则不可见,如眼能见山河等,而不能自见其睫。有过强则不可见,如日光过烈,人不能直视其光,细审其形。有过弱则不可见,如人于黑夜不辨四方,不见物形,以光极微细故。有非其境故则不可见,如眼不能闻声,耳不能见色等。有根缺故不可见,如盲者不能视,聋者不能听。有心乱故不可见,如疯狂昏醉者于诸事理。如是虽自界地,而有多不可见者。其他由障碍故而不可见,如人不能见隔山、隔壁之物,及自肺、肝、肠、胃等。由映夺故而不可见,如人于白日不见辰星(辰星之光为日光映夺故)等,尚不计焉。虽然,如是之不可见皆非绝对不可见,随识异故而皆可见。如蚁等之声音语言虽不为人所闻,彼等自能闻。微生物之体虽不为人所见,而彼等自能见。人牛之大小等虽不为蚁等所见,而人等自见。自睫虽不为自眼识见,然他识自见。日虽不可为人直视谛观,然可为天直视谛观。人于黑夜虽无所见,然犬猫鼠狸自明了见,如是等。由是可知:随识异故所见亦异。凡有皆可见,而有不可见者,但识力不及耳。地狱饿鬼及天趣等,虽有,而彼根身及所依器界随业不同而得报以殊,或过大过小,或过强过弱,如是乃至或非其境,既皆非人趣识力所及,云何而能一一了见也。然而当思:即诸旁生如彼微虫等,多分已非人所见故,非是无也。若依唯识道理,一切有情所变境界光光互网,不相障碍,但由心异,互不可知,譬如多人共寝一室,中宵梦起,各变相生。或有自觉身登高山,或有自觉身没大海,或有自觉荣宠欣乐,或有自觉困苦颠连,或有自觉亲爱聚集笑语高歌,或有自觉仇对会遇相残相贼。同处同时,各自识起,天高地卑,宇宙悬绝,宁可执自为有,斥余为无,自即是真,余皆妄者?佛说生死为长夜,轮回不穷,造业受果,三界五趣境界各殊。然而有同,俱随心生,一切如梦耳。

如是已说三界五趣种种果报,诸有智者当自审观,一切苦乐由业所招,善业恶业各别由善法烦恼所起。故于诸苦,勿徒憎恶;于诸妙乐,勿徒欣羡。当自审察:吾之平生造何业耶?此心烦恼及以善法孰强、孰弱、孰多、孰寡耶?欲知前世因,今生受者是。欲知来世果,今生作者是。正尔心,慎尔行,夭寿不贰,修身以俟之。是谓立命。

一切法无我第九

佛言,一切法无我。

何等一切法?云何为无我?为何义故观一切法无我耶?

一切法者,略有五种:一者心法,二者心所有法,三者色法,四者心不相应行法,五者无为法。

第一心法,略有八种,谓眼识、耳识、鼻识、舌识、身识、意识、末那识、阿赖耶识。

眼识者,识谓了别,于诸境界各别识了,故名为识。依于眼根所生之识,故名眼识。以了别色为彼作业。

耳识者,依于耳根所生之识,是为耳识。以了别声为彼作业。

鼻识者,依于鼻根所生之识,是为鼻识。以了别香为彼作业。

舌识者,依于舌根所生之识,是为舌识。以了别味为其作业。

身识者,依于身根所生之识,是为身识。以了别触境为其作业。

意识者,依于意根所生之识,是为意识。以了别法为其作业。此之法言,有其二义:一者诸事诸相统名为法,如色心等,并名法也。二者诠表名法,谓名句文字语言教法也。余识所识各有限量,此识了别遍于一切,事相名言并为其境,故于此识特言以了别法为作业也。又此识业用最强,善恶业道并此所作。

末那识者,末那名意,思量为义。谓有细意识,依赖耶生,内缘赖耶,恒审思量执为自我,思量用盛,故特名意。又此即意根,为意识所依。

阿赖耶识前章略述,即异熟识,为业报本。执受根身,变起器界,集诸种子,起诸现行,是一切法根本所依。

此八种识总名心者,集起名心。集诸种子,起诸现行,(是为种现依也)集诸心所,(如王所在,臣必集焉,故又名心王,是心所所依也)起诸境界,(谓色等境随心而转,唯识所变,故云唯心,是色等所依也)起种种业,集种种果,(业由心作,报由心受,是为业报依也)一切最胜,是故先说。

第二心所有法略五十一:遍行五,别境五,善十一,烦恼二十六,不定四。

遍行五者,谓作意、触、受、想、思。

警心令起,引趣自境,令于所缘分明觉了,是为作意。意即是心,作动于心,就业立言,名作意也。触以令心、心所有法和合触境为性,受想思等所依为业。所依者,依彼生也。受以领纳顺违俱非境相为性,起欲为业。此受差别有三,谓苦、乐、舍。想谓于境取像为性,施设种种名言为业。思谓令心造作为性,于善品等役心为业。思为业体。善品等者,即善、恶、无记三业道也。由思造作,驱役其心,令于三业道中造种种业故。如是五法名遍行者,谓凡心起无处无时不与如是五种法俱故。必有作意警觉于心,必有于触和合触境,触境必有于受,取境必有于想,必有于彼境有所造作。今之心理学者谓心起时必有刺激及与反应,刺激即是触与受,反应即是思,而不知并起同时有作意等。又谓受刺激者即是心,还即此心起反应,不别立有触受与思心所有法,故五遍行,彼俱不了。

别境五者,谓欲、胜解、念、定、慧。

欲者，于所乐境希望为性，勤依为业。胜解者，于决定境印持为性，不可引转为业。念者，于曾习境令心明记不忘为性，定依为业。定谓等持，平等持心令不散故；于所观境令心专注不乱为性，智依为业。慧者，于所观境简择为性，断疑为业。

如是五法名别境者，别谓特异，简非寻常，于特异境，始得生故，异遍行五，于一切境皆得生起，故名别境。特异境者，所乐境、决定境、曾习境、所观境。非所乐境，希望不起。非决定境，无有印持。非曾习境，不起记忆。非所观境，不生定慧。故此五法于别境转也。此之五法通于三性。五善别境，谓即正愿、正解、正念、正定、正慧，善法中已说。其不善者，谓即邪欲、邪解、妄念、邪定、不正知及恶见，随入烦恼法中。于医方、工巧、商贾、营农等事中，不由善恶等心而起希望乃至巧智者，即属无记，以无关于德失故。（德谓善法，失谓过失。）

此之五法通三性心，又功用猛利，故次遍行说焉。

善及烦恼前已俱明，此不更述。

不定四者，谓悔、梦、寻、伺。

悔谓恶作，于所作业追悔为性，障止为业。由多悔者心不定故。梦谓眠梦，令身不自在心昧略为性，障观为业。云障观者，由心昧略不能审决观察故。寻谓寻求，令心匆遽，于意言境粗转为性。伺谓伺察，令心匆遽，于意言境细转为性。二者俱以安不安住身心分位所依为业，并用思慧一分为体。于意言境，浅推度及深推度，义类别故，立为二种，即现代心理学所谓思想者也。唯与第六意识俱起，故以意言境为境，通缘三世及名言义故。云安不安住身心分位为业者，寻伺不得，身心不安住故；寻伺而得，涣然冰释，怡然理顺，身心安住故。又邪寻伺者，多起忧怖，惑乱颠倒，能令身心不安住故。正思维者,离欲邪境,正见正知,令心寂静引发定故。安不安住身心分位,皆由此起,故为其业也。

此四名不定者,非如触等定遍心故(此唯在意识),非如欲等定遍地故(此唯在欲及初禅二地),此通三性,于善染等皆不定故,故名不定。

如是诸法,因心而起,系属于心,不自在故,名心所有法。心法如王,此如臣等,如臣为王所有也。此又名相应行法,由此与心和合不离,共办事业,互相应故,名相应行也。臣固依王,王亦待臣,定相依故,次于心法说心所有法。

第三色法略十一种,谓五根、五境及法处所摄色。五根者:眼、耳、鼻、舌、身。五境者:色、声、香、味、触。法处所摄色,谓极略、极迥、受所引、计所起、定所生色。

眼等五根者,谓四大所造,净色为性。眼等五识,各别所依。各别略当于近代心理学中视神经、听神经、嗅神经、味神经、触神经。

色者,眼所行境,眼识所缘,四大所造,如青、黄、赤、白等。

声者,耳所行境,耳识所缘,四大所造,若有情声(人、禽等声)、非情声(风声、雨声、草木等声)、情非情俱声(笙箫、琴瑟等声)等。

香者,鼻所行境,鼻识所缘,四大所造,若芬、馨、恶、臭等。

味者,舌所行境,舌识所缘,四大所造,若酸、咸、甘、苦等。

触者,身所行境,身识所缘,若四大种,若四大所造。四大种者,谓地、水、火、风。此四为依,方有造色,色、声、香等必依此四生故,故此名大种,余名造色。

触处造色,谓涩、滑、重、轻、力、劣、痛、痒等。

法处所摄色者,非五根境,意识所缘,故名法处色。极略色谓极微色,极迥色谓极远色,非眼所缘,但意想者。受所引色谓无表色。计所起色谓想像色(如梦境色等)。定所生色谓定中意识所缘色。

此十一种总名色者,变现名色。变谓变坏,由质碍法遇余触对,有变坏故。现谓示现,是法生时必据方所显现可得故。如是色法以是心、心所法所依(根)、所缘(境)故,依是而生,缘是为境,由是造作种种业,受种种果,故次明焉。

第四心不相应行法略二十四,谓得、失、命根、同分、名身、句身、文身、生、住、异、无常、流转、定异、相应、势速、次第、时、方、数、和合、不和合、无想定、灭尽定、无想报。

得者,谓诸法成就相。失者,谓不成就相,或名非得(此通一切法),亦名异生性,以未成就圣法故。命根谓有情寿命分限长短决定相。同分谓五趣有情各别自体相似相,及诸法心色各别相似相,即种类义也。名身者,诠表诸法自性相。句身者,诠表诸法差别相。文身者,名句所依字音相。生者,诸法先无今有相。住者,诸法有位暂停相。异者,诸法前后差异相。无常者,诸法今有后无相。流转者,诸行因果相续不断相。定异者,诸行因果差别相。相应者,诸行因果称顺相。势速者,诸行因果流转迅疾相。次第者,诸行因果秩序相。时者,诸行生起前后相。谓依于已灭立过去时,依于正生立现在时,依于未生立未来时。方者,诸色遍布处所相。数者,度量诸法多少相。和合者,诸行缘集相。不和合者,诸行缘乖相。无想定者,由先厌心折伏六识想等不起相。灭尽定者,由先厌心令染心等一切不起相。无想报者,谓无想定业果报相。

如是二十四法名不相应行法者,异相应行以为名也。由于此法非有自性,如心所法能助于心造作诸业;但是一切有为法上生灭流转因果分位差别相状而假建立,如云得,非别有得能得于法,但法成就,说名得耳。如云生,非别有生能生诸法,但法生时说名生耳。如云名,非别有名能名诸法,但随有情音声呼召,文字诠表,约定俗成,以为名耳。如云时,非别有时能时诸法,但就诸法已灭未生已生未灭,说为过未现在时耳。如云数,非别有法能数诸法,但随人心就法多寡,假说一二十百千耳。如云和合,非别有法能合诸法,但就缘合说和合耳。如是诸法何由建立?由于有情为令认识诸法共相,及为诠表诸法差别故,随其生起分位因果关系而假施设如是诸法。故此诸法但是假立,故次说焉。不相应行不但二十四种,随俗建立,无量无边。即如数,为数学者有种种数,若基数、系数、形数、量数等。一切数学、名学、玄学、范畴论、因果论等,多分诠述不相应行耳。

第五无为法略有六种,谓虚空、择灭、非择灭、不动、想受灭、真如。

虚空者,谓离于色,容受诸色。云离色者,无色名空故。云容受诸色者,色住于空故。择灭者,谓即解脱,亦名涅槃,由智慧力拣择诸谛,灭诸烦恼解脱生死,故名择灭。非择灭者,谓一切法缘缺不生性。不动者,第四静虑离苦乐性。想受灭者,灭尽定中一切染污想受不行性。真如者,离诸妄想故名真,当体呈现故名如,谓即诸法法性,或名法无我性、空性、无相、实际、胜义、法界等。

如是六种名无为者,异有为故。有生、有灭、有作用法是为有为,无生灭故亦无用故名无为也。或体无故无生,如虚空;或永灭故无生,如择灭;或缘缺故无生,如非择灭;或非处故无生,如不动;或止息故无生,如想受灭;或法尔故无生,如真如。无生故无用。无用何为?又无生故无灭。无生无灭,是故恒常。故有为法皆是无常，独此无为名常法也。

一切法无量种，略摄为百，有《百法明门论》。百法类分，不过五种，谓心、心所、色、不相应行，及以无为。心法是主，心所是从（助辅义），色是所依及所缘境，由是三法和集依待有诸作业及诸果报，由是因缘有情流转生死相续。不相应行是前三法生起流转相，无为法是诸行还灭寂静相。前三法实，第四法假。前四有为，第五无为。有为无常，无为法常。是故五法，摄尽一切法。百法可增，五法不可增。百法可减，五法不可减。如是说一切法尽。五法广义，如《佛学概论》略述法相章详。

言无我者，略有二种：一有情无我，二法无我。我有多义：一者常，二者一，三者实有，四者有作受用，五者能为主宰。一切有情所以无我者，合心、心所及色等法为一有情，多法合成，故非一。生死无常，故非常。离于诸法无别有情，故非实有。作但心、心所作，受但心、心所受，故无别作受用。随于诸法流转生死，故无主宰。由是等义，有情无我。言法无我者，如是一切法，心、心所、色待缘而生，生已即灭，是故非常。前后转变，次第相续，是故非一。不相应行既非实有，一切无为皆无作用。又诸有为待缘生故，一切无为无有用故，都无主宰。故一切法皆非是我。是为法无我。

如是无我又名为空。无我之理说明空性。即此空性，说为法性。法性真实，说名实际。离诸妄倒，说名真如。不灭不生，说为常寂。是故如来说一切法自性本空，一切有为、无常、无恒、不寂静法，其性真实寂然常住。

为何义故观察一切法无我者？为达无我观一切法。为达法性观察无我。由知诸法遭我执故。空无我理是法性故。知法无我性者，能断烦恼，能证出世菩提涅槃。

缘 生 第 十

佛言,若知缘生,则知法性;若知法性,则知空性;若知空性,则见智者。

云何缘生？何等法缘生？何等缘生决定义？为何义故观察缘生耶？

云缘生者,缘谓依待,依待他法自果方生,故名缘生,亦名依他起性。如诸稼穑,若稻、若麦,要待种子、土地、人工、日光、空气、雨水、肥料等诸缘和合,方乃得生,故名缘生。

何所依待诸法生耶？

此所依待略有二种:一者因,二者缘。所云因者,谓能生果近正功能。亲生自果,故名为因。所云缘者,谓能生果缘籍势力,助果生故,说名为缘。①

何法为因？何法为缘？

---

① 佛法说因缘各有多种,因说有十,谓随说、观待、牵引、生起、摄受、引发、定异、同事、相违、不相违。或复摄十以为二种:谓能生因,方便因。能生因即生起因,方便因即余因也。缘说有四,谓因缘、等无间缘、所缘缘、增上缘。或复摄四以为二种,谓因缘、增上缘。后之三缘并称增上缘故。对果名因,对起名缘。依如是如是因得如是如是果。依因果义摄缘归因,因十或二。依如是如是缘,起如是如是法,依缘生义摄因归缘,缘四或二。初学者于十因四缘等义既未有知,徒举其名,不易了解。详辩其义,又觉纷繁。是以舍十因四缘等义不谈,但就正生果者名因,助与果者名缘。因即能生因,即因缘。缘即方便因,即增上缘也。摄义平等,而易了别。表之如次:

能生因————因　缘————因
方便因————增上缘————缘

云因法者,谓即种子。何谓种子?谓本识中(阿赖耶识)功能差别。言功能者,谓若有法,虽无现相业用可得,而有功能生彼相用。如谷等种,虽未现有茎叶等性,而有功能顺生茎叶。亦可名此为可能性,虽非即彼,可能生彼故。(吾说种子为可能性,或有不解谓说种子中有可能性,罔设疑难多番致诘。)云差别者,谓此功能非是一类,色有色种,识有识种,善、染、无记功能各别。有无量不同之法,即有无量不同之种,各别自种各生自法,故名差别。故说种子为功能差别。又此种子亦名习气。习谓熏习,气谓气分,是前现法之所熏习,彼气分故,名为习气。此言何义?谓诸现法生已必灭,然彼势力非遂全无,于彼生时法尔熏习成为种子存本识中。如是种子,是现法之所熏习,彼气分故,名为习气。气类相同,名为气分。色所熏习气类同色,是为色种;后时还生于色。识所熏习,气类同识,是为识种;后时还生于识。善、染、无记诸法皆然。是故种子亦名习气。即于此中已显种子现行辗转更互相生义。由是种子复以现行为自因也。吾人既说种子为可能性,亦可言习气为潜势力,是自现行潜伏势力故。云何应知诸法皆由种子生,一切现法既谢灭已,皆有习气存耶?求光于烛,不于土块。求火于煤,不于沙聚。求智慧情感于人,不于草木金石。当知唯于烛煤人等中有是光火智慧情感之可能性,有彼种子故。土块沙聚草木金石等中无彼光火智慧情感可能性,无彼种子故。故知诸法定从种生,无因不起。又如烧石灰者,置石于窑以火烧之,令极红热,可成灰已,熄火令冷,然后取出,置于余处。于时以手触之,冷然犹之常石也。以水浇之,忽发炎焰,煮水可沸,热不可执,于是石体解散,尽为灰焉。夫石之遇水而解也,有火热出;彼热何由而至哉?常石无如是热也,水更无如是热也,然而热生者,盖先时窑中火力潜伏彼中为潜势力焉,今遇缘而生耳。火如是,水风地等亦然。声光香味等亦然。诸现法中常伏一切余法潜势力,虽为人所不见,而遇缘即发,所谓习气、所谓种子是也。又如人之读书,其已读者虽十年二十年犹可保存字义,遇缘而复识焉。读书如是,作事亦然。人之所以能有经验、习惯、记忆等者,皆熏习潜势之存在本识令不遗也。习于贪者,遇缘辄贪,贪心转炽;习于嗔者,遇缘辄嗔,嗔心转炽。故一切法,若心、心所,乃至于色,于起用时,于现行时,皆能熏习,植其潜势力于所熏中,此理决定。如是熏习,如是种子,是为一切有为法因。①

云缘法者,谓自种外,若根、若境,一切所依。根谓六根等,境谓六尘等,各随所应为诸法依。谓如眼识依眼及色等,耳识依耳及声等。根尘等义,如一切法章说。

一切有为法,要必依是因与缘法而后得生,非无因生,不自然生,是谓缘生。

何等法缘生者,世出世间一切有为法,若心、心所,及以色等,

---

① 按诸法种子又名为性,又名种性;又名为界。界是因义。性是体义,谓有为法能生体性也。或是类义,是现法体类也。种即是性名为种性。儒者言心行因亦称为性,故曰天命之谓性,又曰生之谓性,又曰喜怒哀乐之未发谓之中,又说性为未发情为已发。是则性者有生俱生,本来自有,为一切行为喜怒之未发者也。此即当于佛法种子。天命之谓性,有当于本有种。然又说少成若天性,习惯成自然,亦说后天修习可成性也。故曰,继之者善也,成之者性也。是谓习性。此则当于佛法习所成种也。性有善恶,故行有善恶;故说其人品行恶劣,谓为习气乖张或根性下愚。其人品行高尚,谓其习气良好,或谓天性贤善。是皆类于佛法者也。诸本有种,势不猛盛,要经修习,势力乃增,故修行者不恃生得善而贵加行善。是故孔子说性相近也,习相远也。然多生有修习者,则本性极强,故孔子又云,上智与下愚不移也。此亦不违佛法也。但佛法因果通于三世,故诸本性多分即是前前生习气,今生习气又为后后生种子。故种习二者,体非定异耳。自孟荀而后,乃有性善性恶之争,自是而后聚说纷纭,要皆由于性体一多之义未明,是以各执一是。设明佛法种子功能差别,现法习气体类无边,善、恶、无记心、心所、色各有自种之义,则一切异义皆迎刃而解矣。

乃至有情染净果报，皆从缘生。

如心，要有种子，及所依根，及所缘境，作意正起，而后得生。

如无情物，草木土石，或诸偶像，或诸机器，以无心种故，彼识不生。诸有情者，设根坏故，彼识不生。故盲者不能视，聋者不能听。

设境不现前者，识亦不生。故于暗室不见诸色，于诸厕所不闻妙香。

设作意不起者，识亦不生。故曰心不在焉，视而不见，听而不闻，食而不知其味。

心识种子，是为彼因。根境作意，是为彼缘。是为心法待因及缘而后得生。

心所亦然，慈悲种子薄弱者，虽遇极可怜境，而心不悲。如凶暴者，于极可怜人，犹行种种毒虐残害。

富有慈悲种性者，虽具彼种，然设不遇可怜境事，悲亦不起。不于富乐无忧人处起怜恤故。

贪欲重者，遇可爱物，辄思占有。然于瓦砾粪秽，贪欲不起。诸离贪者，财不能乱，色不能迷，淡泊超然，清净自足。

色法亦然，油中有光种，故以油燃灯。炭中有火种，故取火于炭。然不用人工及余缘合，光不自生、火不自起、煮沙不成饭、酿水不成酒者，以非彼因故。虽有米麦，不用煮酿，饭亦不成，酒亦不办，缘不具故。（此中一分相似说。）

已说诸法待因及缘而后生义。次说有情作业受果流转还灭待因及缘而后生义。

云有情作业待因及缘而后生者，如人之作善业，必自具足诸善法种，自乐为善，由是发起一切善根，及作善意乐（即志愿）。是彼业因。又必由良师益友教导辅翼，开其知意，为之助伴。又必触对现境，如遇一切苦恼有情，或亲或友或非亲友；或遇一切胜善圆妙可欣乐事，如佛法僧；或诸世间正法善果。如是善友及此现境是为缘。因缘具足，然后发生慈悯，救拔有情业，或证得成办胜善业。设虽有善根而无良师教导，则不能开其意乐。设虽有意乐而无助伴，则不能增其势力，坚固加行，或中途而返，或畏难而退。设虽有善根及善意乐又有善友，而不对遇可悲可慕种种现境，则悲心愿心亦无由起，亦即无由发起彼业。设虽有善根亦对现境，而未先得师友开导，善心未固，则亦未能发彼彼心起彼彼业。设虽遇善友亦遇现缘，而自无善根，则师友亦无由发起，现境亦不能感动，顽然蠢然，麻木不仁，则亦不能发彼彼心起彼彼业。由是有情一切善业要因及缘具足而起。

善业如是，恶业亦然。诸作恶者，要由极重烦恼种子起不善根及恶意乐，是为因。又必恶友为之引导，增其势力。又必对遇可贪嗔境，是为缘。设虽有恶心不善种子及恶意乐而无恶友，或不敢为。设有恶友而不对现境，亦未即为。设恶友现境俱现在前，而无恶种及恶意乐，则竟不肯为、不忍为。故诸恶业待因缘起。

作业如是，受报亦然，人天地狱、饿鬼畜生、富贵贫贱、毁誉得失、兴衰苦乐，一切皆由烦恼善法善恶业道之所招引，无无因起，无自然起者。此中因者，谓前业习气；缘者，谓现境对遇。此就三界趣生受果说。如杀人者，先造杀业，经久时间方遇仇对或司法人，因被破获，由是处以枷械枪决等事，令受众苦。亦可说彼杀业为因，遇仇对等为缘，由是因缘合故受是报也。

世间业报如是，出世道果亦然。要由出世无漏种性及正发心以为因，善友正法以为缘，然后修习圣道。由修胜道，证胜果。故无种性者,佛不能度,法不能救。虽具种性,未遇善友,未闻正法,圣道圣果亦不生故。

是故诸法及诸有情善恶染净业道报果,无不皆由因缘生者。

缘生决定义者:

一者,诸法之生必有自因,设无因者,但缘不起。而诸世间谓人心善恶但随环境所成,人之功罪一切归其责任于社会者,成大邪见,全乖事实。荀子性恶善伪之说亦违正理。故一切法非无因生。

二者,诸法之生必待外缘,设无缘者,孤因不生。而外教说世有上帝主宰,一切自足,无待造生万物;或谓世间自然而生。又诸执有我者,一意横行睥睨一切,谓皆我自创造。如是一切,皆成惑乱。故一切法,非有主宰,非自然生。

三者,诸法自因但生自果,不生余果。麦种但生麦,稻种但生稻,心种但生心,色种但生色,善法种子但生善法,烦恼种子但生烦恼,法有无量,种即无边,无有此法因生彼法果者。是故因果自性决定。设谓异因能生异果者,种瓜应得豆,种豆应得瓜,或诸圣贤应生烦恼,五逆恶人应生圣道。因果杂乱,世事全乖。诸唯物论者谓由物质转化成心,心理作用皆是生理之果,彼实愚昧,全无正知。又言性者或执性善,或执性恶。纯善则恶何由起?纯恶则善何由生?孟子之说谓仁义非由外铄则是,设谓全善则非。荀子之言,绝无是处。又言善恶混者,由未明说善性恶性各自种成,疑一性上有善恶用,或谓一性又善又恶,则更无当,安有一体具二性者。故此等说,皆不应理。自因但生自果,不生异果,此理决定。又由此故,一因亦不生多果,一果不从多因生。设非尔者,仍有异因生异果过故。诸法外缘可有多种。一法可作余多法缘,以是异法助与力故,故稻麦等生待多外缘,一人之力可作多种增上事,此中不遮。

四者，众缘生法，缘与所生，必相应随顺，不相违逆。如雨水日光等之与禾稼，根境作意与心、心所，不苦与慈悲，不净与无贪，逼恼与嗔恚，悦意与贪欲。又如十善业道与人天福报，十恶业道与三涂苦报。静虑寂止与上界不动果报，真见智慧与解脱离系，大慈大悲六度四摄与无上菩提。又如爱语舒颜忠诚爱敬与摄朋侣，孝慈弟友与宜室家，正心修身与教徒众，大信大义、大德大威与治平天下。乃至骄慢诈伪与孤立无依，忤逆寡恩与室家乖诤，矫饰虚矜与徒侣分散，私心小智、诈术权谋、黩武专横与殃民害国扰乱天下。如是一切，皆相随顺，正取彼果。设异此者，彼果不生。

五者，一切外缘能随顺此法令此果生者，亦于余相违法能作障碍令彼不生。如田土中稂莠生已嘉禾不生，如嘉禾生已稂莠不生。如修善法，恶法不生。如习恶法，善法不生。慈悲与嗔，不净与贪，损恼与慈，妙好与舍，十善业道与三涂，十恶业道与人天，禅定寂止与下界，邪见愚痴与离系解脱，自私独善与无上菩提，乃至私心小智、诈术权谋、黩武专横与利国福民治平天下。如是一切，皆相违逆，能作障碍，决定令彼不生。

六者，因缘具备必定生果。根境作意识等种子俱现在前未被损害，识等定生。造诸业已，定有后报。修圣道已，定得道果。农务工商，业缘备故，彼事定成。设谓因缘虽备，果犹不生者，则一切法应无由生。善既无功，恶亦无报，作业何用，虚力唐劳，断灭空无，万事顿息。实相乖反，成大邪见。

七者，因缘生法果既成已，法尔于余更作因缘复生余果。如是因果辗转不穷，前因无始，后果无终，相续长时永无断绝。唯除染法，离系涅槃。谓如禾稼从种生已，次第辗转复生于种。种复生禾，禾复生种，振古迄今，长时无绝，心心所种，生现行已，即时熏习更成种子；余时得缘，又生现行。现复熏种，种复生现，长时相续，识起不穷。如人读书作诸事已，熏种于心，后还记忆。色等亦然，日等光热成熟草等，后时草等还生光热。以火烧石令成灰者，后时遇水，复发猛热（热即火也，光属于色）。皆热等生时，便熏成种，住所熏中，后遇缘时生现热耳。凡此等义，如前已说。此等种生现时，现名为果。现熏成种，现复成因。是为法从自因生，法尔于余更作因也。作因如是，为缘亦然。诸法从缘生已，法尔于余有缘用故。此如禾稼从土壤人工等缘生已，自能于余诸有情类为所受用令彼或生或住或长。心等生已，法尔能造种种事业，或引后果，或损益他故。日月出已，无心烛物，而群物皆照。时雨降已，无心泽物，而百谷自昌。猛虎在山，藜藿不采。桃李不言，下自成蹊。尧舜帅天下以仁，而民从之，天下相率以为善。桀纣帅天下以暴，而民从之，天下相率以为乱。因果感应，必然之理也。佛言，无明缘行，行缘识，识缘名色，名色缘六入，六入缘触，触缘受，受缘爱，爱缘取，取缘有，有缘生，生缘老死忧悲苦恼。此言何义？谓言无明生已，法尔为缘，自有行起。行生已，法尔为缘，自有识起。识生已，法尔为缘，自有名色起。乃至有情生已，法尔为缘，自有老死忧悲苦恼起。是为十二缘起。诸法生已，无有作意，自能于余为缘，令彼生故。有情流转如是，还灭亦然。从他闻音习正法已，法尔能起正见。正见起已，法尔能生正行。正行起已，法尔能得正果。得正果已，法尔于余还能开示正法，令生正见，令起正行，乃至令得正果。彼得度已，转复于余，转复于余，正法不尽，度济无穷。正法如是，恶说亦然。邪见妄行转相传引，亦无尽故。是为法从外缘生法尔于余复作缘也。法从因生，复作余因，因果相续终始无尽，有似科学之言物质不灭。法从缘生，复作余缘，因果相续周遍无尽，有似科学之言能力不灭。所不同者，彼谓一物一能辗转异位而不灭，此言诸法缘生生已即灭，但由因果相似相续令无尽耳。虽说不断，而不说常。不断不常，唯因果之相续耳。因果相续前后不尽，是为法界真实甚深微妙究竟义。

八者，缘生法中，能生所生性必平等。谓如上说，因缘生法，果既生已，复能于余更作因缘。如是彼因缘者，仍复从前余因及缘之所生起，即对彼法仍复为果。如是诸法，对彼为因，对余为果。对此为果，对余为因。果名所生，因即能生。能生亦所生，所生亦能生，俱从缘生故。俱是有为故，其性平等。又俱有为故，其性俱无常。俱从缘生故，俱无有主宰。又如前说所生之果无量故，能生之法亦无边，是故俱不一。是故诸法能生所生不一、不常，俱无主故，其性平等。而诸世间有诸外道，各别执有上帝大梵大自在天时方本际自然及以我等，体遍真常，俱诸功德，为世真宰，能生万物，一切万物皆从彼生，而彼真宰不从余生，不待缘有。如是能生所生，常无常异故，一非一异故，宰无宰异故，有因无因待缘不待缘异故，一切一切俱不平等，是为不平等因外道。违背事理，全无意义。

九者，诸法自性决定于因缘，因异果异，缘异果异。凡一切法自无定性。此如禾稼，虽以同样之土地、之气候、之肥料，人工而种植之，然由种子异故，禾稼则异。种瓜得瓜，种豆得豆，外缘尽同，而果异者，异于因故。又如以同样之种子，或麦、或稻、或豆、或瓜，而种之以不同之土地、气候、肥料、人工，或肥或瘠，或和或灾，或多或寡，或勤或惰，随其外缘之种种不同，而所得果或苗而不秀，或秀而不实，或实而不繁，或复硕大繁多收获无量。自种尽同而果异者，异于缘故。又如有情，设以同一之学校，聚集众多之学生，与以同一之环境，令之同食同衣同居同游，而施以同一之教育；然而其结果也,有高有下,有优有劣,或有青出于蓝、智过于师者,或有全不受教、落伍自退者。外缘尽同而果异者,异于因故。必学者本性自有智愚、贤不肖、勤勉怠惰种种不同也。教育如是,家庭社会、民族国家、人兽禽虫一切皆然。同此天地,而人禽之生活异。同此世界,而人类之文野异,民族国家之盛衰强弱异。同一社会,而习尚行为异。同一家庭而兄弟手足之间,又复智愚、贤不肖品行学业种种差异。如是差异,皆异于因。又如以智力同等、性情不殊、年貌相似、血缘不远之儿童多人,而处以不同之环境,施以不同之教育,与以不同之职业,习以不同之风俗;则其结果,或有为工者焉,或有为商者焉,或有从事于教育政事者焉,或有德行坚定智虑非常者焉,或有同夫流俗智识浅陋者焉,或有品位优越受福不穷者焉,或有贫寒困苦不克自存者焉。因力等齐而结果各异者,异于缘故。以是推之,同是禽兽虫鱼也,而各随山居、野居、陆居、水居居处之不同而异,又随寒带、热带、温带气候之不同而异。同是人类一民族等,又随各所遇所遭而种种有异。如是差异,皆异于缘。心心所色,详密推征,亦复如是。根境不殊,随所生识有染有净,同染净种,随缘胜劣所起现行强弱亦殊。如焚香然,焚檀得香,焚荻得臭,种性殊也。如叩钟然,大叩大鸣,小叩小鸣,击之异也。是故同缘而异,果异在因。同因而异,果异在缘。因缘俱异,果异决矣。(亦有不尽然者,设因缘类同,品有胜劣,但从品异,说彼为异。如彼上品因复遇上品缘,下品因复遇下品缘者,其所得果胜劣定异。设上品因遇下品缘、下品因遇上品缘者,其所得果胜劣可同。又如利根有情,复遇善友,猛健加行,其所得果自然上上。钝根有情,复遇恶友,不勤修习,其所得果,自然下下。如是二者,果定不同。设利根而遇违缘、钝根而遇胜缘者,一自退坠,一乃升进,则彼二果容相同也。)由是可知:诸法无定性果决于因缘,此理决也。诸有不知此义者,或有但执自因,或有但恃外缘。执自因者,拨无环境;恃外缘者,斥无内心。又或心境俱昧,一意孤行,无因无缘,妄希非分,是乃无种无地不耕不耘而求农稼,不造善业而希福果也,况乃贪嗔痴慢、恶见邪行、杀盗奸淫、凶诈狠戾以求安平福利者哉?如是人者,以保一而身不能,乃欲以之求人群世界之福利,夫缘木求鱼虽不得鱼无后灾,以若所为求若所欲,祸于而家,凶于而国,毒害于天下后世无穷也。可胜叹哉!可胜叹哉!

十者,有情果报,但随业力,不随意乐。云意乐者,谓即希望,意之所乐,名意乐也。有情意乐,无不求安乐而避苦痛,无不愿福利而厌危害,无不希人天而憎三涂。然而人天福利安乐不可得,反得三涂苦痛危害者,以其所造之业非其业也。盖法无定性随因缘生,因缘与果,必相随顺。十恶业道只足为三涂苦恼危害之因缘,则意乐虽不愿彼而果报仍决定于彼也。是以十恶业人虽日日时时求利自私,而终之只以自害。反是行正行、修正道者,虽于果报无所希求,大公坦然,不为自利;所行既正,因缘具足,终之福果自来也。是故吾人于世,但当造因不当求果。设欲求彼果者,亦只应智慧抉择正修彼业也。故曰,凡夫畏果,菩萨畏因。畏果者,怖当前之苦害,而不知前因所作,不随意愿而避免,顺受之而已矣。畏因者,慎现业之罪过,业缘不谬;不求避免而自无祸害者也。故曰,君子有终身之忧,无一朝之患。畏果畏因如是,求果求因亦然。小人只图现前果利,是以责人唯日不足。君子但求善因,是以修己唯恐废时。责人者不暇修己矣。修己者不暇责人矣。不修己者受果尽而因亦尽。修己者因不穷果亦无穷也。然则君子之于世也,何欲何求,坦然安然,大公至正,行其所应行,止其所当止,如斯焉耳已矣。若然者,吾人可以无志愿乎?曰,恶,是何言也!将造正因当修正行,正志正愿者又正行之因也。夫唯志之不切,故行之不笃;愿之不宏,故行之不广。既云求因修己也,而恶可以不有其志乎。吾但谓果决于业力不决于意乐而已,谓夫志求福利而不知造因或邪造因者,令彼知反。亦令正彼意乐而示以修行正业之理耳。苟无正当之志愿,又安能舍其邪愿戢其邪心油然兴于善行者哉?①

十一者,有情果报不依一业决定,而随多业乘除。盖有于因缘果报不信而疑者,以为世多造善业而得祸害,行恶业而受福利者焉。苟因必有果,善有善报,恶有恶报者,然则何以解于此乎?曰,因果之理至赜,而前后左右之相关相感者无穷。盖在有情之一生,所造之业既不一,而或善或恶;前生无量世所造之业,更杂而不可知;又并世而生之有情,亦各造其业而互相影响者也。于是各业各

---

① 按意乐与果有相顺者有不顺者,有必借方便而始成者有不借方便果已成者,有方便意乐俱善者有俱不善者,有相杂者,由是得果种种不同。今述之如次:如以净善心求福智果,此相顺者也。以不净心求福智果,此不相顺者也。如希世间异熟果或希出世涅槃,此必待方便若业若道而始能成,无不用功力自然成者也。如欲仁欲善或欲贪欲暴等,此不待方便而即成者也。欲善者,举念即善故。欲不善者,举念即不善故。诸借方便者,设彼意乐是善而方便不善,则二者不顺。意乐不善,方便是善,亦然。是称为杂。其所得果亦复苦乐相杂。设俱善者,得果定善。俱恶者,得果定恶。然俱善者或时果不与意乐相顺。俱不善者亦然。如有菩萨发如是心,我自今往当人地狱代诸有情受一切苦,此意乐是善也。又即其生造作种种难行苦行,教有情苦,其方便亦善也。如是菩萨以如是善意善业,决定速急成就佛土清净庄严,决定无有堕落三涂者。唯除大悲自在菩萨以神通力示现其身入于地狱,为彼有情说法教等。虽入地狱,然实不受彼地狱苦。其身净妙,亦复不为彼异熟摄。是亦可云意乐与果不相随顺者也。(然因果决非不顺。)又诸恶人,贪诈凶暴,举心动念无不欲损人以利己者,其意乐恶也。又即其身行种种损害有情事,其方便亦不善也。二俱不善,其所得果决定非福。或即生而受囚戮灾横之苦,或后生而受地狱等苦。彼意乐全在求乐而果异是,是意乐与果不相顺者也。然因果决无不相顺。今依此义故说有情果报但随业力不随意乐也。求苦得乐,是故君子乐得为君子。求乐得苦,是故小人枉自为小人。意乐之有损益于果报如此,是以智者不可不慎也。

因之间，有相顺相益而增其势力者焉，有相逆相违而损其势力者焉，或势不并生而前后迭起者焉，或缘不现前而暂时隐伏待缘始生者焉，或被极违损而永不生起者焉，要之，皆多业多缘相互乘除而果始决也。又果有多种：有异熟果，有等流果，有士用果，有离系果，有增上果。由善恶业招五趣报，名异熟果。善等诸法自类引生，名等流果。士夫作者假诸作具作诸事业，名士用果。自他增上互与势力令果成就，名增上果。圣道断障解脱烦恼，名离系果。此诸果中，有但在现世而得果者，如士用果，农工商等随所作业现得受用故。有通于三世而得果者，如等流果，种现相生定在现世，同类引发通三世故。如等流果，增上果亦然。根境生识等，必同时故。善等资粮，多生集积，多劫始圆故。并世而生，亲友相助，果在现世故。前人造业，后人受果，子孙相续，不同世故。有因果异世定不同时者，如异熟果。造业现在，受果在后故。有造因多世，久而得果，亦多世得亦现世得者，如离系果。定由发心加行、见道、修道经百千生乃成办故。然所得果，望于多生功行则为异世所得。设望本身圣道，亦现得故。又异熟果有其总报，有其别报。总报者，如得人天身等。别报者，如在人中富贵、贫贱、寿夭等。此中总报必不可由现业改转，已得何等报身，除死以外，无由改转故。于别报中，随于前生业力或强或弱，复有可转、不可转之分。如身根之盲聋、端正、美丑等，此不可转者也。如生活之丰俭、身体之强弱等，此可转者也。然可转者又有易转、难转之分，善业极强者，生而富贵，终身安乐，人或欲废黜之而不可能，是以大奸大恶有富贵寿考以终身者焉。恶业极重者，生而贫贱，终身困苦，虽极勤劬竭尽心力，而不能改善其生事者焉。此则所谓定命而不可改者，亦云天定胜人也。此皆难转者也。若夫前生业力中庸，非善非恶或非极善极恶者，则随此生现业何如而受报以异。为善则获福，为恶则获祸，勤俭则富，奢惰则贫，好学切问修己励行则智而荣，反是则愚而辱。如是等类皆易转者也。而要随前生善恶分量之多寡以定，是故有情一生之果报多分决定于前生，决定于今生者特少分耳。又一生之中所造之业，又多杂而不纯。君子庸亦多过，小人庸亦有功。是少分之中又有功罪之相杂焉。夫今生之业力既多分为前生业力所限制而不得受果，其得受果者又随善恶之相杂而遇缘有殊，于是有善人而受苦报、恶人而受福报者，莫非命也。（命者，因果之正理）人见其现作善而现受苦作恶而现受福也，于是以为世间无正当之果报焉，惑矣！况夫大地国土，世道隆污，一切有情共业所感，互作增上。生夫治世小人亦蒙其泽，生夫乱世君子不免其灾，命之中又有运焉（运者，时之所遭，所谓缘也）。况夫奸雄之要天功、挟神器、劫持人心而揽权位。因以享非分之福，运之中又有幸焉。（幸者，一时之苟获。）圣贤犯大难以明人伦之大经，辞爵禄、蹈白刃，杀身成仁，舍生取义，牺牲一己现前之福利以昭大义于千载者，运之中又有义焉。是固不可以一概论也。虽然，小人而享非分，福非其福也。君子之蒙大难，祸非其祸也。复以现业转得后报，人天地狱不爽丝毫。诸有智者又孰肯以一时之利害，贸千生之苦乐哉？（一切现业不获受果者，皆得后报。）虽然，夏虫不可与语冰，井蛙不可以喻海。非夫高明阔达智虑宏深之士，又何足以喻是理哉？昔者友人某君曾以此理相问，今录答彼之书于后，以明诸业乘除之理，以见因果之不诬。

  因果之理至极确实，常言种瓜得瓜、种豆得豆，又如学好人为好人，学坏人为坏人，学数学为数学家，学哲学为哲学家，乃至学圣人终必为圣贤,学佛终必成佛成菩萨,此乃不移之理,断无无因之果,亦无无果之因,全然不用怀疑者也。至于普通所用怀疑者,乃在为善得福为恶得祸一层,此项因果乃有不尽相孚者,如弟所质诸事是。此在古人亦常怀疑,如颜夭跖寿、伯夷饿死、屈原放黜等。此在佛法,有多种理由解释:

一者,穷通夭寿本非学佛者所视为重,所重乃在其人之人格德行。夷齐颜子虽饿虽死,而无损其为圣为贤;盗跖桀纣虽荣虽寿,而何益于其为盗为凶。志士不忘在沟壑,勇士不忘伤其元,有杀身以成仁,无求生以害仁,此等报应事,似非君子所视为第一义也。

二者,报应之事自通于三世。常云:"欲知前世因,今生受者是;欲知来世果,今生作者是。"世之人,有生平为善而终身困苦者,必其前生恶果未受尽也;有平生为恶而反荣昌者,必其前生善果受之未尽也。至其今生所作,则他生后世,定必受其报焉。此因果三世相通之说也。

三者,人之一生所作事业至极繁多,不尽善,不尽恶,善人亦有恶业,恶人亦有善业,倘若为情感好恶所蔽,则有好而不知其恶、恶而不知其善者,于是以纯善纯恶之眼光自看看人,而称量其所得之报,则每觉善人反受苦、恶人反得乐者,不知善人所受之苦亦不尽苦,恶人所受之乐亦不尽乐。(所谓苦乐不限于肉欲之享受。)造因既杂,受果亦杂,二者本为平均数。其方程式:

1 为 $a+b=m+n$, 2 为 $c+d=r+s$,1 以代表普通所谓好人所作受。2 以代表普通所谓坏人所作受。a 与 c 者善因,b 与 d 者恶因。mr 乐果,ns 苦果。a+b 为善恶杂,m+n 为苦乐均。cd 与 rs 亦然。其中并无不平等者。一有好恶之情蔽之，则于1之所作，只见其a而忘其b；于其所受，则只见其n而不见其m。于2则见d不见c，见r不见s。于是其公式乃成：1. a(善因)≠n(苦果)。2. d(恶因)≠r(乐果)。

其不平等也，乃至于如此。且如弟之家庭，伯父母俱贤，然吾岂敢断其尽善而尽美。即以子女论，虽有不肖之弟兄，然有极能干之令姊，复有数学者之弟，似此报施已不为谬。然弟于因中只见有善，于其果中并令姊与弟之自身而亦忘之，则其公式适成a≠n之不平等。然而吾弟误矣。（此段引弟之家庭言，乃极不合宜之比例，因人与人相感之关系，较之作与受之关系，远不相符也。此但以证明弟之情感有蔽耳。）

四者，一切有情既同生于世间，作善作恶、受乐受苦，原实相互影响相互感应，实不能全然孤立。是以一人有庆兆民赖之，一人贪戾一国作乱，尧舜帅天下以仁而民从之，桀纣帅天下以暴而民从之。凡一人所为既影响全世如此，反之则举世之治乱隆污影响于个人者更不待言也。成康之世刑措不用至四十年，四十年中岂无坏人，风俗美善政教修明，虽有恶人相感而化，蓬生麻中不扶自直，是以免于刑戮而共享升平。桀纣之庭，龙逢比干不得不死，微子不得不逃，箕子不得不囚。生于乱世，小人固自取灭亡，君子亦义难苟免，则亦安而顺之耳。要其清浊之分、善恶之辨，自有确然不可苟诬者也。此外，小而一家父子兄弟夫妇之间，大之人群社会朋友交游之际，善恶苦乐在在与之同休戚而共甘苦，又比比然也。虽善恶苦乐各人之因果自有不同，而彼此间自亦有相互关系者在也。

由是可知：因果之道，既当就平生所作若善若恶求得其总和，又当通三世而会其隐显，又当统全世而测其影响，而得公式如下：$X = A + B + C$。此中 X 一人一生所得之总报也。A 者，其一生所作善恶业之总和也。B 者，前生所作善恶业之总和也。C 者，所受于全世（环境）之影响也。然此 A 也，B 也，C 也，其中又有种种不同之因数。详述之则当为：

$A = a + b + c + \cdots\cdots$，$B = a' + b' + c' + \cdots\cdots$，$C = a'' + b'' + c'' + \cdots\cdots$，故 $X = (a + b + c + \cdots\cdots) + (a' + b' + c' \cdots\cdots) + (a'' + b'' + c'' + \cdots\cdots)$ 焉。此中设 a、a'、a″为善，其量为极大；b、b'、b″及 c、c'、c″等为不善，为无记，其量极小；则 X 之答数当然为正。设其善恶之量适成反比，则 X 之数当为负数。等此类推，若更求其复杂之数，虽巧历弗能算。洋非数学家，全是外行，特就常识所知，谨述之如此。若夫欲以数学之理应用之于人生因果，则固确然至当之事也。吾弟其有意乎。欲知佛法因果之义，可取吾缘生论读之。其理至精，其义至繁，此不详谈，他时晤面或可畅论之耳。君子立身，既当知因果之决定不谬，又当知吾人不可如商业之计较锱铢，凡事责报。孟子曰，夭寿不贰，修身以俟之，所以立命也。又曰，莫非命也，顺受其正。又曰，求则得之，舍则失之，求在我者也。求之有道，得之有命，求在外者也。又曰，哭死而哀非为生者也，经德不回非以干禄也，言语必信非以正行也，君子行法以俟命而已矣。孔子曰，齐景公有马千驷，死之日民无得而称焉，伯夷叔齐饿于首阳之下，民到于今称之，诗云，曾不以富亦只以异，此之谓也。是故凡夫畏果，菩萨畏因。嗟夫，非超乎因果酬报之外者，又孰真能行法以立命哉。吾弟其勉之可也。

十二者，因力强者，能伏违缘，果决于因。缘势胜者，能夺本因,果决于缘。此亦不就一法生起说,但就有情多法聚集相续说。谓若有情性是利根,心愿猛盛,势力坚固,精进加行一切善法,由彼有情内因强故,一切违缘不能引夺,普能降伏一切违缘,难行能行,难忍能忍,终能达其所志所愿、所行所乐。此如世间特立独行之士,举世非之而不顾,刀锯鼎镬而不辞,一切忠臣义士、孝子仁人、节妇义夫,虽千磨百折,终不能回其心移其志,卒以成其义者,如伯夷、伊尹、孔子、孟轲、墨翟、庄周乃至文天祥、史可法之徒是也。若夫出世圣贤,见道以往,永不退转,直至菩提涅槃者,固不待言焉。极恶至愚之人,烦恼炽盛,诸佛菩萨犹不能救,亦可说云因力强耶?曰,不可。以此等人,随逐外缘,耽著境界,沉迷生死,流转不穷,外似坚强,内实脆弱,极苦所苦,极恼所恼,愁叹忧悲曾无已时,无能超然卓立不动故。(是故精进不依不善法立也。)但为极可哀怜者,不为特立不惧者也。又特立之士所以能终成其志者,以首在忘夫外果之利害得失,所求者义,非为利也。求之在己,故虽无外缘,犹自得之。若夫小人之求,念念不忘利害得失,求之在外,复不以道,是以求乐不得反以苦来,求福不得反以祸来,地狱、饿鬼之报正非彼意所乐求也。是谓因力强者,能伏违缘,果决于因也。云缘势胜能夺本因者,此就初修行人下根、中根者说。谓资粮未满,加行未成,善恶种子俱可现行,而忽遇违缘,或魔境现前与以极妙可意之事引其贪心,极恼可怒之事逼其嗔心,于是遂不克自持舍其本愿,退失修行,还逐欲境,乃至沉沦,迷而难救。又诸中平士女亦知礼义,亦顾廉耻,祸难当前,初亦慷慨就义,迨所志未遂,辗转移时,初志渐衰,邪心渐起,加之外境猛盛,诱之以利,胁之以威,于是贪惧之情生,遂失本志矣。此所谓慷慨杀身易,从容就义难也。又诸中下之人,生于积善之家,得良父兄,遇良师友,蓬生麻中,不扶自直,则亦有油然乐为善者。或有恶人遇大威德士，力足以服之，恩足以结之，天威之下惶恐汗流，亦有忽然革面洗心改行迁善者。是皆缘盛夺因果决于缘者也。然所谓因强伏缘果决于因、缘盛夺因果决于缘者，非谓孤因孤缘遂能生果。因之所伏，但伏违缘。设但有因，法且不起，何能伏违缘也？自有随顺缘力令彼生故。其在一人，则前生福德，现时智慧等皆彼助缘。设在人群者，则如转轮圣王威伏一切，自有贤良英杰云附风从也。缘之所夺，但夺本因，设其人者一切异种已断伏尽，如诸贤圣，因既纯净，势力增强，方当伏违缘，缘如彼何也？故违缘之夺因，固自有与彼违缘之种子，如贪嗔等杂然并存于其人之身，可乘缘以起。由彼起故，本愿本心遂尔丧失，由是谓彼缘能夺因耳。（故一切法因缘和合而后得生，理仍决定，无稍动摇。）若然者，初修学人，因既未纯，违缘多起，俗谓道高一尺魔高一丈，缘力既盛，何以克保本心令不为所夺耶？曰，必也，持戒多闻乎。戒严则行为正，行正则心无歉，心无歉则气不馁，气不馁则境不能动。施戒忍进皆戒也。（人之所以易招魔事者，盖复自有其因缘，一者内心之烦恼炽盛而强施克制之功，二者多作不善结怨于他，乘隙而兴志图报复。施可以积福，戒可以立德，忍可以释怨，复精进策励以勤修之，自可以坦然释然无虑于祸害矣。）多闻则达理，达理则心明，心明则智生，智生则善抉择，事不能迷而物不能乱，亲近善友，听闻正法，博学审问，明辨慎思，皆多闻也。是故持戒多闻为定依止也。定能生慧，定能伏烦恼，慧能断烦恼，烦恼既伏则能尽伏一切违缘，烦恼既断则涅槃解脱。已入圣位，自在超然，能转一切缘，不复为缘转矣。昔者孟子之论不动心也，曰，我知言，我善养吾浩然之气。知言，即多闻也。故曰，诐辞知其所蔽，淫辞知其所陷，邪辞知其所离，遁辞知其所穷。养气，即持戒也。

故曰,其为气也配义与道,无是馁也。是集义所生者,非义袭而取之也。行有不慊于心则馁矣。又曰,必有事焉而勿正心。勿忘,勿助长也。何谓集义?《中庸》曰:"君子之道四,丘未能一焉,所求乎子以事父未能也,所求乎臣以事君未能也,所求乎弟以事兄未能也,所求乎朋友先施之未能也。庸德之行,庸言之谨,有所不足不敢不勉,有余不敢尽,言顾行,行顾言,君子胡不慥慥尔。"是即所谓集义也。德行言谨,所谓义也。即十善业道。事父事兄,所谓必有事焉者也。不足不敢不勉,所谓勿忘。有余不敢尽,所谓勿助也。如是以集义也。胡不慥慥,所谓行无不慊于心,无是馁也。夫如是也,则物岂能移境岂能夺哉?故能素位而行不愿乎外,富贵贫贱患难夷狄无入而不自得矣。是即不动心也。是即谓"富贵不能淫,贫贱不能移,威武不能屈也"。则可以特立独行,能转移一切违缘,而不为缘转矣。夫缘生之理,虽不定为儒者所尽知,而尽性知命之学,则实已诚中形外,资深居安,人有足尊,道有可贵,故并录其言如此。盖孔孟皆菩萨之应世者也。不然,生大乱之世,邪说横流,安能立德立言、不忧不惧、明人伦道德之大义,以教中国而垂无穷者哉?

如是十二义:法生必有自因义,必待外缘义,因但生自果义,缘必随顺义,顺于此者违于彼义,因缘俱备果定生义,果既生已法尔于余更作因缘辗转相生因果不穷义,能生所生其性平等义,诸法自性决定于因缘义,有情果报但随业力不随意乐义,有情果报由多业乘除义,因强伏缘果决于因、缘盛夺因果决在缘义,如是十二义,略摄缘生一切要义。如是已说缘生义。

为何义故观察缘生者?为破我执故,为舍法执故,为生及增长处非处智力故,为生及增长自业智力故,为得正智能正加行世出世间一切善法自利利他得胜果故。

观察缘生破我执者，如前所言，一切有为法待因及缘而后得生，非无因生，非自然生，故一切法都无主宰都不自在。又说有情一切果报但随业力，不随意乐，即说果报不决于我但决于法，是亦无主宰不自在义。无主宰故，不自在故，何有我也？知我本无，便破我执，我执破故，亦能破除我所有执。无我我所，则能舍于我见、我慢、我贪、我痴及嗔怨等一切烦恼，渐次乃至能得离系解脱涅槃。

观察缘生舍法执者，如上说言，法不自生，皆依他起。又说诸法自性决于因缘，因异果异，缘异果异，故一切法都无定性。无定性者，无自性也。如诸幻事，随幻师作，随缘异故，有种种像转，所谓马像、车像、男像、女像、楼阁、宫室、众珍宝像、好像、恶像、可爱、可怖、可欣、可厌等像，如是等像非有似有，诳惑愚夫，愚夫无知，妄执为实，谓有定性，生贪、生痴。不知彼像但随缘生，都无彼体。诸有为法，亦复如是。是故经言，一切有为法，如梦、幻、泡、影，如露亦如电，应作如是观。亦随是义，说法无我。或说诸法自性本空。谓如经言，诸法从缘生，自无有定性，若知此因缘，则达法实相，若知法实相，是则知空相，若知空相者，则为见导师。又说若知缘生，则知法性，若知法性，则知空性，知空性者，则无放逸。故观缘生，能舍法执也。一切有情，无始时来，由不了知缘生理故，于一切法谓有定性，谓为实有。执实有故，生贪生痴，慢见嗔恼，造作诸恶。或虽作善而由执取善法故，不能忘相，还成有漏。诸二乘人，我执虽破，法执仍存，生死涅槃，深生厌著，由是不能以大悲心普度一切。诸大菩萨，由能知诸法缘生如幻化理，故于诸法，舍一切执，烦恼不起，善亦忘相，生死涅槃，观性亦空，无著无舍，故能长劫忍受诸苦，大悲切心，普度一切成大菩提。

为生及增长处非处智力者，事之所有，理之所在，名之为处。事之所无，理所不有，事理乖违名为非处。了知如是事理在处及诸事理所不在处，名为处非处智。此智强盛，有大势力，能正伏除一切邪见，令彼一切邪见不生，名为智力。又由是智力，能善抉择处及非处，由斯便能令自及他行于是处远离非处。是故说名处非处智力。何等名为是处？谓诸缘生相应正理，是为是处。何等名为非处？谓违缘生诸邪妄见，是为非处。如说诸法从因缘生，斯有是处。无因自然，无有是处。（无有是处即非处。）因生自果，斯有是处。生于异果，无有是处。缘果相顺，斯有是处。不相随顺，无有是处。如是等。又如说言：十善业道感人天果，斯有是处。感三涂果，无有是处。十恶业道得三涂果，斯有是处。得人天果，无有是处。布施能感财富，斯有是处。得贫穷果，无有是处。悭吝能感贫穷，斯有是处。反得财富，无有是处。持戒生天，斯有是处。犯戒生天，无有是处。忍辱柔和感多眷属摄大朋侣，斯有是处。嗔忿褊狭感多眷属摄大朋侣，无有是处。精进勇猛为众中尊统驭群众，斯有是处。懒惰畏葸能感尊胜统驭大众，无有是处。禅定寂静引发神通降伏烦恼，斯有是处。散乱躁扰能发神通伏除烦恼，无有是处。智慧般若能断烦恼离系涅槃，斯有是处。无明无智能断烦恼离系涅槃，无有是处。大慈大悲不舍有情得大菩提，斯有是处。慈悲薄弱不顾有情得大菩提，无有是处。如是等，总有无量无边处及非处。诸有智者，应顺觉知。如是觉知，由观缘生真实谛理而后能生，生已增长，故观缘生能生增长处非处智及彼智力。

云生增长自业智力者，谓如说言：因缘既备，果定必生，有情果报随业力起，故诸有情自所作业，虽复作已经多百千劫，与果功能终无失坏，亦无不作，或复异作而有异熟或异熟果。又诸圣道大菩提果要从发心积集资粮,坚固加行、见道修道,经多百千无量无数阿僧祇劫,然后得果,故如是果,从自增上微妙广大无上无比无漏业生,从自发心积资粮已,虽经无量无数大劫而业功能终不唐捐,终能有果。故诸业果未作不得作已不失。了知果报自业所作故,不依于他,哀求天等,求与他福。了知未作不得故,于诸恶业终不自作,于诸善业殷勤修造。了知作已不失故,于诸恶果终不怨嗟,是吾往业所作故。于诸善果,设已现前终不矜满,是先业作故;设未现前终不悔恼,定应现前故。如是便能不惑不忧,远诸恶业,修诸善业,乃至精进修行无上微妙无漏圣道,亦能教他如是而作、如是而修。如是名为自业智力。如是自业智力由善观察缘生理生,生已增长。故观缘生能生增长自业智力。

诸大菩萨观缘生故,既能破除我执法执,又能增长处非处智及自业智及彼智力。二执断故,证入法性,离诸障碍。得二智故,于自于他,能起修行,摄正因果。虽勤修习一切正行而无所执。虽离一切所有执著而正精勤修习善法。离障而修,不堕空寂。修而无著,不堕有为。离有离空,正处中道,如是便能随顺直入诸佛如来无上菩提,大般涅槃,极净微妙,最极自在,善常安乐,法身净土,利乐有情,穷未来际。故观缘生能正修行世出世间一切善法自利利他得最胜果。

复次,一切有情无始时来,由不了知缘生理故,颠倒妄行,造业受果,内执有我,外逐境界,诸欲横流,随缘飘溺,不得自在,是故生死流转不穷。一切菩萨,由善了知缘生理故,修习正行,摄受善果,内不著我,外不逐物,善净自因,离诸烦恼。因力盛故,境不能动,缘不能移。如是便能伏诸违缘,转一切缘,不随缘转。转一切缘故,于诸有情善能摄受,善能降伏,长彼善因,为极善缘。一切过去菩提萨埵,已达缘生,已转诸缘,于诸有情作极善缘。未来菩萨,当达缘生，当转诸缘，当作有情极胜善缘。普于十方现在菩萨，正达缘生，正转诸缘，正于有情作极净善胜增上缘。如是已说缘生理竟，余多道理，若四缘义、十因义、五果义、缘生种类义，乃至抉择释难义，广如《佛学概论》缘生论中辩。

诸法待因及缘生，如幻如化无定性，无我无作无受者，善恶业报亦不失。

如是胜义佛所说，我今次第已宣示，普愿有情开正眼，超越狂流升彼岸。

跋

乡居训蒙，作《佛学浅训》，每成一章，辄觉义繁。述至缘生，其理尤富。易名《通释》。窃念大乱之世，邪说竞兴。国无纲纪，是非无定形，赏罚无准的。为善者不必有功，作恶者时免于祸。无功者觉善之徒劳，因心灰而意冷。免祸者谓恶之无报，益趾高而气扬。律以名教，则反怪其迂。惧以鬼神，则弥嗤其妄。纷纷纭纭，嚣嚣囂囂，相杀相争，以盗以淫。理弗能喻，刑弗能禁，颠倒妄行，地棘天荆，茫茫五洲，行见陆沉。夫岂小忧也哉？昔作缘生论，理近专门，略远人事，为初学所难通。今此《通释》，言近易知；兼释有情果报之义，足补先论所未备。无有主宰，而因缘之义显然；不假鬼神，而果报之理确定。不违科学而祛其愚，不远宗教而正其妄。遣一切邪见，破一切偏执。缘生之理明，法相之义著。上焉者通达空性，无著无碍，直证如如。中焉者蠢立乱世，立命安身，不忧不惧。下焉者亦可明于果报，退然思返，惕然知惧，此世他生，庶几免于刑戮。允矣佛法，洋洋乎岂不大哉？诸有志者盍兴乎来。

唯识第十一

经言,三界唯心。论说,万法唯识。

何谓三界唯心?何谓万法唯识?云何应知三界唯心、万法唯识?为何义故观唯心识耶?

言三界者,欲、色、无色,是称三界。广如界趣章言。此中三界,亦通摄趣生等,随义别立故。所云万法者,法谓事相,每一事相称为一法。事谓业用自性实有,相谓轨式显现可知。故论说言,法谓轨持。持守自性,轨生物解,名为法也。万者一切之异名,万法犹云一切法也。一切法者,如前一切法章详。总略为五,分析为百。虽不及万,然有情自体各各无量,生死流转前后靡穷,又由是法聚集相续成多假法有多事起,是固不止万法而已。故今万法言,义谓一切法。所云唯者,是简持义。简无外境,持有心识,故云唯也。又独特义,三界万法非别有境,唯独心识自所变现,故云唯也。言心识者,一法异名。总依一法,就聚集义说名为心,就了别义说名为识。故论说言,心、意、识、了,名之差别。说三界唯心,即说三界唯识。说万法唯识,即说万法唯心也。心法八种,谓眼识等,如前一切法章说。又此中心言,亦摄心所,定相应故。随心用胜,特说唯心。言三界唯心者,意谓三界五趣一切有情一切果报,皆随心作,唯心所造;非有大梵帝天主宰,亦无有我是作是受。又彼三界随心而生,与心俱灭,设离于心即非是有。非离有情自心别有三界容受有情令彼受生等,故云三界唯心。言万法唯识者,意谓世出世间法虽无量,然一切法若有若无,若假若实,或由执起,或随心生,俱识所变,皆不离识;识以外法,一切皆无;故言万法唯识。(又欲分别唯心、唯识二别义者,则三界唯心多分依有情业报因果正理说。万法唯识多分依能缘所缘定不相离说。故佛说言:我说识所缘,唯识所变故。乃至瑜伽唯识诸论,皆明是义。以今语说之,则唯识义多依认识论说。识即认识,言唯识即谓一切所认识者皆识所变现,离能认识无别所认识也。)

云何应知三界唯心者,谓如前缘生章说,凡所有法,皆待缘生;有情果报,俱由业起;因异果异,缘异果异,随业不同,报种种殊;由是说无作者受者,无有主宰造化诸物,但有因果感应相续生起不穷。又如善恶业道、烦恼善法及界趣章说,一切界趣随业而生,善恶业道随于烦恼善法所起,由善法故造十善业,由烦恼故造十恶业,由十善业生于三界人天趣中,由十恶业生于欲界三恶趣中;又随善恶品类差别,而所受报三界九地五趣四生种种不同;业有纯杂,苦乐亦尔,如响应声,如影随形,种瓜得瓜,毫厘不爽。既三界九地随业而生,业随烦恼善法所起,此中烦恼善法及业依何由何而生起耶?如前一切法章言,烦恼善法及受想思等俱名心所,又名相应行法,系属于心,与心相应,如臣依王不相离故。是即依心而生,由心起也。界趣由业生,业由烦恼善法生,而业善法及以烦恼总依心生。如是心不生故,烦恼善法不生。烦恼善法不生故,善恶业道不生。业不生故,三界五趣四生九有一切不生。由是可知,由心生故界趣等生,心不生故界趣不生。是故说言三界唯心。

已申正理,次引圣教。谓如《华严经》十地品第六现前地中作如是言:菩萨摩诃萨,大悲满足,观世间生灭,作是念:世间受生皆由著我,若离此著,则无生处。复作是念:凡夫无智,执著于我,常求有无,不正思维,起于妄行,行于邪道,罪行、福行、不动行,积集增长;于诸行中,植心种子,有漏有取,复起后有生及老死;所谓业为田,识为种,无明暗覆,爱水为润,我慢溉灌,见网增长生名色芽,名色增长生五根,诸根相对生触,触对生受,受后希求生爱,爱增长生取,取增长生有,有生已于诸趣中起五蕴身名生,生已衰变为老,终殁为死,于老死时生诸热恼,因热恼故,忧愁悲叹众苦皆集。此因缘故集,无有集者;任运而灭,亦无灭者。菩萨如是随顺观察缘起之相。……(以上有支相续观。)佛子,此诸菩萨摩诃萨复作是念:三界所有唯是一心。(《十地经》云,三界虚妄,唯是一心作。晋译《华严》云,三界虚妄,但是一心作。)如来于此分别演说十二有支,皆依一心,如是而立。何以故?随事贪欲,与心共生。心是识,事是行,于行迷惑是无明,与无明及心共生是名色,名色增长是六处,六处三分合为触,触共生是受,受无厌足是爱,爱摄不舍是取,彼诸有支生是有,有所起名生,生熟为老,老坏为死。……(以上一心所摄观,即三界唯心观。)佛子,此中无明缘行乃至生缘老死者,由无明乃至生为缘令行乃至老死不断,助成故。无明灭则行灭乃至生灭则老死灭者,由无明乃至生不为缘,令诸行乃至老死断灭,不助成故。(以上不相舍离观,是即十二缘起释名义也。)佛子,此中无明爱取不断是烦恼道,行有不断是业道,余分不断是苦道。(以上三道不断观,所谓三道即三杂染,谓烦恼杂染、业杂染、生杂染。或又名惑、业、苦也。)如经所言:有情生死世间果报,不外十二有支之缘起,此十二支总依一心起,是故说言三界唯心。如是十二支总摄烦恼、业、生三杂染,即说善恶业道、烦恼善法,及以界趣,因缘果报唯一心作也。由是诸法缘生唯心理故,有情无我,诸法性空,主宰造物一切皆无,三界唯心圣教安立。①

即于此中有设难言:烦恼及业,随心而生,依心起故,说言唯心义则可。然一切世间大地山河、日月星宿、根身器界现见离心而自别有,由有彼故,有情得生,资彼长养,依彼住故。有情未生世界先成,有情没已世界仍在,云何由何一切说言唯心作耶?

将释斯难,当述万法唯识义。

唯识义者,《唯识通论》成立唯识义中云:

三申正义结归唯识者,如上所言,色法与心俱非无有,心色二故,何成唯心?色等诸法不离心故。若离心者,性相体用都无有故。说言唯识。

云何应知色等诸法皆不离心?曰,由教及理,知不离心。所言教者,如《华严》《楞伽》《密严》《深密》经等,皆有明文,此不赘陈。所云理者,谓诸色等,随心生故。心如异者,其所见色亦随异故。心亲所缘,唯自相故。譬如吾人远见青山,烟霞明灭,景象澄清,恍如画境;咸谓是诚山之真相,天界仙寰不是过也。爱慕之切,将不远千里而往就之。行行重行行,日与之近,则远望之山色景象必随之而迁改。及其足接身亲之,则向所谓烟霞明灭恍若画境者,今乃石砾遍地,荆棘纵横也。前之所谓天界仙寰者,今乃寒风萧瑟,景物凄凉,而不可终日居也。由是观之,山色虽同,随人观察之远近乃绝异,使先之所见而是,则后之所见必非也。使后之所见而是,必先之所见者非也。既境界随观察之处而百千迭变,既不能俱是,必百千所见者而尽非也。此则随一人所见以远近不同而所见有异

---

① 此中善恶业道并名杂染者,就感生三界果报业说,以是有漏故。无明为缘,爱取为润,而起而增长故,是故福不动业,俱名杂染。

者也。又此人者，于一生中，年龄少壮衰老有殊，视力强弱即随而异，则虽于一处同见物，然其所见必又不同。其不同也，随其年之少壮衰老有殊耳。然此少壮衰老，非突焉而少，突焉而老。盖随年月渐壮渐老。此年月者，又积日时以成。彼日时者，又积分秒乃至刹那刹那以成。则人视力之远近强弱，岂唯随少壮老之时代有异，必也随年月日时乃至刹那刹那而有异。然则吾人所见，直可谓刹那刹那无一相同者可也。今纵承认外境实有，有其实相，然既随人所见之远近先后而不同，是则人之所见必非外境实相也。是即不亲缘外境也。既非亲缘外境，则所见者必自心所变之色相耳。既此色相随心所变、依心而生，是故应知色不离心，唯识安立，道理决定。复次，前云见色，就一人言。设于此处有多人者，则所见色必更歧异。所以者何？视力强弱随人殊故，取境明暗各不同故。吾近视也，与友人同入讲室，人见黑板有字，吾曰无焉。人见天也，吾曰大焉。与友人同游于野，人见远处有牛，吾曰狗焉。人曰张也，吾曰王焉。人咸笑我，以为不见真实也。然吾友人亦俱常人也，百里以上，千里以外，彼其曰有、曰无、曰犬、曰牛、曰张、曰王者，不又与吾同欤？是知万象纷陈，而各随人之识力而如量以了。人之识力既万别千差，是必所见亦万别千差。断言之曰，尽聚世人于一处所，于一时间，使见同境；各人所见之天地人物、大地河山、动植飞走、白黑红黄种种色相，亦无有一同焉者。即各人自有其各人之天地人物、大地河山、动植飞走、白黑红黄种种色相。是即各各众生各有各自之宇宙也。即于此中得二结论：使果无外境耶，则各人所见固尽各自识境也。设信有外境耶，彼外境者既随各人所见而不同，即各人所见仍各自识所变之色相也。既识所缘，唯识所变，以是故知唯识之理决定安立。

上来所言但就眼识所缘以明唯识，余耳识等例此可知。至于意识所缘通三世境。过未非有，随意得缘，更易可知。

按：此上所言眼见山河人物等相之相，但指色相，即青黄赤白等显色是也。此外大小形色，及山河等名言，皆非眼识所缘，皆非性境。随应即意识境界，带质、独影等收也。为对凡俗使易知故，说言眼识见山等。眼识实但见显色等。言总意别。幸勿致疑。

又此所言，但言性境。若带质、独影境，更易了知。如远见杌，执为鬼等。又如梦中见种种相，虽无外境而亦得缘。其为识变不烦言矣。又此中言但就人趣同类有情各识所缘色相各异，以明唯识。乃若异趣有情，则更为差别。故人之矢溺，狗之美食，蛆之安宅。人见清水，鬼见脓河。诸如是等不须广述。又若已得解脱胜处遍处胜定神通者，随意念力，一切境界无不现前。已得自在智者，随欲转变地等可成金等，皆有实用。已得无分别智者，一切境界皆不显现。如是诸因，已于佛法得胜解者，无不净信。然非浅漏所可及知，非彼极成，故不多述。

外复难言，既如汝言，诸识所缘唯识所变，是则外境一切都无。外境既无，应随吾人作意力故，随所欲见，所见得成。云何吾人欲见泰山，唯于山东得见，不于余处？欲见满月，唯于十五夜见，不于异时？又既识所缘唯自识变，应各所见唯各自知。云何众生得有共尝甘苦、共觉苦乐等事？又若所缘唯识所变者，如梦等境，虽得刀钱都无刀钱等用；而觉时境，非无实用？既有如是种种疑难，云何说言外境都无，但唯有识？又如汝言，识见境时不能亲取，既云不亲取，明有疏境，但非识所亲缘耳。彼疏境者，即外实物；既是实有，云何遮无外境但有识耶？

答,处时等难,俱如《二十唯识论》中广解。谓如梦中虽无实境,所见众相,亦有定处、定时,非一切处时见一切相故。又如梦中虽无实物,作用亦成。损失精血,或涕泣等,俱有用故。又在觉时虽所见境多有作用,然岂遂无无作用者？一切凡夫终日颠倒,妄想分别时时生起,错觉、幻觉种种不息,岂亦遂有真实用者？又汝所言若无外境应随有情所见各异者,岂不前言,一切有情识力异故,见亦随异,一切有情各识所变,宇宙各别,无一同耶？然云有情共见一物、共尝甘苦、共觉苦乐者,此但相似,非真共一。谓诸有情界地同者,识虽各别,然以业力互相似故,其所受报亦各相似。又由所习名想语言约定俗成可互表示,言互了知,言白、言黑、言甘苦等,实则各所感受,各所了知,实非是一。如在一人自识前后共见一色,随所在处远近异故,色亦明暗而先后殊。然由相似故,谓后所见还先所见。又如带着色眼镜者,虽所见色绝异常人,然由宿习名言力故,即彼所见还有青黄白黑等分别。又复可告人曰,吾今与汝同见白黑。实各所见,白黑各异。言共了者,应知假说。况复多人同听乐音,浅深异感。共见明月,悲欢各别。人与犬等,香臭异味。乃至鬼地狱等与人天等所有境界或全不相知,或所见各异。谁言众生共证一境也。

上来但就六识境界言诸众生所见各异,色不离识。至于疏所缘缘、八识相分,微妙甚深,故未显示。此复云何？谓我自宗,根本建立第八阿赖耶识。此识生时,内变根身,外变器界。根身器界,由大种造色聚集以成。根身为依,令识等起。器界为依,作身住处。即此根身器界总聚之上,别实大种造色为本质故,眼耳等识所变色等相分仗之得起。此眼等识所变相分色等为眼等识亲所缘缘。彼第八识相分色等为眼等识之所仗质。不亲取故,名疏所缘缘。故识等生,虽亦仗托外境,然彼本质色等仍第八相分。随第八识势力生故,仍从识变,不离于识。以是义故,唯识义成。此如第六意识得疏缘于眼等识色,然彼色等仍识等生,是故不坏唯识义理。然云何知有第八识?别有此识,余文成立。此非专论,故不复陈。复云何知彼本质色不离八识?亦随有情所变异故。谓大地等,虽诸有情业力同者有共相种互作增上辗转变生可互受用。然但相似,处所无异。如众灯明,各遍似一。非遂有情共生一境。即于一地趣生异者,共中还有不共相故。人天鬼畜虽同欲界,然彼所变互不相同。《摄大乘论》无性释云,谓于饿鬼自业变异增上力故,所见江河皆悉充满脓血等处,鱼等傍生即见舍宅游从道路,天见种种宝庄严地,人见是处有清冷水波浪湍洄。此等所缘,托异熟(八识异名)境。既随趣生不同,而所见有异,明知彼本质色随彼第八异熟识生。理趣繁广,不劳详述。第八识所缘定不离自识,识所缘境故。如五识等境。唯识道理,决定得成。即此亦释余所疑难。谓若唯识,云何缘泰山必于山东省,缘满净月必于十五夜者?前五识生,要托第八识相分色等为疏所缘缘故。此疏所缘缘随八识生。八识之生,缘宿业起。宿业定故,此识生时一类相续;所变色等,多分亦常一类相续,终于一生报未尽时成于定局,无多转变。故五识等托彼生时,处所时间亦有定限。此理深远,未克广陈。非深研本宗,亦未克臻信。论时至故,聊述此耳。即此亦见本宗唯识与外宗唯心论者不同。盖彼辈拨无疏所缘缘,但可解独影境。带质性境,俱难解释。又为避过,矫归外境存于上帝之心,或宇宙共心等,斯更无味。佛言三界唯心,义显有情生死善恶业报因缘所生业力所起,别无主宰若天若神。又各自造因,各自受果。生死流转,各自成流。流转如是,还灭亦然。由是因缘,轮回解脱皆得成立。若彼辈上帝共心之说，实坏缘起正义，亦坏世出世间因果。貌若相同，实乃大异。内法外道，判若洪渠。有识者可不深长思也耶？

或复难言：对碍名色，是法相言。既诸色等随自识变，识有多故，色亦应多；即一时处，有多色等起，有多山河大地等生。云何由何不相障碍耶？曰，对碍名色，虽有是言，然随所应，非定实尔。云何知然？此如坚性，能碍余坚；又如色等，能互隐蔽。然此皆于自类始有是能。又非必尔。即于坚等同处得有暖等生故。是即地及火等得并时一处生，以异类故不相碍也。然在同时同处即同类者亦非定相碍，如光明等，互相交遍不相碍故。故知色碍，但随所应，非定尔也。色法如是，心、心所等亦然。诸自类识，以同类故，不得并生。是故一根一时但发一识。然异类者，心王、心所可同生故。六、七、八识及五识等，遍行别境，及善染等，彼此随应，相依生故。此在同一有情诸聚相望，以类异故既不为障，其在多聚有情，既色心等类各不同，如众灯明，各遍似一，是故都无障碍等事。若复难言：若余有情色心异故互不碍者，云何有情异类相望得有杀害等事？此亦不然，谓诸有情界趣同者，业力同故，异熟识生有共相种内变根身外变器界，同时自他亦互变起他根依处，以互可有增上用故。既诸有情色身互变互作增上，故诸有情有杀害事。此但增上力，非亲杀害余。障碍之用，实自碍耳。若尔，杀生应无有罪。罪业因缘，依心建立，如余处说，此非时故，不更广陈。此处但成唯识义故。

上引昔年所作成立唯识义。篇中更有破宗教、哲学、科学物我神境等义，为避繁文，故不尽述。诸欲求详，可自取读。

唯识之理既明，宇宙器界之难即释。谓彼器界根身俱随第八阿赖耶识，随于业力自变生故。又彼器界由共业感，即诸根依处亦互变生,互作增上。如置众灯,同在一室,光光互遍,皆满室中。如是设更增一灯,还照此室,光还是一,不为加多。设减一灯,光还似旧,遍照室中,不为减少。有情生死既前后参差,不同来同去,是以器界不随各个有情生死而同坏同灭也。既有情世界有若生不俱生,灭不共灭;遂觉此世界者,有情未生先已生有情既死彼犹存也。又诸有情由共业故,虽居他方,但地同者,即可互变所有器界。故器世间将坏初成,虽无有情,而亦现有;自有余处有情心变为此土故。有情没已升上界地,或般涅槃,彼余尸骸犹见相续,准此理思。

或复难云:一切所知俱随识变,谓诸器界皆是唯心。若尔,他有情心,情志意欲既互了知,然则他有情心亦为吾识所变耶?或尔唯识直取他心耶?答,非直取他心,亦不变彼。然仗质现影自变相生而取知故,无一切过。谓诸有情居欲地者,既彼根身(指根依处)互变生起,随心意欲令根依处起转动时,或言或行发身语表,他有情识托质所变根身依处亦随发起身语表色。再缘是为疏所缘缘,彼眼识等变起相分,第六意识随起分别。由是了知:彼诸有情情志意乐,虽证他心,非亲缘彼。亲所缘者仍自变故。如见他笑知彼心喜。如闻他哭知彼心悲。如闻他言语知彼意愿。如见他执杖持刀知彼心嗔怒将行杀害等。谓由他心喜故令面笑,此时自第八识所变与彼同处相似他身颜而亦随起笑,自眼识等仗此为质亦起笑相,随有第六分别意识便缘此笑相而起如是寻思:诸发笑者由心喜也。如吾往日笑,或余人往日笑。今此人发笑故,此人此时心定喜也。由是断定彼有情喜。笑如是,哭等亦然。设彼有情素不知笑之为乐哭之为悲,虽见人笑、闻人哭,终亦不知彼人之为喜为悲也。又如曾习某国语言者,闻彼国人言即知彼意。所以者何?于自心中有彼言语知识足资推证故。其不习知彼国语言者,心中既无彼知识足资推证，虽闻彼言亦不解其义也。又虽同国人，语言文字素所共习，然由思想智慧高下悬殊故，虽闻彼言同读彼书，而终不了解。是以白雪阳春曲高和寡，下士闻道大笑之也。设异趣有情不曾互变根依处者，眼等识无所托质故，即不见彼身语表。尚不见色闻声，自不知彼心意也。色无色界或无语表，或身表亦无，而互知心意者，定地摄故，意识相分能互仗质，起似彼心而互了知。诸佛菩萨知他心者，义亦同此。故诸有情虽互知心而非亲取。识之所缘，唯识所变，道理安立。

如是已依唯识之义成立所缘缘定不离识，三界处所及诸根身皆唯识变。即此证知三界五趣，若因若果，若业若报，若作若受，皆唯识作。是故由万法唯识义，三界唯心理成就。三界唯心义成就故，一切有情业行志欲皆获明灯，如实照了，义得成就。此复云何？谓由了知三界唯心理故，知善恶苦乐一切果报，皆随自心业力所作，非上帝作，非神天作，亦非无因自然而作。由是为求善报、福报等故，便当修行一切善法。唯依自心，依自业力，更不依求一切上帝神天等力。宗教迷信既破，自业智力以深。依自不依他，勇猛有立志，如是便能善造自因，善获世间一切福报。又由了知三界唯心理故，诸有厌离世间诸苦欲求离系出世果者，彼既了知由心生故世间万法生，如是亦可由心灭故，世间万法灭。所谓无明灭故行灭，行灭故识灭，识灭故名色灭，乃至生灭故老死忧悲苦恼一切皆灭。流转还灭既皆依一心，由是即当勇猛决定，善修诸行，成就彼果。诸有不知唯心理者，或谓世间本有，不可终无。或谓自随他作（或主宰作，若天若神；或自然作，乃至物力转变进化等），随缘迁流生死循环，自无能力。自既无能令其不生，亦复何能令其终灭。轮回生死，已不可凭。涅槃解脱，弥难置信。茫茫荡荡，聚散浮沉。

草木瓦石,走兽飞禽,听其自然任运而已。今识唯心,此疑顿释。圣道既修,彼果自证。复有大心有情,悲愿切怀,量逾沙界,视他如自,为欲拔济一切有情成正觉者,彼由识知唯心理故,知境非实,诸法性空。境非实故,胜业可转。法性空故,一切无碍。缘是便能发起勇猛胜行,成就无量广大神通,乃至证得一切智智。有情可度,正觉可成。所以者何?世出世间,有上无上,无量无边,一切诸法,皆唯心故。故依唯心理,三界五趣,世间流转法得成。声闻独觉,涅槃解脱道得成。诸大菩萨大悲摄生,无上菩提果得成。设离唯心理,一切俱不成。理且不成,何有彼行果也。所谓为何义故观唯心识者,总依如是广大义故,为成就世法故,为成就出世道故,为成就无上菩提故,观唯心识。

附：佛学解行论

普为有情于佛正法未生正解得正解故，及为已于佛法得正解者为学佛道积集资粮起正行故，作《佛学解行论》。

解，谓胜解，于佛正法，决定认识。行，谓行为，为学佛故，起正修行。由解起行，行不背于宗趣；行以成解，解不堕于空谈。诸有不解佛学体用宗旨者，必于佛学不能修学。或勤修学，亦等盲行，易入歧途。诸有虽于佛学少得正解，而不知不行学佛正道者，必于佛法不能成办，不能证得。或成狂慧，虚闻正法。是故学佛解行必备，然后乃于圣道能正趣入。

此中佛学正解者，谓：

拔除一切杂染，成就无上菩提，是谓佛学。

何者一切杂染，以何义故拔除一切杂染？

生杂染、业杂染、烦恼杂染，是为一切杂染。无量忧苦所逼切故，无量过失所丛聚故，自性垢秽不寂静故，是为杂染。即以是义故应拔除一切杂染。

何谓生杂染，五蕴相续，诸趣流转，是名为生。根身器界，不净垢秽，忧苦逼迫，故成杂染。

此中云根身器界不净垢秽者，谓如人趣有情所有根身四大和合不净充塞，脓血筋肉屎尿汗液长时流注，勤加守护时时洗涤，然后可近，否则污垢四溢自生厌逆。一旦命终，青瘀胖膨，腐败坏烂，仅余白骨。是故人身至为不净,余趣根身亦复如是。又复器界土石所成,高山大海险阻重重,烈风暴雨,迅雷震电,大寒极热,猛兽鸷禽,在在逼人令无安处。人生其间,时时戒备仅免祸难,四时勤苦乃免饥寒。而又天灾人祸变生不测,瘟疫水火刀兵劫掠,往复循环。信知三界无安有如火宅,如斯器界非清净也。如是已知一切有情根身器界杂染不净。又彼一生由生死故,别受多苦。由有生故,便受生苦。生必有死,故有死苦。精力衰变,则有老苦。疾病缠扰,则有病苦。怨憎会遇,有怨憎会苦。亲爱别离,有爱别离苦。所求不得,有求不得苦。取蕴无常,有一切无常五取蕴苦。是故人生无时无事而非其苦,是为人生苦忧逼迫。垢秽不净故,苦忧逼迫故,是谓生杂染。

业杂染者,业谓行为,亦名事业。业有二种,谓善及恶。一切凡夫,多造恶业。纵造善业,有漏不净。由多过失招罪苦故,名为杂染。此中恶业者,谓杀、盗、淫、妄语、两舌、恶口、绮语、贪、恚、恶见等。能自损害,能损害他;此世招苦,后世招苦;能堕三涂诸恶道中。故名恶业。善业反此,谓不杀等,能自饶益,能饶益他;此世利益,他世利益;能生人天诸善趣中,故名善业。一切恶业自他交害,三世俱损,可称杂染。善业反此,云何亦称杂染耶?以是三界有漏摄故,爱著未尽,我执犹存,于诸法中不达实相,由是不能出离生死,彼岸超然。福报尽时,还复退堕,轮回五趣,受诸苦恼,是故说彼仍为杂染。为杂染法之所染故,一切善业成为杂染。

烦恼杂染者,烦谓烦扰,恼谓恼害。谓法生时性不寂静,自恼恼他。是故说彼名为烦恼。如是烦恼自性垢秽不清净故,名为杂染,谓即贪、嗔、痴、慢、疑、恶见、不信、懈怠、放逸、掉举、昏沉、失念、散乱、不正知、无惭、无愧等。此诸法自相、业用,如余处说,恐繁且止。

如是三种杂染,更互为缘,而得生起,谓由烦恼杂染故造诸染业,由诸染业感生诸苦。譬如世间有一有情,由贪恚故,杀人劫货,由是得罪,囹圄拘禁,斩头抵命。是为一人由烦恼故起业,由业故得苦。又如世间众多有情,共起贪嗔。起贪嗔故,相夺相争。由争夺故,互耗家财,互丧生命。是为有情共业,由烦恼故起业,由业故受苦。烦恼业苦,更互相生,世共极成。佛观世间亦复如是。始于平常,终极深远,由斯因果,三世相生,世界根身,皆随业感。由斯建立十二有支,所谓无明缘行,行缘识,识缘名色,名色缘六入,六入缘触,触缘受,受缘爱,爱缘取,取缘有,有缘生,生缘老死忧悲苦恼。此中识、名色、六入、触、受及生、老、病、死、忧悲苦恼,是即生杂染。此中无明、爱、取,是即烦恼杂染。此中行、有,即业杂染。有多要义,此中不详。

佛观世间无非杂染者,故起大悲,誓与拔除。如何乃令得拔除耶?曰欲除其果,当求其因,由是观察,知三杂染更互为因,生由业生,业由烦恼生。又复当知:彼烦恼者,复从何生耶?以于根身器界不正了知无常、无我、不净、苦故,起贪、起嗔、起愚痴等。是故诸佛现示世间种种杂染,种种不净,种种苦恼,无足系念,贪著留恋,令彼烦恼自然不生。烦恼既除,业自清净,业清净故,生亦清净。由斯二乘漏尽解脱,一切大乘净土庄严。诸佛菩萨拔除杂染,如是如是。

如是已说拔除一切杂染,云何证得无上菩提耶?

所谓证得无上菩提者,菩提谓觉。菩提三种,谓声闻菩提、独觉菩提、阿耨多罗三藐三菩提。第三菩提是佛菩提。于菩提中最胜无上,是故说名无上菩提。何故愿求证得无上菩提耶?以能拔除一切杂染,法界清净故。何谓法界清净?《瑜伽师地论》云:谓修正智故,永除诸相,证得真如。譬如有人于眠梦中自见其身为大暴流之所漂溺;为欲越度如是暴流,发大精进;即由发起大精进故,欻然便觉。既得觉已,于彼暴流都无所见。当知此中暴流漂溺,喻诸生死。发大精进,喻修正行。欻然便觉,喻成菩提。于彼暴流都无所见者,喻法界清净。由不起邪分别故,能观法界清净。由无所见故,彼颠倒境杂染无故,所观法界清净。即此便已拔除一切杂染。谓诸有情无始时来,无明不觉,起业受果,流转生死,恒处梦中。彼诸境界,业生烦恼一切杂染,但随心现,依心所起。是故经言,三界唯心。由不觉故,执为实有,爱著缠缚。由是生死相续不绝。由修正行闻思修习,成胜智慧,便从彼觉。既得觉已,彼相境界及诸习气便从自心而悉断灭。杂染断故,苦果不生。由是涅槃,法界清净。《般若波罗密多心经》云:观自在菩萨行深般若波罗密多时,照见五蕴皆空,度一切苦厄。行深般若时,是为觉时。证五蕴空,是证法界清净。度一切苦厄,是拔除一切杂染。由是等知,流转还灭但等梦觉。由正觉故,便断杂染。是故欲除一切杂染,当求无上菩提也。声闻独觉亦断生死,更不造业,无诸烦恼,何必更求无上菩提耶?所知障在,习气犹存;虽成解脱,非毕竟净。又彼仅能断自杂染,不成就他;小果仅成,自私自利,悲愿薄弱,业用有尽。是故菩萨不希求彼。菩萨摄受一切有情以为自体,视度脱他如自度脱,是故发愿所有一切众生之类我皆令入无余涅槃而灭度之。非大觉尊,十力无畏,胜德庄严,云何能办?故诸菩萨视彼二乘解脱,譬如探囊取物,而不忍取证。甘愿长劫生死,三大僧祇精进修行殊胜难行,以得无上正等正觉,于大般涅槃成牟尼尊,利益有情无穷无尽。诸大菩萨成就无上正等菩提如是如是。

如是拔除一切杂染成就无上菩提，是为佛学。所云佛学者，异世学故，名为佛学。佛学、世学何以异耶？谓诸世学，虽亦有其宗趣，有其愿求，非不欲拔除世间所有苦恼。然彼所求不离诸欲，所欲除者，不离现境诸苦。求之除之，复多不以正道。所谓欲者，饮食衣服居住欲、男女室家欲，及此所依社会秩序国家治安欲；所云现境诸苦者，谓彼相违饥寒冻馁、茕独鳏寡、盗贼劫掠、暴政掊克、异类强豪、逼夺侵凌等。此则科学、哲学、政治、法律等学之所日夜营求者也。菩萨于此，等诸人情，未尝不起悲心悯心，亦常于他施以资财，施以无畏，尽其所有，竭其所能，虽舍身分亦无悭吝。然而观察诸欲多过失故。观察现苦业所招故。当修正因，以成妙果。更复观察生死流转，自性杂染，有生必死，无常迅速，世乐不坚，苦不可避，根本澄清，唯当拔除一切杂染，乃得究竟解脱。是以异于世学，不以欲求诸欲为愿，但以拔除杂染为愿也。一切世学非不欲求智慧明觉，然彼智慧明觉，囿于生死，域于世俗，但作生存竞争之工具，别无超越生死之大用。又推度而知，非由现证。前题一错，每入邪见。此如梦中人计量梦中事，虽亦有其是非黑白，要其所知终是梦耳。佛学异此，首于世间观彼杂染。由观杂染，去其贪恋。由无贪恋，不域于彼。由不域彼，不为彼障。障碍既去，实智乃生。实智既生，实相乃得。如梦之觉，返观梦中是非黑白性空如化。于真法界，现证不虚，于诸迷执，遣除皆尽。故能越度生死，彼岸超然。放大光明，无边无际。拯拔含识，生死沉沦，令诸有缘咸蒙利乐。如来觉慧如是如是。此佛学之宗旨体用，所以异于世学者。诸有智者尚印持之。决定坚固不可引转，斯于大法正见不差矣。如是已说佛学正解。次言学佛正行。

于诸佛学已得正解者，首当修习何种正行，方于圣道圣果得正趣入耶？曰：

诸学佛者，首当修习信、戒、闻、施、慧、惭、愧七种正行。

所谓信者，《佛学通释》善法章中说：谓于印顺境，至诚倚任，心净为性等。然今此信，合因果说。因谓正解，果谓正欲。故论言信，于实德能深忍欲乐，心净为信。又说：此信差别有三种也。故今信者，谓彼学人由自具有圣种性故，或遇佛出世，或佛法未灭，即由于佛法得见闻故，生起胜解。于实、德、能，决定印持，忍为实有。忍实有故，便能生起坚固信心，于彼彼事，至诚倚任，一心皈命。由是发起彼彼欲乐，愿求证彼。是之为信。

云实德能者，实谓真实，若事若理，实有不谬，名为实也。如说心、心所法，是谓事；一切法无我，是谓理。如说诸行，是谓事；诸行无常，是谓理。如说三界，是谓事；三界唯心，是谓理。乃至业道轮回，涅槃解脱，是为事；有漏皆苦，涅槃寂静等，是为理也。于是事理深生忍解，一心倚任，求实证彼，是为信有实。所云德者，谓佛、法、僧三宝净德。佛谓如来，无始世来，为诸有情修习一切大菩萨行，慈悲智慧功德圆满，成正等觉；成正觉已，更以无量无边方便智慧，悲有情故，施作佛事，教化有情，令得度脱。是为佛。法谓如来或佛弟子为教化有情故，方便施设种种教法。谓如三藏十二部经。诠实事理，示实正行，显正行果；令诸有情缘斯事理，修是正行，得彼正果。是之谓法。所云僧者，僧者众也，义谓法侣。诸佛弟子，聚集和合，共住一处，超夫流俗，远离寂静，于佛法中一见同戒，三业无乖，衣食居住共和受用，互作增上，同趋出离，如是法侣，故名为僧。此三所以名宝者，世间珍奇，金银颇底，最极庄严，足资衣食，是故名宝。佛法僧三，功德庄严，微妙无上，一切圣法从彼生长，是出世间慧命所依，最极珍奇，稀有无比，故亦名宝。信有德者，谓于三宝决定印可，随即发起真实信心，至诚倚任，一心皈命。皈依佛，更不信崇外道邪师。皈依法，更不遵行外道邪说。皈依僧，更不与余邪教徒众一见同住。是为信有德。信有能者，谓皈依已，还于三宝起深希望；谓如佛功德，我亦能得，如法教理，我自有力，能证能成；如僧净行，我亦能修，能习能办。有胜希望，有大愿力，不自暴弃，心无屈弱，笃实辉光，无复疑惧。是即所谓信有能也。信有德者，是即信他。信有能者，即自信也。理合内外，实无自他；信实有者，超夫人我。亦可说言：信实有者，是即正忍；于世出世间，实德能等并信有故。信有德者，谓即正信；于三宝所，一心皈命，至诚倚任，无惑无畏故。信有能者，即是正愿；信有力能，于实于德，深生希望，证得成办故。诸有成就如是信心者，便于佛法不可引夺。

所谓戒者，谓佛所制，为欲调伏有情心行故，随有情众，或是在家，或是出家，若比丘，若比丘尼，若正学，若劳策男，若劳策女，若近事男，若近事女，如是七众，审彼能力所应戒禁及应修作，而禁而开种种别解律仪，是之谓戒。诸善男女由于佛法已具信欲故，便当发起如实正行。如是正行依止于戒。故次应于佛法僧前随己力能堕何众中，乞求受学何聚戒行。既得戒已，即便坚固防护律仪，轨则所行皆得圆满，于微小罪见大怖畏，受学一切所有学处；身语意业依佛法住，清净而转；如是名为已具戒者。如今但显净戒略义，净戒广义，专章更详。

所谓闻者，谓闻正法，正法者，佛及弟子正士正至正善丈夫宣说开显分明照了十二分教，谓契经等，如大论声闻地中广说。于是一切正法，以爱乐心，以恭敬心，以无杂染心，以不散乱心，往佛所或佛弟子所或诸后世多闻法师所，专敬听闻；或于三藏经典独处静室读诵思维；或共善友问辨、论难、质疑、研核；博学、审问、慎思、明辨，皆所谓闻。所谓以爱乐等心求闻正法者，谓闻法者作是思维：我无始来沉溺生死，造诸恶业，受诸苦果，皆由愚痴，自无智慧，不识善恶，不知是非，于无利处作利益想，于非义处作实义想，于诸苦恼作快乐想，耽著财物，希慕荣利，熙熙攘攘，奔竞营求，殚竭精力，尽诸谋虑，或时造作一切恶业，然后乃于世间财利侥幸一得，得以守护，幸乃不失；然而人事无常，百年易尽，死期一至，仍归无得。我为彼故，尚极爱乐竭力求彼；今此正法，能示正道，能度苦厄，生人智慧，令人出离，熏习于心永无遗失，此世他生俱作利义，于人于己等作饶益；我今何能不起爱乐，竭尽力能而希求彼？彼由发起如是正思故，便于正法生起无上尊胜爱乐之想，逾于俗人爱乐财物。如常啼菩萨，如玄奘法师等，为求法故，乃至不惜生命，忘诸险阻，白刃可蹈，爵禄可辞，备历艰辛，百折不回，终以遂其求法之心，是为以爱乐心而闻法也。由爱乐故，即生恭敬。于此正法，生珍宝想、稀有想。于说法师生尊贵想，承事礼敬，常无倦怠。由爱敬故，心无杂染，不以利养名闻故求闻正法；不以憍慢求胜故而闻正法；亦不以怯弱心而闻正法。谓如是法非我能持。但以求出离故，求实智故，求自利益故，非求他人过失故，而求正法。闻已能持，勇决无畏。又由爱敬法故，专注一趣，聆音属耳，扫涤其心，专求悟解。以如是相，听闻正法，是为以不散乱心听闻正法。诸以如是等心听闻正法者，便于正法能善通利，多闻闻持，其闻积集，引发智慧；善识世间因果正理，及出世道次第修习。如人黑夜而获明灯，又如悬岩忽得梯磴，五方不迷，拾级胜进，离诸险难，直趋菩提。是为闻。

所云施者，谓于贫苦无依诸有情所，以慈俱心，不贪财法，善舍财法，惠施一切贫无依者，除其匮乏，令得利益及以安乐，是为施。

此施自相,谓无贪俱行身语意三业。此施因缘,谓于有情慈悯。此施无罪相,谓离诸过,不以无利有害之物施诸愚痴狂乱者,不以有义利法施诸恶心谤法者,不以颠倒邪见而行于施,不以非礼非仪之相轻慢受者,如是等。此施种类差别相,谓财、法、无畏。财施者,谓以自身财田园宅舍金钱器用施诸有苦有贫者,令其安乐。法施者,谓以如来及彼弟子所说正法施诸愚痴者,令识因果,令知正道。无畏施者,谓以威力才智伏诸强暴,除诸灾难,令彼无力无能、有畏有苦有情免离虎狼狮子、洪水烈火、暴人暴政等。此施妙义无量无边,当于六度章中广辩。

所云慧者,谓由亲近善友听闻正法多闻闻持作意思维故,引发正见,明慧妙观。于诸事理,善择善思,善别正邪,善识因果;于佛圣教,速急通达,趣入信受,爱慕欣乐;于诸异教,善识其非,尚不于彼生爱慕想,况复于彼趣入求证。即由如是正智慧故,诸有所作皆依圣教,不违正理;于世善法随顺不逆;于佛圣教善习善修;速备资粮,成就胜果。是为慧。

所云惭愧者,谓诸具信具慧者,已于圣教闻法发心,为求胜果,修诸善法,如佛所制诸律仪行,及为利他行惠施等。设由无始时来烦恼习气势力强故,或由修行心疲倦故,于非律仪不善业等或时复起,即时警觉深起羞耻。由顾自法力故而自悔责:以吾发心以吾正愿,已于佛法誓修习者,堪于佛法善成办者,即当勇猛防修成自功德,拔夫流俗,彼岸超然;云何今者于是善法不勤修作!云何于恶无知妄作!自堕圣行,安得彼果?由是思故,便于正法重发正愿,崇重欣慕殷恳造作,于诸恶业应时止息。是为惭。复由顾忌他法力故,如是思维:如是行者是佛法所禁,是世间所轻,是同法者所鄙;吾今行此既违佛法,定当生起世间毁谤,师友诃责,恶名恶声,今生流布；他生后世，更受苦果。如斯邪行至无义利，至足鄙厌。即由如是鄙厌心故，于诸暴恶一切轻拒，一切止息。应时善法还复生起，习行无厌。是为愧。

诸求出世圣道所以必先修行如是七善法者，以此七法为修行者资粮道中所行善法，是即圣道之资粮故。于此资粮善积集者，然后乃能进修加行、见道、修道、证彼果也。设一不备必不能往，或中遇魔怨半途而废，故必备此七善法也。所以必备信者，信通解愿，将行彼道，于彼境界无所了知必不于彼起倚任故。既于彼境（谓道及果）无倚任心，无有至诚无有净信，必不于彼起希望故。于道道果既无希望，何能于彼起加行也？无行故亦无果。故行圣道必先具信。已具信者，于道道果诚愿希求，则必先自净修其身，行合律仪，永弃诸恶，行践无亏，俯仰无愧，物欲外境货利声色举不足以移其志，亦无魔怨缠扰其心，然后乃能令心不动，静定安止。心既定已，实智乃生。然后于道乃为得也。故修道者必先具戒，以是定慧根本故。诸修定者固必先戒离诸障碍；又必于境正见正知，然后乃能系心所缘，止观相应，善思所思，善触所触，然后乃能令心正定得正慧也。否则灰心灭意，入无想天；外道邪定，何关正道。而此知见从多闻生。故行道者必求闻也。所以必有施者，诸大乘人一切为他，为诸有情求无上觉，是故布施与圣道终始，可不待言也。即在小乘求自利者，亦必偿债释怨，积功累德，然后于修正定无诸障碍魔怨干扰，又乃能得信施檀越殷勤供养，饮食衣服病缘医药寒暑秋冬四时无缺。外缘具故，乃可安心静虑入诸禅也。盖诸有情无始时来轮转生死互相系属，或为亲友，或作怨家，有恩者当报其恩，有怨者当释其怨，然后乃能各各心满，俱无所恨，始得令其超然出离也。既报恩释怨已，又必于他倍作功德，倍与利益，由己于彼先具恩德故,法尔他生乃得食人信施安趋出离。否则苦海无边人皆沉溺,一切食养工业农商,皆大艰辛然后乃得;宁有人受其苦令尔独趋出离者哉。是以修行资粮布施尚也。诸有心趋厌离而境不随心,饥寒逼迫无供养哀悯之者,又或烈风拔屋,虎豹据巢,盗贼劫财,怨家索命,障碍重重终不得一志修行者,皆由彼多生不施无德无功,不堪得彼胜果也。所以必具慧者,无慧不能抉择是非真伪,尚于世法不辨其善恶,何能于出世道审其邪正,更何能于修行得其次第重轻?盲人瞎马,半夜深池,努力加鞭,颠沛斯速耳。一切枯禅盲参遗误终身者,皆缺慧也。或谓由戒而定,由定而慧,慧既定得,宜非资粮道摄。曰,恶,是何言。所谓慧由定得,谓修所成慧。此言慧者,谓闻思所成慧。由闻思慧善抉择已,乃能安住所缘善修止观,由修止观乃得正定,复由正定引发慧生。就修慧说,是故加行见修道摄。就闻思慧言,则正资粮道摄也。慧有多种,非此所说。(案无漏慧望后圣道及彼道果,理应亦作资粮。无漏信等亦尔。然今圣财,正据修行最初资粮道说,故除无漏。)所以必具惭愧者,初发心人戒行未坚,心多间断,境易摇夺,是故常有烦恼现行,或时亦发身语恶业。设无惭愧,恣彼放逸,不加忏悔,恶行渐增,善法渐退,无羞无耻,肆无忌惮,尚于世间正道不克修持,更何力能成彼愿行证彼道果也?无前五法,无为善之实。无后二法,无止恶之功。善既勤修,恶复永弃,克己复礼,斯为仁矣。是故资粮必备此七。行百里者三日裹粮,行千里者三月聚粮,严彼舟车,肃诸徒众,盗贼虎狼之必避,饮食衣被之必丰,定其南针,一其志虑,无涉歧途,无历小径,然后乃能跨山陵谷,越平原,涉河川,洋洋乎放夫大海,乘风破浪,历重洋而登彼岸也。况将越生死之流,超苦忧之海,自度度他,而志求菩提涅槃无上胜果者哉。是故修行,资粮第一。

诸发心者,速起如是七种正行。

如是七法,于佛法中名七圣财。财谓资粮,如世有情,欲求世间衣食住居上妙五欲者,当备世间珠玉金银钱贝币帛,由具如是种种财故,便随所欲能得世间衣食住居上妙五欲随宜受用。如是欲求出世圣道无上殊胜清凉安稳寂静乐者,亦必具备能引如是圣道圣果种种法财,所谓信、戒、闻、施、慧等。由具此等圣法财故,便能方便随顺引发趣入证得彼圣道果,而于彼乐能触能受。此是圣道圣果财故,异世钱财,故名圣财。此七圣财异世财者,谓诸世财但于五欲能令成办,此于圣果令成办故。世财但能此世安乐,别无利益;圣财亦于此世利益,亦令他世利益安乐故。谓如布施能得他生富乐,持戒能得善趣,多闻能得他生智慧,正信正慧能令生生善抉善知,不愚不倒,爱乐三宝,爱乐正法,于异法教不乐趣入。惭愧能令世世生生乐行诸善远离诸恶等。又诸世财能引世间诤讼,乃至争夺杀害造诸恶业。圣财异彼,远离诤讼,乃至善能止息世间一切恶业。谓如世人为财故疲劳心力,幸乃得之。或时为得财故,行杀盗妄语等一切恶业,以力以谋损害于他将为自利。或时两败俱伤,并受苦恼贫穷死亡等。又得财者,悭贪不舍,为守护财故施设种种谋虑戒备,筑城蓄械,养兵秣马,巡行击柝,不敢安息。一旦强盗突起,破室毁家,还归无得,彼时忧恼倍逾寻常。又或子孙不肖,奢暴、赌博、渔色、酗酒无所不为,前人辛苦极大勤劬强得之者,一经其手,数年荡尽,赤贫无依,覆为贼盗乞丐流民,毁败家声,羞辱先祖,人推其因,多乃归罪祖先无德,父母作恶,悭贪聚敛所致。又有辛苦积财平生未得丝毫享受劳苦而殁,子孙遂败其家者,世多有之也。乃至世界列强,为财利故,争地以战杀人盈野,争城以战杀人盈城,诈术权谋纵横捭阖,无恶不作,迄于今日其害弥甚。彼欧美诸邦，挟其资本之力，炫其制造之奇，运其政治之奸谋，继以坚甲利兵飞机战舰之莫敌，以榨取质朴愚愿之民族，竭其利源，据其土地，劫其政治，奴隶其人民。罪恶滔天，皆为财耳。然而诸强不并立，终之以欧洲大战。杀人数千万，流血数万里，其颠连惨戚以暴骨沙场、沉尸江海者，仍为彼列强之民耳。是知善战者服上刑，连诸侯者次之，天道无私，自然公理，固有不用人为之鸣不平也。今虽大战告终，已十余年，而疮痍未复，世变迭兴。社会失业问题，日紧一日。大乱方兴，而未已也。为求财故，自恼恼他至于如此，可不哀哉。若夫圣财则不然，三宝是依，不依田土。净业是守，远离恶行。多闻为富，不富财帛。施济是尚，不贵蓄积。智慧为宝，不宝珠玉。崇重贤善，轻拒暴恶，无德为耻，不耻贫穷。夫如是各正其身，自他交利。奋青云之志，无鄙吝之心。陋巷可居，豆羹可食。富贵贫贱，无入而不自得也。与夫日急急于富贵、戚戚于贫贱、患得患失、心劳日促者，鸿鹄、鸡豚岂不有天壤之别哉？故曰，君子坦荡荡，小人长戚戚。又曰，君子日休，小人日忧。诸有欲求终生享乐而不穷者，固不当世财之求，而宜圣财之求也。况夫人人各洁其行，家国各守其分，相亲相爱，喜舍慈悲，布施持戒，安忍柔和，正见正信，一道同风，永无彼此之争，尽泯自他之界。是以谋用闭而不兴，盗窃乱而不作。社会宁，家国治，世界平等，一切自由，鸢飞戾天，鱼跃于渊，禽兽鱼鳖各得其所。故知此圣财者，一人修之则终生安乐，天下修之则世界太平。文化进步，德化同流，磅礴无间，弥满六合，悠悠然未有际也。又况夫引发圣道，成办圣果，菩提涅槃，超然解脱，无量功德莫可名言者哉。世财圣财不同如此，诸有智者其何求哉？

复次，诸有已修资粮道者，有多妙相应随觉知。谓彼秉性质直淳厚,净无秽浊。言无虚伪,心无谄曲。于正法教至心崇仰。于有德者敬服倚任。于诸有情同情充满。于大事业有志有为。自视尊重,亦敬信他。非如小人,枉曲邪慝,疑诈畏葸,于正道中无志无力,于诸细故役心勤劬。以彼生前多修信故。又彼赋性烦恼微薄,三业清净,言无粗恶,身不躁动,不于有情作不饶益;心意寂静,威仪整肃。由彼前生多习戒故。又彼赋性聪慧明达,于诸书论或世典籍或佛三藏,闻已易知,知已不忘,博识强记,逐类而通。由彼生前具多闻故。性不悭吝,亦不贪得,好乐于他共作事业,多情多谊,不忮不求,乐人之乐,忧人之忧,于自身财好作慈济。由彼生前广行施故。善识邪正,善别是非;遇繁能理,遇难能断;一切事理能无迷惑。闻正法教便深印持,欲乐趋求,勤修彼道;闻邪法教能正抉择,识其违理,便即远离。设暂趋彼,转复生厌;一闻正法,还即弃彼,以彼前生多修慧故。崇重贤善,轻拒暴恶;闻过则喜,见善则迁;勤求己失,不观人非。设遇横逆,常能自反,苟有不善,痛自责罚,至诚发露当众忏悔;不覆自恶,不怙己过,坦坦然如日月之蚀,惴惴然有履冰之忧,于微小罪生大怖畏,深生羞耻,尚不敢为,况复于彼大罪恶中而造作者。所以者何?以彼生前久修惭愧,惭愧心深故。诸有具足如是等相者,即此生中虽未闻法,当知彼已多生闻法。虽未发心,当知彼已多生发心。彼于佛法为已趋入。设暂闻法启发宿根,当知即时爱乐趋求信心不退。诸佛菩萨于此等人易引异摄,以彼具足如是七种圣财相故。设非然者,资粮未具,要当勤劬种种方便,然后乃能引彼令入。又趋入相,有其多种,具如《瑜伽师地论》中声闻地说。

恩洋报病,倏已五年。此次应请来蓉讲法,犹觉勉强。又在暑中，无力论著。《佛学解行论》，盖以旧稿成之。后幅言行，取《佛学通释》七圣财全文。戒施诸义，原拟专章。故此所言，更为简略。非谓修行已具于此，只谓此为当务之急耳。窃叹方今佛法，承以往之弊，开风会之先。承以往之弊者，学问不讲，废弃多闻，智慧不开，无以御外侮。开风会之先者，空谈教理，忽略行持，信愿不坚，无以严自宗。二者交弊，殊不足以负荷如来之大教。是以耶回诸教，尚有施有为，足生人向慕景仰。独我默尔寂尔，无施无为，以日趋消灭。怅念前途，非小忧也。所愿豪杰之士，坚其信愿，严其戒行，博其学问，广其施济，深其智慧，于自行业深心防护，于诸过失诚心忏悔，多惭多愧，知耻有勇。庶几哉，资粮既具，基础既成，进修等持，证得现观，拔除一切杂染，成就无上菩提，直趋正果，真实不虚。上报诸佛菩萨恩德，下拔一切含识灾横。斯则名为大丈夫事。嗟吾同志，其共勉之。

1932年6月20日王恩洋识于成都佛学社

人生哲学与佛学

人生哲学与佛学

动物恃本能而生活,蚕之作茧,蜂之酿蜜,蜘蛛之结网,皆生而能之,不恃学也。人则不然,自营巢筑室至农工商贾,莫不有学。学愈进,则其生活亦愈安定而丰富。故人生必学也。

学之种类大别有二:一者自然之模仿。二者有意之学习,如儿童之说其本国本乡之语言,乃至一切风俗习惯之茹染皆是也。有意之学习复有二种:一曰技艺之学习,二曰科学之研究与制造。则自朴野而文明,人类生活以之而蒸蒸向上以造乎其极。科学之用宏伟莫与京矣!

科学之外,复有哲学则何用耶?曰科学与哲学有不同者,科学就类别之事物而求其原理与实用,哲学则就宇宙人生之总体而求其根本原理,以指导人类行于正道。科学者艺之事,哲学者道之事。艺也者,所以给人之需求,为衣食住居诸器物,所以利用厚生者也。道也者,所以示人以做人处群之正道,所以正德而防乱者也。昔齐景公问政于孔子,孔子曰,君君臣臣,父父子子;齐景公曰,信乎君不君,臣不臣,父不父,子不子,虽有粟吾得而食诸。君君者,为人君,必行为君之正道,乃至子子者,为人子,必行为子之正道,乃实际的符合于君臣父子之标准,乃配称为君臣父子也。犹之乎壮丁必壮,壮丁而残废羸弱,则壮丁非壮丁矣。何以云君不君,臣不臣,父不父,子不子,虽有粟而不得食耶?盖君臣父子俱失其道，则仁敬慈孝之行不立，而暴慢乖逆之祸以成，相陵相悔而不相生养教诲，则乱生无已，有粟而不得食，食之而不能安矣。秦隋暴兴，非无兵也，非无粟也，转瞬即亡者，失道故也。当今天下，科学发达，制造日新，然而人类不受其利反蒙其害，战争杀戮之惨酷振古未有者，则亦徒有艺以求利生，而无道以驭众，则艺不以利生反害之也。是故人生自科学之外犹需有哲学。

人生哲学者，研求人生之真相，而示人以做人之正道者也。

所谓人生之真相何如乎？曰昔吾作《人生学》，言人生之真相，略有四义：一曰业果之相续，二曰群体之共存，三曰智慧之创造，四曰苦恼之拔除。

何谓业果之相续？业谓事业，人之所造，所谓工作，亦即行为。果谓果报，人之所受，所谓享受，亦即结果也。凡人必工作勤劳，而后得暖衣饱食，亦必暖衣饱食而后得工作勤劳。不耕不耘，收获无望。不制不造，器用何来？故必有是业乃有是果，而无衣无食，则生命且不能存，又何以有其身体精力以事工作勤劳耶？故必享受乃得再事工作也。如是由业而果，由果而业，业果果业，辗转无息，而生命赖以支持，而人世赖以长久。是故人生者，实业果之相续也。

何谓群体之共存？湿生之虫，乃不需有父母。鳞介之属，有父母矣，乃不赖父母之养育。走兽飞禽，有父母，且须养育矣，而不必有家庭有社会，无师傅之教诲，无友朋之救助，彼亦介然而生且存矣。人类独不然，必有父母乃生，必由父母长养乃长，又必有家庭社会之组织、师长朋友之教助。而一人之身，百工之所为备，由分工合作之关系乃以相养而共存，世孰有离群独居，介然孤生于人世之外者欤？故人生者，实为群体之共存也。

何谓智慧之创造？鸟有两翼以高飞，兽有四足以捷走，牛有角，虎有爪牙，以事攻取。其羽毛又足以蔽身体，其本能又足以给生养。人皆无之，其何以生存于世耶？曰专赖智慧之创造也。何所创造？曰创造工具，创造生业，创造家国制度，创造学说艺术。何谓创造工具？如耒耜、刀斧等。何谓创造生业？如农工、衣食等。何谓创造家国制度？如习俗、法制等。何谓创造学说艺术？如哲学、科学、文艺、美学等。或以供人类之生养或以供灾祸之防御或以团结人群或以调治人心。一切一切皆由于创造。谁之创造？则智慧之创造也。盖苟无智慧则不能详察物理，即不能得其利用。苟无智慧则不能省观人心，即不能燮理群志。自然之害不能除，工艺技巧莫由兴，而人群社会莫由理，是故人类之所以无有动物一切之长而能备万物之用，一是由于智慧之创造也。

何谓苦恼之拔除？或有问人生一切动作云为，其目的安在？常人皆曰，在求快乐与幸福耳。吾人则谓不然。人生一切动作云为唯在拔除苦恼而已耳。且夫所谓快乐与幸福云云者其事为何，岂不曰饱食而无饥，暖衣而无寒，安处而无忧，财富具足名闻赫奕而威势莫敌耶？人世间之快乐与幸福止矣，尽矣，靡以加矣。虽然如斯等之所以为快乐幸福者，其原因理由安在？则当了知，人之所以需食者以除饥也，食之而甘者以饥之甚也；人之所以需衣者以除寒也，衣之而暖者以寒之甚也；人之所以需宫室、楼台、城郭、墙垣者以其能蔽风雨、障炎热、防盗贼、远水火也，居之而安者以斯数者莫之能侵故也。人之所以需财富者以能供给衣食等于不匮也；人之所以需名闻威势者以其声援之众力量之强能以保其所有而莫之夺也。然则如是一切一切皆为拔除苦恼而已矣。食所以除饥苦，衣以除寒苦，宫室城垣以除风雨盗贼之苦，财富以除匮乏之苦，名势以除孤立倾危之苦,安得别有所谓快乐与幸福哉？食之过饱则成病矣,衣之过多则伤身矣,幽闭深宫则怨怒矣,财富过多、名闻逾实、威势不戢则招祸矣。故知人生快乐但不过苦恼拔除时所暂得之安适,如病服药,病去乐生,本不病,即不药,苟不药,亦无乐。乐虽暂感于病除,既愈而乐复消失而无觉。且病愈药止,不可再服,再服则反增病。孰谓乐之有常,而为人生所趣求哉！

人生之真相,已略说如上。由了达人生之真相而人生之正道可得言焉。

人生之正道云者,道犹路也。正者不邪不枉,人行其中,不损于人,无伤于己,安然坦然有以遂人之生而适其所愿,斯之谓人生之正道。人生之正当方法也,人生之美善态度也,人生之如理的行为而适量的享受也。此其道如何？

第一,吾人已知人生之真相为业果之相续矣,则知欲得何果,当先造何业。不作不受,作已必受。人生莫不希求美满之果,故必造良善之业。畏难苟且而欲福乐之自来,行非正道而欲得危祸之苟免,皆不可能之事也。由是而吾人对于业果当有正确之认识,而知所取择也。

业有几？曰有善业,有不善业,有无记业。何谓善业？曰能益自他,能益二世,心意纯善而无妄求,是曰善业。能益自他者,谓我此行为不但对于自身有利,同时亦不损害他人,且对人群社会皆有利益也。如修桥梁,自既得度,人亦得度。如平道路,自既可行,人亦便于行。如兴学校,既可以教育自家子弟,亦可教育人家子弟。如安定社会、国家,平治天下,自既得其安乐,人亦共享幸福。此之谓自他并利也。若是者曰善业。所谓能益二世者,谓我此行为,不但现前有利,对后来亦有利也。如作善者现前既得安乐,后来亦得安乐,生有功于当时,没有传于后世,子孙获庇有余庆焉。此之谓二世俱益也。问,设有自他二世不能俱利,则当如何始为善业耶?曰,损己以益人,忍受现前之苦以获未来之乐,则善业也。古来忠臣孝子、志士仁人,皆舍身忘家,急公好义,损己利人。或苦尽而甘来,或身没而名著,则皆以伟大之人格,而成伟大之善业者也。何谓心意纯善?此言其所行善业乃诚心而为,非有贪染虚假之心也。由心纯善,故无妄求。不以此所行善业妄求酬报,无所为而为,不要功,不贪利,行其当然,虽任劳怨而不悔,当祸难而不退者,则其善为纯善。虽无所求而其成功转大。苟有妄求,则所得反小而善业非真矣!

何谓不善业?自他并损,二世并损,或损人以利己,或图现前之福而遗无穷之祸,或虽行善业而有求有贪意不纯净,若是者皆为不善业。翻前善业其相可知。杀盗、邪淫、两舌、恶口、妄言、绮语、贪瞋、邪知,皆不善业。故佛说有十不善业道,身三、口四、意三。反是不善即十善也。

何谓无记业?如农工商贾,自求生存,生活所必需,无损于自他,故非不善。既非出于慈仁,但纯为其自身,亦不名为善业也。二者俱非无所记别故名无记。然而倘其所作,出自孝慈,仰事父母,俯畜妻孥,或如圣人抱人饥己饥、人溺己溺之志而平治水土兴起农工,则亦善业。其或奸商诈工,虚货罔财,则亦转成恶业矣。自余游戏等事并无损益于自他,心无善恶,则业并无记也。

凡人生之苦乐,世运之盛衰,皆业力所招,自作自受。一人如是,一家亦然,一国亦然,天下皆然。其为人也勤俭忠厚,乐善好义,则必有福利于当时,有令名于乡里,人共尊荣。其为人也懒惰骄奢,刻薄无义,则身不免于饥寒之忧,人皆以下流之徒相视。家规整肃,敦善弗倦,其家必昌。家规败坏,苟且偷惰,其家必败。国有政教信道守法,其国必兴。上无道揆下无法守,君子犯义小人犯刑,其国必亡。举世兴于仁让而天下太平,举世兴于争夺而天下大乱。振古迄今,无有违此定理者也,有孺子歌曰,沧浪之水清兮,可以濯我缨。沧浪之水浊兮,可以濯我足。孔子曰,小子听之,清斯濯缨,浊斯濯足矣,自取之也。夫人必自侮而后人侮之,家必自毁而后人毁之,国必自伐而后人伐之。诗云,永言配命,自求多福。太甲曰,天作孽犹可违,自作孽不可逭。此孔孟之书之言,谓人之祸福,家之成毁,国之兴亡,皆由其作业而定也。种瓜得瓜,种豆得豆,是故欲得何种之果,当造何种之因。因即是业,果即是报。造善则福利相循,作恶则危害相续,必然之势也。

或谓若作善而必得善报,则夷齐不应饿死,颜渊不应早夭,孔子不应困厄也。作恶而必得恶报,则盗跖不应寿终,操莽不应帝王,秦桧不应宰相也。作恶而反得福,作善而反得祸者,自古有之,于今为烈。故人相率而为贪污,岂不以为善最难而无功,为恶甚易且有利耶?

曰,天下事有常经,有变例。《中庸》曰,大德必得其位,必得其禄,必得其名,必得其寿,故大德者必受命。此常经也。若夫圣而困,贤而夭,此变例也。作恶之报有常有变亦如此,譬之农事,耕耘播植始得收获,是为常。然亦有水旱天灾虽耕耘播植而不得收获者,则惰农宜较勤农为少费劳苦。若径尽作惰农而不务农作,则天下人饿死尽矣。故良农不为天灾废耕作,君子不为祸变改操行。《中庸》曰,君子居易以俟命,小人行险以侥幸。此之谓也。家国兴亡,世运隆替,自有铁的定律。近世人习贪污,国行争夺,此正所以酿成今日之国难世变,岂为善果也哉!

或谓然则彼为善而得祸，为恶反蒙福者，其故何也？曰，此则不可不知因果通于三世之义也。依佛理言，人生为业果相续，而此相续也，非但从生而幼而壮而老而死为一相续，并且此生续于前生，后生续于今生。前前无始，后后无终。由前前生之业招引后后生之果。是以有三界五趣之轮回生人、生天、生地狱饿鬼畜生，皆随业之善恶而判，又非但人中有贫富贵贱、寿夭荣辱而已矣。此之谓异熟果、等流果。彼作善而得祸，前生恶业之所招引也。作恶而得福，前生善业之等流也。人生既通于三世，岂可执现世之例外，以否认因果之常理哉！盖变例亦有其常理也。

予今年二月讲经新津，汪君伯渊云其幼时闻之老师言，某乡试官者，原一穷秀才也。年逾六十，业课蒙。年终散学，负修伙钱六千而归。行至中途，闻茅舍中号哭声甚悲。问之，则夫嫁妻也。何为哭？则以负人债，积年不能偿，年终索债急，故嫁妻以偿，膝下有子女不忍别，是以号泣。老儒曰："有是哉！"问："负债几何？"曰："六千。"曰："若是，则我代偿之可也。"因尽出其钱与之而去。行至山侧，遇抬大木者十余人迎面来，避之不及，堕岩下。人共往视，则老儒死矣。门人收而敛之。皆曰，皇天无眼，作善无功，因果不可信矣。俄老儒忽如梦觉，瞪目而视，则见己在一大宅中，闺房华洁，身卧高床，席重毡，而覆锦衾。头甫动，一老媪惊喜曰："我儿活矣！"两幼妇方垂泣，急抚其身，若妻妾然。老儒不解何故。以手扪须，则一茎也无。怃然曰："吾其死而更生耳！"因忆施金坠岩事。此时身力疲极，弗能言动，即偃卧长眠。次日医生至。老父亦来，须发皓然，如己前生状。医诊其脉曰："病愈矣，唯待滋养耳。"开开胃健脾方而去。如是卧床七日，便已体健思步，逾月而健康逾常人。入其堂，视木主，始知其姓氏。则不张而王矣。渐久而家人老幼奴婢仆使尽知之。知其家为邑中巨室,父唯一子,已二十有五矣,读书不长进,犹为童生。又久不抱孙,故与蓄妻妾焉。体既壮,其父命之曰:"吾家世代书香,不可至汝而断,今病已愈,可复到书房读书矣。"公子唯唯。至书房,则老师已先在。窗明几净,斋外花木繁茂甚可人。老师教背书,无一字讹;教写字,无一笔败。已自异之。次日命作文,则老练如出自宿儒。初疑其抄袭。更试之,目注不他瞬,须臾复成,与前篇不异。大惊曰:"此子夙鲁钝,八股不能谋篇,今何俊拔乃尔!"叩其故,公子不答。再三问之,犹不答。师终惊异不已。月明之夜,固问之。公子以深宵无人,始告之曰:"吾前生亦为儒生,年终散学,施金堕岩死,乃不意入此臭皮囊中,遂拥有此人妻妾,而父母此人父母。论吾前生,不曾为恶,而屡败于名场,逾六十犹贫且困。计吾施人之钱六千,非为多。然实吾家衣食宾祭之具,当时亦未计其轻重,但觉人一家生离之苦,恻然动吾慈愍。意者天鉴吾一念之诚,既死而复送吾入此郎君之躯耶?先生但知因果之无一毫虚,此事不必为他人道矣!"师闻,击掌啧啧惊叹,曰:"不意闻所曾未闻也!"次日因告辞去。公子曰:"何为尔?"曰:"君之学与艺固为予所弗及,德更高于予。予何能腆颜作君师?若犹昔之郎君,则可再教十年犹不莛耳!"公子曰:"吾昔亦课蒙者。今幸得有此报,何忍迫先生以去!吾二人正好论学。待秋同赴县试,倘能还我一秀才,先生亦有荣焉!父当重谢先生。能同列黄榜,则更幸矣!"师遂留。秋果同得秀才。其父母其妻妾喜可知矣!连中举人、进士,发为考试官。试于其故乡,召见其门人焉。返其家,为妻儿置薄产,以慰艰苦。为乡邻道生平事,无弗合者。于是乎人皆曰,今而后知皇天有眼,作善大有功,因果真不虚矣。诸人有不信因果通于三世者,其鉴于斯!虽然,倘有心而为,欲获是效,则果报不若是机械,亦有唐丧其功者。吾人但当法其存心可耳!他事甚多,且止于是。

吾人知人生为业果之相续,且知业果之通于三世者,则当戒慎于燕私,而力遵乎正道。乐天以知命,安土以敦仁。不怨天,不尤人,临财不苟得,临难不苟免。淡然于利害祸福而不贪不惧,努力于仁义忠信而迁善省愆。优然以为贤人君子,不求福乐而福乐自来也。此人生之正道也。

第二,吾人已知人生为群体之共存者,则当知将欲利益自我,必先利益他人。将欲利益个人,必先利益群体也。盖人生既为群体之共存,故己与人之利害为不可分,个体与群体之利害亦不可分。有利于人亦必有利于己。有害于人者亦必有害于己。对群体之利害亦然。故将欲存己,必先存人。将欲济其私,必先急其公也。幼读唐子潜书。唐子之妻幼在闺门,一日与其妹生口角。妹憎姊甚,夜共寝。秋蚊甚多。妹以憎姊故,帐中驱蚊,但驱其自寝之一方,不驱其姊之一方,以是为能自利矣。不知同一帐中,蚊固不择人而噬,自亦不免于患。嗟夫!世之自谓才能者,其心量智慧有不为此小女子者几何哉?况夫莠民也,盗贼也,污吏也,贪官也,权臣也,暴君也,霸主也,帝国主义也,混世魔王也,一切一切,凡其所为,无不损人以利己,损公以济私,害人之身之家之国,以自利其身其家其国,自以为智矣。究之言悖而出者,亦悖而入。货悖而入者,亦悖而出。杀人之父人亦杀其父,杀人之兄人亦杀其兄。鳏人之夫,寡人之妇,绝灭人之子孙者,人亦鳏之寡之而自取绝灭。细之察于社会人群之中,大之观于历史兴败之迹,始皇按剑,诸侯西驰,倾覆人国家,掳掠人财货,杀人奚啻百万。卒之身死国亡,覆宗绝嗣,宫室焚烧,陵庙发掘,谁见其子孙帝王万世不倾之业哉!巴比伦也，亚述也，斯巴达也，马其顿也，凯撒也，拿破仑也，威廉第二也，一切一切皆曾雄霸一世，杀人以自荣，役人以自贵者也。今皆鸣乎在哉！世谓弱肉强食，优胜劣败。设然者，宜世有猫而无鼠，彼家家畜猫，日日捕鼠，然人家之鼠终多于猫。虎与羊亦如是也，鲸与鱼亦如是也。设果劣败而优胜者，世界上当只有虎豹豺狼而已矣。然而不然。然后知残暴贪婪之物损他以自利者，本身即非优良之物，而终当自绝其种类。鉴之前史，强暴之徒，覆败相寻，史不绝书，乃知人类自存之道，不如残暴无智者之所想像矣。故西方近代有互助之论，代生存竞争之说而兴。以为生物之生存，立基于互助。人类之相互爱敬，相养相生固然。即动物之生存，亦莫不然。详举例证，此固不许。要之，生物之愈高等者，其互助之事愈繁，极至于人类而其相益著。家庭之中，亲养子小，子养亲老，然后祖父子孙于以似续。社会之内，分工合作，合作分工，而人类以生存。故动物之行为，多分为其自我。而人类之职业，每有辛苦营为不为自我者，间接辗转而后食其利耳。此如工人之工作，修房屋者多非为自己而修，缝衣服者多非为己而缝，治病者多非为己而治，教育者多分纯教他人也。此种现象，唯人类有之，禽兽虫鱼不如是也。是亦群体共存之一实证。然后知个体自我之幸福，多建筑于社会群体与他人。然则人生之道，当以群体之生活为重，而个体为轻。工作之对象在他人，而不必但为自我。盖群体既存，他人得所，而己之幸福生存自有所系矣。

即于此中更有一义，吾人真欲为群体之共存者，尤必有超乎利害之思想，有淡忘自我之胸怀，庶几乃近乎道而不为利，纯乎仁而不出于私利。盖苟无如是之思想与胸怀，则事事出于计较的，不出乎性情的，但能培育一副精工计算之心，以收群己交利之方法，并不能养成群德群性而得取义成仁不顾自己之道也。汉儒有言曰，正其谊不谋其利，明其道不计其功。孔子曰，君子喻于义，小人喻于利。义利之辨，君子小人之所由分也。何谓义？义也者，乃人生之所当为所应尽。何谓利？利也者，乃人情之所私便者也。义在对他人，而利在益自我。《大学》曰，为人君止于仁，为人臣止于敬，为人子止于孝，为人父止于慈，与国人交止于信。仁对人民而施，乃人君当尽之义。敬对职责而起，为人臣当尽之义。孝对父母之道，乃人子当尽之义。慈对子女之道，为人父者当尽之义。信为对友朋之道，为朋友者本身当尽之义也。尽其义者自身也。义之所及他人也。以己对人，人皆有其当尽之职责而莫容辞者，是故谓之义。故义纯为对他而效力，忘夫自我之私者也。义之所在不顾身命而可也。己以是对人，人亦以是对己，彼此交尽其道，小我尽忘，而群体和合，交相生养，而人皆得遂其生养。交相爱敬，而人皆得致其尊荣。生养遂，品德尊，群道得而己德成，忘我而后己德崇高而伟大矣。若夫利则不然。王曰何以利吾国，大夫曰何以利吾家，士庶人曰何以利吾身。利也者，咸为己之私便者也。然而上下交征利而国危。后义而先利不夺不餍。岂不利己者终必损人，损人者人亦从而损之，始之事事为自己打算者终乃事事自己损害也耶？心量日以狭隘，品德日以卑下，则身心交损，又不但不能各遂其生存而已矣。故群体共存之道，贵能超利害而尊仁义，忘自我以为他人。此又人生之正道也。

第三，吾人已知人生为智慧之创造者，则当知人生之欲遂其生而成其性，不可不发展其智慧也。然则如之何乃可以发展智慧耶？曰唯一要道，莫先于学。盖人生而愚，本能薄弱，其所以能不为薄弱之本能所限而有以扩张其智慧者，纯在其能取人之长乃至取物之长，以自裕其能也。取人之长者，学其所长也。傍之而并世之人众。纵之而往古之圣贤。苟虚心以学之，则可接受全世界全人类千万年之知识德能于一身，而不知者知，不能者能，无智慧者有智慧矣。苟为不学，则守其孤陋，故步自封，终止于庸碌而已矣。好学之士，日就月将，学有缉熙于光明。活到老，学到老，则生机沛然，老而弗衰，积久弥大。不学之徒，则苟偷视息，坐待消亡而已矣。记曰好学近乎知，信也乎！

为学之道复如何耶？曰：首在自知。自知之道，在能反省。勤于反省则自知明。自知明者，自知其无所知无所能也。苏格拉底曰："吾无有知，吾但知吾无知耳。"孔子谓子路曰："由诲汝知之乎？知之为知之，不知为不知，是知也。"孔子又曰："吾有知乎哉？无知也，有鄙夫问于我，空空如也，我叩其两端而竭焉。"此有深义，弗能详解。有当知者，则愈是伟大之人物，如圣如贤，则其反省愈切，自知愈明，而愈知其不足。唯愈知其不足，然后愈能学。知不足则心虚，心虚而后能受，能受而后能集人之长以为我有。孔子圣人也，然曰："三人行必有我师焉，择其善者而从之，其不善者而改之。"又曰："我非生而知之者，好古敏以求之者也。"又曰："若圣与仁则吾岂敢，抑学而不厌诲人不倦则可谓云尔矣已。"常人不知自反也，故不自知也。不自知，故自以为多知也。自既已知之矣，何能虚心以受教而学乎？詓詓之声音颜色拒人于千里之外，虽有至道人，亦莫肯告也。故学莫先于反省知不足也。

人能自知不足而好学矣，学之尤贵能得其正也。墨子悲丝，染苍则苍，染黄则黄，所染既异，成色遂殊。人之学也，何莫不然。学于善则日趋高明，学不善则日趋下流矣。故人之学人也，贵自己有宗旨，对人有简别也。无宗旨则与世浮沉，无简别则漫无归宿，亦焉能成己修德而增长其实智乎？故学不可盲从迷信，要有慎思明辨之功也。

又学虽正，非徒博览记诵思辨而已矣。贵能身体而力行之。征之于躬行实践以验其成效。行之而熟，则内得于心，成德在己，乃可以为实学，不倚门傍户以为学也。

吾人好学而有智慧矣，虽然又不可矜其能而耀其智也。大智若愚，盛德若虚。智可恃乎？《书》曰："有其善，丧厥善；矜其能，丧厥功。"有之矜之，则虽得而必失也。

智慧又必辅之以厚德也。苟无厚德，则诈而已矣。昔者孙膑、庞涓同学于鬼谷子，既而庞涓仕魏，掌魏国之兵柄，以为天下知兵而过我者唯膑耳。恐其仕于他国为己害也，迎至之。迎至魏国，又恐夺己之权也，欲杀之。杀之，又惜其学问兵法之未为己有也。于是膑而拘禁之，使作兵书，己将学焉，则可以智胜天下矣。涓之谋远矣，虑深矣。其智可谓大乎！然而终杀涓者，膑也。无仁厚之德，忠恕之行，卑鄙贪吝以为心，而行其权谋诈术以欺世罔人，小才小智足以杀其身而已。一人之私智，其何能胜因果之定律。故任智不信道，如引火以自焚，蹈水以自溺，不可不戒也。今之世，尚力、尚智之世也。尚力故残暴而不仁，尚智故惨刻而寡恩，诈伪兴，机变出，而人类无信义，无礼让，以酿成空前之浩劫。孰谓智慧之创造，所创造者皆为杀人之器，陷人之局哉！俗语云，十分机谋用七分，留下三分养儿孙。此言好用机谋者，有亡国灭种之祸也。故君子尚德不尚力，贵道不贵智。虽然，尚德贵道非大智不能。大智者，无智也。言无智者，坦然大公，洞然大明，而不用私智故也。此又学人生哲学者所不可不知也。

第四，吾人已知人生为苦恼之拔除。为除苦恼，乃造诸业。苦恼既去,乐感随生。不实不常,转瞬即逝。则人生唯当以苦恼之拔除为目的,而不需追逐快乐,而贪求无已也。追逐贪求之无已,则快乐反成苦恼,荣誉反成贱辱。此如食过饱,衣过暖,服药过度,皆反以致病、增病。财富过多,势位过隆,反为身家之累。苍蝇食蜜,蜜胶其身。犬贪粪,溺粪池。匹夫无罪,怀璧其罪。自古及今,贪权嗜利之徒,急功好名之辈,朋比为奸,祸国殃民,当其盛时,炎炎赫赫,炙手可热,一唱众诺,龙起云从,谓天下莫如我何？暴戾贪婪,唯吾之所欲为也。一旦机变时移,报应昭至,家室为墟,身首异地,燃腹为灯,饮头为器,楚霸王自刎乌江,拿破仑幽囚荒岛,王莽族诛于汉兵,俄皇断头于共党。早知今日,何必当初！语有之,贪夫殉财,烈士殉名,夸者死权,众庶凭生。亦可悲矣！庄周者,蒙人也。楚王闻其贤,命相往聘之。周曰："楚之太庙有灵龟,今犹存乎？"曰："存。"曰："是龟也,宁生而曳尾污泥乎？宁殁而供之太庙乎？"曰："宁生而曳尾污泥耳！"周曰："子去矣！吾亦欲曳尾乎污泥之中。"当秦之乱,群雄并起,逐鹿中原,有四皓者,隐居商山,作歌曰,莫莫高山,深谷逶迤,晔晔紫芝,可以疗饥。唐虞世远,吾将何归！驷马高盖,其危甚大,与其富贵而畏人,不如贫贱之肆志。老子有言曰,知足不辱,知止不殆,可以长久。圣人亦曰,君子食无求饱,居无求安。敏于事而慎于言,就有道而正焉,可谓好学也矣已。又曰,饭疏食饮水,曲肱而枕之,乐亦在其中矣。不义而富且贵,于我如浮云。士君子有旷世之怀,有固穷之节,而岂萦萦役役逐物好利而不返者哉！故人生之道,固不能无求,不能无欲。生活之需,事畜之具,虽圣人犹不废。然贵能寡欲而知足,无为过度之享受以伤身,无为过度之积聚以累身,更勿为非礼非义之争取以损害他人,而应出其余力以赈济他人,则财物不螫其身形,人群不嫉其富厚，身心两得，人己两便，苦恼既拔，而不增其苦恼，物能养人，而不为人害矣。

由是可知，人生之正道，皆根据人生之实相，即人生之原理而起。人之生也，为业果之相续，故当善造业以成其福果。祸福无不自己为之，不可以怨天尤人，或赖神求鬼以幸得幸免也。又且业果通于三世，人生相续于无穷。故逢困厄而无悔，遇荣宠而勿惊，皆有其业因而勿颓其志。如是者，可与立命矣。人之生也，为群体之共存，故人不能遗世而孤立。即亦不可损人以利己。急人之急，忧人之忧，群体存而后己不失所。故欲身之安，必先固全其家。欲家之存，必先治理守卫其国。欲国之安稳无患害，必先平治天下。存身于家，存家于国，存国于天下，此之谓群体共存，而个人主义、帝国主义所应当排除者也。将欲为群体之共存，犹不可不培养发展其群性。群性之长养，莫贵乎贵德而轻利，尚公而忘我，则功利主义在所当去，而礼义之教在所当崇矣。人之生也赖智慧之创造，而智慧生于好学。人之能学源于自知其不能。故必虚心自反，而后可以纳善受教，自以为是则受学无地矣。学又必抉择是非而不可盲从，又必实践自得而不可倚赖，深造自得，然后居安资深取之左右逢源而不匮矣。学以成智，而大智若愚，大巧若拙，不自矜恃矣。不但不可矜，尤不可滥用其智以自私，必明于因果之正道，顺理而不悖。又必基之以厚德，长善而不以为非。故诈谋诡计一切摒除，机械技巧悉数止息，以厚德而履正道。吾有知乎哉？无知也。一切所行，行所无事。而无私智成心于其间。故可以顺迓吉祥，而无亏败。无智之智，岂不大哉！反视世之以权谋诈术欺人自欺，纷纷扰扰以成千古未有之浩劫，人类沉溺于水深火热之中而不能自拔者，不亦大愚可愍也哉！人之生也为苦恼之拔除，非别有幸福快乐之可享也。故虽努力造业,而作业不可趋向于贪求,享受不可不节其嗜欲。适可而知止,好乐而无荒,少欲而知足,则欲给而生遂,苦拔而无害矣。过此有求皆为狂惑。与其逐物自焚,则不如用其精力才智于学德之培养,为人性之升华,为人群图平治。为拔自苦,亦拔他苦。为成己德,亦成他德。由内心之恬静淡泊而清净,乃能致学德于崇高,致胸量于宏大,致事业于悠久。人生之正道如是,遵而行之,真足以己立而立人,自度而度他,永无颠踬倾跌之患,而免于颠倒、猖狂、盲瞽,以奔驰于人生之歧途险路矣已。

上来已言人生哲学,次当略论佛学。

人生无有本能以自存济,是故有需于技艺科学。技艺科学但能给人之生养而不能示人以正道,故更需有人生哲学。真实而正确之人生哲学既已率人于正道而不迷,达康庄而无祸乱灾患矣,更何需于佛学耶?曰,真确之人生哲学虽能示人生以正道而达康庄,然人生之自身有内在之矛盾,非人生哲学所能解除。人生有极大之苦恼,非人生哲学所能救济。故除即人生而示正道之人生哲学以外,更有超人生而为解救此人生之矛盾苦恼之佛学来也。

何云乎人生有自身内在之矛盾、极大之苦恼,非人生哲学所能解救者耶?曰,生死问题是也,爱生恶死之贪欲是也。

何谓生死问题?曰,此甚显而易见者也。人生者,为求生也。技艺科学所以给养人之生也。人生哲学,使人生得其正道,而免致祸乱危亡者也。然而人之生也终不免于死。或百年,或数十年,或数年。振古迄今,孰能免于此耶?陶渊明不自挽乎?其言曰:

> 荒草何茫茫,白杨亦萧萧。严霜九月中,送我出远郊。四面无人居,高坟正嶕峣。马为仰天鸣,风为自萧条。幽室一已

闭,千年不复朝。千年不复朝,贤达将奈何!向来相送人,各自还其家。亲戚或余悲,他人亦已歌。死去何所道?托体同山阿。(拟挽歌辞)

此一问题,面对着人生而来。虽在生日,已早知其有此。"万岁更相送,圣贤莫能度",况在常流乎!虽曰"纵浪大化中,不喜亦不惧,要尽便须尽,无为复多虑",然而又曰:

迢迢百尺楼,分明望四荒。暮作归云宅,朝为飞鸟堂。山河满目中,平原独茫茫。古时功名士,慨慷争此场。一旦百岁后,相与还北邙!松柏为人伐,高坟互低昂。颓基无遗主,游魂在何方?荣华诚足贵,亦复可怜伤!(拟古)

又曰:

久去山泽游,浪莽林野娱。试携子侄辈,披榛步荒墟。徘徊邱垄间,依依昔人居。井灶有遗处,桑竹残朽株。借问采薪者,此人皆焉如?薪者向我言,死后无复余。一世异朝市,此语真不虚。人生似幻化,终当归空无。(归田园居)

吾人登高山而望远,慨古昔以怜今,感生死之须臾,惊荣华之易尽。幻化之念,空无之悲,皆勃涌心头莫能自已。人既如此,我何以堪?故知不喜不惧者,聊以自慰之虚言。要尽便尽者,无可奈何之实事。苟非无情,未有能对此无感伤悲悼者也。

嗟夫!人生,其生也,勤劳辛苦,凡足以维系延持此生,尽心极力无微不至,于以征有情爱生之切也。于其没也,又无不哀悲伤悼不自宁,既慨古以怜今,又怜人复怜我。于以征其恶死之甚也。爱生而生终不永,恶死而死终会来。此之谓人生自身之内在矛盾,而极大之苦恼也。而人生哲学莫法解救,则焉得而不更求办法哉!

对此问题作解救者,自佛法外有中国之神仙及西洋之宗教。

为神仙者之言曰,人之所以不能长生者,以其贪求也,以其多欲也。嗜欲肆而神耗,物累重而身劳,神耗身劳则速死也。故善养生者,外不为物累,而内不为欲动。不贵财货,而淡忘嗜欲。如是则身不劳,精不亏,气足神完,可以长生久视矣。其为之之道,一当绝财,淡泊无求,不事生产;二当绝欲,全精养气,不恋室家;三当绝食,去浊存清,吸风饮露;四当舍身,形蜕尸解,神返其真。盖嗜欲既尽,精神独存也。此消极之道也。积极之道,则一曰贵身,身重于物也;二曰炼精,精固于身也;三曰化气,气妙于精也;四曰化神,神灵于气也;五曰还虚,与天地合一,还小我于大宇宙之中也。二者之中,消极尤重于积极。自来炼神炼气,固精守尸之徒,执我不化,强为升提,丹鼎烧炼,多颠蹶自焚,服毒自杀。学仙者长生不见一二。短命者到处皆然。执之愈坚,败之愈速。其余碌碌之士,求之不切,用功不深,则见功不多,为害亦小也。此犹就学仙者之正道言也。若夫仙家之外道,则有服药采补,种种杂道。唐代帝王,多受其欺,以自寻夭折。此妖魔也。又有符箓之家,引神致鬼,眩惑愚氓,增长迷信。或乃造谣生事,成为教匪,为祸亦无穷。老子不云乎:吾之大患,为吾有身。及吾无身,吾有何患?故知真道不恋形骸也。而何丹鼎之足云?又曰:至德之世,其鬼不灵。又曰:前识者道之华而愚之始也。故知真道不迷事鬼神,不预言祸福也。而何符箓之足云?故真言道者,不可不以清修寡欲知足无求为根本教条。亦如学佛者，必严持五戒十善别解脱律仪，乃配称佛弟子也。

为宗教者之言曰，宇宙万物，皆上帝之所造也。上帝造生人类独高于万物而特肖上帝，故人类者乃上帝之宠儿也。乃上帝既造人类，人类之祖宗有所谓亚当、夏哇者，乃不遵上帝之命令造成逆天之大恶，上帝震怒，遂驱出天国下生尘凡，即此谬种相传以及于现世，生死相继受苦不绝。人而欲解决如是生死之问题唯一办法，只有信仰上帝至心祈祷。自忏罪愆——乃其祖先所遗传者，使罪日消亡灵魂洁净则可以亲近上帝而死生天国。既生天国，则得永生，更不受老死诸苦矣。其方法之简易直截有如此。近来有疑之者以为天国杳茫不可见闻。人生世间唯当努力于人生事业立德立功福利群众，庶几造天国于人间，而人类自得解救矣。或曰，此庸俗之理论，全失宗教家永生之精神矣。此天主耶稣两教之争执与主张也。自余天方犹太之教，主张当不甚外是，印度有印度教者，旧婆罗门教终与佛教、耆那教之融会而成者也，主张有大梵天王化生万物为人类之主宰，与耶回之意略同。但其主张又谓人心之本体即是大梵。故神我不二，而我即是彼。人能除去其内心之烦恼障蔽而证见本体，则与大梵冥契，而神与我合一。此则与宋明理学家之言天理流行即在人心之中，即人心而见天理者略同。至其修持之方，在破除内心之黑暗与扰乱以求得解脱和平自由，则又由受佛家之影响而来，与一味依神灵而求永生者又异。总之，宗教之中，种类繁多不可殚述。论其功罪，此更弗详。

依神仙家言，则解决生死之道，在绝欲全神而得长生。依宗教家言，在信仰上帝而求永生。自佛法言之，两者俱无当也。依佛法言，生灭二者，乃相待而不相离者也。既有生，必有死。生而不死，此乃违逆法性者也。法性不可违逆，故长生永生为无有之事也。且如神仙家言，遗形葆真者，非即死乎？若谓形虽死而神魂自不灭，则谁谓神魂之有灭耶？三界生死五趣轮回一切有情原无死期，则神仙不待学也。然若谓神魂凝固常住而不灭，则亦不然。苟其如是，则无动作无思虑，还同死物耳。若仍有动作云为思维想像则是有为，有为皆无常，何云常住耶？既非常住仍有生死，特不过如天人耳。又彼所言炼神还虚与天地合一者，天地既自然之总名，自然本生化于不息，生化不息即是生灭不停，既生死不停则长生不异长死。既与天地合一矣。俄随汽上升而为云雨，俄附著草木而为枝叶，俄汲引于鸟兽而为血肉，俄沉淀于江海而为沙虫。天地之生死也无量，安在其能长生久视哉！依其小我合于大宇宙之论，则长生为不可求，且亦不需求，盖万物之生灭分合变化无穷，本无止息也。神仙之说既虚，宗教之言亦妄，天堂上帝，谁则见之！以杳不可凭之上帝天国为其信仰永生之主宰国土。此大不合于科学者之言，似不宜存于今之世也。且祖宗之罪与子孙何干？上帝必罪及妻孥，延及万代，已不合理。而上帝即能创造之，乃不能教化治理之，使蚩蚩者造罪作恶于不息，以浊乱上帝手创之清净庄严之宇宙，上帝无乃不智，无乃无能。又若谓必听其罪恶满盈而后末日审判之打入地狱永不令其超升，则上帝抑又何其不仁？诸如是等，皆见上帝为一无有理性不可捉摸之意想物，以是为寄托身心性命永生不灭之保障，亦已痴矣。是则永生之说又无据矣。

既两皆无当，然则生死问题遂无解决之道欤？曰，是又不然，特佛法之所以谓为问题与所以解决之者，与常人之情大异其趣耳。

常人之情，惧死已断灭，我将无存。然佛法则谓死已不灭，无惧其断，业果相续，未有尽时。我本非有，原来不存，生来即尔，无虑死后。而生必有灭,既已生矣,即勿求不死。苟欲求其不死者,唯有求其不生耳。生尽则死尽,故佛法在求不生,不在求不死也。此不大与常人之情根本相左耶?

然则不生之说亦有根据耶?曰:根据于不欲死。既不欲死矣,何故教人不生?曰:生之与死本为一事之两面,亦即一事之始终。凡物事必有始终,生也者事之初起,死也者事之已成。已成云者,犹云事做完了耳。如人燕宾,酒醉饭饱,则席终而散。如人演剧,情节已完,则闭幕下台矣。人之生死亦复如是,今生之生命本由前生之业感而来,业有强弱故报有修短,随其修短之数既尽则此生已了,如席之终,如剧之完,使命既尽,即归于死。死非尽死,又随异业别受他,如此剧闭幕,另演他剧然。故有生必死,生死一事,本不可取一而去一,而世之人则但欲生而不欲死。如好食乌梅而不欲其酸,好食辣椒而不欲其辣。同样不通而不可能,故佛法告之曰:汝既恶死,则不如不生。犹之恶酸辣者不食乌梅辣椒可也。世人无不恶死,故佛教以无生。何等直截?至理真不可易矣!

曰:若如子言,生死既然一事,死已并不断灭,如演剧然,则吾人即长此演下去,生生死死,死死生生,既乐其生,即不惧死,何如?曰:汝真不惧死者,即可以生下去,佛亦不教你不生。虽然乐生而不惧死亦非易事,以此生死自性是苦故,众苦所依故。一切苦者略有八种:生苦、老苦、病苦、死苦、怨憎会苦、爱别离苦、求不得苦、一切无常五取蕴苦,详之则有百一十苦,二俱不详。既人生而众苦交煎,又且生已必灭。然人之欲求又欲生而不欲死,求乐而厌其苦。内在矛盾终不可拔,则只有教人不生耳,以人少有真不惧死者故。然则世间有真不惧死者欤?曰:亦有。一者受生之逼迫过度,更无一乐之可求,对于生已发生无限之疲厌,则有以一死为快者,自杀者是也。然此非不生之正道,以好乐之情未尽,即求生之欲未尽,仍当受业力支配而另生故。二者已达生死一事,如梦如幻,自性空寂,无可爱亦无可憎。然大悲心切不怖生死,乘悲愿救世而来,悲愿已了复去,游戏神通去来自在,则无怖于生,亦不惧死也。又有声闻已入果位,我生已尽,梵行已立,所作已办,不受后有,任运命终,便入涅槃,此亦无怖于生死。生死余烬,本不足怖惧故也。自余有情则不能无怖于死,故只当教以不生耳。

然则不生可能耶?曰:可。何由而知其可耶?曰:佛法穷生命之源,由烦恼业力起。无明爱取是为烦恼,善恶行为是称为业。由无明爱取是起业,由业感生,由是故轮回不绝。烦恼尽故业尽,业尽故生尽,生尽故老死忧苦一切皆尽。详言之,则曰十二缘起,约言之,则曰三种杂染。三界唯心,万法唯识,业果相续唯在自心,非由外引,既非上帝所造,又非物质演化。以是因缘,生有可尽而死有可离。通此理者唯有佛法,故能根本拔除人生之苦恼而与以圆满之解决者,唯佛法而已。此其理教幽深,万言难尽,故不广陈。

问:无明爱取以何为体?曰:即以不了生死是苦为无明,即以爱生著我之贪与欲为爱取。故解脱之道,去是无明与欲贪而已。

虽然,此亦大不易去,由与人生之本性相违故,非无漏智慧不能断彼。无漏智慧由出世定生。出世禅定由清净戒生。由戒生定,由定生慧,由慧断烦恼,则业尽果尽,而人生根本解决矣。此学佛之方法也。欲详其义,更仆难数,可读吾《人生学》中第三解脱道论。

生死解脱为断灭耶?曰:非断灭。此之解脱,名曰涅槃,实即转依。转依云者,转舍杂染转得清净,转舍迷梦转得正觉。一面为生死之解放与解除,一面为法界之清净而完成。但是超生死的超人生的而非断灭的也。

此超乎生死之解脱涅槃，在二乘虽得自在，而无业用，不能化度有情，不能更建国土。菩萨成佛，则既得自在，业用现前，三身四智建立国土化度有情穷未来际，始于菩萨愿行，终于如来胜果。妙义重重，如吾《人生学》第四大菩提论。

吾人前所论者为人生哲学，今此佛学则超人生的哲学也。然此超人生的哲学，正所以尽人生哲学未尽之业而益坚定人生哲学之基础。盖业果相续之理不明，则为善去恶无据。为善去恶无据，则安身立命无因。安身立命无因，则余之一切群体共存，智慧创造，苦恼拔除，皆浮游而无著。而特穷业果相续之理者，为佛法。既穷其理而又超越之，则为善不滞迹，不著相，乃真为善法之完成也。故佛学甚有助于世间学也。然苟人生学之真相不明，基础不固，而妄求出世，则一切鬼神迷信、邪魔外道之思想信仰，皆可假神仙宗教佛法之名以行，乌烟瘴气，昏霾天地，此亦近日人世之现象也。今此既示人生之正道，又示出世之正轨，一切异端邪说外道旁门，皆得纠正。文字虽少，摄义甚富。依此作人，可以弗畔矣。更进而读吾《新人生哲学》及《人生学》，则义理益富，行践益确矣！

近世世界大通，人类思想以交流而趋复杂，主义学说，互相冲突，茫茫宇宙，莫知所趋。此人生之大患也。故人生哲学，乃不能不力为提倡，以求得一坦途，与人类以同游。然而今之讲人生哲学者，其复杂冲突亦正与一切学说主义思想同。以各家各派皆有其特有之人生观，即莫不有其特有之人生哲学故也。又窃怪现时讲人生哲学者，常将古今中外凡言人生问题者，若儒若墨，若道若法，若功利主义，若快乐主义，若浪漫主义，若理性主义，乃至其他一切一切，详为历举，各为专章，以为极人生哲学之大观。不知学者本因茫然不识人生之正道，乃须学人生哲学。今一读人生哲学，而五花八门，公说公有理，婆说婆有理，莫衷一是。愈增长其怀疑，愈加重其苦闷，以为人生者固若其多歧途，而莫适所归也耶。彷徨踯躅，其将何从？故不学人生哲学犹可，愈学愈糊涂，愈不知其所应行、应为者当何如也！盖自无中心思想，无真知灼见，则唯有旁征远引以表示其博学多闻而已，以云指导人生则无当也。洋少受慈亲之教，长读孔孟之书，即知有做人之道、圣贤之学。高山仰止，景行行止，虽不能至，心向往之。长而游学北京，适当新潮澎湃之会，非难先圣者云起，毁裂古学者比肩。洋衷心深不以为然。而学识短浅，终未有以解救之也。因进而研究西洋之哲学、伦理学等书。以为彼方哲人，学有根底，其所立说，必有异于今之浮慕虚声、狂吹瞎说者。读数部既了，觉得西洋人的学说有条理，有系统，组织能力强，表现方法好，反视中国古人的学问，都是零零碎碎、杂乱无章的。西洋学者之所长，中国古代学者真望尘莫及也。但又有一种感觉，觉得西洋的学说虽有条理系统，但无论其说得如何圆满，如何完备，读了便了，对于身心全然发生不起作用。反觉吾人先时读孔孟书及宋明儒者语录时，每每片词只字，发人深省，打动人的心肝，激起人的志气，真真有如孟子所谓奋乎百世之上百世之下闻者莫不兴起的气象。如此乃为人格的感化、道义的熏染、学问的受用，岂但说食不饱者哉！以是得一结论。以为吾人如欲持之有故，言之成理，成一家之言，以传之当世，则莫如走西洋学者的路。如欲安身立命，正己化人，使吾人当下有受用处，而不徒说废话，则仍当深究中国古人的学说，悉心体会而验之以行事。当时适逢中日交涉，学生以丧权辱国之外交条约，起而抗争，游街讲演，激励民众。政府以大兵弹压,当即逮捕四十人,洋亦在其内。拘禁百二十日,洋初以为同逮捕者,皆有志少年,经此炼磨,必为国家大器。相处略久,则见其质地修养,并不优良,怨尤之词、乖戾之气、恇怯之情,弗可理解,呜呼,其何以历祸变而立成仁取义之节哉!因是又觉今之学风、思想之解放自由则诚有之,人格之修养锻炼则犹未也。为阔眼界,增知识长技能,西学诚为当务。若欲修身立本,养气不动心,则古先圣贤之学,仍属必需。本此感觉,故对中国古学益致尊崇。时值梁漱溟先生讲学北大,洋从之听受《东西文化及其哲学》。因对儒学益增长信心,对佛学亦初识宗旨,从此研究唯识学略有入门。梁师复命,洋往南京内学院欧阳竟无先师处问学。洋既见师,慈悲摄受,至诚仰赖,两情投契,如鱼得水。因留受学,得识玄旨。既通佛理,转治儒书,益觉亲切。自尔以来,颇思宏护,以救瞑盲。后返家开建龟山书院,授徒讲学,作《人生学》四篇:初篇《人生实相》,所以穷究人生之原理真义也。次篇《儒学大义》,所以明儒者教人立身作人之正道也。三篇《解脱道论》,所以示佛法出世之方法结果也。四篇《大菩提论》,所以显大乘菩萨六度四摄大悲愿行也。全书二十余万言,儒佛之理明,世出世间之道备。对于西洋思想,亦时与纠正。实为近时治东方学者必读之书。其后讲学成都,复作《世间论》:一《价值论》,二《本体论》,三《缘起论》,四《出离论》,五《无住涅槃论》。与《人生学》倚互发挥,并印行于上海佛学书局。中日战起,交通阻绝,连近年所印之《论语新疏》《孟子新疏》等十余种,皆弗能寄来蜀中。三十一年,东方文教研究院开办于内江,际此戎马倥偬之际,不但研究学问难得其人,欲得一部好书亦不易。然文化学说宁可废置。将欲建立国家,拯救人类,尤非为根本建立彻底澄清不为功。予故于两年间,新成《孔子学案》《孟子学案》《大学新疏》及余佛学经论疏释多种。而《新人生哲学》更为对病之药。读吾书者，当自知也。今年七月，自贡市友人同情文化事业，发起济世心愿，特为文教院成立董事会，筹集基金，志在开拓。盛意良足谢感。予因赴会议，董事诸君便请讲人生哲学与佛学于述川公园。因将人生之原理、人生之正道及佛法大旨，略为开示。为时所限，未克详尽。虽然，如海一滴，已知全味矣。续赴嘉峨，转蓉返院，时已九月，因将原稿写定，付印流通，馈遗知好，亦即以纪念文教院董事会之成立也。此篇文虽只万四千言，义已略备。读者苟能深心体会，实践躬行，自可舍歧路而履大道，拔泥淖而入康庄。如航巨海，已得指南。如行深夜，已得明炬。不似一般所谓人生哲学者，自无定见，只以增人彷徨烦闷者也。苟读此篇已，更能进读吾近作各书，则其于立身作人之道，儒学佛学之真，必能廓云雾而见青天，获真知而明定守。已立立人，已达达人，大愿精进，前途不可限量。

      1944年9月王恩洋识于东方文教研究院

《人生学》自序

内具情感心智之性，外具手足头目之形，智慧特高，善作事业，如是之物，名之曰人。凡物之生起长养相续存在，于可能时间中不就息灭者，曰生。人生也者，即人之情感心智、手足头目、生起长养相续存在，于可能时间中不就息灭者也。

学也者，凡事为本所不能，必须效法他人；或资于事物，而推究其理，以得其方；习焉而后能之者，是曰学。

人生学者，学为人生之道，人生之学也。

禽兽虫鱼下逮于草木，亦各自生其生，而无所谓学。独于人生而有学者何欤？曰，草木得雨露土壤而自能生，禽兽虫鱼或孵化而即能自生，或稍待乳养而即能生，本能充足，肢体速成，是故无待于学。独人不然，其身体柔软而成熟之期迟，其本能薄弱而求生之道拙，是以必赖先人之长养教导而后得生，必发展其智识能力而后得自谋其生，又且必资于众人之力而互助以生；人之生也，既如是之不易，是以必有赖于学。

人生之学至繁也，少之时，学步学行，学言学笑；稍长而学文字交接；再长而学农工商贾；其才而能者，又进而穷究物理天然之故，又进而学修己治人之道；俾人克遂其生存而不绝灭，又能优裕美善其生而弗困苦也，是皆所谓人生学。虽然，言笑步行，习焉而自能之，可不专用教；文字交接，蒙养小学之事也；其穷究物理天然之故者,有科学哲学,专门言之;今皆不以入人生学。今之所谓人生学者,乃狭义的、专就立身为人之道而言焉者也。在西洋谓此学曰人生哲学,日人曰伦理学。近人有所谓人生观,有所谓主义云云者,亦属此学范围也。

世变愈急,学说愈庞;人心之觭觑恐慌与世事之纷乱颠危互为因果;仁智之士咸亦欲昌明正学以奠定人心而祈世道之治;人生学其当务之急也。恩洋数年抱病,偃息山林,省过洗心,无益于世。得黄联科居士之助,建修龟山书房;门人渐集,因与之讲人生学。前后四篇,初篇《实相》,论人生之原理;二篇《世间学》,根本儒学,明人生之正道;三篇《出世间学》,根本瑜伽声闻地品,论出世道,及彼道果;四篇《大菩提论》,详述菩萨宏愿仁智,殊胜难行,不住世间,不舍世间,自度度他胜德大业,及彼无上清净转依,最极庄严身土智果。以为人生最后之依归,是皆依据圣言,昌明正理,意以振发愚蒙,救其沉溺,是以公布天下,昭示同仁。其有闻而兴起,实所愿焉。或乃教而正之,弥为幸也。

1934年1月
王恩洋志于南充龟山书房

人生之实相
——《人生学》初篇

人生之实相第一

所谓人生之实相者,在说明人生之实在情形也。此人生之实在情形,本来如是,而常人日用不知。由其不知,是以其行为生活多背理妄作也。故欲求人生之正道,不可不先明人生之实相。

人生之实相,第一为业果之相续,第二为群体之共存,第三为心智之创作,第四为苦恼之拔除。

一、业果相续

何谓业果相续?人生有其情志意欲,由是而有趣求。由有所求,故有作业。由业力故,所作事成,所求事得,是之谓报。是故业者,行为也;报者,果报也。行为谓身心之所施,果报谓身心之所受。如耕耘工作,是为业也。得食得衣,是为报也。求衣而衣之,求食而食之,是曰业也。衣已而身安,食已而腹饱,乃至身体得其滋养保护焉,是为报也。身体既得滋养保护,则不坏不死。由其不坏不死也,更得造业工作。由其造业工作也,又得衣食滋养。由得衣食滋养也，又得令身体不坏不死。由得不坏不死，又得造业工作。……如是循环往复，而人之生命得以相持于不绝。故曰人生者，业报之相续也。设不造业，则无以得报，设无有报，则不能更造业。无业无报，即无有生，即无有人。故无业报即无人生。人生即业报。人生之相续，即业报之相续也。

所云相续者，前者灭而后者来之谓。人之生也，日日时时皆在变灭中，非特幼壮衰老之不同而已。由其身心之密移而不易觉也，宛然若一体之固存焉。实则昨日之身已非今日之身，前念之心已非后念之心。灭已即生，随灭随生，是故不觉其灭，不觉其生也。此随灭随生之相，谓之相续。谁则令此相续？曰：业报令此相续。亦可曰：即业报之相续。故曰人生者，业报之相续也。

业报之相续，独人生为然耶？曰：一切有情皆然，独人生为尤显著耳。羽者善飞，毛者善走，不高飞远走则不能得食而遂其生；鱼之游，虫之行，凡所以劳劳而不息者，皆造业也。造业以得食，得食以营养其身而遂其生，是即报也。故无无业之报，无无报之业。不动作行为，则不能有享受。无享受，则无以存身而遂生。身不存，生不遂，则亦无有事业云为也。此一切有情皆然，故不但人生为业报之相续，一切生活皆业报之相续也。故谓生活即业报之相续可也。所谓独人生为尤显著者，禽兽虫鱼之生，须于外物者少，有羽毛足以蔽护身体，无需夫衣也。山之凹，崖之穴，树之枝，河之浒，皆足以栖身，无需夫宫室也。——其高等者仅营巢穴耳。——又无家国社会之组织，乏文字言语之交通。——如蚁蜂鸟兽之一部分，虽有家庭社会之组织，而简单无有变化，纵有声音之相和，而无进步，终无文字也。——且其营生活也，多分倚赖天然而弗能自营生产。其攫取食物也，但凭肢体本能之作用，而不假器具与心思。故动物虽亦终日飞翔奔走攫食营生,而作业至为简单。作业受限制于其本能与身体,受报受限制于其环境与自然。求其能越夫身体之能力而自造环境自营生产以自食其报焉,鲜也。唯人则不然,无羽毛之蔽护身体,则不得不求衣。身体脆弱,弗耐风雨、猛兽、鸷虫等之袭击,故不得不营宫室。饮食之须欲其无害而寡争,不得不耕作农稼以自营生产。又欲其常给而不匮,则弗能但赖天然。须求既多,非一人之力所能独营独造,故必结合多人以成国家社会,既为群体之生活,则须有语言。欲智能之传于久远,则有赖夫文字。家国社会之既成,则不得不有维护此家国社会之道,于是而有法律政治。心智日进,追求愈多,纷乱而不安,忧患而弗宁,则不得不求道德学说。于是人事日繁,作业愈众,远非禽兽等之能企及矣。约而言之,有最不相同者三:一者,禽兽等但食天然,而人则必自营生产。二者,动物但凭身体与本能之直接攫取,而人则用心智与器具间接以营求。三者,动物多分凭一己之追求,人类则全赖群体之协助也。有是三点不同,故人类生活之报,全赖自作而自营。苟世人一日息其作业,即一日不克生存。——其有少数游民不劳作而生者,皆赖他人为之作业耳。——故乡中人谓作工为做活路,意谓工作者,生活之路也。无工作即无生活之路,生活无路,即不能生活。不能生活,亦即不复能工作。二者循环,互为因果。工作者,业也。生活者,报也。谓人生为业报之相续,谁复能谓非然?是故业报相续,为人生第一实相。

二、群体共存

所谓人生由群体之共存者,谓人之生,无能独立,必待人群之互助互养乃能生故。第一，人无父母，则莫由生。第二，生已肢体软弱，饥弗能自食，寒弗能自衣，更无力能求食求衣，更无力能避御险害，故离父母或养育者，弗能生长。第三，人之本能薄弱，身体不强，必赖智慧技能，乃克作业生存。如是智慧技能，又非独自发达，必待学习，必求教诲。教诲之者，又赖他人。设离他人之教导，则盲昧无知，直同愚鲁，亦莫由生存也。第四，人生之须求至多，而非一人之力所能供给，能农者弗能工，能工者弗能商，而一人之身百工之所为备，欲以一人之力作百工之事，弗但力所不给，智所弗周，又且作业劳而成功少。于是人群乃有分工合作之道焉。大之如农务耕稼而供菽粟，工务制造而给器具，各分其业，而互济其用。小之则同一农工，而事又人各作其一部分是也。是曰分工。合作者，一人之力弗能举者，合多人之力以为之。小之如石大难举，则合多人以举之。再重难移，则合多人以推之。大之则宫室之建造，家国之组织，更非合众人之力不能成功也。又复分工之中有其合作，合作之中有其分工，参伍错综，经纬繁密，而人群社会以成。社会既成，分工合作之用愈著。于是人各有长，人各有用，用其长者，去其短者。用其长则成功易，去其短则损害除，于是交相利益，交相补救，人之生活乃利便而安全也。况夫人之生存全赖智慧，而智慧非一时之所得，乃千百万年人类经验之所得。人之生存又必赖器具。器具又非一时之所造作，乃积千百万年人类之所发明。其他思想也，学说也，教化也，皆远古之人递传递演以迄于今者。则人类之生于今日，又非特赖今日并世之人之相助相辅而已，实乃有赖于亘古之人以生存者也。是故人生实非孤独所能生，必待群而后生。故人谓人为社会的动物，此语非虚也。故人生第二之实相为群体之共存。亦如一人之身，眼耳心思各有其用，五脏六腑各异其功，而眼耳心思有赖于六腑五脏之长养，六腑五脏必有赖于耳目心智之营求，失其一而百体病，失其百而一体倾，息息相关，共生共存，世有谓人群社会为一有机体者，其说亦是也。唯人生为群体之共存，余物则否耶？曰：余物亦有父母夫妇、家庭社会之共存互助，然多分暂时而乏永久性。羽毛既健，则母子之情亡。牝牡既交，则夫妇之义废。唯蜂蚁之群体至为恒久，而且秩序整然。然出于生理本能之自然，不同人类智情之选择，其他乃有无父母而自生，不劳养育而自存，自生自灭而无所赖于群体社会者，又比比然也。

三、心智创作

所谓心智之创作者，动物之生存，多分利用身体与本能，人类之生存，多分利用心智与器具。所谓多分利用身体者，禽有嘴爪，兽有牙角，龟介之属有其介壳，以为取与趋避之用。又其下者，身体无攻敌御侮之具，则恃肢体之续生以维持其生命，生殖之强盛以延续其种族，是皆恃身体生理之利便以图存者也。人类异此，无嘴爪以资搏击，无牙角以资决触，又无健羽捷足坚固介壳以资避匿。又其复生之力微，无有断首落足而续生者。又无甚强之生殖机能，以苟延氏族。是其身体之用，不如禽兽等也。动物之生，多分本能生而具足，不待父母之长养卫护而自能生存。蜂之酿蜜，蚕之作茧，蝴蛛之结网，亦自生而能之，不待学习教导也。是故动物之生，全恃本能。人则异是，其初生也，饥不能自食，寒不能自衣，疾病痛苦弗能自治，毒害倾危弗能自避。人之本能，唯生而知啼与吮乳耳。故人之本能又至为薄弱也。然则其所以克存者何欤？曰：身体虽不足以应付外境，而知利用器械以补其短。本能虽不足，而有智慧以济其穷。器具者，又由智慧所造作者也。故谓人类之生存，全恃心智之造作谋为焉可也。盖人之生，无爪牙以资搏击也，则知利用木石金铁以敌外侮。无羽毛以御风寒也，则知制衣服以卫身体。又能筑宫室以安其居，修城郭以防敌。更能变游牧狩猎而为农工，食其力之所作，不纯恃天然，不纯食异类。迨科学愈进步，天然物理愈穷及精微，工业制造愈加便巧，于是凡天然之不足者，心智可以补济之。凡环境之不适者，心智可以改变之。虽无动物一切之长，而能补救其一切之短。是故动物之生存多分恃身体，人之生存多分恃心智。亦可曰动物之生存，肉体之质素居多。人类之生存，精神之质素居多也。恃身体与恃心智之短长有三：一者，身体之能力有限，永无变化，无扩充，无进步。心智之能力无穷，多变化，有扩充，有进步。二者，用身体者多分受天然之限制，而倚赖天然以生存。用心智者，多分不受天然之限制，能利用天然，而不全倚赖天然。三者，用身体者，寡能改转环境，多分改转其身体以求适合其环境。用心智者，善能改变环境，时且能自造环境以自适其生存。——动物之中如蜂如鸟等亦能营巢储食以适生存，亦有自造环境之力，但始终一致，终无变异无进化。——人类之能力所以高出于一切动物者，一心智之功用耳。故心智之发达，又为人生之实相也。

四、苦恼之拔除

所谓苦恼之拔除者，苦谓苦痛，身之所受。恼谓忧恼，心之所感。由诸违缘拂逆身心，于是有苦恼生。苦恼既生，则有避除之欲。有避除之欲，则有拔除之业。由起彼业，而苦恼因是以除，则复有安乐之感受，是即为报。人生亦日日时时希求快乐，何不以快乐之营求为人生之实相，而曰人生之实相为苦恼之拔除耶？曰：人生本无真乐，但有众苦，亦缘众苦之逼人也，而后有诸作业。由业得报，而后生生相续。是故不曰人生为营求快乐，但曰人生为拔除苦恼也。

云何应知人生无有真乐，但有众苦耶？

曰：人之生也，必赖有身；身之存也，必赖衣食住等之享受。身者，苦具也。诸所享受，如衣食住等，皆不过拔除苦痛之具而已矣。所云快乐者，于苦痛除去时暂起适意之感觉，不真实，不究竟者也。是故人生但有众苦，无有真乐。

云何应知身为苦具耶？

人之身，血肉之所成，待外物以为养。是以不食则饥，不衣则寒。饥寒交迫，未有已时。苟失其养，而痛苦疾病，甚而至有死亡随之。饥寒之迫人也未有休息，故人之劳劳以营救其身以求免于饥寒疾病死亡也，亦未有休息。人之身既日日有其饥寒之患，日日有其疾病死亡之忧，而使人不得不劳劳役役终身以卫其生而蕲免夫死，而又终不得免夫其死。故知身者，饥寒疾病死亡之具，是即苦具而已矣。况夫此身，外虽似若姝好，内实极其恶秽，脓血垢瘀之所和杂，屎尿汗液之所横流，虽饲以香美洁净之饮食，入之即变粪秽。著以精良净洁之衣服，久之自尔垢浊。居以明洁庄严之宫室，不洒不扫，不通其空气，照以日光，久之则成污厕。佛言人身不净，此语岂虚。近人更有谓人身为造粪机器者，言亦非谵也。随此不净而生之憎恶与疾病，又为苦痛之根本。然则身者，过患之聚。苦具之说，岂其诬也耶？

何言夫人生诸所享受如衣食住等，皆不过除苦之具而已耶？

今夫食，待饥而后思食，不饥则不须食也。食之而甘，以其饥之甚也。故曰：饥者易为食。言夫饥之甚者，虽粗粝皆适口体。是以帝王零落不厌麦饭也。反是食之饱者，珍馐不感其美。习处奢富者，日食万钱，犹无下箸处也。盖饥则须食，不饥则食无所须。是饮食者，徒以拔除饥饿之苦痛而已。

衣亦然。待寒而求衣，不寒则不须衣也。衣之而觉温者，以其寒之甚也。故曰：寒者易为衣。言夫寒之甚者，虽敝恶不耻。否则丰于财者，非轻丽不美也。夏葛而冬裘，苟违其时，则成病也。故衣者，亦但足以为拔除寒冻之苦而已矣。

住亦然。人何以须住？盖夏则有烈日蒸炙之苦焉，冬则有霜雪冻冽之苦焉，四时有风雨飘零侵袭之苦焉，由是而为之宫室居处以避之。宫室之用，亦唯在避苦而已矣。否则天高云淡，水碧山青，逍遥夫无涯之境，放旷夫广邈之乡；以天地为庐，以日月为明，以万象为徒侣；洋洋乎自得，飘飘乎若仙。返视人间宫室之居，庐幂之宅，何以异夫鸟系樊笼，兽入陷阱，人闭牢狱，而尸陈冢间也耶？

衣食住居而外，人生享受有近乎纯乐而非除苦之具者，则声色歌舞之娱乐是也。虽然，细按之，则其与衣食等用，初无分别。盖人有抑郁愁苦之情，则发而为诗歌。有拘挚疲闷之感，则发而为舞蹈。虽亦有乐而后歌，欢而后舞者，然其乐其欢，又未始非痛苦得其解决时之所生者也。如孤儿见母，游子还家，则其欢乐之感必倍夫寻常。所以者何？以寻常母子未有分离失散之苦，则终日团圞，平淡无奇，不以为乐，或时有龃龉之感也。故乐之愈大者，必其苦之愈深者也。国亡而得光复，家破而得团聚，社会纷扰天下大乱而得治安平定，此其乐为何如哉？而皆承至苦极痛之后者也。故古人功成作乐，治定制礼。无难不成其功，无乱不成其治。乐也者，亦息除苦痛之具而已。——乐必丽夫诗歌，而自来诗人少达而多穷。司马迁曰：诗三百篇，大抵皆古穷人之辞也。自后屈原贾谊，乃至李白杜甫，所处之时位虽殊，而篇章率多危苦涕泣之词。李白至为放旷，寄志神仙，纵情酒食，宜其至为快乐。然其言曰：弃我去者，昨日之日不可留，乱我心者，今日之日多烦忧。乃至抽刀断水水更流，举杯消愁愁更愁，人生在世不称意，明朝散发弄扁舟。盖其中心至为愁苦，念人生之须臾，悲众苦之逼切，而无安定心志之法，于是乃下求之于酒以图昏醉其神志，上求之于仙以冀尘世之解脱。彼其言之愈放者，实其心之愈窘者也。诗之愈达者，实其情之愈苦者也。岂真有超然欢乐之感哉？亦共愁苦困迍抑郁悲哀以俱死耳。自古大诗人无不如此。然唯其处境愈苦，忧思愈深，则愈能了达人生之真相，其诗亦愈能表现人生身世心情复杂悲哀之状态，而曲为之形容。使并世之人乃至千秋而后有同其遭遇同其感慨者读其诗如代为己言，故恻然生其同情，徘徊咏诵，以泣以歌，流连爱慕而不置。于是此诗人之精光赫奕，流誉千载矣。其实在彼固抑郁牢愁以终身者也。故曰，千秋万岁名，寂寞身后事。中外古今大诗人、大艺术家，靡不如是也。诗歌如是，戏剧亦然。常人谓悲剧易作，喜剧难工，岂不以悲剧能表现人生实际之艰难困苦，故愈能感发人之同情，使人哀泣，使人长思？若喜剧则滑稽荒诞，远于人生，仅足以供人哄然一笑耳。戏剧之性质如是，其功用亦然。农人四时勤苦，故岁暮年首，农事既暇，则为之蜡会，乐以歌舞。此戏剧之所由始也。孔子曰：弛而不张，虽文武不能也。张而不弛，虽文武不能也。戏剧歌舞之用，亦在息除人终年之勤劬劳苦耳。若夫荒淫之主，亡国之君，桀、纣、幽、厉、明皇、唐庄，恒舞于宫，酣歌于室，巫风竞扇，政事不修，国以是衰，身由是死。古人谓生于忧患，死于安乐，岂不然哉？诗云：蟋蟀在堂，役车其休；今我不乐，日月其慆；无已太康，职思其忧；好乐无荒，良士休休。可谓识好乐之分量，而不过者也。方今工业发达，农事凋敝，于是通商大埠，奇技淫巧大兴，风俗日偷，习尚奢靡，歌舞戏剧，俾夜作昼，长年不休；可谓乐之至矣。然此有所余，彼有不足。富者日事淫逸，贫者时嗟困苦。失业日多，生计日蹙。于是社会革命如矢在弦，亟亟不可终日矣。古人谓宴安为鸩毒，岂不然哉？盖小则为身家之忧，大则成天下之乱矣。孰谓娱乐之事可以无忧而长享受者哉？

云何说言所谓快乐者均不过苦痛除去时暂时所生之感觉，不真实不究竟耶？

谓如上言，诸衣食等，皆不过为除苦之具。然而吾人终以彼为享乐之具者，谓饥而得食，则有饱满之乐。寒而得衣，则有温暖之乐。孤露飘零而得居住，则有安适之乐。于苦痛劳倦郁抑不解时而得歌舞声色之娱，则有舒畅欢忭之乐。此等诸乐，实皆于苦痛除去时所生耳。故饥寒弥甚者，得衣食而倍增其乐。不饥不寒，而衣而食，则反觉不安。既饱既温，再食再衣，则成苦痛矣。宫室音乐等之于人也亦然。如前已说，无风雨等患而紧闭房室，则同囚狱矣。无抑郁愁苦而恒舞酣歌，则败国亡身矣。是知一切快乐，皆不过苦痛除去时所生，待苦痛而有，非真实有也。又此快乐暂时而非永久，已饱已温久即消矣，过饱过温反成疾矣。滞居斗室，则思出游。歌舞既终，情志即倦。故一切快乐皆为暂时而非究竟也。古人云，乐极则生悲。又云，欢乐极兮哀情多。然则过分之快乐非苦痛之媒欤？

佛法云：一切享受，如衣食等，皆同医药。但有拔苦之功，别无享乐之用。人生快乐，如病得瘥，暂觉安适。负重担者，稍得休息，亦觉其乐,都非真实。设谓药为生乐之具,病已而复食,则药复致病,大苦愈增矣。由是应知,人生无乐,但有众苦。

所谓缘是众苦之逼人,而后有诸作业者。此言人生作业,皆为拔除苦恼也。云何知然?人为除饥饿之苦,故求食。为除寒冷之苦,故求衣。为除孤露飘零之苦,故求宫室。为除抑郁悲愁,故歌舞娱乐。诸有所求,皆为除苦,此与禽兽同也。既有所求,不能无作。为衣食也,而狩猎牧畜焉,而耕耘稼穑焉,而烹调蒸煮焉,而纺织缫练焉,而缝纫裁量焉。为居处也,而营巢构木焉,而宫室庭宇焉。为娱乐也,而调声制器焉,而遣词叶乐焉,而高歌长舞焉。又进之而有种种工业之兴,种种商业之起,又有财货之蓄积,有久远之谋虑。凡所有为凡所作业,何有非为拔除苦痛而后为之者?设人生而无饥寒等之忧苦,则即无衣食等之追求。苟无衣食等之追求,则即无佃渔、牧畜、农工、商贾一切之作业,更何为攘攘熙熙、劳劳役役而弗敢休息者?是故人生一切作业,皆为拔除苦痛也。或谓:设云人生一切作业皆为拔除苦痛而已者,则彼无苦痛者,宜夫一无所事矣。曰:是岂不然!彼富贵纨绔之子,生而衣食充足者,岂不遂嬉嬉终日,游惰而无所事事耶?曰:然则彼富贵之人犹有贪求无厌、作业不休者,是则何也?曰:人身之苦痛易去,人心之忧患难除。秦始皇既并六国,复忧人民之叛乱,故烧诗书以愚之,销兵器以弱之,中国无患,复患四夷,亡秦者胡,故筑长城以防之。登山则有陨坠之忧,乘舟则有沉溺之虑,居身愈高,操心愈危,彼安得不营营以生,役役以死,而弗敢一日息耶?设无忧患,即无贪求。无贪求者,淡泊超然,何事营营而不已也。彼有德之士,无求于人,而复勤劳不已,孔席不暇暖,墨突不得黔者;则人饥己饥,人溺己溺,视民如伤,自别有其不得已者在也。是故人生作业,皆缘拔苦。由拔苦故,而造诸业。由业得报,生生相续。此理决定。

五、结论

由上四相,说明人生。兹合言之,得人生之意义如次:

人之生也,挟死亡以俱来。饥寒愁苦,在在逼人,日日时时,皆足致人于死。人为欲拔除苦恼以延续其生存也,故不得不勤造诸业,与苦恼战,克而除之。而一人之力有限,弗能独存。且生不自生,长不自长,生长教养,皆赖父母人群慈护互助之益。故必合群以图共存。人之生也,本能薄弱,身体弗强。身体弗强,故必假器具以为用;本能薄弱,故必赖智慧以图存。且器具者,又由智慧之所作也。故人之生也,全赖智慧。而是智慧,多分又由人群历久之所积,又必合群以效其用,由合群智群力,故善巧方便,造种种业。天然之害,避而除之。环境不良,改而善之。又且自营生产以济造物之穷,自造环境以适身心之安。由是而苦恼以除,福利以得。——福利者,苦恼既除所起之感觉耳。——得是果报,而后人类生生相续。是为人生之实相。人生者,业报之相续也。谁感是报?曰:业感是报。谁造是业?曰:人群心智共所造业。何故而造是业?曰:为欲拔除一切苦恼也。何故而欲拔除一切苦恼?曰:为求生生之相续也。是故人生者,人群心智,为除众苦,造作诸业以图人类之共存者也。是为人生之实相。

人生之谬执第二

所谓人生之谬执者,谓由人对于人生之实相不明不知故,于是生起种种迷执。约略言之,可得六种:一者,由不明人生为业果之相续故,执有实我,常恒不变,造业受果,以生以老以至死焉。不知既我实常,则不应有生老病死。又我既恒常,则亦应无业报,亦且无须衣食等。何者?以我恒常不变故。是知人生但有业果之相续,除此业果之外别无恒常不变之我以造业受果,以至老病死焉。或谓既无有我,谁则造业,谁复受果,又谁生老病死者?曰:由有心智意欲故造诸业,由业故得果报,由依果报复起心智意欲而复造业。除业无我,除报无我。譬如众水成流,群焰成灯。众水相续,即自成流,无流之我以流水。群焰相续即自成灯,无灯之我以燃灯。业报引发,亦如水之相推,光之相生以相续。别无造作感受之我以主持之也。

二者,由不明人生为业果之相续故,执有上帝主宰,造生人类,人类之生老祸福皆有上帝为之主宰。是故但当虔事天神,即可得福。不信天神,即当得祸。苟如是者,则人但当虔事天神即得自延续其生命,而无用劳苦勤造诸业也。然而徒事天神,不造诸业,则不克延续其生。是知上帝于人,别无用处也。又有人于此,虽事天神而不修善业,又有人焉虽不信上帝而勤修善业,是二人者孰是孰非,孰适于生存,孰不适于生存也欤?虽三尺童子,亦可断前者之非,而后者之是。前者不适于生存,而后者独适也。是知苟不善造业,事天无益。苟善造业,不事无害。则是人类之生在业而不在神矣。况夫虽事神仍须食人之食,衣人之衣,居人之宫室,又仍须劝人为善勤造诸业也乎?故上帝主宰之说,适成赘疣。人从彼生,全属妄诞。

三者,谓人之生也,既赖物质以为养,既依身体以为生。身体者,又物质化合集成者也。是故人生者,但物质进化之结果,其动作云为，一物质变化之作用耳。其苦乐荣枯，一物质之盈虚消长耳。人之生也，一物质之聚。其亡也，一物质之散而已。人心无所用其力焉。如是者，是为物质命定论。此说不然。充此说者，当谓有物而无心。当谓人生无有情志意欲，亦无思想言辩。苟如是者，则彼主张唯物命定论者，自应无心，自应无情志意欲，亦更应无思想言辩。诚如是，则何以复言人生者物质之变化，乃至谓苦乐荣枯但物质之消长盈虚也耶？或曰，吾言唯物，不谓无心之用，但谓心者，即身体之作用耳，而身体又即物质，是故说心即物之作用。故言唯物。设尔，由物质以成身，由身便有心之用耶？则吾人配合物质以成身，由人身便可以起心智之用矣。然而今之科学制造，何以但能制造机器，而弗能造生物，弗能造人？且并有机物而亦弗能造耶？是知心也者，必除物质之外别有自体也。又谓心即物质之作用云者，是即认定物质有心之作用也。物质既有心用，则物质应即是心。所以者何？以有心用故，如心。既一切物皆有心用，应即一切物皆心。设尔，应成泛心论或唯心论。何以复云唯物而不许有心乎？如是可曰一切唯心，以一切物即心故，如心。既谓心即是物，而不许物即是心，是徒为名词之争执，而不避自语之矛盾。知二五而不知一十矣。设谓心虽为物质之用，但此乃物质进化复合之用，故心之用不在原始，而系后起。非单一物质之用，乃诸物质共通之用。故物与心有其不同也。设尔，则心与物既已不同，何以复云唯物乎？譬如氢氧合以成水，则吾人见水而不谓唯氢氧也。土壤雨水等合以成树，则吾人见树不谓其唯土壤雨水等也。今心既不同于物质，又非物质所固有，乌在其为唯物耶？且复合云者，是已认心之用较物之用为更繁。进化云者，是已认心之用较物质为更高矣。心既高于物质，用既宏于物质，乃不许人生为业报之相续，而谓人生为物质之聚散，是则何耶？设人之生但听物质之聚散而无业力之造作，则亦但如山之峙，如水之流，如草木之荣枯，乌在其为人生，又乌所用其思想言辩行为动作耶？况夫斯人也，内有饥寒病苦之相逼，外有风雨水火之相凌，人非金石，乌在其能相续以生，而不即趣散灭欤？当知人生之所以能聚集相续而不即散灭，是即心智业力使之然也。故唯物论者，无有是处。

四者，由不了知人之生也，赖群以共生。于是倡为个人主义之说以自利而自私。以为人之所以勤劳而不怠，竭力以造业者，为求自己之福利，有利于己，故为之也。设为之而无益于己，或乃有损于己，则谁复为之？人人了知自利而发愤，则人皆独立而进取，人皆独立，则不求利人而自无倚赖他人以损人者。人皆进取，则人类文化事业，自日进于光明矣。昔杨朱为为我之说，曰，拔一毛以利天下弗为也。举天下以奉一人弗受也。人皆不拔一毛以利天下，人皆不举天下以奉一人，而天下治矣。是亦个人主义之雄乎！此说不然。所以者何？以彼不知人类之生，赖群以共生故。盖如上言，人生不能自衣自食，又弗能自有智慧，一切胥赖父母师长之教养而后成人，是个人必受父母师长之施。既受其施，则不能无报。或报之于父母师长，或转施之于子孙后进。人群乃以相续而长存。人群之得以相续而长存者，固全在夫慈爱贤善之仁心与同情，非以苟求自私自利者所得相续而长存矣。今为个人主义之说者，充其量，父母、师友、妻子均可弗顾乎？以彼固皆自我以外之人也。夫然，则子弟可弗爱敬其父与师，父师亦可弗慈护其子若弟，然则人类身心智德相似相续之道绝，人类不其澌灭耶？况夫农工百业，一人之身弗能营，全赖分工而互助。彼为个人主义者，可以遗世而独立耶？既不能遗世独立而赖群以生，而不思利他以互利，是则已受群施，而弗图报答也。少数人如是，群或不因是灭。人皆存受施而弗图报之心，人类不其消灭耶？人类既消灭，尔个人者，又乌所由存？是犹去其全身，而欲存其一手一目。不知全身尽去，此一手一目者何所依也？是故充个人主义之量不至绝灭其个人不止。又彼个人主义者，以为人之作业，所以弗辞劳苦者，皆求自利也。然则父母之教养其子女者，皆求自利者耶？或曰，养儿防老，积谷防饥，原为自利也。若尔，人之养子尽求防老者，然则彼子女幼年夭折，不克防其老者，为父母者遂无悲哀悯惜之情乎？若尔，则何弗委之道路，弃之沟壑以饲鸟兽，又何必悲哀以泣之厚敛以葬之耶？虽持个人主义者，吾亦知其必弗能残忍计利以对其亡子也。父之于子如是，子之于父亦然。彼慈父孝子，自然有一体同情之爱，虽舍身相殉而弗之惜，非但图自利也。孝子慈父之相与也，固如是。彼志士仁人之于同类有情，同样有其慈悲勇敢之心愿，人饥己饥，人溺己溺，劳身焦思以忧勤天下，岂果出于私利之情哉？又彼所谓人皆独立则不求利人而自无倚赖他人以损人者，不知人原不能独立，必相依相赖以互存。既必赖人群之共存，而不求利人，则舍损人以利己更何道之由哉？又谓人皆进取，则人类文化事业自日进于光明者，此进取言，亦当问其果为自利自私之进取耶，抑舍自私自利外而别有更高之欲求也？根本个人主义，则所谓人皆进取者，当然为自私自利之进取。夫然人各挟自私自利之心以图进取，则必相争，争则必乱，乱极乃至于亡。乌在其人类文化事业日进光明耶？彼杨朱之言，拔一毛以利天下而不为。悭鄙小人，则诚有是心也。顾不知举天下以奉一人者，彼果能不受天下之奉耶？一人之身，百工之所为备，孰能不受天下之奉也。夫以于陵仲子之廉，犹必身织屦妻辟纑，以易粟帛，与人共存。彼杨朱乃欲遗天下而独立，拔一毛以利天下不为，举天下以奉一人弗受，是诚不知天下果否有此怪物，彼之为说徒见其妄诞不稽耳。

　　五者，有为环境决定意志之说者，以为人之生也，既必赖天然之营养，又必赖社会以共存。是故人生之心思意志，完全被决定于环境。人生世间，但当顺应环境，以自适其生存。一切社会之改造、个人之求知，亦不过由是焉以适应环境耳。此其义盖本于生物进化天演淘汰之说，而张大于唯物史观。彼以为一切禽兽，随所生之地域山川、平原、沙漠、大海之不同，寒温热气候之差异，于是其所生之动物之种类以殊，即同类之动物而身体之组织颜色之深浅亦因地而异。彼其所以有生不生者，以其适不适也。彼其所以形体颜色因地而不同者，乃改变其形色以求适也。是为天演淘汰适者生存之说也。是之谓生物进化论。人之进化也亦然。彼其心智之所以发达，社会之所以改变，则亦为求环境之适合，是亦天演之淘汰。唯物论者本如是义，乃创环境决定意志之说。以为人生第一大事，厥为生活。生活所须，第一厥为物质之营养。物质之营养，第一厥赖夫生产。人类为共谋生产，于是结合以成社会。生产之方式关系不同，因是而人类社会之组织以异。社会之组织既异，于是而制度、法律、思想、信仰、道德种种精神文化皆随之而异。是谓生产决定社会，环境决定心智也。此实不然，其根本错误乃在不明人群进化根本动力之所在。夫达尔文天演淘汰之说，在新生机主义者如杜里舒之徒，已不认其为进化论，谓其不过积叠说耳。然以说明下等动物之生存，或尚可通，若以说明高等动物，已觉不合。更以论人，则愈不可通矣。间尝论之，以为生物之愈高等者，多少必有改转创造其环境之能力。至于人而此力益宏。今夫草木，生物之无知觉运动者也。——如捕蝇草含羞草等，虽人谓其有知觉运动，其实乃相似的知觉运动，非真的知觉运动，实不过枝叶随他部分被感而连带的颤动与收束，与他植物之被摇撼而屈折动摇者无异。捕蝇草之食小虫，亦不过如他植物根之吸收水分，叶之吐纳空气耳。——然犹能吸收根叶所及之土壤空气中之养分同化之以自营生长。吸收也，同化也，是亦有转变无生物之能力，已异夫无生物之无是力能也。是即具有改变环境之能力者也。——据今之科学家言，地壳表面之所以形成今日之形式者，多分由植物生长变化之力之所致。苟世界而无植物，则当仍为荒野岩石之世界或沙漠之世界也。故忧土地之变为沙漠者，必培植森林以防御之。然则植物又岂无改造环境之用哉？——至于动物，则更能移动其身体以就养于自然焉，更能消化吸收植物以为养。其高等者，身体愈强，本能愈富，其能力亦愈大。能营巢掘穴，自造环境，以自适其生存。至于人，则身体本能虽不及动物，而智慧发达，乃能作器具，营生产，以自适生存。此如前实相中已说。谁谓动物与人但受天演之淘汰，但求适其环境而已哉？至谓人类社会之组织随生产之变革而变迁乃至环境决定心志者，说更肤浅。彼徒知生产之革命能影响社会之革命，社会革命能影响思想道德之革命，以为生产者物质也，社会者环境也，于是遂为环境决定心志之说。而不思生产之所以兴起与革命者，岂不原于人智之发达。社会之所以成功与变化者，又岂不原于人智之努力欤？盖在动物，但知吸取自然所生以营其生活，而无所谓生产。至于人类，乃发达其心智，制造器具，发明方术，而后乃有农工之业，而后乃有人工之生产以济天然产物之穷。是生产之起，起于人智也。迨人智愈进，而后科学日昌。研究自然物理愈深，于是而工业制造愈进，工业愈进，而后产业生起革命。产业之生起革命，是又人智发达使之然也。产业既起革命，而社会旧日之组织，乃不适宜于今时。于是少数有智之士，忧深思远，乃更为理想之组织，以学术倡之于前，以人力实现于后，而社会之革命乃随时以进行。是社会之组织与革命，又在在随人智之发达而起者也。苟非人智发达，则生产莫由起，亦无从而革命，即社会之存在，亦如蜂蚁等万古如一日，盖狗始终吃屎，牛始终吃草，乌在有生产革命，社会革命云云哉？又为社会革命者，每每过张大社会之功能，而抹杀个人之心智。虽与个人主义若广狭有殊，要其不合于事理则一。夫人诚必待群而生。然群亦实赖个人而立。苟尽去个人，焉有所谓社会者？故社会者乃个人之集合体。社会之关系，乃各个人相互之关系也。法律政治者，范围社会之具，而实即范围全体个人之具也。故去个人，社会无物。个人之智慧知识，信赖社会人群之习染教导与前人之遗传。然使个人之心智但有承受之力，别无开发创新之功，则人类智慧亦将千古如一日而永无进步。人群智慧及社会文化之所以日进无疆者，乃全在个人既受先人及现世人群之教染而吸收其智能，复能以此为基础而更事推阐与发明。其或古昔知能技艺学说有不适于今时者，更能修正改革而创新。此人类文化所以日有变递者也。否则如蜂如蚁，如牛羊犬马，习性已成，终无变异，个人则诚受制于社会，心理诚规定于身体，精神诚限制于物质矣，其如生物永不进化，人类永不进化，生产社会之永不革命何？是又与彼所持之进化论相违矣。吾人虽主张个人待群体而俱生，然更主张群体随个人而进化。且群体之进化也，更赖少数天才，出其聪明智慧，以领导群众。此少数天才，必其心智之不随流俗而有特立独行之精神者。天然乃能领导群众，改革旧习，使之进步。是即以个人转移社会，以心智转移环境者也。虽个人之改良社会，不可徒恃理想，要当根据事实，审时度势，而为如量应机之处置与建设；否则必戾夫人心，背乎时宜，而无有成功。故古人云，识时务者为俊杰。然所谓审时度势，根据事实云云者，乃量其社会弊病罪过之所在，与可能达到其理想之程度如何，而酌与之推移与改进。绝无随俗而流，与习共腐，个人心志一味听社会之决定，而莫之振作。譬之善医者，必无成见与私心，不以一理想之药剂，妄投一切之病人。必审量病之所在及致病之由，而为之立治理之方。又必审其病之轻重，与其身体之强弱，而加减其药之分量。或须急治，或当徐治，或当攻伐，或当培补，一以客体之实在情形为主，而自无成见以施治。其有病象未能十分准确者，则又必投之轻剂，以求实验，验之而效，乃进以重剂，以期成功。又或有中途变迁，忽起意外者，又必临机应变，改其方剂，绝不可仍执前方，以遗大害。此可谓虚心克己，善执客观态度之至者也。然其唯一之目的，乃在求疾病之祛除与健康之恢复。能收此功者，乃全恃彼医者才智经验，学识之丰富，有以应付事变而不穷。是即以医者之心力，转移改变病者之身体也。是即以心转境也。人徒见医者之施方必凭病者之环境而决定，便以为环境决定意志。而不知彼之所以如是敬慎，准病情以施方者，完全为克服转移彼环境也。设非然者，医者自无智虑才艺，凡事但随病者之意欲而与之俯仰，以迎合其心意，头痛医头，足痛医足，暂求病者须臾之安，而无救其终身之害。或又从而败坏其元气，摧毁其身体，是诚所谓庸医杀人，不用兵刃者也。环境决定心志之说，虽可施之一般庸俗之群众，然此乃非吾人之所求。吾人之所求者，乃在少数特立独行之士，以其德慧术智精神毅力负群众以前趋，使之出迷途而入光明之路者也。此社会人群之所由以进化改良者也。今之人于学理既主张环境决定意志，于主义又要求革命进取。徒见其思想之不一致，言行之自相矛盾耳。岂真足以论人群社会之治道哉？

六者，有不知人生是苦，一切作业均为拔除苦痛者，于是有乐天之说、功利之论，以为宇宙至善，真实不虚，美满无缺。地宁天清，山峙水流，草木之繁荣，鸟兽之飞行，莫非太和之祥洽，生意之流行；耳遇之而成声，目接之而成色，取之无尽，用之不竭，陶陶然皆足以怡荡心日，涵养性灵者也。是故自然可乐，天地多仁，吾人更何为哉？优焉游焉，聊以卒岁耳。此东方之乐天论也。生物进化，人为独尊，俯视群生，皆吾役食。以其智巧，应其愿求，战胜天然，以利人事。人之所求，斯为幸福。何谓幸福，乐利是也。是乐利者，为人生最终最大之目的。人之所以勤劳辛苦而弗辞，为此而已。猎人搏虎，不避险难。渔夫射鲸，不惧颠溺。彼何为哉？为求利与乐耳。当今天下，人类虽未及于安，然此不安之情形，正所以磨砺吾人之心智，精神训练，经验日丰，以科学之万能，自不难得人生最后之目的，使宇宙人类皆安宁福利，其乐未有穷焉。此西方功利之说也。虽为此类说者派别繁多，精神意趣，要不出此。是皆无当。所以者何？以不了知人生实相故。彼见天之清而忘其晦霾，彼见地之宁而忘其震裂，彼见山之峙而忘其阻，彼见水之流而忘其险，于草木忘其榛莽，于鸟兽忘其猛鸷，见其并生而忘其相杀，见其共存而忘其相毒。作如是观，虽亦足以涵养吾人和平冲淡之心，与物一体之情，而消释其竞争急躁之气。然而要之无当于事之真相则莫能讳也。且夫明月，常人所共赏者，离人或以增故乡之悲。锦瑟常人所共乐者，嫠妇或以堕相思之泪。然则宇宙之美善，或亦诗人雅士中心适悦时忽起之美感耳，无当于事实也。若以论夫人生，则前不云乎，内有饥寒之逼切，外有风雨之飘零，生老病死之相寻，日日时时求避祸害而未有休息。古之圣人，驱民之患，忧民之忧，兢兢业业,不敢康宁,悱恻慈仁,视民如伤,诚非无谓而然也。乐天云乎哉?前既言之,人生无真乐,苦除去时忽觉其乐。乐也者,不过苦之消释耳。西方乐利主义所求者,不过衣之温,食之饱,居之安,一切嗜欲之满足,如是焉耳已矣。进之则求富与强耳,尊与荣耳。前岂不云乎,食之而乐,以除饥也。衣之而乐,以除寒也。居之而安,以除风雨烈日之零炙,毒蛇猛兽盗贼强人之祸害耳。过温过饱,皆足致病。嗜欲之极,终以戕身。乐利云乎哉?若夫富强者,对贫弱以为名。尊荣者,对卑弱而立号。彼有不足,故此有所余。掠夺他人,而后有强富。损抑异己,而后有尊荣。此世界之所以不平,而人类之所以忧苦者也。由今之道,无变今之俗,尽心力而为之,苦日增耳。进化云乎哉?乐利云乎哉?故彼所言,直同梦呓。人生唯苦,一切所作,但拔苦耳,斯为实相。世间谬执虽无量种,约略以言,有此六家。余有当辩,时至再说。

人生之目的第三

人生之目的一问题,实为不关重要之问题。所以者何?以人生原无目的故。特以今人每对于此希求解答,是以今特继实相言之,以释世人之疑。

吾谓人生全无目的,云何知然?所谓目的者,谓起心动念希求某事,由是为求其事故摇唇动舌,而有所言;举手移足,而有所行;深虑远谋,而有所思;如是言也,行也,思也,皆为求得彼事者也;于是谓某事为此言行思虑之目的。如曰:某人之劬劳,为求学问之大成也;某人之辛苦,为求一家之幸福也;某人之坚忍牺牲,为求人类之安宁也；是皆对于有心志意欲的行为言语思维而起之判决。何者？既言行等而有欲求，则可加以目的之判决，以其原有目的也。若夫人生者，全为业报之相续，由彼彼业，得彼彼报，依彼彼报，造彼彼业，其生也不得不生，其死也不得不死，是皆决定于因果，而不关系夫心意，则乌有所谓目的者存乎？人生之无有目的，亦犹之人老、人病、人死之无所谓目的也。设谓人生而有目的，然则老病死亦皆有目的耶？且夫人死或尚可曰有其目的，何者？以人有因生之苦而自杀者，则其死必为有意志的死，可曰其死在求避免人生之苦痛也。然此亦但限于有心之死，其余自然衰老或遭不幸而死者，死既非彼所欲，百方求免之不能，吾人可曰死有目的乎？至于生，则任执何人而问之，汝何为生？彼皆将伸舌而不知所对。所以者何？未生之前，非彼所知。已生之时，又且无知。知之且无，何所意欲？意欲且无，何云目的？是故谓人生为有目的者，盖未了然业报相续之义而妄为解说者也。

若尔，则人生一切行为动作思想言语，尽皆无意识，无目的，如草木声光、风雨云雾之忽起忽灭，纯受环境机械之推移者乎？曰：是又不然。前所言者，谓人生何为而生，不谓人生何为而行也。谓人生何为而行者，则亦有其目的。然此行为动作之目的，实因人而异。古语云，贪夫殉财，烈士殉名，夸者死权，众庶凭生。十人十异，百人百异，即一人之生亦且随其年龄思想前后而互异。造业既各有不同，夫焉有所谓一致之目的乎？如是设有问人生一切行为动作其目的何在者，吾答之曰：尔有如何之目的是即汝之目的也。人各自知自喻，有时或且不肯不可以告人者，又何劳哲人智士之代为解说乎？

既人生本无目的，人生行为又各异其目的，然则目的问题又何因而至乎？曰：有二因，一者出于生活之疲倦；二者出于意欲之劫持。所谓生活之疲倦者，谓有人焉，初亦壮志有为，殉名逐利，勤劳辛苦皆优然乐之而不厌，是时皆自有其目的，故不问人生到底为何也。及其为之既久，或有求名而得，求利而谐，享受既倦，觉天地间所谓富贵荣誉云云者，初亦不过尔尔，始觉昔之勤劳，今之享受，皆无有价值。于是乃反求诸心，人生到底为甚么耶？人生之目的问题，于是焉起。又有求名而不得，求利而不谐，役役勤劳而无所成功，心志渐灰，退然思反，于是觉平昔所志所求，及以一切行为，皆属虚空，皆等梦幻，故乃反省曰：人生到底为甚么耶？于是人生之目的问题又起。是皆出于生活之疲倦者也。凡起如斯问题者，多分出于厌世者之心。上焉者，或有因是了然于人生之全无目的，而起超世之想。下焉者，亦有求目的而不得，因以自杀戕身者也。所谓意欲之劫持者，谓有人焉，意志坚强，希求猛利，事业功名之心既重，于是欲风靡号召夫天下之人使皆从我，与我同志，随吾之希求以为希求，随吾之意欲以为意欲；而惧夫人之以我为专制，心终不服也，于是乃倡为学说以蛊惑人心，俾自然而宗依于我。情志既定，令出唯行，则势力强盛，而功业可成矣。此则近时讲主义者，多为此说也。故为个人主义之说者则曰：人之目的为求自由耳，为求自我之福利耳。为国家主义者则曰：人为国家而生，以国家之光荣福利为最高唯一之目的，故当竭忠尽力以为之，虽牺牲其生命财产焉可也。为社会革命者则曰：人为社会而生，以社会之福利为最高唯一之目的，故当竭忠尽力以为社会，虽牺牲小己以为群众可也。凡此种种，皆视人生为一种机械，为某事某物而生者也，是皆妄也。且如个人主义谓人生为自我而生者，是无异曰人生为人生而人生也。盖自我既不外人生，离人生外无自我，我为我生，或生为生生，是皆羌无意义者也。盖目的者,方便或手段对待之名。既以自为目的,复仍以我为手段,一事无待,即二义不立,故我为我生,即无异于言我生即我生,我别无有目的也。若夫自由者对不自由言,福利者对苦痛而言,苟无不自由与苦痛,即无所谓自由福利矣。故言求自由者,无异于言除束缚;求福利者,无异于言除苦痛。既为除之,必将求彼束缚与苦痛之因。其因为何?吾可决然答之曰:束缚与苦痛,随人生以俱来,因人生而后有者也。吾苟不生,吾有何不自由?吾苟不生,吾何所苦痛?既生也,即内之不能无饥寒之逼迫,外之即不能免危害之侵凌,生老病死之相寻而孰能免焉者!是故生即是苦。苟以求幸福、求自由为目的者,其人始焉即以不生为至捷、至当之方法,而奚为纭纭碌碌以生为者?况夫业报相续,本无有我。因果相感,别无自由。为善者,虽无求于福利,而福利自来。作恶者,虽力求荣利,而荣利终不至。人事之不随意欲彰彰然也。是故个人主义之言无当于理。至于以国家社会为人生之目的,其言尤诬。国家者,人类为特别利害之关系而起之特别组织;社会者,人类为普遍相互生存之关系而有之自然集合;苟离个人,皆无有物。人时有赖于国家之护卫,故对于国家有相当义务;亦犹之人须宫室之住居,则对彼宫室有相当之爱惜也。人见宫室之利于人,故爱惜之;设见其腐败朽坏,匪但不足以蔽风雨,且瓦落栋崩,时有破头杀身之患,则改造而修理之可也。今人见宫室之有资庇荫之用也,遂谓人生为宫室而生,言宫室为人生最高之目的,人当为彼牺牲,虽见其败坏而弗敢改造修理焉,是诚愚人之尤也。本为人民而建设国家,即谓国家为人生之最高目的,是何异于愚人之拥护其宫室哉?社会既人群共生共存自然集合之体,亦犹之朋友亲爱相辅相助而集会结社以成团体耳。未交朋友,两相平等。既成朋友，则便以自身为其手段方法焉。而曰：朋友者，人生之目的也，是已不经。设更去其朋友间之互相关系而不谈，但就其空名之社会团体，而曰某社、某会、某团体者，吾之目的也，岂不更可笑哉！——案国家亦社会之一种，特社会一义更为普遍，小之可用于少数个人某某职业之集合，大之可以扩为全世界人类生存相互之关系，又不必有成文法制之规定，亦不必有权威之运行，且不含与他国敌对之意义。国家反此，必有成文法制之规定与权威之运行，且必有他国之对立；故国家主义有狭隘性，社会主义多普遍性。然终不能谓国家非社会之一种也。故彼二主义所有弊病，时时相通。即以实有之个人逮属于假合之团体，而以为其手段工具焉，一也。——盖尝论之：一切生物本皆平等，皆随业报以相续，同以不得不生而生，不得不死而死，而无所谓目的与工具也。人以智力克服生物，既克服已则便自大自慢，以为一切生物唯人独尊，见犬马牛羊之奴役于人而弗能抗也，于是便觉犬马牛羊皆特为人而生者，于是谓犬马牛羊乃有其生活之目的，其目的安在，曰为人之食用焉耳。故迷信宗教者，常以天或上帝为仁慈，而时致其敬畏与谢感，曰旻天上帝，岂不仁哉，既为人生五谷，又为人生犬马牛羊以供人食用而备其福利也，吾人可不感恩而敬服哉！专制君主之下视其臣民，亦犹人之视牛羊犬马也。今之人，既知其皆妄矣。乃上帝君主之迷信既去，而国家社会之偶像复来。嚣嚣然号于众曰：国家社会者，是吾人之目的也。人生为彼牺牲焉可也！是所谓意志之劫持也。

或曰：既谓国家社会非人生目的，然则彼为国亡身舍身救世者，皆非乎？曰：何为其然也？国家社会，虽非实有，而建设组织之个人不无。既为人群结合之体，则其利害祸福，即人群相互关系之祸福也。志士仁人，为国为世而牺牲自我，是亦对人群所起之慈仁勇敢也。如斯勇敢，即彼志士仁人自身之伟大。成仁取义，是即彼自身之目的。由斯目的，而益自增大其人格。是亦自尽其仁勇，自达其目的耳，岂果以国家世道为其目的而自身为之工具也哉！苟以国家社会为目的而自身为之殉，是亦宗教徒之殉教主，臣仆之殉独夫；义虽可嘉，然与志士仁人之慈仁救世者高下固有辨也。

虽人生本无目的，然人既生矣，一切行为亦有共通目的乎？曰：前已言之，贪夫殉财，烈士殉名，夸者死权，众庶凭生，实无共通之目的。设必求一共通之目的，则可曰：人生一切作业，其目的总为拔除苦恼也，此则前实相中已言之矣，是亦可谓为人生行为唯一之目的，然不可曰人生之目的也。

人生之矛盾第四

前言人生为业报之相续，又言人生赖群体以共存，又言人生赖智慧以发展，又言作业为苦恼之拔除，如是则人生如能和合其群体，发达其智慧，作诸正当之业以除诸苦恼，俾美善之报相续于无穷，斯真人生之正道也。虽然，人生未能真实常常如是，每有相反之现象，与之随逐。谓彼人群之聚集，不但不能相益以共存，有时且相损以俱亡；智慧之发达，有时不但无益于人生，时且危害其人生；人生作业，本为拔除苦恼，乃有时不但不能拔除苦恼，且益加增其苦恼；于是苦恼、烦闷、惨恶之果报，相续于无穷，时且绝灭其人生焉；是诚人生极矛盾之现象，而为人生之罪恶也。如斯之现象，乃随人生之演进而益著，是又特异于一切生物者也。是亦人生之另一实相也。

此言何等？谓如禽兽昆虫，下者未有父母、子女、兄弟、夫妇、朋友、君臣之关系，又无国家社会之组织也。故无所得益于群，而仅单独自营其生活。其高等者，如乌鸦、鸳鸯、蜂蚁等，则有父子、夫妇、君臣之关系也，有家庭社会之组织也，则多分本于本能自然之结合，一成不变，相益而不相犯，是皆不见其矛盾之现象也。独于人则不然，人既赖群以生，即时有贼害其群之事。父子之恩最亲也，而即有不慈不孝之父子；夫妇之情至密也，而即有不义不顺之夫妇；君臣之分至严也，而即有不仁不忠之君臣；兄弟因家财而相争；朋友因利害而相贼；一家之内，一国之中，纷扰怨害，祸乱无端，此古今之所常闻者。且人之情，憎怨每起于所亲，狠毒时施于可爱；田园舍宅之争，多起于兄弟；政权爵位之争，必起于同僚，而路之人与异国之人本非一体无利害之冲突者，不预焉。是犹愚鄙之人，役役于利害间者也。又有不因利害，但任性情，以好恶之相乖，意志之相违，见理之相左，而父子、兄弟、夫妇、朋友分崩离析，相怨相尤。乃至一国之人同秉国政而以政见思想之不同，于是各集党羽，相轧相倾，以至内争起而外侮来者，更时有之；此人群之怨害起于相亲者也。亦有虽非相亲，而以同居一地域一社会故，亦彼此时有我诈尔虞相凌相害之事。至于大乱之世，盗贼蜂起，劫夺相循，则其象尤著。又有异族相攻，异国相侵，杀戮纵横，奸淫劫掠，无所不至，是又祸害之起于异族者也。由是可知，人既结合为群，赖群以生，共图安乐，而即于一群之中或亲或疏或异群异族之间而互生其贼害。此等贼害，苟离群而独立，则均无有，是诚人生一大矛盾也。又人群如斯之毒害，每随人群之进步而愈增；上古之世，人穴居而野处，未有城郭宫室，不但国之组织未成，即家之聚散亦无有定，其时人与人之相助也固不如今时，乃其相贼相害也亦多分为个人与个人之关系，无与于一国一世也。迨部落既成，国家既兴，则每因一人之喜怒利害而影响及于全体。昔之个人相争者，进之乃为一部落与一部落争，再进则一国与一国争，再进则一国有变天下诸国皆受其影响不得不入而互斗；此国家主义帝国主义勃兴之世，所以演成昔年世界之大战也。杀人流血之惨，为千古所未有。死者伤者，至于数千万人。设在太古，则一人有难，无与他人；一方有难，他方安谧。祸不至于如是其广遍而猛烈也。是则何故？曰：由社会国家进步之故。内部之组织愈密，则对外之害愈深。交涉愈繁，则影响愈速。此老子所以有小国寡民，老死不相往来之思想也。此犹祸害之出于异国与异国战争之时也，即在平居一国之内，又复因其政治法律之进步，所以为维持其国家社会之安宁与存在而防其破坏与灭亡者，愈勤愈密，则其束缚防范其人民之自由与适乐者，亦愈烦愈苛。盖政事愈多，用人愈众，则赋税愈重；外侮愈多，则兵力须厚，而人必当兵。赋税愈重，则财产有时非其财产；兵役既起，则身体非其身体。而此财产身体之牺牲，多分又非人心之所欲。其所以牺牲者，又多分无益于个人，无益于国家，无益于世界，而适为害个人、害国家、害世界者也。此则中国历年之内争，与欧洲往年之大战是也。人之所以结合而成群体，更进而为国家者，本以求其有益于各个人之自身者也；今乃不相益而相损，不受其利而受其害，是又非人生之一大矛盾欤？

人群结合，其矛盾也已如上述。至于智识之发展，其矛盾又有可得而言者焉：禽兽之生存赖本能，故未有以本能自戕害其生命者。人则赖智慧，智慧诚能对人类造多分之利益，然用之不当，则又反以增加人生之痛苦。此如刀枪弓矢，本凭智慧造成，用之以防御鸷虫野兽，非欲用之以戕害人群者也，乃用之以贼害人类。乃至今日，科学愈发达，制造愈精奇，于是杀人之具日精且备。飞机也，战舰也，机枪也，坦克车也，炸弹也，毒瓦斯也，斯皆杀人之器，世界各国竭智尽力以制成之者也。初本以御人侵人，终则侵人者人亦侵之，御人者人亦御之，相侵相杀而不已，即相杀相害而不已，是与自杀自戕何异也？此则人智进化未有之奇观，而皆用以自杀者也。又人智日进，则作奸犯科之术愈精，相诈相虞之事日甚，以言外交，则阴谋起而信义废；以言内治，则法令烦而至德亏；又况奇技淫巧，炫惑人心；工战商战，动倾人国；以成今日诡诈浮伪纵横捭阖之天下，人与人不共出智力以共图幸福，乃各长奇谋以互相贼害。此亦人类特有之现象，而禽兽所无；今人之所特异于上古质朴愚鲁之人者也。老子曰："绝圣弃智，民利百倍；绝巧弃利，盗贼无有。"诚哉，非无故而云然也。

更有进者，人为求人类之治安，社会之秩序，为防止祸乱故，乃有法律与政治；为教导人类救正人心培养德性故，乃有仁义道德。乃既有法律，则政府即借法律以钳掣人心；既有政治，则奸雄即借政权以作罪恶；既有仁义道德，亦即有借仁义道德以网名而市利者，窃钩者诛，窃国者侯，侯之门仁义存焉。然则人生之矛盾，又乃至并其防止此矛盾之害之法律政治仁义道德而并呈现其矛盾焉。斯又至奇而不可解者也。上言之：人之造业，凡以为苦痛之拔除也，乃今人群智虑日进则日增其苦痛，是已极其矛盾矣。即其求乐拔苦之念，苟知进而不知止，尽心力而为之，则亦自成矛盾焉。盖人生不能无求，所求不必尽得，纵时得也不能不失，于是患得患失之心生矣。——如是患得患失之心，是即为苦。其求弥切，其苦弥增。况乎衣食之须，逾量即苦；如病服药，过则病增。乃人之于财产货利也,求之无厌,得陇望蜀,未能受用,反为奴役,水火之忧虞,盗贼之劫夺,多藏厚亡,自古如此。况乃为求货财,作奸犯科,耽著财货,纵情极欲,祸乱由是而生,灾厉由斯以起,诸所以亡身家而乱天下者,固无不源于为求拔除苦恼以得幸福乃反致此苦恼之弥增而去幸福以弥远也。是又非人生之极大矛盾哉?由上种种之矛盾,故人生业果之相续也,每为恶业与苦恼之相续。而人世乃真成茫茫苦海,欲度脱而弗能也。是非大可痛悼者哉?

人生之二重性格第五

人生享受之苦乐,多由行为之善恶而定。由诸善业,得诸乐报(能拔诸苦之谓乐);由诸恶业,得诸苦报(苦恼续增之谓苦)。由业之善恶杂,故报亦苦乐兼。此人生所以成其为矛盾之状者也。然此业之所以善恶杂者,是则何故?曰:由人生原有善恶相反之二重性格故。

何谓性格?性谓种性,本来故有,而为情志意欲之根本者也。又谓性情,即由种所生之现行心法也。格谓格式,由性有种种不同,故发为情志,现于行为,则亦有种种相异之形式以表现夫人群。人各随其性以成其人之格式。格由性起,性必有格,故曰性格。

人生之性格各有多种,有仁者,有暴者;有廉者,有贪者;有智而明者,有愚而妄者;有诚信者,有诈伪者;有勇猛精勤者,有怯懦懈怠者;有光明正直者,有卑鄙谄曲者;又有非仁非暴,非廉非贪,乃至非光明正直亦非卑鄙谄曲者;如是人类乃有多种性格。然约略言之,则不过三种:一者善,谓仁、廉、明智、诚信、勤勇、光明、正直;二者不善,谓贪、暴、愚妄、诈伪、怯怠、卑鄙、谄曲;三者无记,谓非仁非暴等。无记者,谓善与不善俱不可说,不可记别也。如是善、不善、无记,在佛法则名之曰三性。如是三性,显见于世间人群。无论何种人群,必有如是三种人格;或为君子,或为小人,或为庸夫。所谓君子者,其言行动作存心处事,有益于人群之谓。所谓小人者,其言行动作存心处事,每损群以利己者也。庸人者,无罪无过,不能作善,亦不能作恶者也。如人群中有如是三等人格,其在一人亦复具备如是三种性格,或善,或不善,或无记。然而君子小人所以分者,随其善恶无记之性之分量有轻重之异故。善心而重,则能降伏恶心,存心处事,言行皆善,是之谓君子。虽有不善焉,然不怙过,不饰非,能速改,人亦以其过之少也,而不遂斥为非君子焉。小人反此,恶心重,善心微,存心处事言行皆不善,纵有善焉,亦每不足以掩其恶,人斯名之小人也。然人类无绝对之君子,亦无绝对之小人;随其善恶之大小,而品类又别。是以君子之中,又有良善圣贤之等。小人之中,又有首恶顽懦之分。是皆以善恶种性之弗能纯也。其善恶之种性皆微,行为无损益于人群社会者,是则庸夫庸妇,无记之人也。然世亦实无绝对无记之人,多少皆有几分善恶焉。虽人之性格有三种,然无记之性,无损益于人己,其于人群及个人之影响不大;是故知人论世,但论其善恶二者而已足矣。故今但论人生善恶之二种性格。何谓善性?何等善性?

种现净善,离诸愆秽,能生善行,故名善性。信、惭、愧、无贪、无嗔、无痴、精进、轻安、不放逸、行舍、不害,乃至善欲、善解、善念、善定、善慧,皆是善性。

何谓种?种谓种子,诸法亲因,未具彼诸法之形而能生彼诸法。如谷麦等种,为谷麦等苗稼亲因,虽无谷麦等苗稼根茎等形,而能生彼苗稼根茎等,故名种子。心等诸法,皆有种子,随彼势力,能起彼现行。种有善恶,故行有善恶。随彼善恶种子势力,起彼善恶心情,故名种子。此种子又名习气,又名熏习,广如《佛学概论》《佛学通释》中解,此中不述。现行者,谓从种所生,行相业用现可得故,名曰现行。如苗稼等,从种已生。言种现净善离诸愆秽者,净谓清净,性非染秽。善谓贤善,无有过失。体净而用善,故名净善。善法必由善种生故,如嘉禾从谷麦等生。故云种现净善也。次言能生善行者,行即是业,业行贤善,不损恼自他,于现后世均作利益,故名善行。能生善行者,谓此善法,既从自善种生已,即能令彼俱起行业,悉成善业,不恼自他,二世俱利,故名能生善行。此如无贪既从自善种生已,还能令俱时业行,于境不著,行布施等,是即谓业。若不与无贪等善法俱起,则不成善业,不能行施等也。是故说言,善性者,种现净善,能生善行也。

所谓信、惭、愧等者:

信,谓于印顺境,至诚倚任,心净为性。对治不信,乐善为业。

惭,谓依自法力,崇重贤善为性。对治无惭,止息恶行为业。

愧,谓依世间力,轻拒暴恶为性。对治无愧,止息恶行为业。

无贪,谓于有有具无著为性。对治贪著,作善为业。

无嗔,谓于苦苦具无恚为性。对治嗔恚,作善为业。

无痴,谓于诸谛理明解为性。对治愚痴,作善为业。

精进,谓于修善断恶事中,勇悍为性。对治懈怠,满善为业。

轻安,谓远离粗重,调畅身心,堪任为性。对治昏沉,转依为业。

不放逸,谓精进三根,于所修断事中,防修为性。对治放逸,成满一切世出世间善事为业。

行舍，谓精进三根，令心平等正直无功用住为性。对治掉举，静住为业。

不害，谓于诸有情不为损恼，无嗔为性。能对治害，悲悯为业。

正愿，谓于诸善法深起希望，善欲为性。对治邪欲，正勤所依为业。

正忍，谓依正教理证力，于实德能深生印持，善解为性。对治邪解，净信所依为业。

正念，谓依正教理，闻思证境明记不忘，善念为性。对治失念，定依为业。

正定，谓依正教理，调治其心，令于所缘专注寂静，静虑为性。对治散乱，伏诸烦恼，智依为业。

正慧，谓依正教理，闻思修习观察诸法因果性相，于诸境界无有迷惑，简择为性。对治恶见，断诸烦恼，菩提涅槃果依为业。

何谓不善性？何等不善性？

种子现行，体不净善，能起不善业，是谓不善性。一切烦恼，谓贪、嗔、痴、慢、疑、恶见、掉举、昏沉、不信、懈怠、放逸、失念、散乱、不正知、无惭、无愧、忿、恨、恼、嫉、害、悭、憍、覆、诳、谄等二十六法，是为不善性。

种现不净善者，谓性是秽恶，用多过失；由不善种生不善法，故名种现不善。能起不善业者，由彼不善种性，生起不善法已，即能令彼相应心行造作诸不善业故。如由嗔故，起杀害业；由贪故，起淫盗业。设无贪嗔等不造恶业也。是谓种现能起不善业，是为不善性也。

此中所云烦恼者，烦谓烦扰，恼谓恼害。由性染污，不寂静故，扰恼身心，损害自他，故名烦恼。凡不善性，皆是烦恼。离诸烦恼，无不善性。然有烦恼,非是不善,谓诸有覆无记所摄烦恼,由彼无能造诸业故。必能造业,损自他者,乃名不善。然离烦恼无不善故,是故说言不善性者即诸烦恼。

言贪等者:

贪,谓于有有具染著为性。能障无贪,生苦为业。

嗔,谓于苦苦具憎恚为性。能障无嗔,不安隐性,恶行所依为业。

痴,谓无明,于诸理事迷暗为性。能障无痴,一切杂染所依为业。

慢,谓恃己于他高举为性。能障不慢,生苦为业。

疑,谓于诸谛理犹豫为性。能障不疑,善品为业。

恶见,谓于诸谛理颠倒推度,染慧为性。能障善见,招苦为业。

掉举,谓即嚣动,令心于境不寂静为性。能障行舍及奢摩他为业。

昏沉,谓即懵重,令心于境无堪任为性。能障轻安及毗钵舍那为业。

不信,谓于实德能,不忍乐欲,心秽为性。能障净信,惰依为业。

懈怠,谓于善恶品,修断事中,懒惰为性。能障精进,增染为业。

放逸,谓于染净品不能防修,纵荡为性。障不放逸,增恶损善为业。

失念,谓于诸所缘不能明记为性。能障正念,散乱所依为业。

散乱,谓即躁扰。于所观境令心流荡为性。能障正定,恶慧所依为业。

不正知，谓于所观境，误解为性。能障正知，毁犯为业。

无惭，谓不顾自法，轻拒贤善为性。能障碍惭，生长恶行为业。

无愧，谓不顾世间，崇重暴恶为性。能障碍愧，生长恶行为业。

忿，谓依对现前不饶益境愤发为性。能障不忿，执杖为业。

恨，谓由忿为先，怀恶不舍，结怨为性。能障不恨，热恼为业。

恼，谓忿恨为先，追触暴热，狠戾为性。能障不恼，蛆螫为业。

嫉，谓为殉自名利，不耐他荣，妒忌为性。能障不嫉，忧戚为业。

害，谓于诸有情心无悲悯，损恼为性。能障不害，逼恼为业。

悭，谓耽著财法，不能惠舍，秘吝为性。能障不悭，鄙蓄为业。

憍，谓于自盛事深生染著，醉傲为性。能障不憍，染依为业。

覆，谓于自作罪恐失利誉，隐藏为性。能障不覆，悔恼为业。

诳，谓为获利誉矫现有德，诡诈为性。能障不诳，邪命为业。

谄，谓为罔他故矫设异仪，险曲为性。能障不谄，及障教诫为业。

上来总依瑜伽唯识诸书，略出善不善法体性业用竟。此皆修瑜伽者，于静虑中，观察心行，分析如此。若从业用，更可多分。但究体性，终不外此。因非专论，故未详释。欲求详者，可取唯识瑜伽及拙作《佛学通释》等书读之。

或谓人性无分于善恶，且亦无所谓性。人之造善造恶，因环境习惯之养成。盖有主张唯物论者，以为人之所有，身体而已。身之中，血肉、筋骨、脏腑、神经等而已。由彼彼器官和合而成有机体，因其与外物相触，受其刺激，则有反应。如水被击而有波，如钟因叩而发响，人类之语言动作，亦如是焉而已矣。见好色而思合，闻恶声而思离，一切取舍屈伸，皆起因于外物。亦犹万有之有吸引力与抵抗力等。本无有心,更何论夫性?又人之行为与一切生物相同,皆为保存自身之生存,此外别无目的。既一切出于自卫,故行为无所谓善恶。然由行为之效能有适合于生存者,有不适于生存者,是则智力有其巧拙耳。智力之巧拙,缘于经验与学习。经验学习,起于既生之后,而不同生以俱来。故智力不出于性,而出于习。不由于心,而由于境也。由前之说,有物无心。由后之说,有习无性。心性之不存,故善恶无所有。凡尔善性恶性种种分别,皆是乌有。

是不然。彼言人之所有身体而已,身体之中血肉等而已者,是谬以形质求心者也。以形质求心,则将目无见,耳无闻,身无触,鼻舌无臭味,由是而曰物是有心是无者,斯诚不知心之所以为心者何也!凡事之有,不但以形质为有。若但以形质求,则物亦有非可以形质求者也。如磁与电是也。电能发光,而光非即电。电能发音,而音非即电。非可以耳目求也。非但磁电不可以耳目求而已,彼所谓地心吸力,万有引力,亦非可以耳目等器官识。然而谓其有者,岂不虽离形质而有功用存焉乎?心之所以为心者,何也?曰:亦由功用而知有之。其功用奈何?曰:见色,闻声,嗅香,尝味,触坚软冷热轻重,乃至思想记忆等,彼能见,能闻,能嗅,能尝,能触,乃至能思想记忆者,是即心也。此心又名识。识者,了别。能觉了分别,能认识彼色声香味触等者,是即心也。心非所见,而是能见。非所闻,而即能闻。独可以意识思虑之耳。今夫以镜照面,则镜中所现者唯面无镜。以手持杖,则手中所持者唯杖非手。以眼识见色,则识中所见者唯色非识。彼见其唯色非识也,而遂谓无是识焉;是何异于谓唯面无镜、唯杖无手也耶?彼执唯物无心者之说,是不大可以已乎?或曰:视听嗅尝,感觉知觉,乃至思想记忆,如是心理作用，吾唯物论者亦不拨无。特吾人之解释此作用也，与众大异。吾唯物论者，谓如是作用，是即身体之作用，是即物质之作用。所云无心，无独立自存之心；非谓无由身所起了别认识之心也。是亦不然，离身体作用别无心识，意谓眼之见色是即视神经之作用，耳之闻声是即听神经之作用，嗅香尝味能感觉冷热坚软乃至一切知觉运动思想等，是即嗅神经、味神经、触神经乃至大小脑之作用也。今人于睡眠时、闷绝时，其眼耳鼻舌身之器官如故，神经如故，然而刺激之以色声香味触等，而彼感觉不起。是则彼诸器官与神经，不能直接营司视听嗅尝触等作用明矣。又于梦时，耳目之用虽废，而视听之用犹起。虽无境界，而色声显然。是则虽无眼等器官、视等神经，而心理之功用依然也。然则岂能谓离于身体，便无心识乎？（五官非即五识，可取吾《八识规矩颂释论》以详其义。）若夫大小脑之司知觉、思想、运动等，尤非定说。盖自近时实验，有虽脑髓之某部损坏，而某种知觉自如。某部损坏而某种运动自如者也。又昔人以脑髓与其身体比重之大小，以定动物智能之高下，以为思想在脑之明证。乃今实验，竟有动物焉，其脑髓与身体之比重超过夫人，而智能并不如人者。是则心存乎脑之说，已多不可靠也。既心非脑之作用，于是乃不得不更别求器官。乃求之终不可得，于是乃以心理、思想、运动等作用归之于全部复合之身体，以为见色闻声，眼耳等单独所司，思想运动，则全体之功用也。此则行为派之心理学家所言者，彼喻意识作用如三角形之三线相连则成形，多面相合则成体；又如音乐，多音相合则成调，故身体各部起而合用则有心思意欲焉。心理现象如是而已。然彼不知三角形之由三线相连而成形者，非实形也，乃吾人为求解说思想之便，与纸面上以三线连合而为之图形耳。图形不异符号。符号绝非实物。真正之三角形,岂果但三线之连合而已哉？线上之三角形亦三角形,三角板亦三角形,真三角形无宁舍纸上之图画符号而取三角板也。彼三角板者,岂果三线所成哉？故三角形必自有其面积形态,绝非三线相连遂尔成形也。即果取纸上之图形,则吾人亦当取三线所属之面,彼三线者,特不过定其界域耳。如国之所以为国,自有其土地山川,绝非地图上之赤白线界及国境上之界碑界域,遂团合以成国家也。三线不能合而成三角形如是,多面不能合以成体亦然。要有内容实质乃成体故。若夫音乐之结合单音遂成曲调者,此其曲调之优美,乃全由人类心理联想审美之力得之。设无审音之素习者,则亦如鸟兽之闻音乐,亦但有单音之断续,无有曲调之扬抑也。若夫心理作用乃存夫自知,而不关夫人之审察,岂得以是为例。况夫线之成形,形之成体,单音之成曲调,必其各个分子同起作用。心之作用,既为全体作用之总和,则应心之思维,全身各部亦应起其作用也。然心之思也,必无赖夫肝胆脾肺,无赖夫骨肉筋皮;有时方当闭目无视,摄耳无听,并其耳目之官而废其用,然后心神以静,思乃有得也。思之极也,目视若无睹焉,耳听若无闻焉,食之无味,嗅之无香,乃至忘饥寒起居而弗之觉也。然则心思之用,是人身全体复合之功用乎？将遗全体之功用乃得之乎？不待智者而能判之也。

夫耳目之官既不能独司视听（如睡眠时）,虽无耳目犹得有见闻（如梦中）,意识心思既不在脑,又非由于全身复合之功用,然则离身而外必有心也明矣。且果心之用即身之用,而身之用不过物质之用,则结合相当人身之物质便有心也已。果如是,则机器可以有心灵,而人类可以由物造矣。然而果能之乎？心识既别有体,异乎物而有;然而必借身体器官以行其作用者何也？曰：一切诸法,皆待缘生；虽具自性，必借外缘；此亦如手足耳目百骸肢体心胆肺肝，虽各有体，而必互相待，不以相待遂谓为无也。识依根起，五识依五净色根，五净色根依于肉身，是故前五识生必借身体。第六意识有时与五识俱起，有时独起；俱起者必借五识以观察外境，故亦间接依身体之用；其独头意识，不借五识者，如思、如梦，则无借于身体也。心有时必待身，犹之夫身之必赖夫心。身之必赖夫心者，前六识能支配引导令身趋吉避凶，取利远害，目视耳听，口言身行，造作诸业，取诸享受，饮食卧起，无非心为之司令也，是故有心则能生，无心则必死。癫狂疯乱，苟无他人为之护养，则必自趋灭亡也。若夫第八阿赖耶识，执持根身，令得长养，令不坏烂；一旦去身，便成死尸；是则身体之存，全借夫心，不可一刻而离者。人但知身之有助于心，心之有赖于身；而孰知心之助身，身之赖心，更百千万倍于心之赖身也？唯物云乎哉！

已言心之必有，次言性之不无。然当先知此中心性差别何在。所言心者，多分就现行言，谓认识之现起。所言性者，多分就种子言，谓功能之先存。又言心者，多分就心王言，了别之总相。所言性者，多分就心所言，谓善恶之差别。虽经论中，言心有性，言性有心，种现熏生，王所相应，未有如是划然之分别；然此间随世俗方便说亦不妨也。上言心之必有者，意在证明有情之身异夫块然无知之物，有觉了认识之心者存。此言性之不无者，意在说明人心之善恶，有本来备具之种子，不但随外境而习成也。

云何应知人心善恶本来有种，不但随境习所成耶？

于此当先成立人心实有善恶。彼谓人心无善恶者，以为人之行为，皆为自求生存故耳。夫自卫自存之行为，吾人亦不谓其即为善恶。此等行为，如求食求衣等，佛法称为无记之业，以非善恶性故。然人之行为,实不限于求生存。即以自求生存论,亦有因是而成善恶业者。谓如为自求生存故,于是乃至处心积虑,以妨害他人之生存焉,是则不得不谓之为恶也。又有为自生存故,因而处心积虑亦为人群社会而共谋生存,或时牺牲自己之生存而卫护人群社会焉,是则不得不谓之为善也。世间实有如是不同之人,人实有如是不同之心,是则心有善恶明矣。

心既有善恶,则当更求此善恶之原因。如是原因,或有求之于外境者,则以为环境之习染,由学习以成也。然而当知,世有兄弟朋友,所处之家庭同,社会同,所受之教育同,习染同,而其结果有进而为君子者焉,有退而为小人者焉。尧之于丹朱,禹之于鲧,父子也;舜之于象,周公之于管蔡,兄弟也;荀卿之于李斯、韩非,师弟也;孙膑之于庞涓,朋友也;彼其骨肉之相亲,学说之相习,而结果成就之不同,乃如此;然则人心之善恶,岂可尽归之于环境学习耶?

且夫即以经验学习论,亦必其具有能经验、能学习之智能,而后乃有经验学习之成就。设其本为顽冥不灵之动物,心同木石,而情同鸟兽,则虽有经验莫知戒法,虽有德义莫由修习,则亦将何经验学习之可言者?盖经验者非但一事之经过而不忘之谓;乃谓某事之当前,既经吾身受而心感,便能察其利害之原而得取舍之方;于是而彼事未至而能先为之防,既至而能治理之,防之而患无,治之而事理,由是定为良法而传之后世,俾后之人虽不身历其事而犹能心知其利,而身受其福;是则经验之始虽由于外物之感人,而经验之成,乃完全由于心智之观察、思虑、推理与实证也。是故舍心智与推理而言经验,其经验乃同死物,了无意义。彼草木之被风雨,禽兽之受饥寒,其经验亦云富矣。然而由彼经验而发明制作者何事？由经验而得者何物？世徒知经验足以增长智力，而不知必待智力而后可有经验。由是而谓智力生于经验，是亦倒果为因之甚者也。

学养习惯，亦犹是也。凡学其事而得，习其事而成者，必其天才与某事某业之特宜，故能不劳而成也。非其才，习其业，长于商者使业工，善思想者使劳力，必捍格而难成，时且屈抑天才而使之愚痴病废；此教育之所以贵，因才而施教，学者所以贵，择术而专精也。故苟无其才，不能其学。苟非其性，不宜其习。习之必因其性；亦犹之学必因其才也。世徒见学习之足以成才定性，而便谓一切性皆由于学习，因谓有习而无性；是何异于见钟鼓琴瑟之必待叩击弹拨而后发声，便谓声音之出于槌棰指爪哉？

由是可知，苟无有性，习亦不成，狗马狼虎，弗可以人类之教化教化之者，亦曰：彼无人之性也。故彼有习无性之说，了无意义。人心之必有善恶之性，亦犹是也。彼顽梗不化之徒，虽施以极良善之教育，犹难格其恶心。又有特立独行之士，虽处浊乱之世，而能自保其纯正而标其高节者。所谓上智与下愚不移者是也。何故不移？则以其性之特强，弗可以习俗变之也。中才之士，善性恶性不纯，而势力均等，则每因习染教育而移其性。习于善者，则善性得缘而势力增，因以成为善人。习于恶者，则恶性得缘而势力增，因以成为恶人。中人之为善为恶，虽枢纽于习染之缘力，是以教化于人为大有功；而要其根本，则必其人之本有可善可恶之性，而后乃可资以学习。是非明于缘生之理者，弗能知也。

何谓缘生之理？谓诸法之生，必具亲因，及与助缘。亲因者，谓诸法种子（此中言性）。助缘者，谓外力增上。譬如禾稼，种子其亲因也。土壤、肥料、人工、雨水、日光等，其助缘也。无因不生，故人心善恶必先有其性。无缘不起,故虽具善恶之性而必待习染教化而后起。又种有特强或缘有特甚者,则其生起之方便又有偏重于己于人之势。凡此皆详于拙作《缘生通释》,此非专论,故不详也。佛法不废学习,而世人拨无种性,大觉之与痴迷固根本不同也。由是可知种性定有。

种性既有,故遇缘则发为善恶。其由善种而生起者,则为信、惭、愧、无贪、无嗔、无痴等,因是而造一切善业;其由不善种生者,则为贪、嗔、痴、慢、疑、恶见等,由是而造一切恶业。孟子曰:"仁义礼智,非由外铄我也,我固有之也。"谓善心、心所之为本性有也。荀子曰:"人生而有好利、疾恶、耳目之欲、声色之好焉;顺是而有争夺、残贼、淫乱之生焉。"是谓不善心、心所之为本性有也。凡此皆合于事理者也。然孟子偏言性善,而以一切不善归于不能尽其才,归于梏亡。性既尽善矣,则凡不能尽其才者,但不能充其为善之量而已,未至于为恶也。虽有梏亡,亦但善性之遗失而已,未见其遂有恶之增加;是则亦但不能为善而已矣,仍未至于为不善也。今世人明明见有纵情、任性、处心积虑以为不善者,是非但不尽其才,梏亡善心而已矣。苟性皆善,何说以处此乎?将亦曰:"人心之本有其不善之性焉,遇缘而遂生起其不善之行耳。"荀子偏言性恶,而曰:"其善者,伪也;圣人起礼义置法度以矫饰人之情性而正之,以扰化人之情性而导之也。"又曰:"不可学不可事而在人者谓之性,可学而能可事而成之在人者谓之伪。"又曰:"顺情性则不辞让矣。辞让则悖于性情矣。"凡此皆谓善之出于学习与矫饰矣。前不云乎?苟无其性,虽习不成。圣人之以礼义化人也,必其诚于礼义而后可以化人;人之乐学礼义,必其心真觉礼义之美,诚服圣人之德,故能节制折服其不善之心而从之也。如是诚于化人,诚于学道,是皆恻隐、恭敬、是非、羞恶之出于本心,而弗可以为伪者也。而可曰人生之性恶,其善者伪也哉?苟其性之尽恶,则将闻礼义而怫然,见贤圣而远之,深恶痛绝之不暇,而何能心悦诚服以学之耶?圣人之教人岂如狱吏之威囚奴,刀锯鼎沸以强之免而无耻者哉?若是以为教与学,其必捍格而不相入也明矣。故由人之能学圣贤,守礼义,是即见其性之善。于其能抑其恶,去其不善以从善,愈见其性之善;谓性而皆不善,其亦大背乎义理矣。又有谓人之性无善无不善者,是亦不然。既无善无不善也,何以复可以为善为不善乎?善不可以为不善,不善不可以为善,故无善、不善亦不可以为善、为不善。性不同故,体各异故。凡是种种,皆由不了因果正理种现各异之义也。何谓因果正理?曰:善因唯生善果,不善之因唯生不善果,无记之因唯生无记果。是谓因果正理。何谓种现各异?谓不同之现法各由不同之自种生。是故有若干之现行,斯有若干之种子。现法既多,故种性亦不一。善法有善法之种性,烦恼有烦恼之种性。于善法中,信有信之种性,惭有惭之种性,愧有愧之种性,无贪、无嗔等亦各有各之种性。善法如是,烦恼亦然,贪嗔痴等又各异其种性故。一切有情所有种性原非是一,善恶并存,其未现行则隐而弗现,既得缘已即便现生。得善缘者,善法生;得恶缘者,烦恼生。既得生已复熏成种。随习多少而势有强弱。势力强者则能伏余种。善种强者,由是而为君子、为圣贤,乃至烦恼断尽则成如来。恶种强者,由是而为小人、为凶恶,乃至善根断尽而成阐提。有情之所以差分,人生之所以矛盾,众业所以不同,苦乐所以混杂,求其根本皆由有情心性本来复杂,善法烦恼迭起互灭,原有如是不同之性故。

人生因果之通于三世第六

上章言烦恼善法各有种性，此种性者，与生俱起，本来而有；如是本来而有之种性，为从何所来乎？或曰：从父母遗传而来。盖人秉父母之精血以生，同时即将父母之性情心术而秉受之，及其既生而次第发展，是以人之子孙性情容体，多有肖其父母；亦犹犬马、牛羊、飞禽、昆虫无不以类相似相续也。是之谓遗传说。虽然，近世多反对之者，非定论也。盖以人之子孙，其性情多有酷异其父母祖宗者，使人类之性情智慧等而尽出遗传，则尧舜不得有丹朱商均，而瞽叟及鲧不得有舜禹。武王、周公、管叔、蔡叔，父母同也，而性行各异，自古及今，圣贤豪杰之子孙不必为圣贤豪杰。而大乱之世，英雄奋起，多出于草莽农工之家。名世大贤，其学说思想人格行义足以振发人心风靡一世者，尤必精神毅力前无古人后无来者，举世尚乏其俦侣，更非家庭之中祖宗父母血胤相承以遗传之智能，遂得如是之人杰也。故父母遗传之说为不可通。既非遗传，将由学习？然学习之必本乎种性，非可无彼种性者可资学习，已如上章详论。则此种性其果何自而来乎？曰：是不可不知人生因果通于三世之说。

何谓三世？过去世、现在世、未来世，是谓三世。自从入胎出胎，由生至死，中间身心相续未息灭时，为现在世。从生以前一切身心生死相续已谢灭时，为过去世。从死以后，当来身心生死相续犹未生起，名未来世。一切有情皆从过去世转至现在世，复从现在世转至未来世，前前世之因得后后世之果，如是因果三世相续，是为有情因果三世相续。

三世因果依何相续？由何相续？如何相续？复如何知如是相续？曰：三世因果，依于阿赖耶识而相续。由于业识种子而相续。种现熏生，业报酬引，如是相续。由于圣教正理故，知其如是而相续。

所谓依于阿赖耶识而相续者，佛法阿赖耶识，义谓藏识。藏谓储藏，由于此识能储藏现行诸法一切种子故。又藏读去声，藏谓库藏，由于此识是诸法种子所依存之库藏故。又藏谓执藏，一切有情执藏此识以为自内我故（执藏之藏，谓爱护覆藏义）。由是三藏之义，故名阿赖耶识。此又名心，以能聚积诸种子故。又名阿陀那识，此名执持识，执持种子及诸色根令不坏故。又名异熟识，能酬引业，是善不善业异熟果故。又名所知依，能与染净所知诸法为依止故。

此阿赖耶识其功用略有二种：一者，能摄藏诸法种子。一切法生必有种子，此种存于何所？曰：在阿赖耶识。一切法灭，种子不坏，种子复存何所？曰：阿赖耶识。种子现时，赖耶望彼旧种之用，名为持种。现灭种生，赖耶于彼种子之用，名为受熏。盖佛法言诸法之生，不从无而忽生，有其固存之功能。诸法之灭，不从有而尽灭，有其遗留之习气，是为诸法之潜势力。现法者，彼潜势力之显现而已。彼潜势力方其不得缘而未起时，似若无有。及得缘而起时，则功用显然。是知彼未起用时非遂无有。既有则必有寄存之处所。此之处所，阿赖耶识是也。故此阿赖耶识之第一功用为持种受熏摄藏种子也。此识第二用处在执持根身。根身者，眼耳鼻舌身五根及彼所依处，血肉之躯是根身也。执持者，执受持守，令不坏烂。设此识去身，则所有肢体即时僵冷，便成死尸，不但感受全无，亦且不久腐坏。人当睡眠等位，六识全无而非死者，全以有此识执持根身故也。

此阿赖耶识所以定知其有者，依心理学，此识必有。盖人之生也，性质各殊，智愚迥别，此之性质及与智愚从何而出，必不可谓出于身体。盖身体优越而愚且顽，身体柔弱而智且明者，世多有之；绝不可以身体构造而定人智愚故。是则必有心识，挟持本有之种性以俱来。二者，人之既生而有经验及诸学习。此经验学习，所以能存而不失，久而不忘者，亦必有其储存之所。此之储存必不可储存于身体。以身体血肉所成，时时变化，新陈代谢，自无持久之力故。又经验学习原是心智之用，彼血肉躯体作用不相似故。是以必不可不有心识以为知识经验之储存者。三者，变态心理，每有人格之分裂及多重人格之迭现者。人格之分裂，则人于一日之间，言语行为判若两人，异乎常轨。多重人格之迭现，则每每一人于数日之间，言行性格时起变化，而前前后后互不相知。于是心理学家乃有多重人格之说：以为人之心理，结合多种观念、概念、思想、习惯、情绪、欲望以为一团，在此一团之观念思想等互不冲突而调和一贯者，便成为一种人格。设于此一团之观念思想外别有另一团之思想观念而与此不同者，则为双重人格。设有其他不同之思想情欲等而自成一团者，则为多重之人格。凡人之人格，每为多重者。特多种之人格中，必有其一较强之人格，能将其他之人格屈服限制之，令不生起。于是其人之言行动作，前后一致，名为健全之人格。其不然者，各团之思想情欲势力相等，则互相凌虐，作用迭兴，此起彼伏，彼伏此起，在内则为心理之扰乱，在外则为言行前后之不一致，是即人格之破裂与人格之迭现也。彼谓人实无整个之我。在一团之思想情欲内成一统系不相冲突以成一人格者，即名为我。人有多重人格者，即为有多我。此心理学家之言也。此种说法，甚有合于佛理。特彼未能推此多重人格之所由成者，根本由于人心中有多种不同之种性。又不能说明方彼某种人格之生起时余不同之他种人格复存于何所也。（彼心理学家或称此等人格为下意识。下意识者，谓被屈抑之意识也。）又设谓人格之成因原于思想习惯，皆出于既生以后；则有奇异之人格出现，其思想动作有绝非此生之所习者，其来复何自也？是故此等变态心理亦必有所本，有所存。何本何存？是必本于心识，存于心识。佛法谓即阿赖耶识。由阿赖耶识，能持种故，能将前前多生之习惯思想情志欲望储存之以至于今生。彼人之生而有聪明智慧性质种种之不同者，即其前前生之习惯思想等熏习之不同也。今生之种性，即多生所传来也。今生之习惯经验等之能存不失，久不忘者，则亦由此识之能受熏，故令其习气储积不失也。多重人格之迭起，亦由起于赖耶耳。由赖耶能持种故，凡不同之人格、之种子皆存于其中，得缘而起，违缘而隐；隐非灭也，隐于阿赖耶识中耳；是以得缘而复现行耳。由于人之心理有如是种种现象，是故阿赖耶识决定必有。五识意识所以不能有此用者，第一，彼时有间断故，谓如睡眠等位不恒相续故不能持种。第二，五识意识，性时变故，谓或时善或时不善，不能平等执持诸类种子；由彼于余互有抑制屈服之用故。如下意识之与意识，互不并立，何能执持？阿赖耶识，性是无记，一类恒时，无有间断，故能常时平等执持诸法种子，令不失散。是谓由心理学言，此识必有。

二者，阿赖耶识由生物学、生理学言，此识必有。所以者何？世间之物，有无机物，有有机物，有无生物，有有生物，有植物、动物，乃至于人。或曰：诸有机物，皆是无生机物进化而成者也。由无机物化合化分而成繁复之组织，则成有机物焉。由是进化，因环境之不同，彼有机体为适应其环境故，第次改变其形体，使适于生存。由是次第改变，乃进化而为人焉。是故诸有机物，无不假无机物以为原质原素，又无不赖物质之营养。是则一切生物，皆不过物质复杂之组织而已。此唯物论者之主张，而达尔文、拉马克生物学之大意也。信其如是，生物但以无机物为其原质组合以成，而别无其他心识之原素以为之根本，则吾人可以无借于牝牡之构合，而但由物质之化合，即可以制造世间之生物而有余。然而今之科学虽进化发达，迄无有能制造生物者。不但高等之动物不能制造，即下等之有机物亦不能制造。欲求动物，必求之于牝牡之构合，欲求植物，必求之于种子之播殖。科学家但能为之外缘，如农夫之于禾稼，略加培植而已矣。于是物种之由来，乃成绝大之疑问。即达尔文尚谓生命由何而来，为吾人所不知。又曰：生命之源，是否由上帝先造一细胞或造多数之细胞，亦为吾人所不知。至于物种如何而变，更无断定之语。自彼而后，诸生物学家对此问题之解释略有三种：一者，谓物种自他行星随陨星之下降而来；二者，谓最初之生命由半流质之炭素化合物偶经酵素作用而成；第三，则谓地球之质点中本具有生命，得适当之机缘而出现，由是进化遂成今日之象。此三说中，第一、第三两说，皆谓生命别有种子，本来而有，不因物质之化合而成。独第二说始谓其随物质之化合而成耳。是生物学上最根本之问题，迄今尚未解决。彼唯物论之生物学破绽至多，近世德意志之生机主义者杜里舒氏批评其学说，以为不可成立。详见其《达尔文学说之批评》。彼生机主义者，乃主张生物之生存必有非物质之成分以为之根本，而后生物乃有进化之可言。否则但有物质之叠积耳。虽彼所主张所谓隐德来希者不必与佛法之阿赖耶识同，然其谓物质化合天演淘汰不足以说明生物之进化，则为不可易之理也。

　　盖尝论之，生物之与无生物异者，不但自体对付外物有其不同之反应，即其内部生理之组织亦有绝对之不同。无生之物，如金石土块，但为物质之积叠而已。生物则各部分有其相互营养滋生之用焉。无生之物形体既成，不加外力，则每一成而不变。生物则由少至长，而老而死，其内部自然时时改变其形体，而生而长，以至衰老焉。无生之物其上下内外各部分之叠积也，既乏长养之功，是以虽缺坏其一部分，其余各部不从而补偿生长之，亦不因是而坏烂消灭。生物则不然，苟其全体之一部分损伤，轻者可由余部分生长之力使其既受损之部分复生回原，重则随彼受损部分而全体死亡消灭矣。由是可知，生物虽假借物质以成形，而彼形体之构造绝异物质之化合与结晶也。自科学发达而机器大兴，于是而机器各部分相关相联相互作用之巧，亦正如人之举一发而全身动也。于是有谓生物形体之配合，亦但如机器之构造而已。虽然，吾人且置生物构造之繁复异于机器而不问，然彼科学家有一至疏忽之事，即于机器则知有人焉，用其心思，竭其巧智，尽其精神，然后乃能造一机器。而于生物乃至一人，其为机器，繁赜精妙如此其极，乃可不有造之者，而但曰此物质进化之自然结果也。然则吾人可不用人工而物质自会进化以成机器乎？又不须有司机者而机器自能动作无损乎？夫以机器之为机械的构合与动作，尚必有心智神识以为之配合制造而司其动作，则生物乃至于人亦必有心识以司其生长组合焉可无疑也。由有心识司其生长组合，故人之一身，其四肢百骸乃能息息相关营养生长共同安危，而不同于物质之叠积。此心识为何？佛法名之曰阿赖耶识是也。司生长之识必有，故阿赖耶识必有。

阿赖耶识如何而司有情之生长耶？一者，由此识执取精血，有情自体乃得生故。二者，由此识执持，有情自体乃得长养安住故。三者，由此识舍身，有情死故。所谓执取精血自体得生，乃至此识舍身有情死者，谓诸有情生必有死，于其死时，诸根坏烂，诸识不起，独有阿赖耶识相续不绝，故彼相续不绝故，舍此身已，随彼业力应生何趣，即便生起中有之身；由彼中有之身，得父母缘，会合交构，于极爱位，各出一滴浓厚精血，而滴和合，住母胎中，合为一段，犹如熟乳凝结之时，阿赖耶识即便执取以为自体；于是中有身灭，同时即由阿赖耶识功能力故，有余微细根及大种和合而生，及余有根同分精血和抟生；于此时中说识已住，结生相续；即此名为羯罗蓝位。此羯罗蓝中，有诸根大种，唯与身根及根所依处大种俱生。即由此身根俱生诸根大种力故，眼等诸根次第当生。又由此身根俱生根所依处大种力故，诸根依处次第当生。由彼诸根即根所依处具足生故，名得圆满，依止成就。又此羯罗蓝色，与心、心法安危共同，故名依托。由心、心法（此处心，谓阿赖耶识；心法，谓五遍行心所：作意、触、受、想、思），依托力故，色不烂坏。色损益故，彼亦损益。是故说彼安危共同。又此羯罗蓝识，最初托处，即名肉心，如是识于此最初托（谓生时），即从此处最后舍（谓死时）。又于胎中，经三十八个七日，此之胎藏一切支分皆悉具足。从此以后，复四日，方乃出生。又此胎藏六处位中，由母所食生粗津味而得资长。于羯罗蓝等微细位中，由微细津味资长。又此胎藏八位差别，谓羯罗蓝位、遏部昙位、闭尸位、键南位、钵罗赊佉位、毛发爪位、根位、形位。若已结凝，箭内仍稀，名羯罗蓝。若表里如酪，未至肉位，名遏部昙。若已成肉，仍极柔软，名闭尸。若已坚厚，稍堪摩触，名为键南。即此肉抟增长，支分相现，名钵罗赊佉。从此以后，毛发爪现,名毛发爪位。从此以后,眼等根生,名为根位。从此以后,彼所依处,分明显现,名为形位。(根者为净色根,发生五识者,肉眼所不能见,约有当于生理学上所谓神经。依处者,谓根所依处,即眼球、耳腔等是也。)既成形已,即出母胎,名正生位。凡此种种,详见《瑜伽师地论》第一二卷。既出胎已,复由阿赖耶识执持根身力故,令不坏烂,次第成长,至于成人。既成人已,持令相续,安隐而住。中间一切身内动作——呼吸、循环、消化、分泌疾病之恢复,创伤之完好,不由意识等司其功用而自然运行不息者,是皆阿赖耶识之功能也。及至业报已尽,或福尽,或不避不平等位故,识便舍身。识既舍身,则一切支分纵极完好(如遇恐怖等死者),由此阿赖耶识舍身故,虽有完全之一身,一切失其作用,便尔僵毙坏烂不救,是之谓死。是谓一切有情根身自体,由此识结生,由此识持长安住,由此识舍已死。此识之用,如是如是。(此中所言但就胎生说;余卵生、湿生、化生,则其结生之相,与此略异。湿生、化生不待父母之缘,自能生故。)世人不知阿赖耶识故,于是对于人物之生死,不为宗教家之万物神造说,则为唯物论之物质变化说。神造说者,以为万物之生,皆为上帝所造。上帝既为造物主,则当问彼造此万物者,其目的安在?为求自己之快乐乎?则有情之生老病死,世间之祸变往复,于彼何乐?设为求有情之快乐乎?则生而无乐因苦颠连者,天下皆是也。此于意志为不可通。又上帝既为造物主,则可自由造生万物,何以必借于牝牡雌雄之合?既有所待,则非万能,何以名为造化主耶?况既生之,则不应复令之死;以生为乐,则自以死为苦,生之而复令死,是直以有情为儿戏而供彼笑乐也。设谓生死者赏罚之大柄,生之所以奖善,死之所以罚恶。诚如是,则生善人、死恶人可也。乃善人、恶人并生并死,而无所殊异;

赏罚抑又何其不明？况上帝既万能矣，何不尽造善人，而乃并造恶人？设谓方其造之也尽善，既生乃有恶，则是上帝已失其控驭有情之能力，而有情之为善作恶无与上帝明矣。既造业有其自由，则果亦由于自取。生生死死，夭寿祸福，又何待于上帝为之主持哉？故神造万物说理不可通。唯物家言，万物化生，由物质之变化，乃至于人，其生也亦不过父母精血和合，如是而次第发展以至于成形也。设然，但有父母精血之和合，便足以生人。然而亦有夫妇配合，终身无子嗣者何欤？又为精血和合生人之说者，同时多分主张遗传之说，以为子之身体既由父母分化，其性情亦即由父母所遗传。然而父母子女之间其形体性情乖反差异者，又何多也？况机械之说不足说明生物之构造；物种之来源又有多难，故唯物之说为不可通。今既知有阿赖耶识为生死之本，有情之生也由阿赖耶识执取精血而次第发育之，故无待于上帝之创造。设无赖耶之执取，则夫妇交合而不能成胎，故有夫妇终身无子嗣者，以其未种子嗣之业也。有情虽借父母而生养，然其性情心智自由其种子发生，故有类似其父母者，亦有绝不同于父母者。盖父母之于子女，但为增上缘，而非因缘。子女之于父母，但有习染，而无遗传也。既由阿赖耶识执持根身，是故五官百体、五脏六腑虽作用各别，而有其统一综合之性，有其资生长养之功。于是唯物机械之说所不能解释者，得阿赖耶识而皆获解决。是非信而有征真实不妄者乎？

由是吾人已由心理学上、生物学上、生理学上推定此识之必有，又知此识之大用在执持种子与执持根身。由是可知三世因果之依于此识而相续义。盖一切有情，自其形体观之，似若有生有死；而阿赖耶识则常时相续，无有断绝，摄持种子，执取根身，于此殁已，即于彼生。生死往复，无穷无尽。前生所作，今生得受。今生所作，他生得受。是故三世因果依于此识而得相续也。

所谓三世因果由于业识种子而得相续者，种子之义如前已明，是为诸法之因。诸法虽有生灭，而种子则无失坏。今之物理、化学有所谓物质不灭、能力不灭者，彼以为世间万象虽时变化，而质力永无增减。万象之生，是由质力之由隐以趋显。其灭也，是由质力之由显以趋隐。种子之与现行，是亦隐显之易位也。吾人读书，既识其字，则久而不忘。吾人作事，既得其方，则常时能之。一切经验习惯，所以久经遗弃，待机缘而复发起者，以平时虽若遗弃，实乃隐伏其势力而为种子存于阿赖耶识中，故遇缘而复发也。吾人既知种子永无灭，则知有情之心识业力无灭坏者。既无灭坏，则其势力长存，则必遇缘而出现。故死于此者生于彼，隐于今者显于后也。是故三世因果由于业识种子而相续。

所谓三世因果由于种现熏生业报酬引如是以相续者，此言三世因果相续之形式也。言种现熏生，谓种子生起现行，现行熏成种子也。现起之法，必有亲因而后得起，是为种子生现行，如前已说。然种之生，亦必有因。其因为何？曰：有二种，一者，由自前旧种，自昔传来，是为本有之种；二者，由现起之法熏习而成，是为新熏之种。譬如学问，固有之聪明，是为本有种所发。后起之知识，是为新熏所成。无固有之聪明，则莫由以资学习。无新熏成之知识，则聪明无长进。是故人因其本有而得新熏，因于新熏增其本有，如斯辗转，相益无穷，此本有新熏之义也。本有者，人所固有之能力。新熏者，由本有之能力资于环境习染以成之新能力也。此新能力于隐而未起之位，是为新熏种，以对旧种而得之名也。然既经熏成种子则遇缘复生现行，再资于别种之熏习则又成新熏之种子，则彼前之熏生又何不可谓其为本有也？是故前前生之新熏种望后后生之新熏种,可谓为本有种。后后生之新熏种望再后后生之新熏种,则复为本有种也。然则彼前前生之本有种,望更前前生之本有种,岂不又成新熏种乎?是则本有新熏亦相待之名耳。(此处所说本有新熏,不如唯识宗义之严格,彼以法尔所得者为本有种也。然于种子取体不增而用增义,新熏之种仍即本有种之既经现行遇缘而增其势力者也。以彼不谓本有现行而本有不失,复由现行另生新熏与本有种而为二种故。)诸法种子如是生起,由种生现行,则可转而增大种子之势力。由现行熏种,则可因而永保存此现行之功能。种现熏生互为因果,是以因果永远相续而不断绝也。

所谓业报酬引者,业报之义首章已明。造作事业,是谓业,由业得果,是谓报;春耕夏耘,是谓业,秋冬收藏而享用之,是谓报。人之一生,即是业报之相续。然今所言之业报,乃超夫现世之业报而为异生相感之业报也。异生相感之业报何以异于现生之业报欤?曰:因果之义不殊,而势力之大小绝异。盖一生之业报,虽一举手、一动足、一喜、一怒、一笑,皆自成其因果也。若夫异世之相感,则业必其出自心意者,而无心偶作之业不得为他生之因焉。业必其具有善恶之性者,而无记之业不得为他生之因焉。既出有心,而又具有善恶之性,如是之业,然后乃能引生他世之果焉。他世之果,何谓也?曰:三界五趣之根身器界及彼中所受之苦乐,是为他生之报也。欲、色、无色,是为三界。人、天、地狱、饿鬼、畜生,是为五趣。界趣之义,详拙作《佛学通释》界趣章,此中不详。一切有情由其平生所造之善恶异故,于其没也,则随业力之别感五趣之报。谓由造善业故,于其没也,得人天报。由造恶业故,得地狱、饿鬼、畜生报。此中善业又有大小纯杂之分,故天人之苦乐有异。其善业大而纯者,多分生于天中。其善业小而杂有恶业者,多分生于人中。其恶业又有轻重品类之别,故三涂之苦又殊。恶业极重而多分杀业者,生地狱中。恶业次重而多分贪盗者,生饿鬼中。恶业稍轻,多分为淫痴者,生畜生中。善业、恶业广如拙作《佛学通释》十恶业道、十善业道章详,此亦不述。所谓感彼报者,谓生彼世界,得彼形身,同彼种类,受彼苦乐。如得人报者,生人世界中,阿赖耶识,住于母胎,成就人身,成人种类,受人苦乐。生天生地狱变狗变牛,其义亦尔。(地狱等由化生者,不住母胎,身份顿成。畜生中又有卵生、湿生者,生时又异。此不详说。)诸有一生作业前后不同,善恶并有,得何果耶?曰:次第受。所谓次第受者,善业先作或力极强,于死时适又得善缘,则善业先熟,得于善报,生人天中。受报满已,再由恶业生三涂中。虽经百劫业力不失。恶业力强,善业力弱,又于死时恶缘现前,则恶业先熟,先得恶报,生三涂中。受报满已,再由善业生人天中。虽经百劫业力不失。设能续作善业则续生人天,续作恶业则续生三涂,作善而息则报尽堕落;作恶知悔,则报尽上升。如是五趣轮转如环无端,不闻圣法,不修圣道,终不出离;是为业报轮回。

种现熏生,是为诸法亲因。亲生自果,曰等流因果。业报酬引(酬引者,业能引报,报以酬业故),是为增上缘,得增上果;异余增上因果,特名异熟因果。云异熟者,由不同性之因得不同性之果故。以业定善恶(无记业无能力招异熟果),果定无记故。(三界五趣苦乐虽殊,而彼身器皆属无记。业能损益自他及以二世,故分善恶。报唯自受,又但现世,故为无记。)又业在异世,果在余世故。(于现世中业所得报,业有士用,及增上果,无异熟果;以无改转根身器界力故。)由此异性而熟,异时而熟,故名异熟。异熟果中,又分异熟与异熟生。异熟者,谓第八阿赖耶识及彼所变根身器界,由引业所得者。异熟生者，前六识中，诸无记法，从彼八识根身器界等为缘所生诸法，由满业所得者。引业，谓引生彼趣根身器界。满业，谓圆满成就彼趣苦乐。异熟又名总报。异熟生又名别报。总报，总得彼果趣生体故。别报，别受彼界趣苦乐故。界趣同者，总报皆同。彼众同分无不同故。界趣虽同，别报或异。同生人中，苦乐异故。天中受乐，又有等差。地狱受苦，亦有轻重。故名别报也。

虽五趣识身及彼器界，自从识种、色种等流而生，然异熟识性是无记，要待六识善恶业力引发乃起。彼业势力随先所作强弱不同，故异熟果修短有异。业力既尽，则报果亦终。复由余业生余异熟。是故论言，由诸业习气，二取习气俱，前异熟既尽，复生余异熟。诸业习气，谓即善恶业种子。二取习气，谓即异熟识中相见名色心心所等及六识中异熟生摄所有种子。由现熏习是彼气分，故名习气。不言现法言习气者，不由善恶现业直得彼现果。但由业习气引异熟习气令生彼果故。所以现业不能直得彼现果者，由此生中先业势力未尽，现果正起，是故不能于一世中生二异熟；业虽起已，但熏成种，要待前业势力既尽果报已终，乃能生起余异熟果。是故说言：由诸业习气，二取习气俱，不言现法也。诸业习气是当来果胜增上缘。二取习气，是当来果亲因缘种。俱谓业种二取种俱，是亲疏缘互相助义。前异熟者，谓前前生业异熟果。余异熟者，谓后后生业异熟果。虽二取种受果无穷，而业习气受果有尽。业力既尽，则现异熟失增上力，即时退失现起势力，是故说名前异熟尽。前异熟尽，则由新业习气力故，引生新异熟果，令之现起，是故说云，复生余异熟。一切有情由于种现熏习，业报酬引，故无始时来，五趣轮回，生死相续。是为有情三世因果如是相续义。

所谓依于圣教正理了知有情三世因果如是相续者，谓依于我佛圣教处处经中，宣说有情造业受果，死此生彼，五趣轮回。又说有情十二缘起，苦集圣谛。又为宣说种种出离，解脱之道，及彼道果。一切释子无不信受。此不繁述。所谓由正理故，了知有情三世相续者，谓如前说，一切诸法种现熏生，永无穷尽；是故有情不应本来有者，后时忽尔，身心顿灭。又诸有情原来具有一切种子，所谓心、色、善法，以及烦恼，由诸善法种子遇缘起故，说名善人，由诸烦恼起诸业故，说名恶人。善种虽起，恶种不灭（除诸圣人）。恶种虽生，善种仍存。是故时有待缘生起相凌伏义。此即证于一人现生善恶交战，亦时可得。故彼心理学者，谓每个人有多人格，每一人格由其一类思想意欲以成。一性特强，余种被伏，则谓人格统一。诸类力敌，同时并起，则谓人格破裂，个性不健全。是故一人本有多我（此之我字，随俗假名）。其人我之光明正直者，与天为徒。其我之仁柔多爱者，与人为徒。其我之痴淫杂乱者，与禽兽为徒。其我之贪鄙诡祟者，与鬼为徒。其我之凶狠好杀者，与地狱为徒。性虽有此五种，又随遇缘与不遇缘而生起有别。光明正直之性遇缘而生，则多造天业。仁柔多爱之性遇缘而生，则多造人业，余性遇缘，即造余业。由多造彼业故，则彼彼之习气日增，而势力日盛。势力日盛，则能伏制余种，令不生起，而能自成其果。与天为徒者，自感彼天。与人为徒者，自感为人。与地狱饿鬼畜生为徒者，自感彼地鬼畜。此人格之迭起，因果之自然，奚足怪者？是故依于正理而得了知一切有情三世因果相续不绝。此依常义略述如此。若欲详究其义，则非深研唯识教理不能抉择。

或谓三世若实，五趣不虚，云何彼天地狱鬼等不现见知。既非现见现知，应非实有。昔者，作《佛学通释》界趣章中曾辩此义，引述如次,以答此难。

常人知识原有限量,诸不知者,取证圣言,由闻知故。诸闻知者,不违理故,真实是有,如闻科学家言,地圆动等。谓地之圆及地之动,虽不为人现见能知,然由不违理故,闻彼科学家言而信实有。现见世间一切有情作业异故,得果亦异,因果定理真实不虚。三界五趣依业报立,不违缘起,故真实有。既有善恶及诸定业,故应有福及非福不动诸报,随业类殊,界趣以异。不尔,善既无功,恶亦无报。有情既死,应成断灭。有因无果,违缘生义,亦违世间。又彼圣人是实语者、如语者、不妄语者、不诳语者,既诸所说苦集灭道善恶业道等皆应正理皆是实有,云何果报之义而独非有?况夫鬼趣有情,虽不尽为人共知见,然亲见者亦在在有之,古书所传,今人所说,世多信有故。既此诸趣皆非无有,然有不可知者,有情果报随业而殊,或细或粗,或劣或胜,境界既种种不同,而识力强弱又种种差别,故有可见或不可见。同界有情多分能见,以业报相似,识力之差不过远故。异界有情多分不可见,业报过异,识力过差故。识之所缘,即自界地亦多有不可见者。谓过细则不可见,如显微镜所见,非常目所可见。过远则不可见,如借望远镜所见,非常目所可见。过大则不可见,如蚁虱等不能见人为长为短,为状何似,人亦不能见地球是圆是方是动是静及其轻重等。(昔人谓地方而静,依悬想说;今人谓地圆而动,依推理说;要皆非现见也。)有过近则不可见,如眼见山河等,而不能自见其睫。有过强则不可见,如日光过烈,人不能直视其光,细审其形。有过弱则不能见,如人于黑暗不辨四方,不见物形,以光极微弱故。有非其境故,则不可见,如眼不能闻声,耳不能见色等。有根缺故不可见,如盲者不能视,聋者不能听。有心乱故不可见,如疯狂昏醉者于诸事理。如是虽自界地，而有多不可见。其他由障碍故而不得见，如人不见隔山隔壁之物，及自肺肝肠胃等。由映夺故而不可见，如人于白日不见辰星（辰星之光为日映夺故）等，尚不计焉。虽然，如是之不可见，皆非绝对不可见，随识异故，而皆可见。蚁等之声音语言虽不为人闻，彼等自能闻。微生物之形体虽不能为人所见，而彼等自能见。人牛之大小等虽不为蚁等所见，而人等自见。自睫虽不为自眼识见，然他识自见。日虽不可为人直视谛观，然可为天直视谛观。人于黑夜虽无所见，然犬猫鼠狸自明了见，如是等。由是可知：随识异故，所见亦异。凡有皆可见，而有不可见者，但识力不及耳。地狱、饿鬼及天趣等，虽有，而彼根身及所依器界随业不同，得报亦殊，或过大过小，或过强过弱，如是乃至或非其境，既皆非人趣识力所及，云何而能一一了见也？然而当思：即诸旁生，如彼微虫等，多分已非人所见故，非是无也。若依唯识道理，一切有情所变境界，如光光相网，不相障碍，但由心异，互不可知。譬如多人共寝一室，中宵梦起，各变相生。或有自觉身登高山，或有自觉身没大海，或有自觉荣宠欣乐，或有自觉困苦颠连，或有自觉亲爱聚集笑语高歌，或有自觉仇对会遇相残相贼。同处同时，各自识起，天高地卑，宇宙悬绝，宁可执自为有斥余为无，自即是真余皆妄者？佛说生死长夜轮回不穷，造业受果，三界五趣，境界各殊。然而有同，俱随心生，一切如梦耳。

附：评进化论之无据

　　本文原名《读罗广庭君〈用真凭实据来答进化论者〉书感》，《海潮音》月刊记者芝峰师改为此题。为省题文，今仍之。罗君原文见

《东方杂志》第三十卷第八号。读者幸取读之,益能了然吾人之评斥进化论、唯物论等为非无故也。

生命缘起,为学说上最根本最重要之一问题,自来略有四种解答:一者神造说,一般宗教家多主张之;二者进化说,自达尔文以后一切科学家多主张之;三者自然说,中国儒道诸家多主张之;四者业果说,佛法主张之。

四种主张中,在近代以进化说于学说界最有权威。盖自达尔文种源论出世以后,一切科学家多附和其说,益以解剖学、分类学、胎生学、地质学、古生物学等之论证,于是此说遂若至极究竟颠扑不破者也。其由此说所生之影响,则一者为对于神教迷信之破除;二者为对于哲学上唯物论之新建立。盖进化论之学派虽多,然其共同之点,即谓一切高等动物由下等动物次第进化而来,有机物由无机物进化而成。说世界本无生命,亦无心灵,但有物质而已。物质进化乃有生命,生命进化乃有心灵;心灵之所以为本无而后起者,从生物之进化证明之。盖生物之愈进化愈高等者,其心灵乃愈发达;其生命之愈不进化者,如下等动物,乃至植物,则心灵愈不明了,或且等于无有也。心灵既随生物之进化而后有,则知心灵为非本有,心灵既非本有,则宇宙间本有者唯物质而已。心灵者,不过生物进化有机体上所起之作用耳。生物如机器,心灵如机能,机能不离机器,故物质外无心也。此唯物论之依进化论而建立者也。

进化论之推翻神造说诚为有功,然即依是而立唯物论,则与事实完全不符,抑且流弊滋甚!故有欲破唯物论者,对此进化论不可不先辟除其谬也。

去年某君与吾辩唯物论,吾答之书有曰:

关于进化论的争执,我们须当顾到本题。本题是何?是为物质是否先于精神,精神心意是否物质产生。主张进化论者,以为宇宙之先但有无机物质,渐渐进化乃有有机物、生物,以至由猿猴进化而为人也。故精神后物质而起,精神者,乃为物质之最高的产物也(辩证的唯物论如此说)。我的反驳,则以其为推论而不凭事实,假说而未由证明为难。你则以为这是从地质学等考较起来的。地体由星云进为冷体,乃至有生物之生产,皆是科学界用不着质疑的事实。至于由古生物学云云,人类学云云,人之从猿而来,昭昭在人耳目,一加否认,世人便当嗤之以鼻。……自然,此等科学,君等奉为金科玉律者也。其实何金科玉律之有?我以为皆臆说也。星云之说,自是假说,果可以从地质考出吗?下等动物进化为高等动物,动物进化为人,此又可实验吗?吾以为欲知古者验于今,欲知彼者验于此,论理学所以先大前提,因明所以重喻也。今有人焉,其父母皆人也,父母之父母又皆人也,乃至百代之前又皆人也,则谓千万年万万年以至于无穷世以前皆谓为人焉可也。以往者虽不能征,于比量固不谬,于事理可证明也。如曰:古人之祖宗皆是人,以其子孙是人故,如今之人父若祖。既人之祖先皆人,今乃谓某某世纪之前其祖若宗为猿为狗,乃至为牛鬼蛇神,为阿米巴焉,是真所谓无参验而必之,弗能必而据之,其因不可立,其喻无可征,乌在其为定理也!人类学之所可比较者,骨骼形骸之相似耳;地质学之所可知者,骨骼化石之多寡有无耳;是遂足为生物进化相生之据乎?今之世,猫狗熊猿,乃至微生动物,并存天壤,曾不见其相生;一经死后,变为化石,而遂谓某某从某某生,某进化为某,此中神秘,非尔科学家孰能知之!且古既进化,今何不亦可进化?纵猿之不能进化为人,以环境之不许耳。彼下等动物,得暖湿而即生,附草木而即存,且明明生生繁殖,并育而共存者,何不亦可稍变其种类乎？况乃依唯物说者，以为心也者，身之产物与作用也；身也者，不过若干化学原质化合而成者也。既如是，何不可集合原质以成身，即由彼身而生长动作言语乎？今人体之物质成分已明，而人工制造之人终弗能得。岂唯人也，狗亦弗能造焉！岂唯狗也，即阿米巴有机物亦终不能造焉！焉在其为物质生心科学万能也？近有新生物学、新生机主义者，德人杜里舒其代表也。彼评斥达尔文之说非进化论，乃堆积说耳。又谓生物之生有其生机，是曰隐德来希，苟非此者，生物弗能生长，肢体既断弗可续生。心识之起有其源泉，此源泉者曰灵魂。苟无此者，经验记忆不能储积，又变态心理人格之分裂，多重人格之迭现，更无从解释。又曰：如是在生物界则曰隐德来希，在心理界则曰灵魂，然安知二者非互通为一。此互通为一者无物足以当之，独佛法唯识之阿赖耶识足以当之耳。——自另有最大不同处——根身种子由彼执持；大地山河从彼变现；此有故万法有，此无故万法无，谁谓物质先于精神？谁谓生物由无机物进化？更谁谓圆颅方趾之人，果由四手之猿、四足之狗，乃至无手无足之原生动物，乃至不动不生之老祖宗炭酸瓦斯、金石土块以生成者？吾谓唯物论为可信，则拜物教亦可信。何以故？以彼同谓精神产自物质，物质为人等之祖宗故。

吾此所言，虽于论理自觉理由充足，惜少事实为之证明。近阅《东方杂志》罗广庭君《用真凭实据来答复进化论者》一文，其言曰：

应用各种物质，如琼脂、葡萄糖、蛋白醇、泼吞等物而制成培养基，盛入试管内，以药棉及多层厚滤纸封塞其口，或再放入数个大小不一的玻璃瓶里。而每个瓶里亦以滤纸封之，然后用高温消灭一切种子，经过三星期以上的变化，管内即自然发生各种小生物——植物和动物。以显微镜观察这种生物发生的经过，则见试管内的消毒物质所挥发的气体凝集于试管壁上而成水点,由水点而渐成小粒,复由淡黄而变深黄的颜色,这些小点有些可产出枝干而成小植物,有些则渐渐吸引邻近的小粒而集为小团,小团更继续吸收物质水分和已成的小植物等而构成一很美观的小虫,到了相当时期即能活动行走和吃食物,有些小团渐变成蛋,孵化后即有幼虫破壳而出。构成虫的方法有很多种,或由小粒先成头部,或先成后部,或先成人一透明的小胞再吸收附近小粒而构成多细胞的动物,或由已成的芽胞集合而成小虫。总之,自然发生的生物其构成的经过五花八门,与同种子生殖的真有天渊之别。而且赖种子产生的生物断不须经过长久时间的变化,由气体而凝集小粒,由小粒再结合成各种生物。自从这种实验成功之后再经过无数精密的研究,我便决断各种生物的原始是在适当的环境里不赖种子而自然生的。……这种真确的事实不但能将以前的错谬理论打倒,就是达尔文的进化论也失却根据了。……

他以下更就解剖学说处女膜在兽类如猩猩、猿猴等皆无,而人类则有之;阴茎骨雄兽皆有,而人类独无。谓依进化论者谓生物身体上无用之部分则被淘汰,其有用部分则日进化;如是便证明人不由兽类进化而来!何以故?处女膜本无用而反增生,阴茎骨虽有用而淘汰,于进化之理相违故。

彼又谓动物各种之器官相似与否乃是偶然的事实,并不能谓为同出一个祖先的证明。如在试管内自然发生的生物,其构造及形体或很相似或相差甚远,但相似者并非同一祖先而来。难道相差甚远者(意指下等动物与人等)是同出于一祖先吗?

彼又谓进化论者,以胎生学证明物种的变异,以为人的胎儿先数月生鳃,其后逐渐消灭,便谓人是由有鳃动物而来。此说不然,如在实验时所见的生物,有些须先自然构成蛋然后孵化出美丽的动物,此类动物,难道原是有壳的动物吗?

彼又谓进化论者,说人体内部有种无用的退化器官,如阑尾与动耳肌等,而兔猪等均很发达。便说人的祖先必是有阑尾与动耳肌的动物,因为无用才退化的。但如南美洲土人,虽极厌恶处女膜,犹太人虽极厌恶阴茎包皮,代代加以毁割,然其子孙代代仍然生长而终无消灭。由此可知生物的器官不随人的喜憎、有用无用而便消灭生长,或进化或退化,乃是原来如是终久如是的。所以人体的某器官不发达或退化,并不能证明人类是由别种动物进化而来。

彼又谓进化论者直接应用古生物学,以为由地层所掘出的生物化石,因层而异,便以为生物进化的证明,亦不合理。盖据地质学家考察古生代末期地球起一次大革命,地轴变迁,寒温热三带改变位置,恒风的地方亦随着转移……于是古生代以前的生物因不能继续生存而消灭;新的生物,逐渐随新的环境而自然发生。各层不同的生物乃各自发生的,非由前进化的也。

由罗君之实验及彼论证,于是进化论之为臆说完全证实。余读其文已,不禁色然喜,以为此文于学说思想上有重大的革命性也。

自科学兴,人类对于宗教上之迷信虽多分得其解除,而科学者,则又每以一知半解之科学知识而武断一切;凡有思及玄深,理超象外者,动辄毁之谤之,字之曰此非科学之谈,以为除科学外无真理。而科学万能之说,震赫于人心也久矣。于是宇宙之故、人生之理,一是皆以唯物论释之,而取证于进化论,以为天经地义,神圣不可谤毁也。于是养成人类思想行为上之偏执与固陋,重观察而贱思维,尊经验而卑修省,尚功利而轻道德,有现世而没当来,崇竞争而薄敬让,美享乐而忘受用。以为人者,一求食、求衣、求安、求乐之机器耳。人类之行为,思想志愿,唯竞生存,而饱食、暖衣、逸居、享乐之是求耳。学说教育,亦唯导人于何以竞生、图存、饱食、暖衣、逸居以持续此架机器而已。思想既域于此,行为自不外此,故使天下之人,熙熙而往,攘攘而来,唯利之是趋,唯害之是避,唯生命财产之是保存,渐乃不惜损人利己而成争斗侵略之天下,祸变以兴,大乱无已!而彼方自以为是科学知识之未普及,人类思想之未进步,物质文明之未发达之所致焉。此种迷梦,诚吾人所欲惊破警觉而不得者也。

盖自杜里舒等新生机主义出,稍稍说破达尔文等旧生物学之谬;爱因斯坦相对论出,始见旧物理学上定律之非。有识者,已知现世以往所有科学之非究竟,真理方在探索中也。惜其说理稍深,举例不遍,无以晓喻一般平庸寡识之人,故持进化论、唯物论者依然气焰不肯稍杀。今罗君此文出,取证既明,实验复易,可以廓清一般人之耳目而抉破进化论者藩篱。进化论既破,则依进化论而起之唯物论岂不亦当同归消灭耶?是故吾谓此文所生之影响,或当更较新生机主义、相对论等为尤大。更喜此种事实之发现与论理之说明乃出于国人罗君。以中国数十年来思想学说唯西洋人之马首是瞻,步亦步,趋亦趋,奴隶附和,曾无独立自主之精神思想,造诣发明,益以养成其萎靡颓废盲从迷信之习。今罗君固习科学者也,乃能独立自树其生命自然生起之说,而斥最有权威于学说人心上之进化论。非但警觉世人之迷谬,亦且增进国人之自信力。倘自此一祛依傍他人之习,而积极地自建自树,则将来于学说上之成就,所以贡献于世界人类者岂少也哉?此则尤为可喜可慰者也。

或谓罗君文中明明谓环境与生物之种类也有密切的关系,在一定环境间必产生某种生物,在相似的环境必自然发生相似的生物而由实验证明之,彼自物质环境外更不别立有生命心灵等,安知其非仍为唯物论者耶?进化论虽破,何动于唯物论之毫末耶?曰:唯物论之全部学理,是否因此而破产,且不必说,然而其根据生物进化以说明唯物论者,则决定因进化论之破灭而归破灭。至于罗君之是否唯物论者,固不必问也。

或谓罗君自然产生之说遂为生物生起至当不易之说乎?抑与尔佛法业果之说不相违背乎?曰:此是另一问题。吾固确信业果说者自不以自然说为究竟。所以不谓为究竟者,唯境之论,不能说明生物自动发展消融摄取境界以自成身,更能以心力转变环境以自适其生存故。盖生命为摄取境界而生长者,非全受宰制于环境者,苟唯境之论可通,则达尔文自然选择之说仍可通。然而杜里舒辈不云乎?物种争存因而有生者有灭者,而其器官因以微异。若其灭者,概以归因于自然选择,固无不可,若其生者,而其器官因以微异者,固必有创造之动因,而不得以自然选择四字了之。以自然选择为新种发生之理由者,何异以树叶未被花匠剪去为树叶尚存之理由乎?(见杜氏讲演录三期《达尔文学说之批评》。)虽罗君之说不必同于自然选择说,亦不必为唯环境论者,然其积极建树所以解释生命之动因者固缺焉未闻,倘非错误,固其缺点也。有设真为唯环境论,则固可以解于境同而生物同,境似而生物相似。然何以解释同一之境而有各别之生物产生乎?然罗君之同一试验瓶中固有多种各别不同之动植物生也。是故环境虽生物之所必须凭借,然此所凭借者,非即生物之动因,更必有能凭借此者,能摄取此者,能同化此者,能转变此者之物焉,斯为生物之真因耳。是非通于佛法业识缘生之义者,何能解释之？虽然,如是之重大问题,固不能责之罗君一人解答,吾取其能以实验取进化论而掊击之,以使人知今世科学及由今世科学而推论之学理为非真理而祛其迷焉,是已足矣。至于业果之说如何,可取吾《人生学》中业果通于三世章读之。他日或当更作生命缘起论以详其理。

人生之正道第七

人生之实相既明,人生之谬执已破,人生之目的既悉,人生之矛盾既著,人生之二重性格已显,人生因果通于三世之义既彰,由是而人生应行、应止善恶之标准以立,可以出迷途而入光明之正道矣。

何谓善恶之标准？何者人生之迷途？何者人生光明之正道？

善者,人类所当行应为之事业行为也;恶者,人类所当除应戒之事业行为也。此应行应戒者,有其至当不移人所共由之则焉,是谓善恶之标准也。

虽然,人之智愚、贤不肖种种不一,所见所执各殊,所行所为各异:所谓贪夫殉财,烈士殉名,夸者死权,众庶凭生。既各热心尽力乃至以身殉之,是必皆以为至当无过应行应为者也。况夫方今天下异说朋兴,主义杂然,各以为是而互相非,崇之者奉若神圣,反之者弃如粪土;曲直无定,诤论不息;然则世间安得有所谓善恶之标准,而为人所共由者乎？

曰:是由于不达人生之实相,少有所见而固执焉,是以蔽于一曲而失其大全,思想之杂然,行为之纷竞,皆由此耳。若夫达人生之实相者,则善恶标准确然可立,而为人所可共由共止者焉。其标准为何?

曰:人生者,业果之相续也。故当勤造诸业以图生,不可苟且偷惰以幸存。人生者,赖群互助以共生者也。故当合群爱众以相生,不可自私自利以独存。人生之事业由于智慧之造作者也。故当发展智慧以进人群于光明,不可摧残智慧以堕人群于黑暗。人生者,苦恼之拔除也。故当明觉奋勉以力求出离,不可耽著沉湎以日深陷溺也。是故勤造诸业者为善,苟且偷惰者为恶;合群爱众者为善,自私自利者为恶;智慧光明者为善,愚痴黑暗者为恶;奋勉出离者为善,沉湎陷溺者为恶。善恶之辨,彰彰然矣。孰谓无一定之标准,而可为人类所共由者乎?

吾人又知人类有其矛盾之现象,随人群之进化而益甚。人群聚集不相益以共存,而相损以俱亡;智慧不用以利益人生,反以危害人生;作业不以拔除苦恼,反以增加苦恼;使恶果相续而人生之道穷。凡此矛盾之现象,吾人字之曰罪恶。夫然而有免除此矛盾现象之德行志业者,吾人字之曰功德也。前者为善,后者为恶。善恶之辨,彰彰然矣。孰谓无一定之标准,而可为人类之所共由者乎?

吾人又知人生有其二重性格:曰善,曰恶。由其善心,是为善人;纵其烦恼,是为恶人。善人恶人之所由判,善行恶行之所由生,胥由所从所本者异耳。如是发展善性,伏除烦恼,是为善之本也。摧损善根,纵任烦恼,是作恶之尤也。正本清源,长养善心,是为人类行为根本之至善。拨弃根本,纵任烦恼,是极重之大恶也。善恶之辨,彰彰如是。宁无标准,人可共由者乎?

吾人又知有情业果通于三世,业报往复,五趣无穷。然则但图现世之快乐,不怖当来之苦害,拨无因果,纵任一时,贪嗔痴慢,杀盗邪淫,不孝不忠,无礼无义,自陷陷他,恶趣往复,烊铜灌口,烈焰焚身。躅蹋脓河,供人趋役,是罪恶之惨报,而为人生所当鉴戒者也。反是而严一生之行践,植他世之福德,善识因果,修养性情,不贪嗔痴,断淫杀盗,忠诚孝弟,礼义廉耻,自利利人,同生善趣,得大富乐,色身庄严,衣食随心,志意清净,静虑无色,超然出离;或乃修行圣道,永断烦恼,出离三界,实证无生,则又人生最上之解脱,苦恼毕竟之拔除也。此非为善之至乐,而为人类所应遵从者欤?善恶分明,显著如是,宁无标准人所共由者乎?

善恶之标准既明,人生之迷途,正路斯定。何者人生之迷途耶?曰:违逆人生之实相,助长人生之矛盾,趋逐外境,舍弃性情,昧略三世,逞快一时,损己损人,增益苦恼,凡是种种皆所谓人生而入迷途者也。易言之即人生之罪恶也。行于罪恶,入迷途也。入于迷途,造诸罪恶也。反是通达人生之实相,消除人生之矛盾,不逐外物,反正性情,善识三世,行思久远,斋明肃慎,自利利人,以拔除人生一切苦恼,是即人生之光明正道也。易言之,即人生之至善也。行于至善,入正道也。入于正道,行至善也。迷途正道如是如是,易行易知不须穷索也。

夫然,人生行为善恶之标准如是其明,人生迷途正道如是易辨,然而人类竟不行正道,尽入迷途,舍弃善行,增长罪恶,以成人生极端之矛盾者其故何耶?曰,原因虽无量,约略言之,盖有三端:一者我见之分别,二者境界之迷著,三者邪说谬执之蔽害是也。人类之生也,内有我见之分别,外有境界之迷著,而祸烈于邪说谬执之蔽害蛊惑,遂使顽梗不化,颠倒妄为,人我愤争,群体破裂,智慧技能只以增贪嗔之势,政令法律反以助盗贼之威,而生人之道穷,祸乱之兴无有已矣。

何谓我见之分别耶？谓诸有情，由不了知所谓生者但为业果之相续，以为有真实常一之我为人生之主宰，能作事业，能受果报，与人为对，互相差别，我贪我慢俱由之起，是为我见分别。由执我故，复起我所，于是有境界之迷著。

何谓境界之迷著？言境界者，谓诸世间资生什物、田园宅舍、国邑王都、山川土地、人民仆使、美色好音、香味触法等心之所对，意之所取，是为境界。言迷著者，迷谓迷惑，不了实相；著谓贪著，无有厌足。谓由不了知资生什物衣食住等但有拔苦之用，别无享乐之功；以为人生有其大乐，所乐即在外境之享受，由此迷谬，故起贪求，爱著不舍。其未得也，唯患不得；其既得也，唯恐或失。贪著无厌，执为我所，悭吝鄙蓄，执持不舍，是为境界之迷著。

既有我我所执，故有贪爱等生。爱著我故，不慈悯他。与我相违，复起嗔恚。于我盛事，复起憍慢。于我哀损，复起忧悲。由是私欲横流，沉迷不返矣。虽然，使有正见在心，了知诸过：于贪嗔痴，生过失想；于世恶法，杀盗等事，起罪恶想；惭愧深重，畏法畏人，则虽有烦恼，尚不敢作恶。虽小作恶，尚未敢猖狂妄为，则人生之罪恶不极，而人生之大祸不生，犹可为寻常守分之人，世亦未至纷争而大乱也。及有邪说谬学出，于是而人类之妄想恶见以深，每以其似是而非一曲片面之见解，察焉以自好，以惑乱人群。于是人乃不顾礼法道义，无惭无愧，放胆妄为，而且执以为功德矣。今夫杀人，人类大不仁之事也，而杀敌者彼岂谓为不仁乎哉？劫货，人类大不义之事也，而劫敌者彼岂谓为不义乎哉？欺诈，人类大不善之事也，欺敌人者彼岂谓为不善乎哉？盖自国家主义兴，国与国间，阶级与阶级间，彼直以杀盗欺骗为应作应为之事，而大仁至义之行也。其他宗教与宗教之间，如往日耶教回教之征伐；朋党与朋党之间，如今时政党之倾陷；莫不以残忍险诈为正当之手段方法也。是则何故？曰：以其有主义故，以其有信仰故。质言之，彼各有所崇所惑之谬执与邪见故耳。

或谓敌国外患侵人无已，自既托国家以生存，故不得不合群以御侮，合群御侮故不得不尊崇国家牺牲小己，欲人之舍己以为国，故不得不有国家之主义学说以事鼓舞，而后乃能齐一人心杀敌致果，有时乃至侵略他国而增自土宇以为一国之光荣，是正人群群性之发达而道德智慧之增高也，奚其过欤？曰：是不然。所谓道德者，公正而无私，利他而无求，泛爱万物而无界域者也。今为国家主义者，行于自国不以为德者，对异国则以为德；行于国内以为不道者，行于国外则执以为道；是岂得为公正而无私？又彼之说，以为国存而后身家可存，是以当爱；则彼爱国，实无异于自爱其身家也；是岂得为利他而无求？对己国则爱，对他人之国则不爱而仇之；是岂得为泛爱而无限域？故爱国而存敌视他国之意于其间，乃至有帝国主义者，一以侵略异民族异国家为事，是真罪恶之渊薮也，乌得为道德？彼为阶级斗争种族斗争之说者，其过亦同此也。盖尝论之：彼狭义之国家主义，乃非群性之增长，实为我执之扩大。我执之扩大者，实即我所有执之扩大也。盖由执我遂起我所，由我所故聚积爱护而不能舍。始为家庭之储蓄，于是执我田园，执我庐舍，执我牛羊犬马，执我奴仆妻子，是皆我之所有，而为我所得私，因而爱护之心存焉，久且竭尽心力以专注之，于是有为财产而忘身以求之，为田土而舍命以卫之者，是则以身殉物，以我而殉我所者也。此常人鄙浊之情，世多有之。及其进也，则我所之心转炽，于其家之所在，乡土境物，皆有爱护之心焉。又进，则于其乡之所在，由政治之范围以为国土城邑者,亦以为我之所有,而起其鄙吝爱护之心焉。是则国家观念之所由生也。适不幸而有并生于世之他群人焉,亦为生活之须而有政治之组织,于是又厘定某某地、某某城,以为其国。国既立矣,政治生矣,而有好大喜功贪婪暴戾之人焉,欲以侵凌异国夸大功名,于是而国与国兵戎之事起;兵戎既起,则敌忾以生;敌忾既生,则国执弥重;国执既重,于是始以自卫自防为正义者,终乃以侵人害人为正义矣。至是道德之说,乃入歧途。始于一二人之夸诞贪嗔,继之则有众人之同仇敌忾。由此群之同仇敌忾而引彼群之同仇敌忾,辗转相寻,久则但知有仇敌而无所谓正义;终则且以杀敌报仇是即为正义也。既以彼为正义,于是舍其身而弗惜,纵其恶而无罪,率人类共入于颠倒狂乱而不可救药,世变频兴,而人生之大难成矣。人生之大难,不成于离群析居之日,而成于国家固结之时。因缘凑合,而要根本于我我所执,而祸烈于谬见邪说。我我所执,谬见邪执,罪恶之本也,而奚道德之云?夫既非德,故亦非智。所以者何?国执深重,侵略相寻,互争互斗,杀人流血,盈城盈野,此何异于自杀者?人类不相亲以共生,乃相杀以共亡,迷惑颠倒而不可救,尚乌得为智者?所谓智者,岂徒在能发明制造杀人之具而已哉?贵其能明人生之实相弭祸乱于无形以率人类于正道耳。是故国家主义都无是处。国家主义如是,其他主义等等,乃至迷信宗教、偏执朋党者,其过亦然。故曰:人类之罪恶,本于我见之分别,外境之迷著,而祸烈于邪说谬执之蛊惑蔽害也。

或谓子之非难国家主义如是其甚,子将不爱尔国家乎?曰恶,是何言也!当今天下,帝国主义大行,逞其强暴,尽其机谋,以互相残贼而成水深火热之天下。《人生学》之作,本不为一国一地之人,欲天下之人皆破其谬执而同趋正道，庶几乎强凌弱众暴寡之祸可以少戢。即为弱国之人言者，爱国亦自有其正道。盖闻之，国于天地必有与立。管子曰，礼义廉耻，国之四维，四维不张，国乃灭亡，德义政教立国之本也。有人于此，欲其身之尊荣，不立德立行，而唯他人之我欺我凌是惧，而日日与其左右之人争自由平等。有家于此欲其家之福利，不父慈子孝、兄爱弟敬、夫和妻顺、同心一德、节俭勤劳，以自兴其家，而唯邻家之侵略毁灭吾家之是惧，而日日激励其家人父子男女老幼，以同仇御侮，而敌忾其邻，如是人若家者，其将遂日趋尊荣而福利也耶？如是为国者，不能立德立行，协和群众，本其舍己为公之心，为福利人群之政，则虽以五倍之地、十倍之众之中国，日日以打倒帝国主义力求国际平等相呼号，而无救于辽宁、吉林、黑龙江、热河之丧失。主义之效，彰彰然也。反是，国之人，苟能明于人生之实相，而敦其礼义廉耻，同心一德，以共图人类之生存，政以和，民以理，则虽不肆言国家主义，而谁敢侮之？苟有异族异国而横肆侵略，则亦可齐一民心，抗御强暴，以昭正义于天下。特国之正义，与人之正义同。己所不欲，勿施于人。自认他为不正者，不得反施之。异国争持，亦犹之个人诤讼，当判曲直。苟护过不悛者，始当施之责罚；罚亦必当其罪，不可如酷吏之行刑，残刻而寡恩。罚其罪者，虽在敌人，犹必存哀矜痛惜之心，俟其悔过，而勿激以为暴。更勿因彼国少数人之罪过，而迁怒及于妇孺老弱无辜之人。诛其君而吊其民，此文武之所以服和万邦者。苟有天下为公、人我一体之心，虽不讲国家主义，而对国人之忠爱益宏。虽忠爱其国，而亦忠爱他人之国。进之以进于国家畛域之泯除，而极至于大同之世。人不我侵，我不人防，融融陶陶，共适其生。是则吾人心思行为之所趋向者也，庶为息除今世大祸之道也。吾人对国家之态度当如是。其他一切主义之所主张，苟有当于丝毫公理者，如共产党之为救护劳动民众而求经济之解决等，吾人亦并主张之。特皆应本于大公至正之行，而无偏激已甚之失，更不以不正当之手段作恶为非以求目的之幸达，是则吾人不能苟同于他人者也。

如是人生罪恶之根本既明，而人生至善之正道益著。所谓人生至善之正道者，内之无我我所见之执著，外之无境界之迷著，不计有国家种族阶级朋党之畛域，亦无上帝神天主义思想之谬执，大其同情。尊其德义，共出智慧仁勇以拔除人生之苦恼，而宏济艰难。人生之矛盾以除，人生之性情以正，因果净善，相续于无穷；或乃执见尽除，烦恼断尽，超然离欲，自度度人，以为人生行业至高无上之完成。此之谓光明之道，此之谓至善之行，广大无边，悠久无尽。以视异论僻执之偏激狭隘而驱人类以入迷途者，岂不有天壤之判哉？

如是人生之实相以明，人生之正道以著，然如何乃克完成如斯之正道而达此愿求，则不可不明世出世间东西圣人儒佛之学。彼其为学，平正和易，广大甚深，功夫次第，微妙周密，离诸边执，正处中道；如彼菽粟水火为人生所不可一日离，又如甘露醍醐得常人所未曾有。义理宏富，更仆难尽。详而论之，请俟二、三、四篇。

四 十 自 述

光阴如逝水,倏焉四十之年已至,门人预为祝贺,又从而称颂之,自愧悠悠半生,闻道不迟而进道不勇,与初愿相违者甚巨。然此四十年间生事经过学问因缘亦有不可不述者,作《四十自述》。

洋之先世自蜀汉世居南充,世以耕读为业。祖讳杠,祖妣胥氏,勤劳忠厚,生洋父伯叔四人。父思敏公,母张孺人,年三十五生洋,时清光绪二十三年四月十八日也。父少为塾师三年,弃而业农,又三年,兼营贸易于乡场。直道守信,业遂兴。为族长团首,平理诤讼,任劳怨,不谋己利,廉介公正,人共敬服。不广交游,亦不迕于世。敬慎寡欲,终生如一焉。母性和顺,事祖母能得其心。祖母性刚,责于媳严,母恒舍己意以从命。母勤俭忍苦,能兼数人之劳,而食极粗粝,人所不能食。教子女有义方。洋当孩提,母常诫勿捕害虫鸟,曰,彼亦有母,犹吾之不忍见人伤害尔也。教敬老年,勿轻侮贫贱残疾。见人忧苦,虽在疏远必悯恤之。闻一善,终生服膺弗忘。母虽和顺慈爱人与,而严正守礼,弗可得而慢。平生无绮语妄心。乃若心所谓是,意所欲行,虽强力不能挠之也。洋后读儒书,深叹母何与圣贤之道符合如是。洋之得志学谨行以至发心学佛,皆母之德教有以培植之也。洋上有一兄二姊,性情行为俱相若,不愧一父母之所教养。

洋七岁入私塾,读书最钝。十岁本场开办国民学校,听先生讲解,识其义,始大悦。下年即入南充县立高小校。受课太深,盲然不识西东。顾以好辩胜人,长辈不能屈。时或登坛演说,空其座人,为师长所嘉异,朋辈则恒厌恶之。四年中,受垢辱不少,宽容弗屈,终未尝不嚣嚣自得也。好闻英雄事迹,频引以自励,谓天下事不难为。

辛亥年,清亡,民国成立。元年,年十五岁。父亲为洋结婚李氏。下年毕业小学校。二年南充中学开办,洋入中学。作文大进步,下笔千言不起稿,论议不与人同。科学亦俱能解,独不耐习英文。其下年在同学林巚处见《四书反身录》读之,爱不忍释,始知有圣贤之学,心向往之。是后更进读《阳明集》、宋明儒学案等书,立志学为圣人。又爱忠臣义士杀身成仁之行,购四忠遗集读之。由是言行举止,不与人同。朋友中性行谨饬及有聪明者,辄好引导向善,随地劝赞。星期日共相亲者竟日游山水,忘饥与疲。至于学校弊病,时痛切言之。倡三益会,砥砺德行。爱之者有之,毁之者亦至,行之弗倦也。日本迫袁世凯二十一条,为国大耻。学校开会,以知耻、自觉、自任三义勉同学。与任筱庄作亡国惨告县人。师友咸嘱以有为,而秦树风先生尤甚,出《饮冰室文集》、《甲寅》杂志等书与之读。因知西学大略与天下大势。文思益进。然自省性懦寡断,非政治才。慕梁任公草行严之为人,乃欲以言论救世也。民国五年,中学校毕业,年二十矣。是冬于兰舅父病危,舅为最爱洋者,不及行毕业礼,归送别焉。

六年教修身于县高小校,每周十二钟。去冬小学约仕学监,洋以自修辞。正月张表方、卢子鹤两师约教其子,又辞。教修身事轻,故应之,亦欲多教好人也。一年好人未教得,转益烦恼,因审才德之薄,益发愤自修。此时《新青年》出世,在秦先生处借读,爱其文笔透彻,而恶其思想偏颇,时欲为孔孟一鸣不平,而量力不能敌,辄止。

七年石汤据川北,秦树风先生闲居在家,正月来信约仕共学。既至,则以子女三人并内江张乐群子女三人托洋教读。情不能却,强任之。因令甥光人来学。张君历任广安知事,弃官后,赴成都,过赵家渡,为匪仇杀。以先治匪严,此时匪招安成军,故被杀也。居秦先生家半年,觉教童子废学业,非计,力辞。归铁峰山自修。在山半年,阅读经史并政治学诸书。作《大学义疏》。以为"大学之道,在明明德,在亲民,在止于至善"。明德即三达德义,明也者扩充光大之也。亲民即是亲亲仁民爱物之义。至善者,明德亲民之极则也。明明德于天下,治国齐家,通是亲民。修身、正心、诚意、致知、格物,即是明明德。明德以诚为本,亲民以恕为功。诚有真实力行二义。恕即挈矩之道也。正心一章,所谓心有所忿懥、恐惧、好乐、忧患则不得其正,与诗之无然畔援无然歆羡同义。必心无挂累,超然物外,转物而不为物转,然后心乃得其正,可以修身齐家治国平天下矣。如此诸义,有足补晦庵、阳明之不足者,至今犹守之也。读《法华》《楞严》经,虽不了解,然爱之。一日觉儒家言命,即西学所谓天演,在佛法则谓因果也。此义亦至今守之。

余在铁峰每得任筱庄、韩荫谷来信,促吾游学北京,广见闻,否则闭门造车,终为无用。适得秦先生函,约同行。洋家本不裕,不能出留京学费,故中学毕业即无志升学,以为自古贤豪如诸葛武侯高卧隆中,自足以养成济世之器,人但患无志气不患学问之无成也。自到铁峰,此志尤决,终日读书山间,颇自得。乃朋友既促之,又得秦先生同行,计亦便,乃请于父兄,以八年三月赴北京。临行亲友祖饯,各勉以富贵。独母诫以勿做官,学成便归家耳。为官清,则结怨于匪。贪,则结怨于民。如张乐群者可为鉴也。慈母之言,长记在心,后之所学所行亦如母教也。洋之赴京也,哥哥先送至顺城。雇木船至合州。同船者秦先生外,王仲瞻、蒲兆魂、李辑五、李成溪、赖麟五。今其人先后尽死矣。在江中颇乐。夜行尤佳。夜起高歌,明月在天,江山如画,得未曾有。至合川换船,到重庆。月余乃得轮赴宜昌,又与叶秉诚先生同行,观于三峡之雄峻奇绝。至宜昌,换轮,至汉口,即见报载北京学生五四运动。乘火车赴北京。山川平原景物与蜀既异,城邑商埠又极繁盛,然都无多感慨。独至京之日,即见学生列队游行,感念国家危亡,不禁涕泪交流也。

余至京,七月,投考高等师范,落榜。友人多有劝考法政农业诸大学者,余谓士不可再辱。闻北京大学收旁听生,因报名入本科哲学系听讲。时杜威博士到中国讲演,余未尝缺席。同学在京者,多预备游法,勤工俭学。彼辈住苦水井关帝庙,余与同住。往北大听课,约十余里。晨去晚归,道经金鳌玉蝀桥、景山、清宫,风景绝美,不以为苦。每见初一、十五,清臣朝皇,弊车羸马,红顶花翎,罗立宫外,不胜兴亡之感。功名事业,转眼空花,余心本淡泊,高傲无求,见此愈增人恬退之思。十月后,天气大寒,往来不便,乃移居沙滩。星期六夜返苦水井,与兆魂、伯庄、卓宣等作竟夕谈,星期作竟日游,同学买花生烧酒食我,笑语盈室,其乐无穷。是年腊月,天津学生复以外交事发起民众运动,多被捕系。北京学生,起作声援,高等学校全体游行,余亦随众讲演。第二次在前门阻绝交通,当地警厅、京畿卫戍司令部、步兵统理衙门,会同禁止,共拘学生二千余名驱入天安门内。至夜三更,拣择首要四十人,逮系京畿卫戍司令部,余亦在焉。约五十余日,乃转移京地方检察厅之拘留所,以法律起讼地方审判厅。原告即前三机关,被告则余等四十人也。经预问、预审、正式审判三次手续,判以违害地方秩序罪,正犯有期徒刑四月、从犯三月,从拘留日起算。余初被拘,心颇自得,以为诸被拘者均高等学生,且二十行省之人皆俱,与共患难,性行学问相砥砺,岂非进德修业之大好机会哉?继见同拘朋友,渐生怨言,以为各校同学何不速来援救。新年既到,时闻所外爆竹声,则更为忿恼。又且群居终日,言不及义,互相轻侮,乃知大学生与中小学生并无多异。可与论道义讲学问者,实无几人也。因思年来学说思想开放自由,以捣乱则有余,欲以成才立事挽救国家则无济。遂于古圣贤安身立命养气不动心之教,益觉其切要不可须臾离也。曾作古诗多首以见志。禁中放言别示诸友云:

风尘溺洞九天黑,山岳惨惨无颜色,频年国难绝可怜,噩耗又来东倭国。

东倭立国殊小小,吸我精血得安饱,唐明文化不我还,不灭我国志不了。

我本神明黄帝子,忍堪屈辱心不耻,况乃正义气嶙峋,胡能强权压抑死。

登高大呼唤同胞,国运颠连风雨漂,外交后盾赖民气,莫将国事身外抛。

堪叹同胞叫未醒,恼怒满城军与警,长围合抱人数千,白刃光芒何凛凛。

此时士气勇且平,慷慨就缚天安门,直至夜半三更起,拘来吾等四十人。

立禁卫戍司令部,地狱沉沉思犹怖,一身苦痛且勿论,惜哉光阴等闲付。

虽然光阴付等闲,金钢此际识炉炎,况乃同志多豪俊,得瞻风彩开心颜。

北燕秦赵东吴越,南闽粤桂西黔蜀,赣豫湘鄂东三省,国人于兹聚一屋。

患难之交情更殷,刚柔攻错药我深,信是此生原有幸,不然安得共寝兴。

闻说吾党狱将平,转瞬言还别离君,临歧把手知难别,片言端的为君陈。

人生真价非血肉,兵农无与国强弱,哀莫大于心先死,文化沉沦国终削。

我视神州悲塞胸,正气扫地无遗踪,道丧学敝今云极,应得贤豪振颓风。

独立昂藏天地间,白刃飞空任往还,宇宙内事吾等事,莫辞艰险足不前。

况来艰险本寻常,毒雾何曾久蔽天,但得宏毅能致远,不见愚公徙山难。

修己总希澈本根,无役寸心逐浮名,苟非至诚出大性,安能救得世冥昏。

年来学说争新旧,哎哎终觉识未透,应汇中西摄粹华,开拓人间新宇宙。

切莫固执心不宏,又恐依违遁圆通,以身徇道忘人我,直参真理演大同。

泰山耸峙五云中,长江滚滚起蛟龙,行矣吾党各努力,河山终不久朦胧。

在禁中百余日，颇能自得，都无怨尤。读书静坐，颇有会心处。于出禁之前六日，因将所学所思，作论二篇，曰《唯情论》，曰《善恶论》。《唯情论》之大意，谓充塞于天地间者，唯情而已。由情之变化流转，而万事以生，百物以出，于是而有物质，于是而有精神。情无分于善恶，而善恶因之以形。情无别于人我彼此，而人我彼此之见因之以生。情者，浑然以天地万物为一体，变化周流，至健而不息者也。圣人能尽其性，以尽人之性，以尽物之性，而与天地参者，能尽其情而已。征之以人心，则世有分析人心为知、情、意三者，不知知与意皆情之变形与作用耳。故知之认识，随情以殊。意之断决，随情而异。或睹明月而欣然，或睹明月而泪下。景物不殊，随情以变。情志迫切，则奋发有为，乳犬吠虎，伏鸡啄狸，情之所至，则大行无畏。故知行为出于情也。耳目手足，所以备视听行动，则身者，情之工具，为心而生，自情而变。天地万物，析之至微，则唯电子耳。电子则唯力能耳。力能不异于精神，精神不外乎情志，则动植矿物莫非情耳。情有四相，曰通，曰爱，曰动，曰生。通也者，人物彼己感应之神。爱也者，人物彼己哀恤之殷。动也者，发之而为行为。生也者，成之而为事业。由通故爱，由爱故动，由动故生。大哉乾元，万物资始，而健行不息，至哉坤元，万物资生，而厚德载物。通故有知，爱故有仁，动故有行，生故有物。情者，诚之具乎本有。物也者，情之著于事为者也。故曰，不诚无物。天地间既唯一情之变化流行，故圣人至诚不息，尽性至命，能通天下之志，成天下之务，而为天地立心，生民立命，视人如己，浑然与天地万物为一体者，复其固有之性，尽其本来之情而已矣。

《善恶论》大意，谓自来论善恶者多矣，最谬莫如善恶二元论，次为性恶论，又次则性善情恶论，又次则善恶无定以适乎时宜与人生之需要与否而定论。前三为误解本体，后一则但讲方法而贼丧本体者。一一破斥，都无是处。次乃申善恶之正义曰，万物本体，唯情耳。情具四性，通、爱、动、生。而百物万事出焉。乃万物之既生，各执其形骸以为自我，迷失本性，而自私自利焉，甚且害及他人。于是通者以塞，爱者以离，动机失而生理息，以成麻木不仁冷酷无情之世界，则恶得而非恶乎。是故恶者，不能尽其情者也。故圣人尽其性，以尽人之性，以尽物之性。反身而诚，乐莫大焉。至诚无息，博厚高明，悠久无疆，以覆育万物。尽其情以复其通爱动生之常德，则所谓止于至善矣。是谓善也。虽然，情既本具四德与天地一体而亘古永存，则何以复有此不仁不情之事而为恶欤？曰，其原因有四：一囿于形骸而忘其大体，二误认方法工具以为本性，三迷执之熏习，四环境之压迫是也。所谓囿形骸忘大体者，情无差别对待，故以万物为一体，形骸则有差别对待，执之为我与物为异，故自他之界立，亲疏之形分，而大体以忘。由是而爱有所私，而情有所不通，或且为损他以自利，则皆囿于形骸之过也。设无形骸，则不失大体也。然则形骸当离弃乎？曰，否。形骸既本体所生，弃绝之等于弃绝本体固有之生性。但能尽其功能，而不著其色相，则即本体起形骸，即形骸见本体矣。佛氏所谓离一切相，即一切法，全妄即真，全真即妄，无明颠倒非有自性，此之谓也。又形骸非但指七尺之躯言，概念假相，皆形骸也。家族、邦国、种族、人禽之歧视，皆形骸也。善恶是非，君子小人之定执，亦形骸也。故当灭除一切虚妄分别，打破一切邪说异论，使人群共冥契和合于一大宇宙之中，则天地泰、世道宁矣。而诸邪见分别之中尤以国家主义于今为害尤烈，故当毁灭国界，破其邪说，则世界大同，而一切不仁、不信、不义之罪恶皆除矣。所谓误认方法工具以为本体者，身体者，人心之工具，知识者，人生之方法也。工具方法皆非本体，乃人既必具身体，必须方法，于是爱之重之，遂至劳神役心以殉身，寻求知识以丧性情，乃至寡廉鲜耻以图利，毁身残形以逐物，则是以养形者害形，以持心者贼心，本末倒置而亡情役物矣。然则工具方法可废乎？曰，用之得其道而不惑，则亦正可以为心情之庄严役使也。所谓迷执熏习者，祖宗遗传，世俗染污，学说教育迷惑性灵，导人于逐物忘本执己忘群等是也。所谓环境之压迫者，人世间不平等、不自然、不公正之政治制度、国家组织、社会风俗、宗教思想，皆足以压迫人之本性使不得畅行发育，如政府、如国家、如私有制度、如邪教邪说等是也。故天下当为无国家、无政府、无私财、无异说之天下，则人人自由平等，一视同仁，优游放旷于自在之天，以相亲相爱相生相养，式续于无穷，则天下归仁矣。或谓如是四因，既无始深入人心，其何力足以去之？曰，恶非本有，因不尽其情而后有，情之不能自尽乃由于迷执，去其迷执则本体现前矣。熏习环境虽未可以轻易拔除，然仍不过一情之迷执，苟能至诚动物，尽其性以尽人物之性，则宇宙不难清净，天下终当宁平也。准上唯情论、善恶论，因而吾对于人生哲学不主张功利论（或纵欲论），亦不主张理性论（或绝欲论），而主张尽情论。又不主张顺世论，亦不主张出世论，而主张救世论。尽情以救世，救世乃尽吾情，盖即明德亲民而止于至善之道也。此其为说，自今观之，盖本于宋儒仁者浑然与物同体之说，特止于至善之道也。此其为说，自今观之，盖本于宋儒仁者浑然与物同体之说，特不为性情之分，而直以情为本体，情无分于善恶，则欲亦生理之本然，知为情之作用，则知与情非二物，于心理便成为一元。而谓此情周流变化，遂生万物，则身与世界皆情之所生以效其用者，遂成世间的一元。又情之发现即昭著于世间，故世间本体又为一元。故此论直可谓为唯心的一元论也。至其说明世间罪恶,则以既生而有形,因用而有器,则囿形器而失大心与本体,益之以习气环境之感抑,乃成不情、不仁之世界。而无明颠倒,本无自性,即情之囿于形器,而非别有一法以成罪恶也。反本复初,去执解蔽,一觉本心,不以小害大,不以末害本,而无余事焉。是则流转还灭仍为一元的。全妄即真,全真即妄,离一切相,即一切法。故无世间可出,亦不逐末忘本。尽情以救世,全其本来而已矣。因事见道,而不以克伐怨欲不行为仁,亦可谓极高明而道中庸,自谓得其大通也已。既契中庸尽性存诚之教,亦与天台贤首之佛学冥符。即今之作《新唯识论》者宁能加于此也？吾为此论,当时未得证人,弗敢自是。后日取证于梁漱溟先生。梁先生曰："君当深究科学,尤其是心理学,否则立言太早,恐不值识者一顾。"余闻言,如冷水浇背,即不敢自信。后专研唯识,得入佛理,于此说未尝一再思及。今作《四十自述》,复取读之,则觉在吾一人思想史中,此实为二十四岁以前哲学思想之结论,颇有一述之价值。且自古及今,为此种主张者,正不乏人,更有研究佛法唯识之后复为此主张者,其思想之通达成熟或犹未及吾前此之所就,辄执以自是,则更有取鉴之用焉。故辄述之云耳。

九年四月徒刑期满,余出狱,则见城乡树木,青葱向荣,又是一番气象。随即加入工读互助团,开始吾之理想生活。

先是吾在禁中,一面感旧学之当躬行实践,一面因读克鲁泡特金无政府主义之书,深觉社会有改造之必要。《善恶论》中有言曰,当今之世,社会制度,其最足以压迫人性使不能尽其情而败其德者,约有数端：一则国家之组织足以限制人之本性而起其狭隘残忍心也,二则政府之设置足以起人之虚荣卑鄙心也,三则私有财产制度足以起人之贪鄙嗜利心也，四则不善之宗教教育学说等足以起人之虚伪矜恃愚昧畏缩心也。由是数者引人于不公不平不正不诚之途，使人囿形骸而忘本体，认方法为本性，以之强凌弱、众暴寡、智欺愚、勇苦怯，而人类相杀不相生矣。盖国立而仇怨报复之祸烈。疑猜以起，忌妒以生。外交无诚信，唯狡诈是高。国际无公理，唯势力是尚。贪与盗，人类所斥为卑污者也，独国与国间窃其财而盗其地者则自诩为高明。杀人放火，此人类所共以为残暴当共弃者也，独国与国间杀人盈野则反矜为神武。不以为不仁不义之行，反以为可敬可尊之事，谬妄颠倒至于如此，是故一切极恶大罪皆假国家以行，是非当急与毁除者欤。国家之界域苟去，则列强不相争夺，弱小民族复其平等与自由，强国虽失其凌人之势而得其良心之安，虽失一国之私爱而得人类之公爱，人类得爱，即故国之人仍不失其爱也，而无冤仇报复之忧，无彼此防守之劳，孰得孰失岂难立判也。我国古哲咸以平天下为志，未有国家思想，可谓至伟大开明。乃近日受侮列强，遂自失信心，并对彼用以虐我之国家主义而崇拜之，可谓大惑者也。政府之害，一则政府既立，上下遂分，阶级遂起，故使人失其平等，因而使人崇拜势力，羡慕名位。在上者成专制横暴之习，在下者成卑鄙龌龊之行。彼此间更生忌妒、倾轧、诈伪、奸猾之情。专制横暴则不仁，卑鄙龌龊则不义，倾轧诈伪则不信。三恶兴而本心亡，人类之苦有增无已矣。人欲立政府以平争乱，而不知政府即争乱之源。人欲依政府以禁奸恶，而不知政府即罪恶之府。使无政府，则上下不分，而羡嫉皆忘。一切平等，则虐无所施。强横者失所凭借，作恶亦微矣。仁愿者无人压伏，德施亦普矣。故欲平祸乱远罪恶而复本心，当自毁灭政府始也。私有财产之弊，在积财货于一人、一家。财货可积，则悭贪日兴。悭贪日兴，则同情日失。使心为形役，则为利而忘其人生之真价。私己忘群，则利一己而忘大我。又况因物产而分贫富，因贫富而生不平等，因不平等而相争相忌，因相争忌而相伤害杀戮，其为罪恶之源不下于政府也。使私产之制既除，则天地之财可共。鹪鹩栖林不过一枝，偃鼠饮河不过满腹。由不能贪故可以不贪，由不能私故可以无私。不贪故不忘身以逐物，不私故不损己以害人。不逐物而精神之价值日高，不害人而同情之发展不窒。如是人各超然于荣利而大公互助以相生，各尽其能，各取所需，则本心复而世界平矣。故私有财产之制当废也。至于宗教之僻执、教育之矫揉、邪说之违理，不能直认本心而仰赖天神，不能扩充良能反以戕害本体，不能导人于正反以增益其迷。而且由僻执成见之坚持，因而分宗分派，结党相仇，以至异教异说相毁相讥，终日相杀相害。故为害于人心之深与国家政府私产等也，故亦当毁弃。苟能将社会上此等不自然、不如理之制度组织一切破坏，然后人乃解脱束缚而得自由，出人伪而反其天真，情乃可得而尽世乃可得而平矣。余既具如是思想，思所以实行之。适当时京中有工读互助团之兴起。盖当欧战，法国招募华工，同时蔡孑民、李石曾诸先生有留法勤工俭学学生团之组织。吾初到北京即曾一度入法文专修学校，预备游法。旋觉余之志行别有所在，故尔退学。而南充学生以张表方、秦树风两先生之提倡，闻风而至北京者，二三十人。后因旅费困难，留法不易，多有另学工艺者。而陈独秀、李大钊、王光祈诸君，亦以国内贫苦学生之多无出路，乃募资于北京大学附近成立工读互助团。凡有志勤工俭学者，得相当人之介绍，十余人为一组，假以资金，作小工小贸，以所得供给食宿，以工作之余向北京大学免费选修功课，以为如能发达，则尚当推行之北京各大学。既以救济青年之失学者，又令学生习于劳苦与互助，并可以推行一种主义以为改造社会之基础。盖当时西洋之国家主义、社会主义、无政府主义，皆传入中国。北京为新文化运动之源泉。诸君子之为此，将由理想而实行，其志不在小也。最初成立者，有一、二、三组。南充同学之预备游法勤工俭学而不得去者，正在进退两难之际，闻此消息，亟欲加入该团。刘伯庄遂来约余往见该团之倡办人，乃云该团所募金数百元，已分给三组，三组人数已满，弗能加入矣。余即与刘伯庄、蒲照魂等言，此事何必求人，但得彼等同意互助得入北京大学听课，君等便可各集数十元自行成立一组可也。君等无论留法返家，都必预备数十元或百元之旅费，即将此费作为资本而有余，何必求入彼之某组某组耶？伯庄、照魂乃立即筹商独立组织工读互助团第四组，每人股金四十元，亦有无力出股金者。遂首先开办食劳轩卖饭，兼卖学生应用器具，此八年事也。是冬余被逮，至九年三月闻照魂、伯庄、赵覃敷等十数人以得家款及帮款行将退股游法。第四组之人数及资本，马上减少三分之二，行将瓦解。而团员中如吴超然、张德舟等，既无力游法，又无力返家，大是问题。余在狱中，念此事维持责唯在余，乃约同禁朋友广东朱福照、湖南周学辉及余三人共同加入工读互助团第四组，各出资金壹百元。如此则第四组不唯不瓦解，且更当充实，以朱周皆极难得之青年朋友，与余以意气相交者也。蒲刘等既去，余三人即正式加入。又约得伍白坚入组，并筹借数百元另办工业部。当是时，一、二、三组开办数月便已生意失本而瓦解。第四组则反形兴盛，一时意气颇盛。余为组长，思欲工商并进，以工作所得余金招集新团员，务使国中有志、有为之失学青年皆得有所依皈，以民胞物与之信仰行互助共产之主义，由共同生活劳苦生活养成无我无私、艰苦卓绝之人才，而为改造社会之基础。余之承办工读互助团也，岂但为解决少数人失学之苦而已。若以余个人计，则固无须为此事也。余在组中，一切经费皆余筹集，除总理全组之事外，每日必照常工作四五小时，或在工业部打线，或在贩卖部跑堂，大学上课时间则按时受课。同组十数人，殊各自得。如此者半年余，不幸商业亏损，工业所织物亦销路不通，经几挫折，而此工读互助团第四组仍复停业而解散矣。此中失败原因，第一在中国经济生活中，凡百职业，见利均微。而且小本工商但有终日劳苦竭全身精力以赴之，乃可以维持生活，而略图蓄积。若欲半日读书半日工作，以其所得给其所费，难也。二者吾辈学生对于工商皆是外行，素无经验与学习，便欲在工商界中立足，而且又大半时间用在修学中，此其失败宜也。三者团员中步伍不齐，团员中有极负责任者，如伍白坚、张德舟、周学辉、吴超然是也，大约终日工作，读书仅成偶尔之事。自余则多有不问团中力量如何，便欲实行其每日四小时之工作，余事皆非其所应为者，故尔不能合力奋进。四者饭店顾主积欠太多，多无聊赖，使金钱滞塞，莫法维持。此事失败，余乃知最大最好之理想，不必遂能成功。反观人情社会之真相，则觉自私自利之心，一般庸俗人之所共有。己立立人舍己为人之行，乃为少数贤者能之耳。如以各尽其能、各取所需为理想之制度而实行之，结果必至于各取所需而不尽其能。社会事必反至于停滞。又觉凡一团体社会中，必有少数之吃亏忍苦者，亦必有少数之偷惰分利者，如欲齐之以法势有不能，唯是吃亏负责者多则事即办理矣。如欲望之群众合力同心而后行事，则必不能行一事。故欲推进事业者，当期之于贤才，不必普望于群众也。由此经验与观察，故余对于前此之理想觉其为幻梦，而对于政府私产之制度皆觉其有其存在之理由矣。自后思之，吾此回行事失败不小，然而所得之经验与觉悟则更多，影响于此后之思想生活行为者极大，觉得世之好为大言、好立主义而轻举妄动以扰乱社会者，皆由其未能真实从事实际生活以得真实觉悟者也。（余少年为代议民主制度之崇拜者，初到北京，四川学生成立同乡会，选举职员，大起冲突，余对民主制顿失信仰。）

余在此时尚有数事足忆者：

一与朱福照之友谊。朱因我而加入工读互助团，彼为北大正科学生，故非失学。彼非贫人，故无须作工。特对我之思想行为发生同情而加入。加入数日，彼即断言此事于修学寡益，遂牺牲其股金而出团。虽出团，而对我之情益厚。余每当愁闷不乐之时，一见彼，辄心意释然。昔人谓三日不见叔度，鄙吝之心即萌，吾于福照亦云然。即于下年其叔召往美国游学，临行送吾佛经多种。第二年余到南京学佛，彼得吾为师所记佛法非宗教非哲学而为今时所必需文读之，来书赞我甚至。惜我未能善引入佛，彼便溺死美国矣。

二者，是年六月直皖之战，余到西山视同乡赵君病，次日彼死，因而葬之。返城，城闭。野店留宿，金钱用尽，得一天主教学校张校长借金。引入彼校参观，至有礼焉。后一星期，复往为赵君竖碑。因往见熊沆生先生焉。先生为川楚高士，余小学时校长，不染名利，隐迹名山，清苦学道。其夜在山赏月，夜景清高，幽人峻洁，余亦物累顿除，超然有出尘之意。而先生与余谈及人情世变，慷慨唏嘘，生人悲感。吾在京往见熊先生多次，一在初到京时与叶秦两先生同行，二次与王伯安同行。此次则余独至也。而以此次至为亲切。此后熊先生入住京城，则过从更密也。是后熊先生返蜀，住嘉定乌尤牛华溪，又数年殁。遗金数百元，嘱刻佛经。盖先生终皈心净土也。余在南京，曾寄彼佛像数张，惜更未与一谈唯识般若之义也。赵君长明，以悭死。储金数百元，一文不肯用，而寄食医院，受人慈济焉。临终前夕，与余语，尚计划留学法国事。次晨即因吐血倒在石灰堆上死矣。余赀散在食劳轩，余为其之纪理，一一汇归其家，未亏其一元也。

三者，吾等工读事败，负债数百元，一夕债主郭君索债大急，语伤人。余闻几泪下，急许以三日还银不误。归舍，遂典质衣服被盖，并借贷而偿之，时隆冬之月也。郭君让吾过月利，吾坚决不可，终强与之。盖不以金钱见侮于人，亦不以是受怜于人也。郭君亦好友，借银时有义气，收银时有余情，特余病其前言伤我，余有狷急之情焉。后食劳轩典出，织物机卖脱，凡债皆清偿，未一文负人。而团员则各无余赀矣。伍白坚、张德舟因宋润之介绍得铁路职工教师职，吴超然得重庆新蜀报住京访员职，然后余安心一志读书耳。是时突得秦树风先生自重庆为余等募得何雨膏诸君二百五十元，以资补救。余以生意已停，团体已散，不敢以助团体者私人受之，遂全数退还。余幼慕伊尹之非义不取与，又闻蔡孑民先生云，非一介不苟者不可以行共产，故自开办工读互助团以至解散，始终保持纯洁廉正之行，都无愧怍。

四者，互助团分散之日，偿屠尸肉账三十余元，彼感激，送来肉十斤，全体大吃两餐，余因厌弃肉食，遂发心素食，自是永断荤腥。

余自工读互助团解散后，一意研究佛学，日夕在大学教室读《成唯识论述记》。先是余入大学，选修中国哲学及印度哲学。中国哲学以道家哲学及宋明理学为主。教授马叙伦先生，讲庄子及宋儒学案。梁漱溟先生为印度哲学教授，讲印度哲学概论及唯识哲学。而于九年下学期，特先讲东西文化及其哲学。彼谓人生问题有三：一者对生活衣食问题，此以向前要求为主。二者对他心的问题，此以调和持中为主。三者对因果生老病死之问题，此以向后解脱为主。人类文化，都为解决此三问题。而西洋、中国、印度则特各对于一种问题而致力解决，因而以成其各别之文化。西洋文化，向前要求之文化也，其特别成功为民治与科学。中国文化，调和持中之文化也，其特别成功为儒家。儒者以仁为本，仁者直觉也，离计算，超功利，忘人我，坦坦荡荡，优然自得以生活。其方法则在礼乐。致乐以治心，则易直子谅之心油然生矣。易直子谅之心生则乐，乐则安，安则久，久则天，天则神。致礼以治身则庄敬，庄敬则严威。心中斯须不和不乐，而鄙诈之心入之矣。外貌斯须不庄不敬，而苟慢之心入之矣。印度文化向后求解脱者也，成功为佛法。佛感于生老病死无常之苦，非可以向外持中而得解脱，是故禅定思维，歇息要求，运用现量，以求生活之止息。不生故不老病死。此佛法出世之方法也。今者西洋文明盛行，便将东方文化渐与斩削，而不知中国印度孔子释迦各有其甚深之认识，伟大之建树也。人类生活问题既解决，则必进求他心之解决，则中国文化必然代兴。人类已得礼乐之修养，皆为仁的生活，则性情醇厚，对于生离死别之苦感益深，于是对此因果无常必亟求解决，是则印度文化代兴之时也。中印文化无可疵议，唯病在于早熟。然西洋文化发达已至今日，弊病百出，必然为中国文化之代兴。特中国处积弱积贫之势，尚未得便能单行儒学。为今之计，对西化当全盘承受，根本改造。大家宜动，而为无所为、无所求的动，则既可转沉滞死闷之气使之生机活泼欣欣以向荣，又不为西洋之计算利害而动，以至流于冷酷残忍之弊也。若夫佛法此时当置之高阁，待西洋中国文化推行尽量之时，人人生其生而亲其亲两无遗憾之时，则不须提倡自然当大放光明矣云云。余先生在禁中，已将梁先生之《印度哲学概论》全部读完，虽不能全了其义，然于梁先生已深佩仰。至是闻其讲演东西文化及其哲学，于其持论之精透中正，学问规模之博大玄深，以为远在杜威、罗素之上。况其对儒学之提倡洗冤，尤先得我心之同然。盖自清末以至五四运动而后，国人颠倒于西学久矣。中国对于自己之文化思想道德信仰全部丧失。民八九年之间，正是新潮鼓荡到最高峰之时，杜威、罗素来中国，杜威以功利主义入，罗素思想较深，而与其女弟子同来北京生子焉，此在中国礼教犯大不韪，而国人无非议之者。盖民族信仰麻木散失尽矣。——乃罗素感于彼方文明流毒之剧，一入中国反频对中国文明有好感，时时称道之。——而梁先生突于此时大声疾呼，作中流之砥柱，为孔子、释迦打抱不平，故余之爱敬倾仰真五体投地矣。每日受其课，夜即在食劳轩与诸团员讲梁先生学。朱福照闻之，而告黄庆，黄庆后纳贽于梁先生之门为弟子焉。吾之受益于梁先生者，一由彼之言而益坚吾对儒家之信仰，二由彼之引导而得研究佛学，三者因听彼讲演使吾对于思想之组织整理加大其力量也。余之研究佛学也，其唯一动机在探求真理。盖余之唯情论既不为梁先生所许，而见梁先生之论中西文化哲学也，莫不以唯识之理为根据，故于此学生其甚大希有之想，学之弗能弗措也。余初读佛书，苦其难解，问方法于梁先生。先生曰，汝但用心读之，一字勿遗，但亦勿求胜解，从头至尾读完一卷又读一卷，如此久久反复读之，读到后头，会了前头矣。余平素不能读不懂的书，自是乃如法在讲室内寒假天日读《唯识述记》。如是月余，已完全部。再读正文，略能领受矣。十年开学，梁先生复讲《唯识述义》及《印度哲学概论》。为研究之便，特辟印度哲学书画室嘱洋管理图书焉。余益得以阅览瑜伽法相诸书。得读欧阳竟无先生《瑜伽师地论序》而爱好之。梁先生尝在教室对全班学生言曰："今之佛学家，以南京欧阳竟无先生为第一，吾将从之学焉。诸君有志，往彼处为善。"今读其书，渐得开悟，因而对佛理渐能发起疑问。某日举所疑问梁先生，先生未能答，决然告余曰，汝往南京问欧阳先生可也。余深叹梁先生之贤，真实不虚，坦白纯洁，对学生称人之长，自述其不如，当今天下光明磊落如彼者有几人哉。梁先生又为余介绍广东伍庸伯先生，云其学儒有实得。余故与湖南苏建秋共造访焉。伍先生本军人，曾教于陆军大学，后感生活之渺茫，乃折节为身心性命之学，出入于耶回儒佛之间者有年，北平高僧青衣老人极重之，终于儒学得悟入。讲孟子、象山、阳明之学，其故旧朋友如李济琛、苏冯严（忘其名矣）诸君子咸师事之。每星期开讲演会。伍先生平易忠厚，蔼然可亲，余与之游极相得，期许甚厚。盖益叹为德之不孤也。本学期因学校欠薪，教员罢课甚久，每数月不开校门。然余益得专意自修，读《楞严经》有省。寓居陋室，读书不便，时时持书至地安门槐树上读之，悠然颇自得。会得父亲来信，告以家中不能续筹学费，宜早归。盖余家本不丰，游京实出勉强，余在京常与车夫苦力同饮食，每年一切费用不过百元，而办工读互助团数月之间即失去全年之费。其冬伯安月赠我四元以维持生活。自是不能不作归计，而苦无路费。伯安曰，余与某君去岁曾在南充教育局请得调查教育费人百元，今以此事让弟，可假之游南京、上海、南通，既为县中调查教育，又长自己见识，又得游历，又作回家之费，一举四得。余遂别京中诸师友而南游矣。

余在北京，对于大学教育甚多悲感。教育家对于学生全不负责，大学生多无一定寄宿、寄食处，少数宿社及学校代办之伙食，不足供给全校学生四分之一用。多数学生，散居公寓，吃喝嫖赌，一切听其自由。而京师奢侈之都，达官贵人娼嫽戏院丛集之所，外诱既强，自持之力自相形而弱，故多名挂学籍，实则读书上课与否均不之问，终日所事除吃喝嫖赌外，交朋结党，攀援贵显，以为将来毕业活动之地而已。真实求学，实居极少数。学生与先生除在教室见面听讲外，实难见其一面。盖先生亦通不住校，各有半官式的公馆，与学校相距十里八里不等，彼固无余闲以对学生指导学业纠正品行，学生亦无机会向彼学问质疑也。师生之间，实与路人无异，安望其传道授业也哉。实则学生之志原不过取得凭照，教授不过欲得薪水。民国十年上期，各校教授全体因政府欠薪太久，于是罢课数月，列队到总理衙门索薪，去势汹汹，直闯衙门，为卫兵所阻。此有口舌善说，彼有手枪善打。于是打得教授头破血流，送入医院疗治。此之谓教潮。闻之不胜悲感，以为吾国斯文扫地矣。使以其索薪之勇气以教育成才，则国家前途不大光明哉。自古圣贤能为一代开风气者，固不必食得饱、穿得暖、钱拿得多，乃可以教人。孔颜之贫困终身，乃以愈见其救世之热忱也。然而岂能以望于今之教授也哉。师如是，学生如是，故日日言改造社会推进文化，实则浮气慷心，责人而不修己，捣乱胡闹，一场了事而已。故余对当时之政局固致不满，而对于一般新文化运动者亦大大怀疑。觉凡事须从自身做起。谨身慎行，超然荣利，实际为学。幸得梁漱溟先生导其思想，伍庸伯诸君子与同论学，王伯安、谢少慈、伍白坚、张鼎铭、苏建秋、宋润之诸友共其甘苦，亦正自乐趣不浅。而学以日进于广大之途，亦可谓不虚留学北平二年之功矣。

民国十年四月，余自北平动身赴南京、上海，调查教育，便道归家。过济南时，适梁漱溟先生受山东教厅请，重讲《东西文化及其哲学》，因留住济南数日。一日，余独游大明湖畔，于一小桥上观水流，见有浮萍菜叶自上流来，出桥回旋，历半日不能流去。余生平好作深思，观此而推寻此叶之所以不能流去之故，因悟诸法相待相生互为因果之理。宇宙人生，非有主宰，但有因果感应而已。是以圣人乐天知命而无意必固我。且如余此时之所以得观此生悟者，缘于余之来济也。余之来济，则以余之欲归家。归家而不竟归，则又以调查教育之故。调查教育，则又以友人让与赞助。而余之得至北京也，则又以父母勤劬节俭贤明，乃能兴家，乃能教子，而且又能送至远方求学。此但就大略言之耳。故凡一事之起也，有其自身种种行动以为之因，又有其亲友人群以为之因，皆非偶尔，非可以一时一己之心意而为之也。而此一人一时之心意，又非全无用处。必余而后来此地，来此地而能观此事，观此事而能悟此理，则与余平素之志行学业又在在有因，在他人则或弗之留意也。夫一事之生，既时间上必以自身前前之历史种种行为为因，空间上又必以他人之行动历史为因，自身他人之行动历史又复各有其因，如是则人生事业，实乃过去现在全人类以为之因，而此事为其结果也。此犹但就人与人之关系言之耳。乃至人必依水陆空气而生，故天时地利动植物类亦无不与人之一言语、一行事而为其因者，而宇宙间一事一物又无不互为其因。如是则宇宙间之一事，实为宇宙全体之事之果，而宇宙全体之事为其因。乃全体之事又各有其因，而因又涉及全体。乃一事之生又无不影响其全体者。故一思想、一行动之出现，必自为其后来历史之因，又必影响为因于同世之人群，人群又必影响于宇宙事物。是则众因生此一果，此一果复为众因。如是相感、相应、相生、相起，乃成宇宙人生之成住运行，则宇宙人生者实一因果网而已。其形如图：

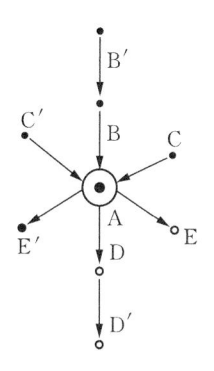

A者，现起之一事。BB′者，其前前之因。CC′者，其俱时之因也。DD′者，其后后之果。EE′者，其俱时之果也。若以B等为主，则又有如是之因果焉，则便交错而成因果之网矣。夫事必有因，则无我无主。事必有果，则有用有能。君子安土知命而不为意必，知无主宰也。修身立德而不敢妄为，慎造因也。行或使之，止或泥之，莫非命也。故君子有修身以俟命，无行险以侥幸。达夫因果之理，故能安命而立命也。吾于宇宙人生之观察悟入如是，即于人生之态度而得所从事也。后至南京，见欧阳师所书众生畏果、菩萨畏因，而证吾之理解不谬。乃吾之到南京本非为学佛也，止而学佛焉。人生世事之无主宰而但有因果也，水上浮叶如先预告我者。后作《缘生论》，引此事以发论端。作《人生学》之《儒学大义》，亦多根源于此。盖自学佛而后，益了然于缘生之故。余之学，亦可谓为缘生论者。非徒自学得，亦由于事上体验得也。

余本欲从梁先生久住，缘不足，梁先生乃介绍余往见欧阳先生。因过泰安，登太山，宿于玉皇顶，云生足下，山麓下雨，山上晴，远视群山如列棋子，可谓壮观也。转曲阜，登夫子庙堂，谒孔陵，礼敬如仪。盖予虽已研究佛学,终觉其隔人世太远,仍当以孔子之道救世也,于圣人钻仰无穷焉。又二日而至南京。

予至南京,持梁先生信及黄树因信往内院谒欧阳先生。先由周少猷先生见我。其人蔼然慈祥,不胜佩敬。次晨乃将研究唯识所起疑问进求欧师解答。

一问:阿赖耶识所缘云何？谓不可知,执受处了。执受有二,谓诸种子,及有根身。处谓器界,即器世间。此种根器界,与色声香味触法为同为异？同则八识当同六识,缘无别故。异则种器当同真如,不同色声香味触法故。以唯识百法识所缘法,不列器界等故。法相自五蕴十二处十八界外亦不闻另有器界等故。如八识所缘为真如者,则与大圆镜智有何差别？

二问:阿赖耶识颂云,恒转如暴流。论云,如暴流水,非断非常,相续长时,有所漂溺。此识亦尔,从无始来,生灭相续,非断非常,漂溺有情,令不出离。案众生生灭相续,即异熟相续,是故有情命者,亦称相续。唯其生灭相续非断非常,是故无法无我。然则离阿赖耶识无别有情,其理决定。今谓赖耶相续漂溺有情,然则有情赖耶为一为二？一则不当云赖耶漂溺有情,二则赖耶非常有情当常,无常漂溺有常令不出离,此与数论自性神我之说有何分别？

三问:世间生灭法,仗因托缘而得生起,因谓无始种子,缘谓偶值增上,除兹因缘别无自力。既无自力,缘何诸修行者,能依持自力,精进勤修。抑既无自力,唯仗因缘,佛法能不同于命定论否？

四问:众生可度尽否？可度尽,则诸佛功德有尽。不可度尽,则诸佛功德徒为唐劳。究竟孰是？

五问:玄奘大师立量云,真故极成色定不离眼识,自许初三摄眼所不摄故,喻如眼识。此量但可自悟,难可悟他。以所立因,但为自许，非共了故。既难悟他，胡云能立？

以上五问，久疑未解，大师悲愍，恳请与以剖示。

师对余问，于早饭前立答，且极加称许，以为善发问，有研究，定可深入法海也。余疑既获解，又得嘉许，生起大欢喜心及勇猛心。盖昔在北京独学孤陋，有疑问师，又不蒙解答，自不知对此唯识之教有缘通其奥义否也，既蒙大师赞许，即自信其有缘有分，又焉得而不发心勇往也哉。由是于佛法乃得自信力矣。而师待我又极恳挚慈爱。然余之来，但问学，非欲久住也。且以为学佛须与家庭父子隔绝，则又与儒家孝弟之义相违，即与余平素以儒学圣道自任之愿冲突。故数日徘徊，去住不决。一日乃问师，学佛人对家庭父子当如何。师云，佛法有瑜伽义，瑜伽者相应也，即以其人之道反诸其人之身，是谓瑜伽。余言下恍然，觉父母于子鞠养教诲，恩德无边，即以其慈爱之恩而反报之为相应，则孝顺为人子必尽之责，夫何待言。且思佛以三界无安有如火宅，则世间之服劳俸养仍不足以报亲恩，必须度脱其生死令得究竟解脱乃为大孝也。况佛说有情无始轮回，六道众生，无不曾为吾父母者，则度济众生实乃度济多生一切父母也。而世间之力有限，出世证真，成大菩提，乃能具大功德，普度一切生生父母。此佛之大孝，又超越寻常者也。是则佛不碍儒，乃实更能扩大儒家之义也。余又思孔子之圣，学不厌而教不倦。使孔子生于今世，宁有会遇唯识甚深之理教而不修学通达之者。余学孔子，尤当学其好学无厌之精神，宁可自甘固陋以为足者。以此理由，余即本先年学儒之志以学佛，遂北面顶礼欧阳大师，心悦诚服，为其弟子。并决意留住，不更他往。调查之事，只好迟之后日，回家之计待之学成以后可也。

余既师事吾师，吾师对我益厚，望我益切。首即以所抄之大小乘各家戒本，令余读之，参对异同，令知何者当行，何者当戒。余受而专心焉，以为多分可守，并不为难。菩萨戒中，以发菩提心为根本。余固狂者，平生不为第二等人，学儒必作圣人，学佛自必作菩萨，遂乃发菩提心，学菩萨戒。次即研究《唯识述记》。此书在京已读过，今复细读之。有疑辄问，师则问无不答。余既好发问，问辄究其根底。师则善为答，答必尽其言。数月之中，如坐春风。时雨之化，沾溉深矣。如有为法顿生顿灭义，山河大地光光相网义，唯识所变有情互作增上不为亲缘义，法尔道理本自圆成义，如是种种无不耳提面命，令随决了。餐受法味，其乐无穷也。是时内院先我而至者，有江苏吕秋逸、云南聂耦耕诸兄。后我而至者，有湖北熊子真、陕西吴希真诸友。师既大往大来，人中豪杰，刚毅宏伟。友又有志有为，继述之英，好学多能。辩论往复，济济一堂。学绝道丧之余，如此纯粹讲学团体，真是遍国中无有也。吾平生学问，盖成就于此半年中。余精神生活，亦以此半年为最纯净而丰富，快乐而勤勇。大心大愿，遂欲弘圣道于污世，济有情于溟海，为佛真子，修菩萨行。俯视异学，有似蚊蝇。环顾世荣，直同朽壤。坚固之心，卓尔有立。呜呼，吾师之恩德岂不大哉！师，江西宜黄人。六岁而孤。有嫡母、庶母、生母，及一嫂、二姊，皆寡。家道中落，备历艰辛。寝馈于文章、训诂、数理、程朱、陆王之学。奋志于愁忧、逼迫、酸辛、困厄之中。感人生之惨酷，痛母氏之劬劳，终乃摒绝室家，戒除荤酒，皈心三宝，志求菩提。杨仁山老居士，乘愿应世之菩萨也。清末佛法衰弊歇灭之余，敝屣世荣，倾家刻经，绍隆正法。师问学于老居士。老居士之殁也，以绍隆荷负重任畀之。民国元年，师乃入金陵刻经处，继承刻经。复立研究部，以教徒众。继于七年间，开创支那内学院，大弘无著、世亲、护法慈恩之教于金陵。

其为学也,多闻熏习以为始,圣言量以为依,踏实刻苦,先难后获。其治经也,先之以文字之校雠,继之以义理之通达,终之总贯群经以昭同异,参证胜谛以观得失。故使歧义不足以迷蔽人心,伪经不得以殽乱圣教。析理精微,立论严确。虽居千载之后,如质大圣之门。盖唐宋而后,义学不兴,宗门混滥,相似之教弥漫神州,真实了义久成绝调。得师而后慧日重光,尘氛克净。大心之士,由此进修,如入大道康庄,永无颠沛留难之虑矣。可不谓继往开来之大士也哉。

余在此半年中,曾为师记佛法非宗教非哲学,又作《唯识答疑》。友人蒲照魂自杀于法国,作《自杀论》。佛法非宗教非哲学而为今时所必需之后半篇则余续成之者,师阅后极为欢喜。余后于破人处不敢自信,复自删削。师闻大骂余曰:"尔所谓畏首畏尾、沾滞不前者。大丈夫言行须有胆力,方堪任重致远。怕打败战,便不敢战。怕人砍头,便不能保其头。有人打你莫怕打,有人砍头给他砍,如此才是豪杰之士。"余素谨饬,而失之优柔寡断。常有许多意思,都不敢对人说。骤得大师棒喝,如雷震耳,汗流浃背,惭愧无地。乃复所删文,还其本面。余自是论议文章,亦不致畏缩如前矣。师教伟也哉。

民国十一年春,得悟真如之义。先是余到内院,对唯识道理、依他遍计,都已了解无疑。独于圆成真如之义,终不了解。师云,学问义理,须于不同处发现真理。读唯识不了,可取般若经论读之。清辩《掌珍论》,尤不可不读。去年秋余游孝陵,读《思益梵天所问经》,于梵天所说如来不令众生出生死入涅槃,但为度妄想分别生死涅槃二相者耳。此中实无度生死至涅槃者。所以者何?诸法平等,无有往来,无出生死,无入涅槃。及怖空索空之喻,心大契悟，得未曾有。至是读《掌珍论》，真性有为空，如幻、缘生故。无为无有实、不起、似空华。说真如但是一切虚妄分别永寂，非实有性。又说若言真如，虽离言说而是实有，即外道我名想差别说为真如。乃将平素疑惑有别实法名为真如之梦想打破。又乃实知唯识所谓无为等法，一依识变假施设有，二依法性假施设有，谓空无我所显真如，有无俱非，心言路绝，与一切法非一异等，是法真理故名法性，离诸障碍故名虚空，乃至此五皆依真如假立，真如亦是假施设名，遮拨为无故说为有，遮执为有故说为空，勿谓虚幻故说为实，理非妄倒故名真如，不同余宗离色心等有实常法名曰真如，故诸无为非定实有之义。盖依诸法真理实相建立真如圆成实性，非别有实物名曰真如，故《掌珍论》喻如空华。实相真理非无，故法相唯识立有真如。然此实相即是诸法空相，此之真理即是空性空理，即依般若所说之五蕴皆空建立诸法圆成实性，此不同于《起信论》等之立真如为诸法本源，可与无明互作熏习而有作用者也。由是于真如理已明，于空有二宗异同之执亦解，于相似教亦达其误矣。此义于我所作研究佛法者应当注意的三个问题何谓真如中所下的诠释甚明，曰："依他起性，非法非我，皆遍计所执。是故此无我无法之性乃依他起之实性。此离我离法之相乃依他起之实相。此无我无法之理为诸法实理。如是实性、实相、实理，于常常时遍一切法，真实不虚，故名圆成实性，亦称无为，谓即真如。故诸部般若经云，一切诸法本性皆空，咸同一相，所谓无相。无相故无生，无生故无灭。由此诸法本来寂静，自性涅槃，即是真如法界等故。"三月作《佛法真义》，一作论所由，二佛法诠释，三唯识义，四三性义，五法尔义，六方便善巧，七学佛方法，八大乘精神，九明内宗差别，十释凡外疑畏。又作《心经略解》。学法成绩，略具于是。

正月得父手谕，促余归家。商于师，师许之，并嘱以下年仍返院助弘法事。师赐与甚厚，令偿债务。乃于二三月间，调查教育，以践去岁之约。先南京，而上海，而南通，而苏州。观感极好，作报告书，并取得中小师范各校刊物多种，携归县教局。四月，李体全自俄国来。体全去夏到北平赴内院，以极诚挚之情劝余奋志事业，不可以少年为无用之学，感其意而未从其言也。彼至俄罗斯，观察共产政治成绩。归来闻余将归川，遂同行也。

四月返家，双亲康强如昔。兄任本场督办员。大姊、二姊诸长亲及师友皆好。县中校请余讲演一月，并为表师计划改革学校组织。八月为母六十寿辰，亲友来祝甚众。寿毕，请于双亲返内院。到城，各学校机关请讲教育要旨，时历四钟，文长万余。大意以为中国教育重在陶淑性情，西洋教育重在培养能力，今之教育已全失中国精神，于西洋又徒学得其知识而已。去培养能力尚远，而所学多非所用，耽误极大。为今之计，当注重性情之陶淑，使得为好人。培养能力，以求不为废人。所学期于有用，则学科当严与选择，以适于地方及学生个性者而教，不可执一教育部之定章而强以求合也云云。此时南充教育界颇极人才之盛，张表方先生为校长，秦树风先生为主任。庞一儒先生长教局。而任筱庄、张秀熟、袁诗荛诸君咸供职中学。何新一师长驻南充，赞助地方事业。盛克勤先生为县自治筹备处主任。新思潮甚盛，余以儒佛之义宣说于其间，多有闻而感动欣慕者也。诸师友对余意至厚，赆颇丰，即资以返内院。同行者僧悟一等三人，送之至武昌佛学院会太虚、大觉两法师焉。

八月下旬抵内院。师精神极康健，正讲唯识八识八段十义。院中新同学有陈真如、李石岑，而邱晞运、周少猷先生亦返院。院外听讲者,有梁任公、蒋竹庄诸先生。广东陈炯明省长复为外护。济济称一时之盛。约两月,停讲。熊子真、李石岑同出内院,复与师友过其平静生活。师嘱以校刊《唯识述记》《枢要》《学记》《了义灯》《能显慧日中边论》《仁王般若测疏》《顺正理论》诸书,一年中得百数十卷。余之唯识学入细,在此时。

十二年作《起信论料简》《大乘非佛说辩》《佛法根据》诸论文。初师作《唯识抉择谈》,驳《起信论》真如无明互相熏习义。太虚法师作《佛法总抉择谈》以救之。时适梁任公先生著《大乘起信论考证》及日本佛学界均考证《起信论》之为唐人伪作,非西土实有此书也。但谓其立义精深博大,反以见佛法入中国后之进步。并谓佛法实乃由小乘而大乘而中国,次第演变进化而成,非全出于佛说也。故当时佛学思想界对《起信论》之态度,或以为理实书真,或以为书伪理真。乃云书真者,固无以救于书之伪。以为理真足以超越性相者,则且以大乘经论皆为伪作矣。盖《起信论》一派思想之笼盖佛教已千余年矣。在昔窥基大师、慧沼大师师弟曾力辩假教之非,唐以后更无继者。故使法相唯识之真义无人见闻。今更益以学说进化之论,使圣言皆成假托,为害滋甚。吾为此惧,作《起信论料简》,以简别伪义。根据性相二家之言,成立缘生法性之理,然后比较同异,核其是非,使知《起信论》立义之违反缘生法性唯识者昭明若是,如《金七十论》等,决非佛教论也。又作《大乘非佛说辩》以摧异说,使知大乘、小乘本来俱行,要有大乘乃有声闻乘,佛由大乘成,小乘由佛说,而佛与声闻之不同声闻共许故。又明佛法所诠,法界法性,若佛出世,佛不出世,常住安立,佛但为证性者,非造性者。而佛以一切智智成,有一不知便不名佛。谓大乘教理高于二乘而非佛说,则佛应非佛。谓真理可因时进化,则法应非法。如是种种，理教相违，故成妄说。简似理而护正教，菩萨戒行法尔如此，岂与一般轻言革命者同。乃《起信论料简》出，世人大哗，常醒法师、唐大圆、陈惟东诸居士咸起诤辩，武昌出《起信论》研究专书焉。余曾答常醒师文一篇，自余皆未与辩也。后二年太虚法师作《起信论唯识释》，寄内院嘱批评，余因作《起信论唯识释质疑》以答之。盖至今日，此书真伪犹未得一般人公决。虽然，千年沉寂消亡之佛法，至此而复起对扬辩论之风，生动有为之机具见于此，必经过此盛大之思辩诤论，而后真义明，正法昌，然智炬于昏衢，醒人心于酣梦，此其始也。本年刘戆甫、景幼南、缪凤林、冯超如、陈洒周住内院。陈真如、黄居素并自粤移家南京近师居焉。朝夕研究唯识不辍，师友之乐弥隆。某日下午与超如游乌龙潭，在其亭上现见得山光水色天地景物，莫非实相。大笑狂歌，喜乐无穷。吾于佛法始得亲证。

十二年暑期，内院筹备招纳新生，下期开办试学部。盖师之学问声闻日远，求学者众。然以地狭，又且弗能供给食宿之费，以前此留院同学皆由内院供给食用，其未为内院服务单事研究者亦由院供给伙食，故收人不能广。余建议由内院代佃房屋，伙食亦可代办，每人每期取银四五十元，即可互不相碍，而不阻人来学之望，亦可谓惠而不费者也。师友允可。师以为学级不可滥，乃对新来者作为试学部，命秋逸兄主教务，洋亦令负引导之责焉。下年来学者，有存厚、蕙庭等诸比丘，及韩旼畦、蒙文通、黄通儒、刘衡如诸同学，共十余人，皆济济英才也。而湖南衡阳黄黄山暑假来院问学，其人朴诚笃学，教数学于师范学校十余年，独自研究《唯识述记》，能通其义。来内院与余相处，一月之中，已将疑义尽释，实为苦心孤诣之学者。方望以弘通之重任，乃归去数月即死，大可悲也。李雨僧先生偕卢瀚来南京,年假子鹤先生来。而盛伯恭、吴超然、张无机均来此过年,正月为讲真实品。故旧相聚于异乡,亦大乐也。本期研究会讲释神通。

十三年秋逸兄讲《因明纲要》,余甚得益。余讲《唯识通论》。本书原拟三篇,前篇总论,中篇论八识五十一心所因缘相见等心理现象,后篇哲学问题。只成前篇,及成立唯识义一章,后因病而停。是时海内有玄学与科学之战,吾作随感一篇。又批评吴挚辉先生等文一篇,存师处,未发表。年来心中渐多烦恼,烦恼而病。真如去岁在其家与余谈话至三更,评余曰:"你慈心智慧均有,但有大病,即是我慢心重,将来学问愈进,慢心亦当盖天盖地,目无余人也。"余心未服。今年在耦耕室中,自辩云:"余有信心,余极服善,故兄说余慢心重,不然也。"真如曰:"信心服善,余亦承之,无慢心则终不然也。"至今思之,信然。有愧良友多矣。一切差别妄心,皆由慢心起也。真如云,慢者自大,自大故不大。尤为金石之言。惜此时不得对真如自承余过也。余与耦耕甚相得。耦耕去岁返滇,接其妻来。耦耕病,不一年而其妻死。内院友人黄树因死于北京。许一鸣死于内院。而师之子东死于上海。余与耦耕每于饭后谈故事以为乐。余自北平来内院两年间,法味至浓,世间一切书籍皆不耐入目,世事亦不耐入耳。独此时心渐外驰。江西上高李贵民年十二来内院,师使余专教之,亦不免劳顿。卢瀚在上海,约余往游。余遂去上海。复与李怀信三人同游杭州,住于虎跑寺。游行各处名胜,在灵隐寺见方丈收皈依,威仪敦肃,令人生敬慕。观于佛像之巍巍,景仰至于泣下。至上天竺,恶其戒行不讲,为之忿恨。当时情感冲动也如此。湖山之胜,不及心境之苦也。卢瀚发心学佛,戒杀戒肉,心愿极强,并将出家修梵行。予以其有父母,无兄弟,劝之在家学佛修菩萨行,可两不碍。瀚刺身为誓,不可阻也。又且天资颖锐,余自愧弗若,余且随之学字焉。余心多烦恼,终日礼佛发愿,行忏悔。久之得吐血病。往杭州曹叔谋兄处托其觅医。曹兄多情厚谊,待我甚厚。忽陈洒周自内院来,约吾往住杭州佛教会。会所在小孤山下,风景颇佳。日往来于二堤孤山、空谷传音、林太守坟等处,颇自适,病渐愈。洒周侍余极勤慎,而卢瀚、盛伯恭、李怀信诸生时来看余。伍白坚适来杭州,为南充中学购铁机,相见甚欢,至不寂寞。会佛教会吴璧华居士新任会长,租大宅为会所,迁余入城,开会欢请大勇师及余讲演佛法。勇师讲时,余已吐血。入座说诸法缘生无性之理。座下闻者,见余吐血说法,极为感动。会中立为余延钱先生医治。乃血疾未瘳,疟疾又发。一夕昏倒地上。内院师友得信,邱晞运先生衔师命来看,并致医药费。卢瀚又送致多金。湖北杨先生为日本留学生,在杭州医药学校任教师,自云昔曾失血,禁语三年,尽力休养,不药自愈。人既贤良,行尤谨慤。近年信佛,发心至诚,为余病极致心力。既疗疟疾,又医血疾。后迁居云居山,犹为余远道往返馈致医药,可敬可感,永弗能忘。乃余后竟忘其名,致莫由一通音问,可谓糊涂也。温州叶见融居士,可方盛德滋兄时相慰问。余在佛教会,有人劝以食鸡卵可治病者,买蛋冲食之。杨先生约两友人来看余病。问余曰:"先生今何年矣?"余曰:"二十七矣。"其人叹曰:"吐血病三十以上易治,三十以下不易治。自古才人多不寿,惜哉!"又见余桌上有鸡蛋,问:"先生食荤,食素?"曰:"素。"曰:"何为置此蛋也?"曰:"人云可治病耳。"复长叹曰:"自来持戒不坚中途开犯者,皆以此借口也。"余谓此人殊唐突,而语质直,亦吾师也。立禁蛋食。又有友人谓余作《起信论料简》,侮圣言,得罪菩萨,毁其板,病可立愈。余笑之,曰:"有是以疾病祸人之菩萨也哉？且理之所在，虽生死不敢易，况疾病乎？"盖在西湖偶阅《楞严五色注》，深慨经文之违理，注中浅陋处尤令人失笑。正法晦霾，兴之在人，益不敢不自任也。病中归向之志益勤。失眠，辄作光明想。梦中常游塔寺，礼佛。一日梦至一处，疏林明月，景极清凉。而庙宇愀隘，佛像尤不宏伟。余以意想，作宏伟观，观弗成。曰，与其礼拜土木之佛，曷若拜余自性佛也。则顿见自己分现多身，周环对礼，五体投地，得大欢喜。盖凡夫处顺境则忘戒慎，居忧患则励身心，烦恼愈重，善根每亦与之俱增。余之病，多得之内心矛盾。因病加谨，则苦中亦有进益也。居佛教会十余日，以城中不如山居，乃与洒周迁住云居山，常寂光寺。寺新建不过百年，僧众戒行严肃，日夕念佛有常课。居之意甚安。病亦旋愈。食息休养，以求健康。问临麻姑坛以寄意。约月余，而战事起。是时曹锟贿选大总统，将讨关东浙江，求统一。张作霖、卢永祥暨国民党人起而讨曹锟。浙江北与齐燮元为敌，南与孙传芳为敌，势甚危。杭州缙绅之家咸迁避上海。友人劝余归南京，遂辞此锦绣湖山，过沪还内院，时七月间事也。余在杭前后三月，湖山之明媚，生活之优厚，新知旧游之交接，都为平生所罕遘。乃中心之取舍爱憎颠倒矛盾，亦以此时特甚，病亦特甚，益知人生之安宁在心不在境矣。然人生之最有价值耐人寻味者，又莫如生活心理之复杂繁变于苦痛中得着安定。今日思之，此数月中所得终逾于所失也。

余回内院，师友俱安善。邱先生一年来，最与余相得。余仍休养，时临麻姑坛。师教临嵩高灵庙碑。邱先生送余石门颂。方知区区一字，亦复有如许家法。然予终一无所成，盖本非艺术中人，聊借此寄情耳。孔子谓饱食终日无所用心，难矣哉，不有博弈者乎，为之尤贤乎已。又不如习字作画无弊耳。一日见某生赤膊读

《四分律》,叱之曰:"汝裸身读戒也乎!"晚告之曰:"汝之精进过余,汝之放肆亦过余。汝敢为而乏慈心。吾佩汝能忍,吾亦憎汝之忍。汝之前途,必多魔障。慎之哉!"生唯唯。是时生出家之志甚决,请其父母极坚。其父母怪我甚。后余归家,告以刺身作誓,必不可挽。其父曰:"吾见人始贞固而终淫荡者多矣,何必其然。"乃余离院数月,彼即与恶少作猖狂之行。其父得息,立挈家东下,与成婚焉。今生三子矣。后余见生读吾书,眉端记识,若甚精禅理者。余所不解,彼解之。甚讶之。而怪其行事乖谬何也。彼去北京,犹常与通信。一日与余书,乞余请于师作师之徒,而请与余友。余争之,遂相绝。后颠沛于武昌,余又不能救之。至今思之,庄生云,呼我牛者应之以牛,呼我马者应之以马。道高而龙虎伏,信至而豚鱼孚,岂强之哉。我本无过人之能,而好为人师,操之急,无从容宽大之度,无益于此善根烦恼并利之人,只以自损。余过矣,余过矣。愿后此知所以如法驭众者,则生之教我者远矣已。

八月战事日急,邱先生返江西。余思亲甚,亟欲归。作诗呈师,曰:"人生重别离,别离终不免。不如且达观,无常理至显。别师非得已,为欲见爷娘。爷娘见儿喜,师心亦自安。"得师允许,遂归,任昭明同行。至重庆,又与伍白坚等俱归,时九月矣。父母兄姊均好,城中学校张、秦、庞诸师,伯安、体全、诗莞、仲皋诸友均在。约讲佛法。年假将届,师友不忍别,连日斋请,谈故事,至乐。师座自内院寄来四百元,归家修新房一座四间,明年二月成功。

十四年二月赴城,闻熊沅生先生卒于牛华溪。中学校开会追悼,秦先生演说大哭,余述熊先生德颇详。三月初辞别父母师友,还内院。师友如常,内院得梁任公、叶玉甫、熊秉三、陈真如诸君助,正建筑法相大学,规模颇伟。秋逸兄主其事,精心擘画,具见贤劳。余至,少作事,读《杜里舒讲演集》全部,对西洋学说思想颇有所识。余甚佩服杜氏之精深严密,以佛法衡之,虽未合,在当唯物论、进化论盛行之时代,于生物学上作隐德来希之要求与假立,于心理学上作灵魂——经验的积水池——的要求与假设,于哲学上为心物二元论之主张,而归其本元于上帝。虽非定论,实以科学的态度发现正当的问题者也。至其反对唯物论,反对进化论以为积叠说,反对行为派心理学,皆持之有故,言之成理,莫之能易也。又谓在心理界则曰灵魂,在生物界则曰隐德来希,然二者安知非互通为一。此互通为一之法,无法足以当之,唯佛法之阿陀那识当之也。八识内变根身,与共安危,依识生长。受熏持种,令一切业及经验永不亡失。此即生物界之隐德来希,而心理界之灵魂也。特有一与佛法极相背驰者,其在生物学之试验以为海胆之卵,一剖再剖,乃皆各自成虫。某种生物,断其足而足生,断其尾而尾生。因以证明一切众生隐得来希是一,则当谓小生命者从一大生命分流而出,是故宇宙天地万物共同。上帝之要求,于以现于形而上学。此与佛法诸法无我、无上帝、无神,及唯识有情各一阿陀那识,各一宇宙者,完全异。彼亦遂不能严持其认识论上第一性、第二性之皆唯心变,而充其量于本体论矣。然此岂易事哉。非实证法性及有圣教之依持,岂能自悟也。彼能为学说界提出问题与假设,吾人利用其机以佛法胜义答其问而解其蔽,始终以见真理之大同矣。故余对杜氏深致其崇敬,以为西方科学之哲学家少能出其右者也。六月开研究会,余讲心理学评论。大意谓西洋心理学发生最迟,始附庸于哲学,继因生物学、生理学之兴乃随之以兴,故多偏重于感觉器官之剖析,因以为心理作用皆生理作用也。行为派出,直谓心为不存在之物。心者,人身——有机体对于环境刺激所起之反应行为也。思想者,密语也,亦行为也。行为不出全身之动作,故一切意识亦皆身体之作用耳。夫大脑分工之说既为实验所否定,感官所得之影像又与实感者殊,则谓各别之心理作用出于各别之器官者伪,又身体全部之作用必不能合以成心理现象。此如行为派之以H_2O合则成水,当知水已另是一原素,而非即H、O也。三线合而成三角形,此三角形乃有面积的,但以三线表其范围界域耳。只可说三角形有其三边,岂可离面积独取三线,又岂三线合而便成面耶？又如乐音合成曲调,此曲调乃随人心而生,非自有其美。故同一曲调而随人变其美感也。又如说意志不过身体行动之一种朝向,则如虎逐鹿奔,同向西去,朝向同也,而心志果同耶。一固因恐怖而志求避难,一乃因贪欲而志求得食也。苟以行迹而求之,则心理中一切苦乐忧惧爱恶取舍,均无以解之,更何论于善恶染净也耶？杜里舒氏与德国胡尔兹堡学派之心理学比较为近于理矣。然其分析心理原素也,亦至为粗疏。外此者更无论矣。非夫佛法之穷究心性,彻其源底,安能解世之惑而正其谬耶？故欲学心理学不可不研究佛学,欲弘扬佛学尤不可不从唯识之论心者详细探究之也。原词甚长,此其大意耳。

法相大学校舍已成,预备开办,先招生,次定校规。师命我为大学主任。七月开学。学生三十人。在家有胡涤非、王冠勋、杨荣生、孙明善、钟永光、赵守义、欧阳子衡、姚宝贤、张义举、袁允中等。出家有永机、演藏、显教、能是、宏度、韦乘、又山、印沧、彻空、迦林、体参、西莲、圣楞等。而陶闿士、吴梅修、熊东明、释满智诸君,并于此期来院听讲。余每日上午上课,下午自修。晨夕礼佛静坐。师、秋逸兄、耦耕兄、叔吉兄,并余分任功课。余讲真实品及佛学概论。《佛学概论》作于此时。余行动、起居、食息,无不与诸生同者。故不加惩劝而风纪肃然。余亦因诸生之挟持,而振作不息。年余之病躯,乃反因教人任重而日健。盖事事有常,烦恼不侵,而庄敬日强也。

十五年,仍主大学,讲授如常。一年来除授课管理而外,并为诸生改文。诸生进步甚速。余心滋喜。光天于二月间到校。引见师,师甚喜。与诸生处,甚相得。一年来之生活,至美满也。暑期将近,诸生有放逸者,余责之严,禁止比丘着白衣以合律仪。某生在校食肉,挞而摈之。少数不率教者,商之师及秋逸兄开除其学籍以肃纲纪。诸生去后,悉诚意忏悔,与余通信问学不绝。昔人谓以佚道使民,虽劳不怨。以生道杀人,虽死不怨杀者。我何德足以致此哉?于以见人人各有善根,而诸生之尤为敦厚也。

假期,事少,晨起静坐思维,作空、幻、如、唯识观,有会心处,有过用力处。一夕与荣生光天等谈话颇久,遂疲而吐血。困顿久之。杨叔吉兄时开咸宁医院为我针治,故未至于剧,不似在西湖时也。病中时阅《五灯会元》,见罗汉琛云:"若论佛法,一切见成。"与余往年乌龙潭所悟合。愈证一切法都是佛法也。下期七月开学,讲授教导如常,学生更为率教。余执法虽严,而爱人亦切。诸生益与余亲。平日与同作息,星期与同游山,乐趣盎然也。本期日本佛教各派联合组织考察中华佛教团,来华考察。团长梅谷孝永,团员长泽德玄等共二十二人,自北京来院。本院开欢迎会,并于二院请该团讲演。先由师致词,略谓今日诸大德远临,于此学必多惠益,交换智解,研求义理,今正是时。窃举三义,以求指教。一者对于世间科学哲学诸见,破申外宗,其事极难,如何而可超出象外,得其环中。二者戒律久弊,多不适用,迁就从新,势又不可,如何乃得整理通行。三者密宗事相易惑于印度教,教理易困于贤台,如何乃得以龙树、无著之说裁正发挥真相。三义皆求善知识启示大端。次该团推智山大学教授高井观海讲演，于三义未答，另讲由佛教史上所见之法相宗一题。略谓佛法道理，不出诸行无常、诸法无我、涅槃寂静三义。前二是现实，后一是理想。合为理想主义，不外一心。故研究佛法应究此心。心有缘虑心、集起心、坚实心。小乘依缘虑心说业感缘起。权大乘依集起心说赖耶缘起。合为世界虚妄观，即法相宗之所详，而为大乘本源者也。又实大乘，依坚实心说真如缘起，说世界真实观，即三论天台、贤首、真言各宗之所详，而为大乘之曼衍者也。内学院注重法相，是为大乘根本，愿于此根本致力为之云云。继由各团员讲演，多发数语而止。余乃起致答辞，大意谓大德等远涉海洋，来观察敝邦佛法。精神愿力，至所钦迟。特敝国年来内外多事，财困民劳，故于佛法亦不能从崇宏壮丽物质上发扬，仅能在教理精神致其兴革。仁等来此，亦应从精神上观察而已矣。敝院当正法衰坠之余，又适西学澎湃汹涌节节逼人之际。故所亟亟致力者，第一为似教之革除，第二为正法之统一，第三乃可以应敌祛迷，以光显我佛之悲愿而普济有情。所谓似教之革除者，隋唐以降，异说蜂兴。有为无为，杂染清净，法相殽乱，修行靡依。或说似我之真如，或说一元之心识。诸多错误，故当辞而辟之。所谓正法之统一者，正法原自统一，佛法本无宗派。且如般若、瑜伽，世所谓西方性相两大宗者，以为性宗多谈圆成，直明空性，相宗多说依他，因果历然，以故又说为空宗有宗也。然此实肤浅之谈，未明何为圆成、依他者也。当知圆成实性、二空真理，本不能离依他起性缘生理立。而依他诸法，以缘生故，自性体空。是故经云，诸法从缘生，自无有定性。若知此因缘，则达法实相。若知法实相，是则知空相。若知空相者，则为见导师。又说，若知缘生，则知法性,若知法性,则知空性。知空性者,则无放逸。《中论》亦云,因缘所生法,我说即是空,亦即是假名,亦是中道义,世无有一法,而不从缘生。故无有一法,而不是空者。《掌珍论》亦云,真性有为空,如幻、缘生故,无为无有实,不起,似空华。故知空宗言性,不离缘生。离缘生法别执真如,则同空华也。谁谓性离相而别有耶?余言至此,译人水野梅晓优婆塞,请余休息,谓时已长,更有他事,他日承教可也。余曰:"诸上善人来自远道,言之敢不尽意。既无多暇,留不尽之缘以待后日,亦诚善也。"遂同出讲室,聚餐焉。食时,诸闲谈,意颇殷。一人书谓余曰:"中国之大,佛法如此衰,作么生。"余曰:"亦为之而已矣。"嗟夫,此愿何时了哉。夫两国同文同教,设能学说互资,其有益于人类何量。惜其来去匆匆,不能为白驹之维系,诚憾事也。

冬间梁漱溟先生来内院,开欢迎会,在大学讲演,于一院燕之。师生重聚,克展情怀,乐何如也。与先生言,不尽契。平生好以愚诚唐突师长,梁先生亦不以为连也。一日出所得梁任公先生函,欲附印于《梁忠端公遗集》后,与余商之。余曰:"善,君子之过如日月之蚀,于以见任公之伟大光明也。"先生约游公园,从之,罄其所怀,倾谈半日。夕阳西下,乃返内院。予倦,且欲病矣。梁先生在少猷先生室内,取余《缘生论》阅之,亟称曰能。后梁先生到二院谓予及苏建秋兄曰:"我之短长信如君所云,豪杰气象多,而圣贤气象少也。"梁先生心量宏也。

十六年,大学开学,讲学如常。因病未续作《概论》,取《唯识通论》讲之。学生中增遐辉、谛闻两比丘。是时战事益急,孙馨远已失败于江西,督署车站连宵运兵,彻夜闻兵车声有感,作诗云:"讲学在城市,督署为比邻。三年五易主,一夜九出兵。富贵足声势,忧危总不宁。吾辈自清寂,高卧无人惊。"此诗不古不律,且不协韵,达意而已。不久党军益胜利,孙不支,褚玉璞来镇江苏。大学近督署,设无线电队。未久而褚复北退,党军入城,秩序颇乱。大学前后杂驻军队数月。北方飞机时飞翔往来大学上空掷炸弹。吾人讲诵,未尝辍也。是时党军守联俄容共之政略,故军中多赤色化,日以打倒封建思想、帝国主义、宗教迷信为口号,大学朝夕礼佛静坐,类迷信。支那内学院之名,误为与日本有关。而唯识之教,则以为封建思想。时见讥诃,不无骚扰。虽以静镇处之,心绪终觉不快。又月余,而驻军益众,军府来校立电台焉,益不容予辈讲学。师忙急中,乃嘱耦耕往会陈真如兄,由政府给银三万元与内院而接收大学院址。时暑假已到,大学部即宣告下学期暂时停办。法相大学,一现昙花,遂与昔年之祇洹精舍同其运命矣。于去大学之日,为诗以哀之。诗曰:

万里辞家来,初愿颇殊邈。大法应中兴,慈恩云再复。堂宇矗然起,规模称太学。远迩闻风至,缁素盈黉屋。家法遵大唐,教义本天竺。勤勤两经年,风轨何肃肃。慧日照大千,此时方初旭。长空飘骤雨,世事俄翻覆。民权正嚣张,吾道苦局促。讲堂枕戈矛,法苑征马逐。电机中夜鸣,飞弹青天扑。委蛇数月中,犹不废讲读。奈何丧资斧,薪火苦不续。终无长久图,百计轻一鬻。缁衣遣还山,白衣归四渎。寂寞复何为?沧浪濯吾足。拊膺独伤怀,兴废一何速。斯行空无得,无常义弥觉。

余一年来思念家切,一则病,二则境不称心,早作归计,预备旅费百元,适因某君阖家大小困于南京,乃分六十元与之去武汉。旅费既绌,而船费奇昂,始为步行之计。陶闿士敦厚君子,一年多病,时共作诗,佛学之外又为诗友,相从至密。闻余之意,以为不可。适王作祥来南京向某军索还轮船,因介绍与余相见,而托以搭载。作祥欣然允诺。驻宁数月,时相过从,兼问学焉。此时法相大学已停办,故得别师言归。临行,师嘱洋速去速归,共弘大法。余祝师少病少恼,内院吉祥。师友别离,余送偕光天、董孝达、李宏材同至上海,与耦耕兄、王心三兄、关帝庙退居玉峰上人、邹梅生居士并作祥、刘子春相会,留连数日,遂上作祥所介绍曾介眉君之轮船,偕子春而归。行至汉口,船停数日,得至黄鹤楼、白牙台、归元寺,各处徘徊。此时三镇大兵之后,继以实行现银集中政策,工商萧条,有如乡市。回忆往年车水马龙轮船栉比,繁华之象,何啻大渊,不胜今昔之感。而疹念前途大难之方殷,虽名楼胜地,都含惨象。别有内江张生、南充青生,困踬武昌,欲归不得,洋复请之子春,商之介眉,概允附载。于是吾党五人均免费同归。江中作诗曰:"大道容深造,虚名与世辞。归伴鸥鹭宿,饥摘商山芝。伯牙不鼓琴,渊明只赋诗。亮节高千古,馨香到今时。"盖无端厌逆之思,逐境增愁,誓长往不返矣。舟至重庆,二十一军部忽接某某轮船载有大批共党来川工作电,余等遂禁锢江干一夜,次日押送军部。王伯安、李公辅、秦仲皋诸兄,俱在部服务。余遂得立时保出。伯安招至其家,张安钦兄自南充来,共聚数日。长安寺佛学社吴适均、黄复生等,欢迎至社,请讲《心经》。听众满座。余先明佛法三杂染义,次将历叙三乘大意,而后说到般若五蕴本空自性涅槃之理。第二点钟上讲堂,约五分钟,血疾顿发。卧病月余,佛社延刘先生医治,医药甚周。吴适均、王劼琛、曾少为、徐少凡、吴厚安、舒次范、刘子春诸居士,慰问甚勤,伯安诸友,过从亦密,光天侍疾,病中颇不寂寞。适地藏菩萨诞日,社中开会庆祝。朗月法师警众曰:"大众当勤精进,一心礼拜,朝九华者十里路外已叩头上山矣。"予在旁观听,十分感动,以为不有忍辱精进大悲大愿,则不能受诸有情至诚礼敬。菩萨难行能行、难忍能忍,今成大菩萨,众生叩头往拜者,安知非昔之狎侮菩萨者乎。升进陨坠,各如其因,人安可不自勉也。泣下不能止。八月中旬,病已大体告痊,辞别诸友、返家。

八月二十日抵家,父母兄姊等均好,家抚养一子亦三岁矣。日唯在家养息身体,光天侍予读书。予时时游行田野读陶诗、杜诗,颇自得。冬月作《归田园行》等篇。

十七年戊辰正月,肃清比丘、奚君焱尧来家,一夕与焱尧谈学过久,复至失血。延谢尚卿兄医治。二月间妻自娘家归,云岳母病几殆,三弟李回光为母割肝为汤得愈。感其孝,作割肝行。其词曰:

> 君不闻,姜诗夫妇称孝子,地涌清泉泉出鲤。又不闻,曹娥痛父不顾身,沉江负尸出水滨。至心信足格神明,或道往事未足凭。吾有妻弟李回光,割肝救母惊四方。此时眼见无疑义,益信至诚不思议。李君蜀北西充人,谨愿质直一农民。短衣赤足耕丘陇,佃田播植倍勤辛。昔在天下无事时,劳身节用家足持。十年人天始革命,四海纷纷茹鼓竞。英雄割据煽雄威,小民奔走顿穷困。可怜老父劳瘵死,老母悲伤痛不止。奄忽一病遂经年,宛转呻吟在床第。神医妙药求无力,纵复求之亦何益?奄奄一息势将倾,抢地呼天无颜色。去年丧父已无怙,此日那得更无母?儿身本是父母身,生养怀抱备劳苦。倘

得生死能相代，粉骨碎身终求补。手执钢刀灼如电，恚然剖腹肝肠见。一割已令鬼神惊，再割风云昏禹甸。中宵呼兄起作羹，此肝敬为阿母呈，但道此是寻常肉，勿言此事伤母情。母饮一杯痛遂已，再饮沉疴霍然起。儿闻母愈心欢喜，不药不医创自理。果然诚愿天可回，一时瑞气盈间里。间里闻之竞叹嘻，长幼趋跄瞻令仪。有情本自有良知，睹此谁不长孝思。我见是事钦且愧，我作是篇重感喟。中夏立国五千年，风化亘古崇孝弟。德义是尊卑功利，文物声教何炳蔚！自从沧海欧美通，狂潮恶浪日向东。子可背亲弟弃兄，衣冠不复存华风。李君事亲诚且恭，挺然拔出流俗中。临危致身何从容，寸心耿耿塞苍穹。方信天理长不灭，真情至性古今同。

不久妻亦病，周身疼痛，每彻肝髓，几死者数。赖母亲慈悲，为之医治，或半夜为之作汤食。此一年中，余及妻俱病，劳苦父母兄长极巨。光天在家烹调汤药至勤，余在病中复多过失，喜怒失中，并得光天劝慰谏诤，得益不少。观其性情之纯厚、识见之明、作事之有条理与耐力，大器也。妻之病亦其自取，量狭气粗，慢尊亲，诫之不改，时相违迕。病中始知过。而母亲不嗔其平日之过犯，于其病危，至心大慈以调养之。慈母易得，慈姑难得，慈而至于不念旧恶又从而百计救济之，更为难得。若吾母者，世所无有。子若孙，胥其慈心长育之也。九月中，庞明钦师来家视余疾，徘徊数日归去。十月二十四日，秦树风先生死重庆。冬月中旬，往迎其丧。江干致祭，伤感不禁。十年良师，得见红棺而已。挽之数联，其一曰：教人曾下千斛泪，临事每忘七尺躯。复为作行状。追悼会毕，返家，归途又吐血。到家则母亲亦病。幸不久皆愈。此一年中为余平生最苦之年,病重,烦恼重,一家人多病,不如意事甚多。赖有慈父慈母贤兄之哀怜,光天之服事,又于病中读《瑜伽》声闻地,能悟解,得大欢喜。亦以厌离心重,故得与相应耳。余之读通《瑜伽》在此时。真实学问,固必有重大之因缘,重大之代价也。

十八年己巳,正月,得内学院秋逸兄函,并转来黄联科居士函,联科居士福建泉州人,弱冠商于南洋西里伯岛,感人生之空虚,求解脱之正道,出入东西学校而不得。时萌自杀之意,后因读吾所为文而获解救,因函告内院,欲每月助我百元作为著书弘法之费,并先汇两月资。秋逸兄以有此良缘,极力劝余返院,共弘大法。顾余以病体未痊,不能作事,除已汇之银不可却,余即辞谢之也,并函覆秋逸兄以不能返院之故。余去年得一湖南友人杨界宾,因读吾《唯识通论》而常通函问学。今复得黄居士,热肠大愿,卓越寻常。当离群索居病困中得此慰安,匪唯心力加健,病体亦较易安养也。黄居士可谓吾之救护人也。顾余病犹时发,中心常惴惴。正月中旬,延青宅仁先生医治。青先生谓余病在郁结。余谓不然,余淡泊自甘,无求于世,何致有郁结。青先生曰:"以先生之学问才智而僻处乡间,大之则世道之忧,小之则心愿不遂,焉得无郁抑耶?"余闻言如梦初醒,盖余本有志,不遂而归,归而病,病而益不能有为,病中烦恼起时,观苦空无我无相如幻如化之理,及安命乐天之义,自遣自慰,便觉我已能观空安命矣。不知皆是对病下药,病何曾便医好得,乃便执药以自慰,谓无病焉,其实中心求取之念并未尝已,有时反益甚,则观之亦愈勤耳。后四月中天气热,余畏复吐血,就诊焉。彼诊脉已,复曰:"先生无病,病在心。心有怖,故觉有病耳。先生学佛者,何不观空,本来无病也。"余闻言,如释重负,觅病了不可得。呜呼,学佛多年,执著如此,大善知识,乃在医师,可佩也,可愧也。余自是不服药而病渐愈矣。余自归家，见父母劳苦甚，病中更累慈母，余既不能服劳，妻又不能顺意，而母亲勤俭成性，事事躬亲，诚恐为儿媳劳顿死。不得已，乃商之长兄，分家焉。兄嫂已多年分炊，今复将家三分，儿媳各自成家，减轻父母劳苦，令得安息。然双亲俱六十七矣，人子不能代劳役勤服事，仅分炊以息其苦，反躬内咎，惶悚奚似。然吾家农家也，父母素习劳苦，有事不能禁其不作。余读书教书多年，未尝有积蓄，不能如他人之可全家生活裕如，役使仆婢，不劳而食。己之德薄，又不能化顺其妻，妻之个性过强，不能事事顺亲意。舍此更何以哉。终乃流涕泣而分炊焉。苦哉苦哉。本年请于父，修建龟山一世祖信字载阳蒲孺人碑，并二世祖普贤、普林碑。七月黄联科居士汇款印《佛学概论》，作缘起，与之书，誓之曰："自今以往，世世生生，常为善侣。或以财施，或以法济。于正法藏，为护法城。于诸有情，为大施主。积集资粮，共成正觉。"八月慧生生，双亲喜极，庆儿初得子也。岳母得外孙后，十余日逝世。去年下期，今年下期，训侄甥及舅父之子及孙，赐玙、赐璋、长孝、长弟、张羽、自明。惧其失学，余亦不可无所事故也。

十九年庚午正月上旬，答黄联科居士降魔治心之道。大意谓：魔生于烦恼，烦恼生自分别，分别起于我执，我执愈甚，分别愈强，则魔事转胜。吾入于魔事纷乘莫能自主之际，而审观无我，此亦伏魔无上之妙法也。此意吾初到内院时得之。一日因起邪心，立觉其恶，耻恶之甚，而邪念反炽，半日不宁。反思诸法无我，邪念尤非我，执邪念以为我之邪念，我起邪念，又从而以我克治之，误矣。当知彼起非我起，亦无有我。作是思维，如释重负，心便得宁，而烦恼转轻。自是而后，凡烦恼起时，皆作如是观。虽不能令之不起，然不似从前误用工夫之难治矣。故答黄居士之书云云。后至成都，与黄肃方先生论学,黄先生云:"四面八方来时如何?"余对曰:"观无我。"肃方先生曰:"此古德打中间之义也。"正月下旬开办龟山书房,请清璠训蒙,令彼半工半读,得免辍学。以频得黄居士惠施,因其资以开校,欲不虚食信施,求人己兼利。从余学者,光天、清璠、国庆也。侄甥等俱入小学班。吾族人口渐多,分居各地,多不通往来,后孙不识祖人坟墓,自去年修一世、二世祖碑后,今年复修水龟山王氏族谱。龟山王氏始祖王平,字子均,以武功辅蜀汉,官至镇北大将军,封安汉侯。安汉即今南充县也。子训、嗣侯,至宋末有和鸾祖,咸淳间进士。元灭宋,祖隐居不仕。明代龟山一世祖信,始自车龙镇王家塝迁居水龟山,生子普贤、普林。林生万金,金生正兴,兴生汝贞,贞生应常,常生荣钦、相钦,荣钦生文祥,相钦生文吉,文祥生兆龙,兆龙生六子,琬、琰、瑾、璿、瑗、琼,琰继文吉,即今龟山六房始祖也。至今又将十代,族众二百余家。次其世系,别其尊卑,俾六族之人皆识其本源而敦其孝友之谊。去年安钦先生自上海归,来家为余诊病,服其药颇效。今夏初,母复病吐血甚剧,复请安钦先生来诊,服药亦应。至冬月母又病,余妄下药,危甚,复请安钦先生来诊,药到病除,若神焉,中心感激无已。当母病重时,大哥、大姊、二姊及予共为之念佛。大姊发愿,若愈,即长斋终身。母果愈,而姊遂长斋矣。姊性至孝,事翁姑尽礼,侍病三年无倦,识大体,有胆气,能辩论,待人慈恕贤德人所难及。本年十月十日,为亲教师六十寿辰。去年秋逸兄即函告同学应各出心得为文以寿,今春故作大士行,万余言,而血疾复作。因仅完成布施一度,寄内院为师寿。师阅后,大不谓然,批斥数点,令改作,并嘱东下闻法云云。予得书,手足无措,不知所以为答,且亦无力改作也。复书益不当师意。秋一兄来函切责,回书不无诤论。师益怒。至明年得秋逸兄函云："师说经前解释似无疑义，与兄见解亦无多大出入，不过文字繁简意义隐显而已。且转告师意，命东下助弘法事"云云。余心乃释。余答东明书略云："师以直道望来学，以菩萨望来学，洋入内院即常以是自勉，唯恐有辱，所以好兴诤论者，岂不曰师友以道义相从，至理因言辩而著，况进思尽忠，退思补过，将顺其美，匡救其恶，臣子事君父之道，尚无苟同，宁有弟子事师而一味率从者哉。"自后师弟间情意复归常态。洋之书此，所以见师之大量容物。亦以著弟子事师之道，从道则是，从意则非也。是年作《佛学通释》十一章，以教诸生。

二十年辛未，初修龟山书房。去年开办书房，仅借吾族蒸尝会之旧房五间以为教学住宿之用。吾族之会业，盖吾父创造之，因是基础乃开办书房，以至次第发展，父之恩也。今年人数渐多，屋不足用，而联科居士续有资助，遂租得会业全山以修教室寝室各一间。至下年又增修三间，作《龟山书房记》。记曰：

> 昔者，圣人在上，克明峻德而天下燮和。孔孟不得位，著书立教，而大道以明。宋明儒者，讲学成风，身体力行，而士民景从。是以政乱于上，俗清于下，国运虽微，而人道不灭也。若夫六代隋唐，千余年间，世乱纷乘，儒术衰废。于时则适佛教东来，大泽深山，名僧辈出，岩栖谷隐，抗节帝王。戒行高洁，则贪夫以廉。慈悲宏远，则浇风用戢。其扶持世道之功，迹至微而力至普，非但禅定寂止，自求解脱已矣。当今天下，大难横生。上无明德，野乏高人。教育总于学校，而讲学之风久息。贫者无求学之机，富者乏艰苦之志。况师徒相聚，如商贾入市场，唯名利之是趋，匪道义之相得。兼复邪说蓬兴，朋

党相伐,嚣讼嚣张,仇怨倾轧。浇风日竞,而人心正义消灭尽矣。教育不以成就人才,翻以败坏人才。不以改良风俗,翻以败坏风俗。乱之日兴而未有纪极,其源专于此也。昔在南京,怵大难之方殷,非空言所能力争也,故退然有勿用之志。归来抱病,益无力振作,乃福建同安黄联科居士,频自海外,劝余弘扬大法。又复历年惠助多金,俾得优游著述。居乡渐久,门人渐集,乃以黄居士所赠金建修龟山书房。地虽不宏,清净无扰,屋虽不多,足资讲习。及门之士,虽无轶逸寻常之才,要多忠信刻苦之质。颜也愚,曾也鲁,皆足以继承圣人之道,余虽薄德,诲人弗敢倦也。记不云乎,今夫地一撮土之多,及其广厚,载华岳而不重,振河海而不泄,万物载焉。言夫至诚无息,久则博厚而高明也。龟山虽小,诚心以之,安知其不足以转移时运而风动天下乎。于是集门人而告之曰:粤来诸子,咸听余言。惟吾之教,儒佛是宗。佛以明万法之实相,儒以立人道之大经。游之以文艺,广之以新知。本末兼赅,中庸以时。为学之道,正心为本,力行是急,淡泊是甘,艰苦勿惧。无思利,无近名。孔子曰:"德之不修,学之不讲,闻义不能徙,不善不能改,是吾忧也。君子忧道不忧贫。"诸佛菩萨,照临在上。有情饥溺,困苦在旁。诗云:"战战兢兢,如临深渊,如履薄冰。"而今而后,吾党其知勉乎。

联科居士更出资印《佛学通释》二千部,并下年汇银五百两为余讲学之用。余归家后,经济异常艰难,病中医药费都缺,遑论其他。开办书房,并给家用,皆联科居士之赠也。而黄居士固非富商,少年失学,家道中落,随族兄到南洋,以零贩为业,日飘泊于狂涛巨浪中，得稀微之赢利，乃以血汗所出供余之用，其心愿性情之可敬爱，尤超乎寻常也。本年拔山、修文先后来学。下年冬月二十四日（阳历二十一年元旦），元音生。

今年三月，得师函，命东下主办悲学。书云：

> 闻弟能续作《佛学概论》，不胜忻舞，弘法友弃旧更新，民之福也。虽然，何不东下，而拘守一隅耶。渐以世乱言庞，拯之适以淆之者，不可也。本以言论醒世昏迷，今则必以正论醒彼言迷。辟药医病，又须解药也。不然，死于病者一二，而死于药者什百也。岂细故哉。渐欲添办一悲学，即思益三十二悲之意。内学以精简研窍为主，悲学以持正开导为的。悲学主人，非我恩洋其谁克哉。如家计难解决，则黄联科供养外，院薪亦可月奉六十元也。如何之处，速决速覆。

余得书，十分感激。于以见师之大量容我，而诚意温词，又以重任属我。设离家近，身体又健，定当即去。乃双亲七十之年即届，母又多病，每年必吐血数次，又不能以事亲之责托之妻室，且病体未复原，恐因事重而复发也，故恳切陈情终未能去。十月师复寄《大涅槃经序》，书其后曰：

> 涅槃为果义，不明果义，谈何境行？千余年来，无人治此要经。非但妙义未能抉出，即文亦浩瀚迷津不得边际。渐读此经，历有年所。反复沉潜，无累数十次，遂开一线之明。而年老神衰，心血非从前涌浴，所谓能思想不能思虑也。又复文笔与箕帚齐挥，玄籍共账簿一桌，如斯大序，岂堪率成。故走

庐山,仗资灵爽。住经两月,乃得万言。弟谓是乡导幢,抑覆酱醅耶。无不有意,尝试语我来。

余郑重捧诵,答师书曰:

大师慈鉴,奉到大叙,恪诵再三。慈悲启示,妙义汪洋。如说无有少法非自性空,有佛无佛其性常空,是名涅槃义。如说一切诸法生灭相和,俱称幻化,而即其性不生不灭乃号实常义。如说涅槃大我大乐义。如说周遍无缺之谓中,实相不妄之谓中义。如说证菩提即入涅槃,但究其能,而所自得,故发心发菩提心,非发涅槃心义。如说见性为究竟,持戒为方便义。如说为弘大法,决用诤义。如斯妙义,一切一切,至心顶礼,无不信受。以洋解师义者,惧洋僻处乡野,孤陋寡闻。退失大心,耽玩空寂。特为提喻,用起沉沦。悲心愿力,不胜欣感。虽然,洋迩年抱病,修行虽懈,菩提心愿实因病苦而益炽然。敬承师教,益当自勉耳。昔者洋初读此经,觉与余经陈义悬绝。始而吓,既而疑,及取唯识之理抉择深观,而后涣然冰释,沛然信受,叹未曾有也。盖一切有情,五蕴聚积,假说为人。生灭相续,实无自我。以是如来说教,诸法无我。然一切有情,各有八识,六位心所,造业受果,各自成流。是以常住实一之我非有,而自他差别之我不无。凡圣尊卑,人天鬼畜,解脱离障,证大菩提,生死涅槃,造业受果各不唐捐,此经之所以说有我者一也。又诸凡夫,由无明爱染造种种业,随业漂流,受五趣苦。自无自在,自无主宰。以是故说,生死流转,无常苦空,一切无我。其在诸佛,烦恼已尽,彼岸超然。不随生死,一切自在。无漏功德,相续湛然。以不尽义说为常义,以离众苦说为乐义,以自在义说为我义,以无漏功德说为净义,是故如来常乐我净。经言有我,第二义也。又诸凡夫不了五蕴皆空,执有常一之我,于是自他之界确然。纵贪嗔痴,行淫杀盗,生灭流转,招苦无穷。一切二乘,了知五蕴聚积相续无实我故,厌生死苦,修出离行,贪爱既竭,业识永尽。然无大悲,普济有情,灭智灰心,成兹寂灭。菩萨摩诃萨,大悲利物。知无有我而摄受众生。故初地菩萨得大我阿世耶,诸佛如来有有情同体意乐。摄他为自,而净德无边。喜舍慈悲,而业用无尽。望彼二乘无常无我,故说如来常乐我净。有我之义,此其三也。夫然,有我不违无我。此经不异他经。佛无决定说,亦各当其义耳。至于一切有情皆有佛性,亦如法华会上说唯一乘,及授记声闻皆得成佛。龙树云,如来不可思议。无著云,为引摄一类,及任持所余,法无我解脱,等故性不同,得二意乐化,究竟说一乘。难思议事,不如默尔。又此经者,是古今来第一大文也。于方便说中有究竟理。究竟说中有方便义。情深而文明,气盛而化神。慈悲无边,故妙义无尽。开人胸量,拓人境界,使滞碍浅陋之习捐,敦厚宏远之志起。故学大乘,不可不深习此经也。师既开示坦途于前,敢不至心向往率从于后。

二十一年壬申,龟山开学,讲人生学。前年作《通释》,命光天讲授。今讲人生学,光天记之,余后复自作稿本。仁权比丘今春来学。四月得韩文畦来信,为成都佛学社请讲唯识。允之。五月,佛社来聘。因偕光天同往。是时身体未健,初到,与社长皮怀白、张少杨两居士商,每日除讲经一钟外,余时不会客。初讲《佛学解行论》,继讲《瑜伽真实品》,后讲《广四缘论》。听讲者常过百余席。得与成都诸大善士信心男女及诸学者诸旧师友讲说至三月之久。闻法生信者颇多。佛社中人,有皮张社长、曾子玉、李一支、王伯涵、牛次封、芮敬予、陈显良、来鲁铭、周继武、周兴武、王子骞、余岫冰诸居士,故友有盛德滋、张鼎铭诸兄,女居士有叶隆知、徐贤和、张忠慧等。而空林佛学院、宝慈佛学社、爱道堂各团体,每全体赴讲堂听讲。叶秉诚师,全家听讲,数月不辍。卢勉之先生,亦未尝缺席。四众备,长幼老少均欣然闻法欢喜。余始叹成都人士善根之深且众矣。余初到讲授尚感疲劳,每日服药,及后精神加健。中间众请光天讲《八识规矩颂》。光天以吐血故停,一病数月,受大困苦,至今犹未痊好也。后众复请余讲《八识规矩颂》,讲毕,已在八月初旬矣。余以母亲八月二十三日生辰将近,乃先辞归。临行,众共祖饯,请余作最后赠言。余亦请众先赠我言。众推叶秉诚师致词。大意谓:佛法传来中国二千余年,朝野上下信之者多,而有因是以收个人修养之利者,亦有因是而遗误国事者。王先生于佛法研究得其精微,吾人数月受益不浅。但犹有望于王先生者,博观天下大势,详察国家危亡,变而通之,与民宜之,斯能世出世法并行不相害,则方便善巧不失慈悲救世之旨矣。余敬答之曰:"将答叶先生时才所说,当先知叶先生心之所疑,宁非谓如梁武帝笃事佛法致亡其国,方今天下纷争犹不适于佛法之普及通行也欤?"叶先生曰:"然。"既尔,则吾人当先求佛法自身之价值,吾人所以应行、应学者安在,则疑可释矣。庄子有云,犀象之大,执鼠则不如狸狌。故知物皆有所可,有所不可,皆有所用,皆有非其用。物如是,道亦然。佛法者,所以明万法之实相,解救人之沉迷,令修正道而得世出世间善利者也。大慈大悲，无物不普。本无人我之界、种族国家之分。又禁淫杀盗，绝贪嗔痴，普欲有情尽修贤善之行，令世界成和善之世。自他平等，同出忧危。此其与富国强兵、物竞天择之说，根本不同。以故欲以佛法而为致富强之术，既根本不可能，即欲以之执干戈卫社稷，亦觉非其任矣。然则当今日弱肉强食之天下，佛法遂可以不讲乎？曰：是不然。凡国之立，必有以立。民之生，必有以生。所谓人者，非徒行尸走肉而已，要有心知。国非徒土地人民而已，必有文明。心知文明，必有所依，依乎道术。佛法者，无上之至道，足以致人心于明善，纳文明于正轨者也。当今天下，纷争扰乱，弱肉强食，此非可乐可久之世界也。将欲平其争乱使归于大同，固非救治人心不可。方今国家涣散，紊乱极矣，将欲止其贪污残贼，固亦非佛法不可。故佛法虽不同于其他科学之用可以耳目睹。要其有裨益于人类国家者，无形之用，固未可轻矣。西洋虽尚功利，但对宗教、哲学、文艺之无直接有用于富国强兵之事者，非遂不尊崇而推进之。即以科学论，理论科学，固亦无切于实用，然实用科学必由之以生，则亦不得而废弃之也。况佛法之博大宏深，远超越于一切宗教、哲学、文艺乃至理论科学者乎。吾人固不以为佛法可以包办世间一切事，然亦不谓其全无裨益于世界。且如为国家根本计，如为全世界人类计，或乃至于为一切有情计，则均见佛法有其存在推行之必要，固不必以其无裨国势强弱民生瘠苦而谓可以废。况夫真有出世之志，真无恋于世间，欲遂其至高至大之愿力者，固非此道莫由乎。若夫过推佛法之用以为无事不可以佛法办，驱犀执鼠，使象捉蚤，见其无益遂责此犀象为无用，此则非犀象之过，而人之过也。

余在成都，亟见文殊、昭觉、大慈诸名刹。筱庄复约余游草堂寺、青羊宫、武侯祠诸胜地。鼎铭同余游新都桂湖。宝光寺退居无穷老和尚招待余及叶秉诚先生、皮怀白先生,极尽宾主之礼。文殊院禅安老和尚、首座昌圆法师亦然。其他故交新谊,各致其情,均极可感。而尤以余与黄肃方先生之相见、因缘特别重大。

余在蓉将归,黄先生与余函云,欲送龟山以经书,索余开书目去。余因与叶秉诚先生往访。黄先生谈其学禅经过甚详,谓于嘉陵道署,初发信心。后因养病寺庙,几至不起,乃于佛前发愿,欲续余生,自悟悟人,弘扬佛事。病旋愈。因求师参究,如渴如饥者数年。是后两年居家,断绝世事,终日如痴如聋。一日晨起,洗脸漱口,忽然顿悟,仰天大笑。自是乃于佛法而得趣入。问顿悟者何?曰:"余始知道黄某原来姓黄"云云。余听得高兴,便将临济问黄檗如何是佛法的大意,三问三被打,后到大愚处,大愚说黄檗老婆心切,临济因说黄檗佛法无多子事为问。黄先生反问我。我因举所见解。黄先生笑曰:"不是。"余曰:"然则何也?"黄先生曰:"此是内证圣智现行。"余顿觉我于佛法不及黄先生远矣。后又谈许久,余十分佩服。归公园,即命人将所著各书全体送去,以求指正。后数日,黄先生请午斋,同座皆善知识也。余因举前日黄先生所谓内证圣智现行者,在禅宗是否即见道,黄先生说是。余谓果是见道,则有因相、果相、自相。因相必得四禅,依之见道。果相入地,得百法明门,得百三昧,能化百菩萨,见百佛土。自相既见真如,亦证圣智。今禅者往返参证,言下大悟,不在定中,因相异也。果无一切功德,果相异矣。自相则又不能自决,必待他人印可,此又异也。禅宗悟境,未便即是入地见道矣。黄先生未有以释吾疑。更谈二三钟久,彼此诤论甚多,不复记。然后知宗门教下,实不能妄有轩轾,而吾于瑜伽自倍增其信心耳。归家后,与黄先生书,劝其参禅读经，两相印证为稳妥，并举无住之义为言。黄先生答书，谓禅宗三关，大死一回为初关，证见本来为二关，洞明法相为三关，自此以后无可无不可，随缘任运而已。并言禅宗不用对治，且谓无住亦不住也云云。余答之书，谓禅宗三关义，即是般若空无我智，亦即是总相观空真实对治，无住而住，无得而得，住而不住，得无得也。然事前有事，事后有事，自度有事，度他有事。是故资粮加行，多闻思修，因果历然。而凡夫根病各有不同，故其最初摄受亦方便不一，贪观不净、嗔观慈悲等，亦都不可废。禅宗门庭险峻，初入无门。一证百了，言之又不免太易。此所以瑜伽般若之教终不可废。而当今人根浅钝，更不可不昌明圣教，以应群机也云云。此书底稿已亡失，大意如此耳。是为余与黄先生学问商讨前后大略情形也。余在成都得悟肃方先生，自谓此行不虚。自后龟山兴学，多赖其赞助，益知黄先生深心愿力，学无门户，宏远真实，并世岂可多得也哉。又余在成都，人多劝余移龟山书房于彼处者，以为摄受更多，事又易举。独盛德滋先生谓为不可，以为方今天下人多趣集都市，乡间有大好风味，不知领取。必得有学德之人居之，庶可以渐转风气。谓龟山书房诚能讲学十年，则成就必有不可思议者。可谓别具只眼者也。余既决归，乃荐邱晞运先生来川，其明年始至也。余八月中旬归家，本欲为父母大祝七十寿诞。双亲皆谓客多事烦，精神劳顿，不如清闲无事之为福。大哥及余遂不复举办，以为大人少欲无为之德，理当顺从也。余归小病，旋愈。即继续讲书，并续作《人生学》焉。独光天在成都病日重，颇为陆景廷先生之药所误。前后得李如松先生治愈，高谊足感。而左右将护，则李一支、余岫冰、盛德滋先生之力也。冬月光天归。唐孔璋来书房问学。腊月广种师送广文比丘来龟山学。其明年，又送其徒觉性沙弥来学。

种师与余识于成都,听经生信,发大愿心,往返千余里,送弟及徒来学,自谓学问非所长,当培植人才以弘法事,识量可谓宏远矣。

二十二年癸酉正月,谭吉华自上海归,偕其弟粹中来书房,粹中去年下期来龟山学,吉华旧曾与余长函数诤唯物论。此次得罄所言。彼无胜予,予亦未能服彼。方知成见既定,不易以理争也。正月二十书房开学。本年学生旧同学外,增广文、岫庐、唯圣三比丘,及王宅丰、张绍炎。岫庐省中曾与余相见,与广文教于汉藏教理院,因随来学,质地最好,十八岁始读书,有文学才,而风骨高峻朴讷。宅丰去年已来书房。绍炎德滋先生劝其来学者。广种师见书房狭隘不能容多人,劝余增修教舍,并施金百元。余随即纠工,建大教室一间,寝室六间。小学学生亦大增。前年延坤如教小学,坤如皈依三宝,长斋学佛。其子张珩,外朴而内明,先皈依,操行极谨。去年今年延贾元吉教小学,助以清璠、国庆、修文等也。余则为大学生讲《辩中边论》,更著《人生学》第三篇、四篇。广文比丘因事回省,以所作《龟山书房概观》示省中诸善友,于是肃方先生允年助多金,以资推行。于六月中寄来五百元,为修筑之用。而昌圆法师、陈显良、牛次封、张少扬、曾子玉、芮敬予、王伯涵、蓝静之、周继武、王子骞诸居士共十人,发愿人月助二元,年可得二百余元,以补助书房伙食杂费。书房益得充裕,可望发展矣。唯七八月间有军连下通、南、巴、及仪陇、营山各县。阆中、苍溪、南部、蓬安亦各失其半,人心汹汹,南充难民如蚁赴省方。地方人心大震。广文、岫庐、宅丰咸作西上计。余以堂上双亲,年逾七十,缓急难为计,不如先避安全处。因请共广文、岫庐赴省,赐玛、赐璋、慧生随行。岫庐去时,泣下涔涔也。此八月十九日事也。余留镇书房,冀得幸免。三月之后,局势渐定。双亲复归家。双亲在省,皈依昌圆老法师,法名父隆德、母隆寿，殊胜缘也。双亲在省甚得广文、岫庐比丘及广种师照拂，执礼至殷，每日必往视安否。双亲颇不安。种师云："种幼失父母，得太师父母而侍之，亦生平之幸也。"泣下沾襟，于以见其诚切也。呜呼，吾何为得三比丘者事吾父母如此哉！盛情永不能忘也。种师爱慧生甚挚，取名觉慧，徒视之也。父母在省，由种师、岫师、文师引导遍观各大丛林及诸名胜。邱晞运、张鼎铭诸友，谢子厚先生等，均致礼敬。而父母少欲节用，生活与在家同。反觉城市繁华，不如乡野之安适也。亟亟求归。诸友留之不得。邱晞运先生昔年家遭军难，播迁临安，一贫如洗。余曾寄银六十元以给其家，至是欲远，归余父母。父母以其亦在艰难中，固却弗受也。余当同学去后，讲授已停，因暇作成吾《人生学》四篇，曰人生学，曰儒学大义，曰解脱道论，曰大菩提论，都二十八万言。备言世出世间大乘小乘儒佛正道。期诸根普被，人咸得救，世跻升平，佛法久住也。冬腊月间，更作《论中国之宗教》，及读本村泰贤《原始佛教》书后两文。一年成功，略如是耳。《人生学》本年在《海潮音》发表。

二十三年甲戌正月，同学复聚。新来周在勤、萧允端二人。二月，广文比丘返校，蓬莱镇心纯比丘同来。而刘厚生、康仲奇、康季悟，复自泸州来。鲜季明，重庆来。小学生亦众。七月李德芬自隆昌来。房舍渐不足用。是时成都方面朋友关心书房甚殷，肃方先生发愿助余，遂更谋新建佛堂宿舍。黄先生共出资连去年千三百元，又代募张茂芹百元，尹仲权四十元。季明送学费二百元。王旭东、刘肇乾各赠百元。昌圆法师等又月寄月费二十元。遂于下年八月开工，冬月完工，共修佛殿一间、教室二间、图书室一间、宿舍楼上十间楼下四间，在龟山亦赫然壮观也。约费千四百元，上年镇左边大楼去银百余元,余者足昨今两年学校费用。宅丰、梁轩、树堂对修书房均劳心力。九月二十七日,慈生生。《人生学》复于十二月出版于上海佛学书局。余上年讲毕《辩中边论》,随讲《摄大乘论》,作疏焉。并讲《人生学》初篇。张芹生先生自巴中逃难至书房,君子人也,吾劝其移家人住二姊家,张先生在书房求学,年六十余矣。

二十四年乙亥二月,上海佛学书局寄送《人生学》百部,分送朋友尽。上年讲毕《人生学》第一篇。作《摄大乘论疏》成。义本世亲无性者半,自所疏义亦半,较旧释为明白而详尽,陈义不让古人。更作序文。下年讲《论语》,作《义疏》十余万言。对于孔子之学特加发明,多超越汉宋诸家之说。予之认识因之亦愈加明晰也。本年同学多如旧。真源比丘、圆渐沙弥正月来校,唯一、悟品两比丘下期来校,艾宇眉九月来校。宇眉昔在省识予者,恬静寡欲,学有根底。拔山自修文去后移家来本场,为久居计。

本年家遭不造,长兄于二月初五病亡。堂上慈母,悲伤过度,三月九日大病两次,均延请安钦先生医愈。兄讳恩被,字泽之。平生忠厚纯朴,勇于为人。顺亲无违,爱弟妹至笃。吾家之兴,及洋之求学,兄均有力焉。龟山书房开办,兄极费力,方期晚年谢脱家务,与余并力修持,以求菩提。孰意兄竟舍余而去哉!悲夫。兄爱我翼我,我一无报称也。兄既没,而其长媳复于九月死。家之不幸,有如此者。幸母病得瘥,双亲岿然。得内外曾孙各二人,犹能慰其忧悲也。

二十五年丙子。去年因经济困难,小学班成效不大,停办。但留数人,助其伙食,以成其学业。大中学生共三十余人。小学生仅数人而已。新到有王德轩,崇庆人,甚朴实。季明二月复来。三月叔涵来。叔涵昔年同其母避匪难，来吾乡，两三年间未得久住，今始安住求学。自余同学如旧。广文比丘偕觉性三月回省，学有成就矣。予本年续讲菩萨地，及《论语》。宇眉为同学讲文、改文。国庆、厚生、绍炎为中学生分讲文字学《史记》《诗经》各书。此本年大略情形也。余四月十八日年晋四十，诸同学以爱敬之意共为予祝诞。厚生、国庆、季明及宇眉，各作寿序。余是以作是《四十自述》云。上来已将平生事迹说之略尽。自下更总述余之为人，俾读吾文者知所鉴也。

余常自忆少年情境，当孩提之时，即对贫苦老幼之人甚有矜恤之情，对畜生甚知哀愍，家畜肥猪，饲在灶屋内，母作夜工，每至三更，予即卧猪身上，甚相爱也。及至过年杀猪，余必大哭一场。后至六七岁，渐惧人笑，闻杀猪，辄跑到山上避之，不忍闻其声，见其死。见父煎鱼，鱼在釜底之苦，即不复食鱼。是以生平除蚊蚤等外，未曾手杀生。到北京，即食素，时未学佛也。以此见余生性不薄，又得慈母之教，故对人平等守礼，未敢侮人虐物也。

余性寡断。每两事当前，莫能自抉。幼时颇有远志，而自以多情寡断，不能治繁理剧，遂尔绝意仕进。然见理即明，志愿既定，则终不为人事境遇屈而变其守也。故吾虽无断力，颇有定守，得失亦略相等。

余幼时读书极蠢。性复浑沌，小事易为人欺。然理解力、想像力、思考力皆甚强。是以能成其学。

余自幼受慈母之教，以恕道宅心。既能阅书，即爱儒家之学。后由儒学佛，则亦以自度度人之教与己立立人之义同也。故余之志行，实乃始终一贯，未有多大变迁。

余对儒家中心思想，以为在求自得。自得云者，无求于外，自足于中,能位育天地万物而不为环境所支配屈抑是也。不尚功利,不辞险难,一以德行为主。有杀身以成仁,无求生以害仁。而所谓仁者,根乎心,而非由外铄。扩而充之,以至成德,则心术言行纯乎仁,而为仁人圣人矣。义勇知,皆自此生。故孔子之学,纯为内心的,而非外形的。故曰,吾道一以贯之。真能自得一贯者,自能成人成物。由天德以行王道,即以所以自立者立人,即以所以自达者达人,故曰,夫子之道忠恕而已矣。中心如何方能自得?要自言行不苟,忠信笃敬,明伦察物,事事无歉。由躬行实践以实致此心之仁,仁乃得扩充而广大,无丝毫之欠缺,自然反身而诚,乐莫大焉。忿懥、恐惧、好乐、忧患都无所住,自然富贵、贫贱、患难、夷狄无入而不自得矣。自得者,喜怒哀乐未发之中。有是中,自能发而皆中节而和,故能成人成物焉。盖真能立命者,乃真能安命。足于中者,不动于外也。真能安命者,乃愈能立命。心静智明,从容中道也。下手工夫,须立下一翻广大真切志气。此志要由自觉得来。真实见得自家身心有不尽善、不广大、不纯净、不高明、不笃厚,而要求其尽善、广大、纯净、高明、笃厚。真见得人之不善、世之失治、民物之失所,而恻然不安于心,而必求其所以善之,治之令得其所。由实感真觉而立真志。志既真立,自能言行动作皆不苟,事事实致其诚。苟有行不通处,则必自反也。苟有偷惰,则必警觉自强也。自能心虚气和,以改过迁善而日进于高明。博学、审问、慎思、明辨、笃行之功,皆自欲明明德于天下而起。由此功夫以致其诚意而意自诚。意诚而心正身修家齐国治而天下平矣。治国平天下者,圣人之志。而时不遇,道不行,则修己安人即就己所得为者而为之,亦自有位天地育万物之功,孔孟是也。此其大意也。详如《儒学大义》《论语疏义》。儒之所以异于他学者,在当下求得此心之安也。当下一心不离万物，故欲求此心之安，要能实致此心之诚也。于父致吾孝，于子致吾慈，亲亲仁民而爱物，物得其所，吾诚乃至而心安矣。故儒者无有功利思想，不逐物，不殉人，而又不废人伦事物也。心之所以不能安者，由吾诚之有未至，物能扰之，欲能乱之也。故圣人必有学问修养克己复礼之功焉，是以不同于纵任自然，而必自强以不息也。自强不息者，实致吾诚耳。故又不同于义袭外铄。由本心当下一念之诚愿，扩而充之，持而长之，下学而上达，博厚而高明，悠久以无疆，则宇宙万物咸得其所，各尽其性矣。是故当下一念，而宇宙万物咸具。无人我内外之分，无意必固我之私，浑浑昊昊，肫肫渊渊，立诚之学，有本之学，是谓儒学。儒学之异于诸子百家之学者以此。而诸子百家皆可为儒学所摄取消融而去其弊者亦以此。由其不住一端，是以能备包百端。立诚有本故也。

　　余对佛法之认识，以为佛法唯一宗旨，在求拔除一切杂染，证得无上菩提也。业杂染、生杂染、烦恼杂染，是谓一切杂染。佛以世间由惑业苦成。是故世间彻底皆染，即应一切拔除。拔除杂染者，出世间是也。永断烦恼，不造诸业，则不更受世间生死，即名出世间也，亦名解脱，又名涅槃。菩提者，正觉也。对迷名觉，迷是世间，故觉即出世。世间云何能出？何者能拔除烦恼？则在觉也。觉以智慧为主，迷以无明为主。由无明故，起惑造业，轮回生死。由智慧故，觉悟世间，苦空如幻，而得涅槃，故求涅槃，要求正觉也。然此智慧以何为依？曰："依止于定。"定以何为依？曰："依止于戒。"戒清净故，诸恶不作，众善奉行，行无亏缺，心乃得安。由是调练摄修，乃能得定。由定清净，止观恒时，专注等持，故正见明了。由是慧生，烛破尘暗。如从梦觉，觉梦非真。如日当空，冥暗尽灭。

烦恼永断，不受生死，是之谓正觉也。在世间，则以惑业苦三法为循环。出世间，则以戒定慧三业为因缘。拔除杂染，以得涅槃。由大智慧，以除杂染。是故菩提为能断证，涅槃乃所证得也。然菩提有其三种不同，曰声闻菩提，曰独觉菩提，曰阿耨多罗三藐三菩提。涅槃大小差别，声闻、独觉但求一身解脱，不顾有情安危。我生已尽，梵行已立，所作已办，不受后有，独自超然出世，更不度济众生，灭智灰身，功德随尽，此之谓小涅槃也。诸佛如来，始从发心度济有情同成正觉，修行一切难行苦行，终至成佛。拔除一切杂染，习气永尽，二空永证，二障永除，而乃四智三身，大悲愿力，为诸有情作诸利益，功德无边，穷未来际，此则所谓大菩提、大涅槃也。是故所谓拔除一切杂染者，拔除一切有情杂染。成就无上菩提者，成就超越二乘功德智慧悲愿无尽之菩提也。此为佛法要旨也。

世之分划儒佛者，以为佛以出世为宗旨，儒以入世为宗旨。出世故易流于厌世。然一味厌世，而不知救世，此则声闻、独觉之行，而非诸佛菩萨之道。入世故易流于顺世。然一味顺世，而不能济世，此则凡夫俗儒之行，而非圣贤之道。今谓儒之以明明德于天下为志，仁以为己任，有杀身以成仁，无求生以害仁，则儒非顺世贪生也，明矣。菩萨不染生死，不住涅槃，大悲利生，方便善巧，则佛非徒厌世怖生也，明矣。唯儒以救现世人群使之和平治安为重，故律己虽甚严，而律人者不甚严，而出世之精神不著。佛以拔救有情解脱为究竟，故其律人教人者绝情离欲，不与世同。而维系治安，拨乱反治之功亦不备也。然无菩萨之精神，固不能作入世之事业，不能拨乱反治，使人得安生尽性，佛法亦将无所施。是则二者可以交相为用，并行不悖者也。抑当今科学盛兴，利用厚生之道、杀人乱世之具，亦并随之以盛兴。故应阐发儒佛之至教，以救物质文明之弊。又当正当利用西方文明之长，以实现儒佛利世救人之心。是则今日讲学，既当穷究儒佛之真以尽其精微，又当扩充融化摄受一切学说之量，以致其宏通广大。庶乎本末兼赅，得挽救当今之大乱也。此予学问之宗旨与志愿也。若夫予对儒学有与汉宋诸儒见解异者，予对佛学有与台贤诸宗之见解异者，具见余所作诸书，此中不述。

予虽善根猛利，但烦恼亦极重，多贪著，多计较，而无超然卓绝之气。是以善恶交战，身心困惫之时极多，尤以二十八九岁至三十四五岁之时为甚，迄于今始渐就平静。予之修为功夫，多得力于自反。孟子谓，行有不得皆反求诸己，终身用之。予通因果业报之理于安命立命之说。故虽在困苦，有以自慰自奋。予又达佛法诸法无我五蕴皆空之义。是以虽多贪著，虽多计较，仍能拔出污泥，与溺而不返者异也。唯是闻道不迟而行道不勇，可愧孰甚。然未尝无志也。予对黄肃方先生曰："予凡夫也，而是大心凡夫。虽有大心，然终是凡夫也。"此予之自评也。

予之办龟山书房也，乃因病侍亲之便，又得黄联科、黄肃方两先生之缘，因而顺便办成。无有筹款设备之劳，亦无有用人行政之费。本俭约朴质之习，开私人讲学之风。计书房一年无意外之事，不过用二三百元。学生每年俭约者不过用三四十元，即可平淡过去。而学瑜伽、般若、孔孟精深博大切己为人之学，亦可谓至难而不易得也。所望来学之士，发自度度人之心，为艰苦卓绝之行。世乱极矣，道丧久矣，非吾党救之而谁与救之。努力奋发，大行无畏，庶不负余之愿望。

五十自述

中华民国三十五年四月洋晋五十，文院友朋请印《四十自述》，并请续述近十年事，以为纪念。洋谓生平无盛大事迹，著述徒多而进行迟滞，殊不足以称其所学，惭愧有余，何足纪念。友朋则再三请。意不可却，为《五十自述》。

二十五年丙子四月十七八两日，龟山同学为予祝颂，时先父母在堂，一家欢愉，其乐陶陶。当时同学自行健、厚生、存鉴外，则有长孝、拔山、宅丰、德轩等，今其人皆已死矣。而志梵、叔涵诸人今复分散四方。抚今思昔，不禁慨然。

予四十生辰后，不久即接成都佛学社谢子厚先生来函，言成都昭觉寺住持请予移龟山书房于成都，住昭觉寺，便在蓉讲学。子厚先生极力劝赞，欲予即往。予答书，以椿萱在堂，子职须尽。长住成都，势不可能。短时讲学，庶乎可也。成都佛学社恭函肃聘。于是五月赴成都讲学。同行者厚生、志梵、德芬。

既至成都，开讲《世间论》。《世间论》计价值论、本体论、缘起论、出离论、无住涅槃论共五章，出离论约《人生学》中解脱道论成，无住涅槃论约大菩提论成，初之三章则为《人生学》所未具。故此论可作《人生学》简篇读，亦足补充《人生学》未尽之义也。随讲随作即由社印出。为时一月也。继讲《摄大乘论疏》。疏作于龟山，佛学社印作讲义。约计两月讲毕。此次讲经听众极踊跃，暑假期中，说法堂至不能容，多环立阶前侧听。暑假前后，座亦常满。听众有比丘、比丘尼、优婆塞、优婆夷，八十之翁、十岁之童，耆年硕学、走卒贩夫，莫不具足。昌圆老法师广文师率四川佛学院听讲。叶秉诚师，全家复至。黄肃方先生、邵明叔先生，及卢子鹤、庞懿如诸师，皆聚于法会。余诸善友，难一一数，讲学之余，时从诸师友切磋论学。闻法者亦多所兴起。游永康、罗隆玉等虔诚问法，深植善根。讲经毕，已至八月中旬。邱晞运先生来蜀，居成都三年，讲《瑜伽师地论》全部及余因明唯识诸论，后以违缘赴青神中岩寺。久思一见，因嘱厚生、志梵等先返龟山，洋乃与唯一、宇眉同往。住中岩三日，复偕游嘉定。至乌尤寺会遍能法师，历览山水名胜，至乐。熊沅生先生墓在乌尤山，展拜，遂往日愿。乐山城中刘元昉、杨彦之、王荫亭诸居士闻之，即来山延请讲演。邱先生不能久留，返中岩。洋与宇眉同至城中，住黄哲民寓，在公园讲人生哲学及《心经》。听众虽不及成都之盛，而刘杨诸居士暨传度遍能诸法师至虔敬。讲毕，乘汽车返成都。佛学社诸友，暨成都学界，约组学会，以发扬东方文化为宗旨。请洋常住成都主其事。聚会两次，卒以友朋意见未能尽同，洋恐其无成，因谓现时已有佛学社，足资弘法，今尚未能充实至善，即宜就已成机构扩充之。不必更起炉灶也。诸友大体赞同。组织学会之议遂止。计到会者，叶师、卢师，邵先生、黄先生暨谢子厚、牛次封社长，刘肇乾、田伯施居士，彭芸生、李炳英教授也。彭李两君为予祖饯，特请川大华大教授张真如、魏时珍等，作长谈。一夕欢娱，其意至盛。魏君亟称叶秉诚师之老而好学，及对人之诚恳直谅，至为可感。叶先生于洋将返家时，特约至茶楼，与洋以批评。大意谓洋幼时至浑厚，今年与学进，然浑厚之气，则不如幼时，如之何可使学愈高明而性愈敦庞耶。黄肃方先生与洋亦数有针砭。最后告洋，愿洋将来能在正法上作一统摄诸宗涵盖一切之人物，勿作一宗一派之人物。对最后一著，尤期确证。邵先生治唯识学于北平三时学会，用功极精勤，见解极精确，洋讲《摄大乘论》，时有匡正。洋离成都，尤致希勉之诚。洋亦请其继续说法，发扬正教。两心相契，至为难得。鹤师子康济一别十年复见于蓉，言语气度，大异往昔矣。而邓松平、杨友于两居士至虔勤，李仲权、廖泽周、梅楚南、吴冰国诸居士均不远数百里至蓉听讲，复结后缘。总之此次在成都，不特法缘殊胜，即师友聚会，砥砺切磋，情感慰藉，亦至难得也。诸事既毕，偕宇眉、唯一同返龟山，时九月中旬先父生辰也。

冬月重庆佛学社复专函聘请。腊月复至渝长安寺。同行者，行健、智慧。而王德轩先期至渝。既至渝，仍讲《世间论》及《摄大乘论》。陶闾士先生及其子道恕同至听讲。初识王瑞骙、张茂芹、马如云、韩梓材诸居士。遍能师闻息，自乐山来同住佛社。王作祥、曾介眉，昔年载吾自上海归川者，亦得相遇。作祥兄住社月余。闾士介予与赵尧生先生相见。韩文畦、张绍扬、黄准高三君在渝重逢。渝中听经人士稍亚成都，而虔诚不相下，亦多闻而兴起者，孔葆滋、费孟余诸居士尤精勤。

二十六年丁丑正月鲜季明约游南温泉，华岩寺方丈钟镜和尚约洋、行健暨绍扬、文畦同游华岩，寺庙森严，威仪肃穆，有令人尘念顿息之概。钟镜和尚与洋一见倾心，相谈极契，有弘扬正法之志。闾士及向仙桥先生延赵尧生先生及洋春宴，宾主肃敬，行古礼，为洋平生初见，亦盛会也。正二两月，天不雨，洋居城久，不惯，星期日多出游，数至南岸登南山领赏春光，时亦席地静坐，间亦信口吟咏，大乐。讲经毕，佛学社礼贶甚厚。辞归。闾士、茂芹、次范诸君子，送至江干，登轮赴合川。次日起汉，行至七敢桥遇匪。光天、智慧前行，被劫。洋以滑竿断，脚夫弱，稽留在后，因免于劫。行健在渝吐血，赖陶闿士、龚春岩先生医治，初得痊愈。吾始闻其被劫，诚恐其惊怖病发。继知其临变镇静，慨然舍其所有，不与匪争，竟得安然无恙，足见其学佛有受用也。返家，已在三月初。龟山书房随即开学。与诸生讲《孟子》，作《新疏》，盖始于三月初五，成于六月初六也。同学请油印，邓存鉴、王德轩、厚生、长孝等用力甚多。六月华岩寺请讲经，长孝、恩德、德轩随行。经顺庆，至合川。由合川至北碚温泉公园沐浴，上缙云山，汉藏教理院雪松师殷勤招待，深夜问龙树、无著学。雪松师江苏人，内院友人惠庭师学生，因读吾著书，发愿来龟山求学，至武昌佛学院，因同法尊师至川，去年腊月始见于长安寺，思想颇锐，戒愿复坚，甚难得也。至华岩先讲《二十唯识论》，次讲说《无垢称经》。《二十唯识论》随讲随作疏，油印作讲义，即今之《二十唯识论疏》也。《说无垢称经》长孝作笔记，后归龟山作释。听众以本寺僧众及天台教理院学僧为主。而圣观、雪松、尘空诸上人自汉藏教理院来。朱叔痴先生父子随至。与洋言，将依佛法以送余生。予谓学佛不应如此消极，吾人不但生应精神，尤须死得精神，菩萨深心大愿，世世生生曾无穷尽，入地狱以度众生而可为，岂以自度自了为宗旨耶？朱闻言振奋，自谓于佛得正愿云。

此时正当七七事变后，中日战起，平津、太原次第失陷，上海战事激烈，日飞机四出轰炸，杀人如麻，惊心动魄，每见一消息，予辄为日本寒心，以为彼国土之小，野心之大，造罪之重，将来何以偿其罪业哉。张德钧、何清播先后自内院归川，均来华岩，知南京日危岌矣。钟镜和尚约吾长住华岩共办唯识学院。予以亲老辞。因介绍邱睎运先生及遍能法师圣观师等分任主讲教务事务之职。征得三方同意,遂为明年春季开学筹备。予讲经毕,复应重庆佛学社请,讲《缘生论》。讲毕归家,亦已九月矣。随在龟山讲《辩中边论》。冬月下旬先父重病,始而寒热往来,延医诊治皆以为伤寒,顾服药不效,洋昼夜侍侧。一夕半夜起解,忽下脓血约数升。泻血后,精神益惫,气息奄奄,洋立命光天赴城请张安钦先生来诊。安钦先生云,此系肠痈,幸已溃裂,此时唯须令疮口完好,并注意饮食调养,使精神恢复,则疾病自除。所恐惧者,疮再发,老人高寿,精神难支耳。洋闻言侍候唯谨,朝夕不敢离左右。既服药,果见效。唯中间时现病状,心极危之。乃请于先母,就龟山对岸黄龙山张芹生昔年所相地,动工数十人修墓。内拱棺,外圆坟。石坚固,工作复认真。正当诸事纷忙时,忽得先师自重庆来信,云内院迁蜀,促洋明年人日赴江津。予时喜惧交集。喜者,内院既来川,师座可以免于危难,从容讲学,更可得礼观道躬,请受教益。惧者,父病未痊,家事未了,何可去耶?然而终不能不去,乃于腊月二十八日封山毕,以父母托之家人并光天、长孝、拔山等,二十九日偕清璠、德钧启行。

二十七年戊寅正月初三日至重庆,见吕秋逸兄,次日即赴江津民众教育馆内院,暂时借住院址,礼竭先师。先师精神奕奕,一切如旧,十年之别,乱离相逢,其乐为何如乎?同至会者,邱睎运、陶闿士、韩文畦、彭芸生、刘衡如、熊东明、邓蟾秋、张茂芹、程时中等,共四五十人,济济一堂,极一时之盛。闿士私诫洋曰:"吾人已至中年,幸犹有师。更幸能得师之教训,此次凡师所言,无论如何均勿与师辩。当知凡师所言,无非出于悲愍吾辈者也。"予敬诺。是以凡师所言,洋俱敬受。人日师讲学。次日晨教诫门人。凡文通、衡如等皆受教斥。次教洋曰："恩洋，吾不惧尔行动放恣，唯责尔自是骄慢，骄慢是尔大病。即不能虚心受教，进求胜境，吾为尔煞费苦心，尔却视之淡淡，当知此病非去不可，否则非吾徒也。"洋受教，顶礼谢罪。文通、衡如相继顶礼谢罪。是时济济满堂朋辈，莫不战惧。芸生事后叹喟曰，宋明儒后三百年，无此师道矣。江津友朋邓张诸子为内院竭尽心力，既为之购地定居，复欲师之学大行于川，以师之语言不易领会，特先请予讲演以为开导。予为讲佛法总论及唯识要义。五日而毕。时华岩佛学院开学在即，钟镜和尚、晞运先生同请予往。因辞师偕邱先生赴华岩。

华岩佛学院开学，甚为踊跃。两级学生共八十人。唯邱先生与钟镜和尚意见不相投。予力劝邱先生平矜大量，勿责细节。诤辩至于泣下。复劝钟镜和尚敬德尊贤，以弘伟业。洋遂辞返龟山。归时先父已愈，先母亦康健，喜极。时正月二十一日也。本年黄联科先生读予《论语》《孟子》疏，及《摄大乘论》疏、《二十唯识论》疏，甚欣喜。出资刊印，即托上海佛学书局印《龟山丛书》第一、二、三、四四种。联科先生除印《龟山丛书》外，复汇法币九千元，作龟山书院基金。更别与洋汇零用一千元，洋汇上海请《碛砂藏》全部。龟山书院院址地基，亦于本年自蒸尝会让出主权，永归书院所有。诸事成就，双亲亦安健。正欣喜间，忽先母于九月十三日一钟逝世。寿七十又七。前一日午洋自书院归家，见母方在佛堂补旧衣。父在场上，洋即上场接父，并买面归家，母燃火，洋上灶，煮面共食。晚间复自书院归，侍父母晚餐。晚餐毕，母欣然入寝。洋始上书院。半夜后，家人忽来告母病危急。洋疾归，则母已无疾而逝矣。居丧时思母德，哀痛无已。吾母生平慈仁坚忍，朴质而明大义。对诸可怜悯人，极致哀恤之情。对强御终无所屈，亦不激人之怒、念人之恶也。其心光明正直，而极温柔敦厚之至。诚所谓圣贤菩萨中人。其立身之严，与教子女之善，为常人所不能及。洋之得有今日，学问得自师长，立身待人存心处世之道，则纯从母教来也。丧中吊唁者众，李君公辅有联曰："教子有方，人间佛母；持身无垢，天上菩萨。"最切吾母之德。龟山同学既为母诵经七日，丧事毕，洋即常在灵前墓前及书院中，为母诵《金刚》《地藏》《华严》《宝积》《大集》《涅槃》，及长、中、增一三部《阿含》。尤以对《阿含经》深受法乐。《阿含经》多述佛及弟子之言行，可以见佛之慈悲，可以见当时之学风，可以见诸贤圣之实际生活。而教理简要质实，引生人出离心。必如此，乃为真学佛者。至其教理体系，纯为瑜伽法相所本。极严格而不支离，极明确而不笼统。绝无后时小乘诸部之烦琐，亦无大乘诸宗之支离笼统与玄虚。吾故以为学佛者，必从《阿含》以筑基，般若以净障，瑜伽以建立崇宏伟大渊深之教理行果。计吾之学佛，在南京内院已通达唯识中观之旨。对教理体系，已决定无疑义。返家后，治学心得，则共有五。一则初在病中，读通《瑜伽师地论》，有以见佛法之脚踏实地，境行果证，阶次井然，语语真切，百卷不厌其多。有以起人之真诚信愿，历劫不退转。不通瑜伽，则终觉佛法半属理想而已。二则自成都归，读《五灯会元》，对于禅宗有会心处，觉禅宗诸祖师，生龙活虎，嘐嘐然自我作佛，绝诸依傍。其语教亲切，处处示人以现前宇宙即净法界，现前身心即佛法身，使人将崇高宏伟清净无垢之佛境界，现前领取，不隔纤毫。始觉佛法不远人，当前即是。如不通禅理，则总不免住空索空，目佛法为非我辈现前之事，而无直下承当之勇气与享乐也。三即此次居母丧，读《阿含》，将我佛如来一代教法及其生活情态，一一见出，始知当远离者如应远离，当修习者如应修习，简易中庸，别无奇特，我佛之伟大慈悲甚深般若总在平平常常真真实实中也。然愈平常者,乃愈超越。愈真实者,乃愈神奇。由四《阿含》而派衍小乘大乘诸宗,末流之弊不可胜数。行为之空疏吊诡与腐化,教理之烦屑、支离与俗化,皆当返于《阿含》以澄清而厘正之。故不通《阿含》,则多有以外道为佛法者,不可不惧也。四则后时居父丧读广律。五则疏杂集通灭谛。皆通身快慰,法乐无穷。诸佛摄受之功耶?考姒默佑之力耶?诚不可不记也!吾在丧期曾作先姒德教记,印于上海,另行不录。母在,洋多宿书房。母没,以先父年老,不可一夕离左右,故多宿于父室。床榻相连,不但可以侍候起居防其疾病,兼亦可以互谈论慰岑寂。每于夜半醒觉,则互告以梦中所经,悲欢喜惧之事,随即畅论人生幻化亦同梦事。则深信佛理为不虚。古人谓父母在,不远游。尤其老境苍凉,非有至亲贴切之子若女在父母之侧,无以慰其情也。本年六月,卢师子鹤曾来函云,李君炳英言四川大学拟请予下期讲授印度哲学及宋明理学,特托其先函征予同意。予与行健、厚生等计议,以为为使正学昌明,则讲学成都实较局守龟山为优。然以人子事亲论,则双亲衰老,实不宜远离膝下。当即函覆辞谢。乃即于九月而母逝世。设应成都之约而去者,将使吾抱无穷之憾,益幸吾之毅然谢绝也。

二十八年己卯正二月多为母诵经。随即授课。三月就长孝《说无垢称经》笔记作《说无垢称经释》。本经前后七翻,流布最广,义精词卓,激扬大乘精神,闻者莫不兴起。予至内院之第一年得秦译《维摩诘经》读之,踊跃欢呼,手舞足蹈,叹未曾有。诸有大乘根器者,一读此经,如锥处囊,其善根将脱颖而出。不但理教精深,境界广大。即其文章艺术,亦优越壮阔,两臻甚极。予故深喜此经。秦译明畅,唐译典重,治法相学尤爱读唐译,以奘师直据梵本,参酌前译，词义周圆，都无遗憾也。基师作疏，阐发宏富，亦在昔贤注解之上。予故依据基疏，参考罗什、肇生之注以释唐译。基师之疏，微病过繁，繁则有时使人莫识指归，予故去其繁文，使归简约。其理有未尽未安者，复以己意别释。故所为书，别具面目，不同昔人。其净土义、唯心义、神通义、法身义，尤多阐扬，穷极深奥。读此书者，对于大乘教理禅宗、净土、般若、唯识均得正解也。此书始于三月，成于五月，六月初三复作叙一篇，黄联科居士出资刊印，惜后时以物价突增，佛学书局竟未为印出也。去今两年为诸生讲国学，因便作《老子学案》。又作《王国维先生之思想》。两书均由黄联科先生印于佛学书局。中间所谈要义，亦非寻常所及见也。本年五月九日，邱晞运先生逝世于乐山蜀藏刻经处。邱先生为先师及门最早弟子且同乡。在同门中年德俱尊，故吾党咸以长者事之。其人直质，肝胆照人，而量微狭，是以每与世迕。予既介绍来蜀，复介绍主办华岩佛学院，未周年华岩佛学院停办，遍能师约赴乐山开蜀藏刻经处。张君茂芹独任经费，至乐周年而病没。其为学也，始治阳明学，继学法相，在内院任编校主任，晚年专治阿含，在乐山会瑜伽于杂含，刻《杂阿含经论》四十卷，及余《阿毗昙心论》《法句》《譬喻》经等若干卷。知见正确，刚健笃实，异时流，教学僧，诲而不倦，与共甘苦。学僧依之者如家人，戒行艰苦如古头陀。没之日，遗著《楞伽经疏证》十卷。乐之人葬之于乌尤山，与熊沅生先生墓相邻。高人贞士两不孤矣。而陶闿士先生亦于本年没于巴县。闿士巴县人，幼从向仙桥赵尧生先生学诗文，长从事革命，毁其家。曾任四川省议会议长，淡心荣利，川人有高士之称。年过四十赴南京内学院学佛，事师虔诚，学而不厌，人共以长者目之。先师入川，维护尤力。风俗浇漓之世，卓然著见古道，岂易得哉。而厄以病，困顿以没。诚师门之不幸也。而龟山书院亦死去刘生拔山一人。少年有为之士也。惜哉！

二十九年庚辰，正月初二日赴蓬溪宝梵寺观唐代壁画，夜息周天阳处士家。从去年下年开始讲《杂集论》，长孝殷勤作笔记，用功最勤。至五月先父忽病，两脚发肿。延医治罔效。接安钦先生坐治，连主数方，药皆无验。延至十八日夜，遂尔辞世。父生平直谅耿介，谨慎和平，持家立身，对人处世均有法度。老来笃信佛法，明其义理，心益慈恕。自母逝世一年又八越月，洋未敢远离左右，卒于此时父子永别。父逝世不久，侄赐璋之两幼子复相继夭，家变重重，终日只惧。治丧毕，为父诵《藏要》《大般若经》各分。此时领得《大般若经》法味。我佛反复申说性空之旨，盖使多闻熏习，成净法种，一番有一番之意味，与昔年读之不生法乐者迥别。亦以居丧心意寂静。故正法易入也。读《般若经》已，读说一切有部根本毗奈耶藏。对于我佛制戒因缘知之最悉，即于天竺风俗、佛教制度、比丘生活，亦知之更详。而佛之慈悲、弟子之率教，其感人之深，每使人泪零。常人每以戒律干燥生涩，读之欲寐。然不知读广律长篇，乃如读小说，情理交尽，事事皆有因缘，意趣无穷，发人深省。昔人又谓佛法禁止白衣读戒。吾读广律乃知不然。有净信者，有大智慧者，佛皆听许阅读。其事始终于隐胜王。佛一日说戒，隐胜王来看佛，阿难言佛正说戒，不许入坛。佛说戒毕，问阿难有人来否。曰：有隐胜王。曰：何不许入。曰：以说戒故不许入。佛曰：不然。不许白衣听戒者，但为外道及无净信者，恐其生谤，败其善根，故不许听。若净信居士长者国王，正欲其防护法城，如何不许其学戒。白衣听学比丘戒，自是始也。戒律中有极多奇特不可思议事，令初学人极端惶惑。佛法戒律，极重因果。其中即多有因果不相应事。

佛法修行,资粮、加行、见道、修道位次井然。四向四果各有界域,而律中佛所化度,每有极恶罪人一旦闻法,即得见谛现观转成罗汉者。如禅宗所谓放下屠刀、立地成佛、顿超直入者乃多有之。其中理教难通处,极难思察。一日静坐,寂照思维,忽然开悟。难解悉解,难通尽通,身心安乐,快慰生平,得未曾有。佛法、世间法自有超越常情超越正法,而实不背常情不背正法者,非非常之智不能知。知此而对佛法、世法一切自在无碍矣。此亦予生平一大法乐也。昔年读《阿含经》,觉四经前后翻译不同,名相各异,如五蕴译作五阴,色受译作色痛,寻伺译作觉观,如是等均不如后来玄奘法师所译法相瑜伽经论之译辞圆尽正确,颇拟将各经名相依唐译一律注释。又四含经中极多重复,更欲择要严甄,集一约本,诚以初学病其繁多,每望洋兴叹。四含译来中土治之者稀。诚能去复留纯,注其名相,此外更发挥义理,作一总论于后,则于阿含之弘扬必有甚大之推进。及读广律,觉义净法师所译虽已完备严洁,然印土梵本,仍多繁冗之处。设能简净其词,重加整理润色一次,则必更增身价,引人入胜。中有颇类近代小说戏剧材料,尤可以近代文章作风重加描写,对于佛法之弘扬不无小补也。空发此愿,至今卒无余暇为之。恐将终身无此时间,所望后之人继起为之也。予欲为先父先母作行状,每次下笔,不失之繁冗,即失之简陋。自知平生未学为文,不足以表彰双亲盛德,愧甚。因取古人志铭传记一一读之,均不惬予意,不得其门而入。最后取黄黎洲先生《南雷文定》初、二、三集全读之,觉其为明末忠臣义士所作传记,记事说理,无不明快,而其同情洋溢,尤令文章跃跃如生。因思作传记文,学德才识之外,尤贵有同情,以己之情,通前人之情,而以盛情表彰之,更能引生后人之同情,使闻者无不兴起,乃可谓之活文学矣。学德才识情五者皆具，则所谓法者，可不拘一格，运转自如，而言皆成法。如此始可云得文字三昧者也。黎洲先生，博学多才，识高于顶，而德性纯厚，又膺亡国之痛，怀兴复之志，忠义愤发，悲壮怆伤，故其为文，一往情深，对古人竭力表扬，令后人闻而兴起。文笔驰骋，气象万千，叹观止矣。余读《南雷文定》已，始执笔为先考、先妣行状，并先兄事略，兹录如下，以昭盛德，并著洋之所以为洋者，其渊源皆本于父母也。

先考王公思敏行状

父<small>讳</small>思敏，保廷其字。学蓊公之孙，杠公胥孺人之子，南充集凤场水龟山人也，始祖镇北大将军安汉侯平，以武功辅蜀汉。宋元之间有和鸾祖，咸淳间进士。宋亡。清操自厉，隐居文潭坝。数传至信祖，明初来龟山。十五传而及父。上有三兄，家世业农。祖父母有厚德，欲父就学成名。父年二十，而祖父母老，诸伯分爨，不能复学。乃教。三年，念治生之道，教不如耕，舍而农。又三年，外家约共贸易，假货入股，久乃独营，而农耕不废。勤劳辛苦，三十余年，家业渐兴。乃送<small>小子洋</small>游学两京，治哲学、儒学，更从宜黄大师专修佛学。以偿祖父母所望于父者，卒见之于<small>小子洋</small>也。洋学既成，父不责以禄养衡门之下，菽水承懽。抑更受之产业，俾得绝意尘劳，专志著述，优游涵泳，见圣学之真，宏法教之正。不徒说食摸象，欺世自欺而已矣。窃叹时衰道丧，士乏志行。政教之重，为争夺权利之途。国乱民偷，更无望其特立独行，以开物成务，移风易俗。是非但士之志不立也，为之父兄者盖亦有过焉。始学即期以功名，小成则责以禄仕。失职则有父不以为子之忧，禄薄则有室人交偏适我之惧。家室束缚,无异羁轭。而欲其奋志青云,守死善道,盖亦难也。忆父训蒙时,家景清贫。终年鲜得一饱,以至于病。其业商也,交易繁重,市集日未尝午餐。年节之期,更中宵不得寝。枵腹瘠形,以生财创业。亦可谓备人世之艰苦者也。洋少有誉于师友,故父培植之也极勤。求学二十年,费用千金,何幸得亲见其成立。顾不望之以富贵荣名,而乐观其濡养德业。洋少年气盛,功利之见宁异于人。终不隳堕先贤矩矱,有以立于哀世者。非父之德量庇荫,卓越寻常,安能无罣无碍以遂其正愿哉。人无不乐有贤父兄。若吾父,非为人父者之表范乎。父生性谨慎和平。对人无高下,以礼自持。淡交,久而益信。廉价不苟取,亦不以施济为务。而平争息讼,急公守正,亲党利赖,皆不在形迹间也。计其为团族长数十年,人无闲言。公财出入,分毫皆可覆按,而未尝受一日薪。龟山祠业,购置保存,多由父力。洋因得借以开建龟山书院。不然,无是龟山书院也。父之处人群决众务也,不以己先人,不矜才使气,退然如不足。而详情顺理,人共服从。繁剧之事,则一身独任,人亦莫肯先之也。生平未尝侮人,人有易而侮之者,初不怒,至无可忍,勃然色变,直言正词,当之者靡,一座尽惊,始知父勇且辩也。其能服善归正,复衷心爱敬,不念旧恶,人益服父之有容。为商不重利,不投机,敦信守分,举事量力。故能积壤成山,终无亏败。屡治产,皆人强之而后取。曰,为子孙创业,要令可久可大。不出之自然而以智力得之者,皆不能守者也。早年艰窘,而衣冠整洁不失礼容。晚岁丰愉,而质素和易,愈崇俭约。六十以前,为家为公勤劳如不及。六十而后,辞公务,息商业,恬静宴居,徜徉田野,独乐其乐，视人事之得丧盛衰，蔑如也。常曰，圣人云，君子有三戒。少之时，血气未定，戒之在色。及其壮也，血气方刚，戒之在斗。及其老也，血气既衰，戒之在得。于以见父之立身制行，盖有师法。非偶合于圣贤之道而已矣。故其教子女也，不肃而严，不令自行。子女四人，长兄恩被，先父五年卒。次大姊，适何书勋。次二姊，适覃文沛。皆卓然有立。季即<small>小子洋</small>。孙男赐玙、赐璋，兄出。赐川、赐庸，孙女元音，洋出。曾孙康荣、健荣，赐玙出，咸幼。父既不责洋以禄养。洋亦得尽其天性之爱。十数年，朝夕定省，未敢轻离。时谈佛法，父闻辄喜。龟山书院成立，远方来学，父咸接之以礼，爱护有加，共沐盛德。二十四年，偕母避难成都，礼昌圆法师皈依受戒，为优婆塞。二十七年慈母逝世之后，洋常侍寝息。每当中夜醒觉，联床话梦，因纵论人生幻化，三界唯心，器界根身，皆识变现，因缘生法，自性本空。父则欢然印可，发极净信。菩提胜因，永得坚固。故年老而心益慈，身病而神弥静，感于老病无常之苦而频叹佛为无上大圣。与世之逐物移性，昏耄以终者，得失宁可以道里计哉。父以清同治元年壬戌九月十六日生，以今年庚辰五月十八日没，寿七十有九。慈母张孺人，淑德贤劳，成家训子，极得内助。自有状。嗟夫，人世电露，转眼空寂。唯善与德，久而弗亡。今故追述父之德范，所以成就夫<small>小子洋</small>者。常念在兹，俾无荒于继述。民国二十九年九月，<small>孤哀子</small>恩洋谨状。

先妣王母张孺人行状

母，南充集凤场凤山张公克复之孙，明伦公贾孺人之子。生性淑善，母教贤明。幼在闺门，温慎守礼。年十六来归先父保廷公。祖母胥孺人，严毅强能，母寅畏承志，不爽妇职。妯娌四人，互敦爱敬。家世业农，夙兴晚寐，节衣省食，铢丝累积，助父成家，备受劳苦。而待人宽厚，必无吝啬。贫苦戚族，接以礼情。所雇佣工，久弗思去。茕独孤寡，与作依止。严正持身，不履非义。而隐恶扬善，矜恤愚顽。微恩必报，重怨辄忘。大量深情，执德宏远。至其恪恭戒惧，退然常若不足。秉志坚固，确然莫之能达。后获先劳，尊人克己。事无大小，咸尽全力。人无贵贱，等视平怀。尤母行身宅心之要。教子有方，导以仁恕。乡有童子，捕笼幼鸟，悬之高竿，母鸟日日衔食以食，待长烹杀，曾无悲愍，人以为智。母诫儿等曰："勿为是残暴事也。汝亦有母，使人囚杀汝等，我情何以堪乎？虫蚁牛犬，一切勿贱。贫老残废，不可轻侮。反躬自况，同所恶也。"儿等受教，用免凶顽。后洋读儒书，知有忠恕絜矩之道，始觉母教，与圣人符。又觉圣道不外人情，可学而至。因是勃然志圣，不夺于俗流。洋入京求学，亲友祖行，皆期以富贵，母独诫儿学成早归，勿以官位权势为意。结怨害民，不如全身乱世为幸也。洋自两京归，闭户著书，屏绝世务。母复为儿料理家业，留心儿疾病饮食。慈恩抚育，至老不倦。岂复责儿以甘旨之奉，门户之荣耶。洋故得宁静淡泊，不屈于时。而一志圣学，弘宣大法。懿哉母德，欲报何从。其有关世道，盖亦弘矣。自洋学佛，时语母以菩萨之行。因闻巨龙受戒，施皮猎人，万蚁噆身，不忍入水，临终发愿，愿我成佛，先度猎人，次度群蚁。踊跃赞叹，得未曾有。因发大心，誓行佛道。由是长斋奉佛，净念持名。避难成都，与父同礼昌公皈依受戒，为优婆夷。临终之日，补衣劳作，饮食如常，神智清明，中宵忽逝。逝时不召子女，不问后事，亦可谓萧然洒落，无挂碍恐怖于生死者欤。母以同治元年壬戌又八月二十三日生，民国二十七年戊寅九月十三日没，寿七十有七。与父合葬于龟山对岸黄龙山嘴。子女孙曾，具见父状。平生行谊，详德教记。故此略而述焉。先是吾外祖母之许字也，其父有寿公未悉吾外祖父之哑且贫，后知之而欲悔之，子玉仲公不可，曰，唯当周恤而成全之。故外祖母之嫁也，妆贻特丰。外祖父劳伤成病，贾府复医而痊之。诸舅渐长，乃以巨金佃产使耕而存养之。其厚德如此。外祖母之初嫁也，人咸谓其弗能终于张府。顾外祖母事翁姑独以孝闻，处妯娌以让称。慈育舅父三人，皆才能出众，为乡党冠冕。姨母及母，并成大家。外祖父母八十偕老。子孙振振，备受福祉荣名焉。洋母慈仁坚忍之性，酷类外祖母。而洋兄弟姊妹之克自成立，亦似外家。长兄之忠厚尚义，大姊之慈孝乐善，皆不负柔嘉之教。至吾二姊之遇人不淑，而孝不弛于翁姑，慈不衰于子女，自靖自济，卒守节抚孤以扶持倾危之家运于不坠而昌大之者，尤与吾外祖母之轨范同。流风善教，诚无尽欤。今习俗浇漓，人情浅薄，仁慈、安忍、贞信、德义之教已不为时贵。兹故述吾外祖母之事，及其因果感应之效，以为世鉴，兼以明吾母之德教渊源，根本于外祖母也。民国二十九年冬月，男恩洋谨状。

先兄王公恩被事略

兄字泽之，皇考之冢子，恩洋之长兄。龟山王氏，世业农桑。子孙世及，产递分而益贫。父乃兼营商，而专委农事于母。捋荼拮据，创业唯艰。兄十五弃书，内助母而外襄父。奉命唯谨,不避劳苦。家之日兴,兄有力焉。友爱弟妹,异夫寻常。洋读书,兄劝赞;洋学佛,兄长斋;洋建书院,兄助经营。人伦天性之至,众必称吾兄弟。而洋愧弗如也。和平忠厚,受辱不怒。在乡党,循循尔,木讷如不能言者,性迟缓,不能先人,而遇事能任,见义勇为。急人之急,情动乎容。常下气卑躬以求息讼。故族党亲友每事必赴诉之,废时失业而不厌。年五十,卒于家,悲伤悼惜,动乎四邻。呜呼吾兄!深乎情而笃于仁,菩萨种性人,弗克久以辅余成。弃我而去,五年于今。哭母丧父,谁念予之茕茕。

下年复作《杂集论疏》谛品成。在集谛中发挥共业增上义。四谛中最难疏者莫如灭谛,常觉佛法以灭谛为归宿。灭者,烦恼不起,苦果不生。在大乘尚有无住涅槃作诸功德,在小乘直是灰心灭智,与断灭何殊。而佛终不说涅槃为断灭相,意义闪烁不得正解。今疏灭谛对此问题固非彻底澄清不可。于是取《瑜伽师地论》本地抉择有余依地无余依地反覆读之。彼论有"由此转依,真如清净所显真如种性,真如种子,真如集成"。又谓"无余依涅槃界诸识不起,唯余清净无为离垢真法界在"云云。由是了知,无余依涅槃者,乃一真法界,离垢清净,戏论永灭,实相全现,乃净无漏界之完成,而非断灭矣。故《杂集论》灭谛相云"相者谓真如、圣道、烦恼不生,若灭依(真如),若能灭(圣道),若灭性(烦恼不生),是灭谛相"。此与《大涅槃经》"大涅槃者,法身、解脱、摩诃般若三法为性"其义同。涅槃灭谛至是决了。庆慰平生,得大法乐。是时长孝正重病,特以此义详为解说,彼能信受。为予对彼最后说法也。黄联科居士知吾作《杂集论疏》,即请印行。去年与洋书,谓凡洋所作书,皆直寄佛学书局出版。所有印费，概由彼负担。《杂集论疏》预计四十万言，由佛学书局就当时估价须四千元。然当时上海书籍已不能寄川。遥念战乱未有已时，邮寄不知何日通达。后至华岩寺，与钟镜和尚商量，彼谓如得四千元华岩即可用木版刻出，计颇方便。因函黄联科先生，嘱其将款汇川木刻。乃此款汇至川中，银行积压，直至半年后始行取得，则法币暴跌，汇往华岩仅刻得两卷而已。其后自流井友人及文教院曾续集款汇去，均因工价奇昂，未能刻出，今尚不知刻成在何日也。联科先生弘法心愿与日增胜，除刻洋著书助洋讲学接济家用外，并捐助内学院刻经费，先师著书二十余种亦均其独力捐赀刻成者。嘉惠人寰宁有穷欤。然彼固非大商巨富，在南洋贩货诸岛，年得赢利不过数千盾，以一分弘法，一分给济贫苦亲友，一分加入资本。尽力忘己以为善。而南洋友人多信奉耶回之教，或信科学，以佛教为迷信。故其友人均以其舍财宏法为愚而反对之。此种情形，乃先师拟精刊大藏，请其就地代募巨款，彼有难为力处，乃告洋以实情者。然彼对先师之宏愿固尽量支持之。年认五千元，按年汇至。可不谓深心大愿特立独行之士哉。此一年中，长孝病，仁权比丘死。仁权住龟山数年，有戒行，学唯识亦能入理，方期其大成，不幸以承顶五凤山寺业而废其学业，且因是而病以死。悲夫！予腊月二十六日赴果城购物、二十七日赴五凤山吊之。即日返，半夜始抵家。一人负重，夜行风雨中，过古墓古道，心意寂然，别有一番心境，至有味也。而本年九月师母死，九渊兄殉法，师命召，不敢不往。既自内院归，更预为明年赴津之计。一切经过，具如《南游记》。记曰：

南游，省师也。不曰省师而曰南游者，道途既远，所经遂多，不但记省师也。洋以民十六年辞师还乡，始以身病，继以亲老，卒未得重返内院。二十六年中日战起，内院迁江津，师召赴二十七年人日会。时先父剧病，洋正督石工修墓，本不能离膝下。转思十年别师，师以国难故来蜀，而不往一见，非情也。遂以腊月二十九日启程，正月初四日至渝，初五日至江津，得与师及晞运秋逸学兄暨川中故友聚会一堂，彬彬济济，受教诲，叙别情。乱离之中，得未曾有。心意快足。因感人生宇宙、人伦师友之间，要实致其情，方足以云尽性也。终念先父卧病在床，不敢久住，遂以正月二十一日归家。时已深夜，中心惴惴，唯恐不得见父者。肃容入室，呼父父应，呼母母起，中心快慰，为何如哉。父病日愈，而先母突于九月无疾弃养。洋既处母丧，又侍衰父，故二十八九两年人日，洋均不克赴会。二十九年四月，先父又突寿终。罔极之恩，哀恋曷极。乃九月得师函，云师母熊太夫人死。秋逸兄函，且阴告九渊世兄死于渝。十月初八，又师七十寿辰，前数月同门有先议聚寿。洋念重服在身，不敢以寿往。然师以七十老人，流离巴蜀，一日之内，悼亡丧明，此而不往，又岂人情。十月初三，乃辞先父先母灵墓，决然南行。

洋在途，只身徒步，日行百余里，累日，精神益健，为生平所未有也。所遇路人，皆若朋友。余年仅四十三，以居丧须日长，途之人咸以老年尊礼之，觉古道犹存。初六日，过八塘，日落，始至山顶，下山犹十余里矣。山路曲折，两崖峻绝，入夜静寂，别饶幽致。俄林间风动，草木有声，暮云忽起，遮蔽星月。余心随境以入寂，渺然若丧夫我者。继而林木怒号，风力加急，飘举衣袖，余驭风而行焉。斯时精神倍增，脚力益健，仰视天空，忽夜月如钩，破云而出。余亦心光怒发，念六度万行，一切智智，趣之何难，直往而已。继复万象森罗，转觉心境两忘，无取无住。始觉精进之功，寂照不二之旨。既至八塘，余乐不歇。中夜风云顿作，大雨如盆也。

初七日将至璧山二十里，遇一幼兵，与同行，吴姓，忘其名，恭敬朴诚，而富同情，与言极亲，举手为别，甚知礼也。风尘中宁无人哉。夜至来凤驿勉仁中学访梁漱溟先生。艮庸告予："你来真巧，明日为太老师殉节之辰，梁先生有家祭，吾党公祭，可参加也。"予喜甚。至晨四钟，遂偕艮庸等赴西寿寺公祭。祭毕，与梁先生聚谈约半日，辞赴江津。两月来梁师亦两访吾师也。是日五钟，予至内院，诸友毕集，专迟予一人也。既至，谒师毕，共进晚餐。夜与十余年不相见之道友陈真如，并新知陶冶公、欧阳浚明、虞佛心，暨旧友熊东明等谈颇深。独晞运、阎士均物故，抚今思昔，能无怅然。

八日同门共集佛堂，礼佛拜师毕，请师讲演。师讲寂灭寂静，毕竟空，唯智学。真如有记。闻者获益。余住院，前后二旬，除往吊阎士，访李荃浦先生，钟镜长老，皆朝夕侍师，参叩学业。师谓秋逸兄曰："教理精严，尔为第一。身心受用，应在宗门。"秋逸兄曰："澄自追随座下，步趋唯谨。宗门之义，素所钦崇。顾宗门犹有未足耳。"某晨食次，复谈宗门。秋逸兄曰："宗门者，独觉乘，艺术而非宗教也。余叩艺术与宗教何以异。"兄曰："艺术之象征为美，宗教之象征为圣。艺术者萧然自得，宗教者悲愿度生。此吾所以言宗门为犹未足者也。"予曰："谓宗门为独觉乘极善，顾其中亦有菩萨，亦有独觉，亦有声闻，特皆以独觉乘的风调出之耳。"师曰："善，实如是。"某夜,吾谓师曰:"师心境亦苦否?"师曰:"苦。"余曰:"泽此次之在此勾留,亦以慰师也。"师曰:"尔等所为,我知之也。"师曰:"精刻大藏,尔必助余。人事无常,谁能久住。但得见其一二分有成,死无憾。且欲汝在此助余观行也。"余曰:"诺。"师居忧患剧痛之中,乃能以理节情,不怨不怒,精进持心,念念圣道。见者悉无间然。余心既释,乃辞归山。临别告师,可慰师者,师悉知之,不复言。师曰:"不言益善。"援笔书"五蕴皆空除苦厄,一切如幻大牟尼",赐余。余拜受,遂行。是日夜宿勉仁,次日谒梁师漱溟于西寿寺,晤谈镇日,夜留宿。又明日,与熊十力兄谈极欢。并为余谈夏灵峰事。夏,清末浙之纯儒,请慈禧太后归政贬官,隐居教授,朝鲜日本人士亦渡海受业,没之日,三国门人,庐墓者数十家,三年始去。德教感人,一至于是,谁谓今不如古哉。下午复行,艮庸送余十余里,论漱溟师,忧深思远,为人类谋出路。唯乏艺术性,持心过紧张,少宽舒之度。又非拨乱驭变之才。要其洁身正行,严谨肃厉,诚人伦师表。言论思想,深远缜密。人类果有平治之日,则制礼作乐,易俗移风,非先生其谁欤。夜息壁山,晨赴铜梁,过汤泉,入浴焉。其地产煤极旺,而山形壮美,亦可观也。至县城,访童年业师练哲安先生,不遇,云在薄吕场。晚宿山店,晨赴潼南,日将暮,问路远近,一老人年将八十,重听,抚余肩曰:"国事何如?此去潼南十七里半,每石二里半也。"霭然慈仁,视余如子侄也。明日自潼南起身,错路,一中年农夫示余道,往返数四,唯恐余多行一步者,即此已是菩萨精神。晨午两餐,店主妇见余素食,殷勤问余何教、何门,拜师何人,亦不异家人亲故也。天忽大雨,山行迷路,远见田野有衣黑衣者,大声呼问,竟不予答,就近视之,乃黑羊也,不禁失笑。因念如来频以哑羊喻僧之不学,得无因中亦曾问道于彼耶?不然牛马猪犬俱不言,独以羊喻也。日暮路滥,遂宿农家,贫而好客,家复和顺,老人衰病,余与其次子共宿,明日至太平场往视志梵母。越日还家,时冬月初二日也。

三十年正月初二日,复赴江津,赐荣偕行。是行也,本拟与龟山学生数人同往长住助刻藏事。江津米价日昂,虑至彼不能生活,予故先行视察。赶赴人日会者,欲知本年内院计划何若也。迂道铜梁蒲吕场,访练师及旧县,人云练先生安居人,去年教书蒲吕场,今归家矣,此去安居百余里。计不能往,乃直赴璧山。途中遇童子三五成群,树下水边,甚自得者。语非川人,询知为抚婴院难童,皆自江浙来者,深慰其得所。夜宿某场,店中先有该院事务员一,长工二,难童难女各一,盖重病送赴八塘医院,不蒙接受者。诸人共谈该院院长破除迷信,隆冬难童共析观音菩萨焚火,不之禁也。余夜自思,因有迷信,乃有寺宇,因有寺宇,国难突起,难童乃有栖止。既得栖止,即破迷信,菩萨入火。使人共不迷信,不修寺院者,诸难童何所依哉。此不始于抚婴院,年来学校皆多改寺院而成,既改学校,即毁庙毁像,曰破除迷信,发扬科学,亦此类也。夫立寺造像之是否迷信且不论,科学发明于西洋,而西洋之教堂林立,曰人民不可徒有知识而无信仰也。吾国吾民亦自有其学说信仰,顾古寺古像,乃不得与古物艺术同被保存。文化侵略,有如此哉。夜半难童哀呼,云将大解。其人曰:"夜深寒冻,谁不爱身。"忽曰:"已遗于袴矣。"其人曰:"可,明日归院,与尔换洗。"难女复哀呼,似云被盖掉下床者,其人复不应。余念两孩病已深,设再寒冻,明日宁有命耶。下楼,为之拾被。至其床,则非掉被也,欲大解也。不能动转,予乃抱赴便桶。其人见予如此,亦自楼下,予即以女付之。男童复呼口渴,求水,不可得,余乃授以橘,犹自食也。余复入寝。工人忽上楼,告事务员曰:"男童已死,速起归院。"三人齐下,即将死童活童,一被裹之,置滑竿,开门欲去。店主人大哗曰:"汝人死我店,不为打扫开路,遂欲去,此店何以贸易,且昨夜不有约耶。"坚不许去。余立起视,当闻女孩啼泣,不愿与死孩同被也。于时大雾蒙笼,露下如雨。余曰:"人之儿女,己之儿女,死者已矣,如乘雾归院,此女宁有命耶?为尔等计,宜天明别请滑竿,汝无钱者,吾代尔请,另载此女。店房亦当打扫,不可无信于人。"其人自觉理屈,又见余肯出钱,遂从予言,别置女于床,命主人请道士,且谢余。然后知人之皆可化矣。天明,予赴璧山。嗟乎!疾病生死之际,非天性骨肉之爱,谁肯不避烦难,为之慈护。有父有母者,孰忍以子女付之他人哉。

是日午,至来凤驿,梁先生赴北碚,遇艮庸颂天等于勉仁,王绍常先生亦在座。王山东人,五十余矣,而天真活泼,情感动人,敝屣权位,避难来蜀。昔年遇之南充省民教馆,今日相见弥亲。曰:"予犹小孩也,欲受业于先生之门,惧不受也。"予曰:"先生诚大人也,予学之而未能也。"因言所志无成,不无郁闷。余曰:"因缘生法,莫之为主,见事之无成而不用力者,自暴自弃者也。欲求有功而蒿目以忧世变者,强作主宰者也。宇宙内事,一人有一人之业报,众人有共业共报,能无以众人昏乱而不尽己力,亦无以一己之力欲总办众人之事,则随分任运,无日无自强不息之功,亦无日不安命自得也。"远送于野,不忍为别,伫立挥巾,久之乃去。艮庸独送予上山,计十余里,所谈极多,不能复忆。晚宿两路口。七日晨渡江至内院,人众齐集,复迟予一人也。

人日到会者,真如、浚明、佛心,暨邓蟾秋、高语罕、曾履川、李直夫、张茂芹、刘文机、张锦柏、李太庸诸君子,及住院同学秋逸兄、法雨比丘、空寂比丘尼、陈时中、张蜀风等。早餐毕,行礼如仪。集讲堂听讲。男女居士,来者益众,座为之满。师讲此性常依,万年一念。唯心所现,五蕴皆空。盖其三冬修学心得也。大意谓:

此性,即诸法实性,真如是也。迷此为凡夫,悟此为圣人。迷则虚妄分别,二执二障,万念纷然。悟则虚妄不起,执障远离,身心寂静,转凡成圣。故真如称为迷悟依。此性常依者,觉彼性也,离妄执也。然乍尔醒觉,转复沉迷,则不能常依。故贵相续之功,所以复言万年一念也。念念相续,至于万年不二,则道久纯熟,妄执永停,成佛必矣。虽然,此岂易易,每正念才起,妄想纷然乘之,颠倒错综,不可穷究。于此妄想境界,若执为实有,起而敌之,不唯繁于对治,又且因执生病,求愈无期,故当观唯心所现也。观唯心所现,则妄境非实有也。既随心生,亦随心灭,则何为以心治心,自为纷纭也哉。了知唯心所现,则知五蕴皆空也。既不离心别有五蕴,如彼梦中见山河大地、恩怨爱憎、苦乐诸受、善恶诸行,唯心显现,宁有实物哉?既五蕴之皆空,即无可爱著分别执著者,即无能治所治者,亦无可求可得者。以无所得,心无挂碍。无挂碍故,无有恐怖,远离颠倒梦想,而究竟涅槃。涅槃而此性常依,涅槃而一念无念。至理实用,吾党其共勉之。

师是日精神充满,说理深微,此十六字,实乃融性相空有极大观行也。下午二钟,复开会讨论内院前途计划。同学中有三提议:一则精刻大藏事,二则内院招生讲学事,三则恢复内学宏教事。师曰:"予老矣,宁复有几多精力为教学作文以图号召欤。今兹所亟应为者,编辑精刻大藏底稿,以遗后人耳。故招生等事,概可暂停。又且经济艰难,生活昂贵,故以集中精力,独办一事为当。外缘经费,托由真如等筹划之。"众无异议,会遂毕。

余数日后复至华岩晤钟镜长老,定九方丈,兼取所刻先父先母行状也。并约杭州江万平、雁荡朱铎民、巴县李荃蒲先生同会该寺,谈世出世法颇悉,亦盛聚也。

自华岩归院,日与师及秋逸兄法雨时中蜀风等游处,约二十日。思维内院既不能招生讲学,龟山学生即无所安置,设吾不回龟山,将十余载经营,岂不随吾一去而解散。尤不能已于怀者,吾甥覃长孝,去冬吐血,其势甚重,予不早归,恐其危殆。正月二十八日,予遂以吊唁厚生母子,辞师赴泸州。予在内院,曾作诗二首,附录于此:

读伯夷传△言君子遁世而无闷也。

兄弟相将出海东,求仁千载仰高风。清心常住黄虞世,宁向西山叹命穷。

偶成△言度己然后能度人也。

先生此日意如何,世路崎岖哀怨多。系累尽时烦恼尽,好将心净净山河。

冤亲爱憎诚难得,罪福功勋亦且诃。洒落一身三界外,回增悲愿度娑婆。

正月三十日至厚生家,留住两日,与其地萧先生,龟山旧游邓存鉴、康仲奇并厚生兄弟相会。次日下午游江干,问厚生近日心得何似。生言四岁时,为父掌击。忽有不可言说境界现前,身心轻快,特不知其所谓,后时年或一现,月或一现。既至龟山学佛,亦时时现前。特皆无意。以意求之,反因致病。近来则此境可以时时随意现前矣。予曰:"于时有我执分别否?"曰:"无。"曰:"有内外对待否?"曰:"无。"曰:"汝前生殆习禅者,一击之下,分别暂忘,故尔如此。然闻思无力,不能自了,又无人证,故不知其所以然。"因念临济三问,黄蘗三打,往问大愚,愚曰:"黄蘗老婆心切。"济悟,曰:"原来黄蘗佛法无多子。济嗣黄蘗,不嗣大愚,盖实智现前,黄蘗之功,大愚不过与之道破耳。汝能如是,勉哉勉哉。"余还,厚生送余数十里,沿途抉择,所谈颇多,不能悉记。生问近来以己所悟,与诸经论实不相违。谓已实证,则不敢自信,岂菩萨境界亦不过尔尔耶。余曰:"悟有浅深,而皆是悟。瑜伽现观,乃有多种,曰思现观,曰信现观,曰戒现观,曰现观智谛现观,曰现观边智谛现观,曰究竟现观。清净信解,亦现观也,而不可比于入地见道。然高以下基,印持决定,亦不可不自信也。"予曰:"趣入佛法,要能信解身心本来是佛,以非非佛故。何以非非佛,无法非真如故。何故皆如,皆无我故。实性如净虚空,云雾翳之则不显。实性如澄清水,尘垢浊之则不净。云雾喻诸相,能覆真故。尘垢喻烦恼,能乱心故。由彼见惑执取诸相,而法界昏霾,心性颠倒也。然法界昏霾,而法界依然,性常住故。心性颠倒,而实无所倒,不变易故。即彼相亦非相,相本空故。惑亦即真,无实性故。了相非相而相遣,了障即真而障除。所谓本来寂静,自性涅槃者,确信无疑,宁非即心即佛哉。虽然,苟非其人,道不虚行,此古人所以不轻道破者也。尔其知之。"

初四过隆昌,访黄肃方先生,闻赴重庆。泸县、隆昌间有一段好风景,溪水幽静,不异桃花溪。初五至内江,访李仲权、廖泽周两居士,留住泽周家三日,与游沱江中学、圣水寺、东林寺、西林寺等处。圣水寺负山带水,规模宏大,在本省各大丛林之上。惜寺规未善,以房分制,方丈一年一易,不能有所振作。退院本扬师,善士也,款接意诚。寺及东林寺并有唐造观音像,皆就岩石刻成,庄严伟大,得未曾有。东林寺有千佛岩,亦巨观也。西林寺某比丘尼,坚苦人也,领众整肃,生人虔敬。请予讲演,予为之讲《心经》大意。与仲权泽周谈至多,不能一一记忆。仲权思想犀利,儒哲佛理并通,与泽周欲共弘佛化,兼欲作汇通中西文化工作,期予主其事。闻予谈秋逸学兄论禅宗语,颇契。晨问予禅教之异。予谓异不在学理,而在方法手段,如一指禅师,暗执利刃,问其侍者,什么是佛法,侍者伸指,师割其指,再问什么是佛法,侍者重伸指,因便得悟。此种手段,须是过来人,能忘身忘法者始能。如在教下,不免一场说话了事。寻言摘句,焉能发人深省。彼其棒喝交驰,皆此意也。又其甚者,船子乃覆船自溺,以断绝夹山疑情。故曰:"大机大用,迥出常情也。"曰:"然则宗果胜教耶。"曰:"见佛闻法,立证无生。棒打拳击,机又下矣。圣人因机立教,方便不同,本则无有高下。今人文字不通,思想无路,颛愚鲁钝,又当开其闻思。瞎棒打死人,罪莫大焉。《涅槃经》云,摩诃衍者,亦是醍醐,亦是毒药,此之谓也。"

叶君庆增问曰:"俄有青年诗人某自杀。另一诗人吊之,谓自杀非难,生活斯难,勇于自杀,何如勇于生活。乃不久,吊人者又以自杀闻。今之社会,有志有为之青年,实不能见容。渝市近有青年,阖家自杀者。佛法果能拔人于自杀之险途欤?"予曰:"能。凡人之自杀,虽亦缘环境之逼迫,实由内心之不安定。内心何以不安定,则以生活重心在外不在内故也。人生必有所需,故有求于外。求于外者,本以养其内也。但求取愈多,欲望愈奢,则不以外养内,乃反以身殉物。此如俗呼之守财虏,不以财物尊荣其身,反以身奴役于财物,此之谓生活重心在外不在内也。随人之欲望不同,所殉亦异。古人谓贪夫殉财,烈士殉名,夸者死权,众庶凭生是也。既重心在外,故贪求无厌。贪求愈无厌,则遂意之事愈无多,失望既多,则忧苦弥甚,渐觉天地皆荆棘,人类皆寇仇,遂至社会不能容其身。自身既不胜生活之苦痛,则唯有自杀而已矣。今佛法教人离贪嗔痴,不贪者不逐物也。于物寡求,则欲望易满,亦于人寡怨,故嗔忿不生,而痴情亦去。既随遇而皆安,亦反己而自得。重心在内,不被动摇,则生意畅遂,忧患无有。不苟且偷生也,亦何所不容而至于自杀欤。若夫贪嗔痴慢之皆除,将视生死为游戏,生可也,死亦可也,如禅宗古德之生死自在,去来随意,是又超越生死之谈,区区七尺之身,非所恶,亦非所恋也。"

内江士林,共请予作学说讲演,吾为讲致用之学与受用之学。大意以智力攻取克服天然以利人事者,为致用之学,亦即利用之学。此以物质界为对象。西洋人物质文明、科学工艺最著成功。节欲缮性,自足无求,安身立命,为受用之学。东方人精神文明,世出世间修省涵养,儒佛之学,是其标准。盖人生之问题有三：一对生活之给养，二为对人群之治安，三为对心神之安定。苟心神不安定，纵有丰富之物质，亦不能享用。此如瑞典之火柴大王、美国之无线电发明家，荣名富乐，盖于一时，而均终于自杀者是也。反是，则苟有受用之学，内心安定乎，则古之圣贤，箪瓢陋巷，不改其乐。而富贵不淫，贫贱不移，威武不屈，为挺然独立不忧不惧之大丈夫焉。受用之学，不但能为身心生活之安定而已矣，又能提高人性，扩大人格，使人为物质之享用者，而不为其奴隶。使人能转化环境，而不被环境转移。使人生高尚优美，而不鄙陋苟贱。故致用之学外，贵有受用之学也。东西文化，由其致用受用之学发展之不同，故其对于人类群治之态度亦异。设以对物之态度对人耶，于内则为法律之制裁，于外则为威力之侵略。设以对己之态度对人耶，于内则重道德教化，于外则为信义和平。孔子曰："道之以政，齐之以刑，民免而无耻。道之以德，齐之以礼，有耻且格。"此为内政上两种不同之方略。孟子曰："以力假仁者霸，霸必有大国，以德行仁者王，王不在大，以力服人者非心服也，力不赡也，以德服人者中心悦而诚服也。"此为对外两种不同之方略。中国受用之学发达，故历史上富和平、宽大、博厚、光明之态度，而民族调和，历史悠久。西洋致用之学发达，故历史上多侵略、征夺、严刻、黑暗之现象。今西洋文化独霸世间，世间成何状态耶？内心则恐怖矛盾，无一息之宁。世界则战伐相寻，人类相贼，社会无片日之安。所谓科学者，不为利用厚生之用仅为灭绝人类之用而已。今日言学，当先辨学说之体系与利弊。中国之积弱不振，诚有待于西学之补充。世界之不宁，尤有待于中学之救正。中华民族之能否复兴与人类之是否能大同平治，亦唯视吾人之能否复兴文化与能否救济西洋之文化而已矣。故今与诸君子讲此致用之学与受用之学，愿共勉焉。

叶君请书勖勉之言，归泽周舍书下语付之。

有独立抗世之精神，而无愤世不平之戾气。有慈仁悲愍之宏度，而无合污同流之俗情。重心常在内，无入不自得。生机畅遂，磊落光明。此之谓艺术的人生。

次日晨，余首途返家，泽周为余雇长途滑竿，盛意难辞，并偕仲权及刘南华送行数里，情极殷挚。南华敦厚力学士也，向道甚切。一路在滑竿上读友人汤用彤先生所著《汉魏两晋南北朝佛教史》。考据精详，论议平正，富有同情之默契，与哲理之抉择。为佛教史者，从来所未有也。闻其十易稿，精慎如此，其自跋犹复谓陈述肤浅，详略失序，百无一当。君子哉若人！尚德哉若人！允为著述界之模范也。详为佛史者，不为门户之掩护，则为行外之抨击。重信仰者，于理无征。重思想者，于事或略。汤君此作，彰其善而不掩其弊，辨其伪而必显其真。名僧高德，赞仰出于至情。玄理胜义，发挥罄其幽隐。取精用宏，慎思明辨。忠信笃实，可谓极负责任之学者也。国家元气，在斯辈乎。

过遂宁，往爱道佛学社访清福老和尚遗事。和尚，清末高僧。十七出家，历游中国二十二行省，并青海、西藏、廓尔喀、不丹、朝鲜、日本、安南、暹罗、缅甸、印度、锡南诸国。参访知识，礼观圣迹。恢复云居，培修北台。除妖异于汾晋，遇善财于清凉。分舍利于锡南，请玉佛于缅甸。岩栖露宿，冒雪乘风。伏虎伏狼，降病降盗。独立无畏，精进不屈。为而不有，功成不居。朴厚笃诚，忘人忘我。穷深极远，徐霞客莫比其壮游。为法忘身，奘法师诚导其先路。参究不倦类赵州，简朴无华如法显。惜其学少文章，时非盛代。鹿苑那烂，风徽往矣。南能北秀，并世无闻。致令勤勇有余，成功不足。既不得比伟业于先贤，亦未能享盛名于当代。余见此老，两在暮年。重听寡言，不耀光彩。读其所作《源因略记》，辞不修而字多别。然至性至理，时露言端。深造实得，非关文句。可谓活虎生龙、潜踪草莽，宝玉明珠、隐曜深山者也。其女弟子某语余曰："先师在日，频称先生为文殊再世。"又谓其前年某月病久思归，中夜呼徒，今宵即去。门徒跪请再三，允住一年。去年因重游峨眉，礼辞普贤菩萨，并昔年同参友好。诸事完毕，吉祥而逝。实类世尊之示寂，亦同古德之坐亡也。晚年以念佛法门开化末学，曾感冬月牡丹扬华之瑞，而频频叹惜宗门心得之传授无人也。老人以同治元年生，民国二十九年没，世寿七十九，盖与先父生卒同年。时尚虚伪，缅怀真人。故特为表扬，用昭玄德。其刚健笃实，诚并世无有者也。

二月十二日自遂宁归家，过蓬溪，游宝梵寺。寺有唐代壁画，活跃如生。十六尊者，弥勒、达摩、释迦文佛为主，而配以诸天神将。庄严伟大，色彩鲜明，千年不败，诚为稀有。中塑佛像三尊，肃穆慈祥，巍据宝座。虽金为盗剥，犹不失庄严超远之度，与宝画极相称也。寺去吾家仅六十里，然予之得知此寺，乃在讲经重庆时王瑞騋居士寓所。北平某君游该寺，摄影影印于艺术画报。去年春，元旦次日，特往瞻礼，今重游也。

行至蓬溪城，日已薄山，戴月归家，将半夜矣。小儿慧生突告予曰："长孝表哥正月二十日已死矣。"呜呼痛哉！

长孝,吾二姊之长子也。幼遭家不造,备历艰辛。童子当耕,坏其身体。予自南京归,乃弃农从学。意志坚强,好学不倦,夜以继日,唯恐后时。不顾体力,因致重病。以念佛专诚,捷得痊愈。则复研习唯识经论,得其大旨,进修三藏,咸无滞焉。发心精进,欲实证现观。加行过猛,寻至吐血。自尔疾病牵缠,所志罔遂。因苦增厌,思求转世,持刀自杀,遇缘得解。随余讲经华岩,作《说无垢称经疏》笔记三卷。近年予讲《杂集论》于龟山,作笔记十卷。精勤奋勉,未尝以身体之尫羸而一日懈也。持身严谨,语默不苟。而尊贤容众,后己先人。任事忠尽,教人殷恳。予在山,助予教。予出外,理院事。不啻左右手。方期以重任,弘法摄生。未及三十,突然永逝,能无恸乎,因为辞以释之。辞曰:"嗟吾长孝,质尔淳兮。金刚道种,习已醇兮。萧然长往,非兜率之宫,即莲池之滨兮。乘愿重来,吾迟尔于龟山之冈、龟水之派兮。何寿何夭,长劫与刹那均兮。何生何死,性自真常,德日新兮。苦海滔滔,度群伦兮。觉山峨峨,吾与尔同趁兮。"

夫予之疾归,为长孝也。使予不南行者,纵不能延其生,宁不能见其死耶。因记其事略,以终吾篇,且以识吾悲也。噫!天地昏暗,浩劫长流。器界根身,陆沉凶折。所应悲者,宁独吾甥而已哉。

三十年辛巳二月,既归家,此时书院人数极少,出家同学唯原声、悟超。在家同学有阳华。别延坤如教子女读书。六月志梵自陕归,复留教子女。予乃专志于疏《杂集论》法品、得品、论品。至五月初六,而《杂集论》抉择分成。所余者,唯本事分耳。上海佛学书局佛学半月刊请予作法相宗专号。予因为之作《法相义》《法相体类》《我之假立》《缘起义相》《共业增上》《圣道转依》六篇寄之。至明年六月,更作叙论一篇,附答梅撷芸先生论缘起书,总寄华岩刻之,即今《法相学》是也。十月复赴内院省师。先与悟超师至华岩,与厚生同行。厚生八月返龟山,是时华岩佛学院无教师,去年曾聘长孝,会长孝没,秋天复函请代聘教师,因请厚生往。厚生以不受酬报,纯尽义务而往,故先在彼。悟超之至华岩,为拜师钟镜和尚及受戒也。既至内院,师出近著释教示同学。统摄如来一代大教,兼包诸宗,义丰词约,实吾师平生最后杰作也。与真如兄谈做人事师及禅宗归宗斩蛇、南泉杀猫等公案,以真如近多参禅也。茂芹约游山,途中真如问:"宗门早悟者每寡传,迟悟者门多盛(如岩头雪峰等),何也?"予谓:"早悟者智增,迟悟者悲增。又历尽艰辛,知人心病,应机善巧,而早悟者则否也。"真如有诗云:"黄花翠竹自烂斑,佛与群生总一般。东海心同西海理,秦时明月汉时关。"识常遍之理也。其第六日,杨叔吉兄自重庆来,十余年不见,风度依然,忠信笃敬,同门稀有。七日赴华岩讲力种性品,随讲随疏,余前后共住华岩十八日。孙惠迪、李荃浦、刘文章、余章一、刘文机诸居士均住寺听法。林业建君福建人,游法学外交,任经济部职,住寺中,坦率骨鲠,好文学,惠我以诗。陈荣明少将,滇人,读吾书,特来访,朴诚温雅,有儒者气象。余章一鄂道者,有诗曰:"觌体承当一切施,沦肌浃髓沁心脾。华藏不漏真消息,争得人尊自性师。"而韩梓材之热心弘法,尤为难得。梓材本年连丧二子,心殊坦然,不为忧戚。时日袭珍珠港,太平洋战事开,重庆人心震恐。予不欲去。梓材再三请。始往,钟镜和尚及内院同学映福并同行。于钱业公会讲《心经》七日,听众四百余人,亦胜会也。后归龟山,作《心经通释》，与《力种性品疏》同刻于华岩。予在渝时，太虚法师函约游缙云寺。即于归途，先至勉仁书院，时值阳历元旦，校长陈亚三及云颂天诸兄约讲演。次至缙云山，法尊法师盛情招待，并问老先生安好。次日太虚法师自复旦大学归，即开讲学会。法尊师提出种性问题，彼此论难，未获解决。虚法师提出世界大战后，世界必须重建，吾佛教人士对建设计划当如何。予谓现世界问题极端复杂。国际组合，军政、外交、经济，一切事业，恐非任何人所能统筹统办。吾人佛教徒最好自守岗位，以尽其一分之力。佛教徒之于人类，吾谓乃宇宙之眉目。目不能作事，亦不能行路，似最无用。然手之作，足之行，非目以指导，则作不能作好，行或行人悬岩深渊，而人身危殆矣。今之世界亦如是，科学发达，工业进步，文明之盛，前古未有，能作能行，功效卓著，然无最高之智慧以了彻宇宙人生之最高原理，则其作为行动，只造成空前大战，而陷人类于危殆之路，不其惨哉。今后吾佛教徒亦唯当发挥我佛教义，对宇宙人生最高原理力加阐明，以领导人类，使科学制造物质文明不走入险途，则佛法者人类之目也。眉最无用，然使人面无眉，则不庄严。宇宙亦如是，使人均唯功利是鹜，生计是图，而无超然尘世之思想与行为，无特立独行清净无染之德行之人物，以为人群表范，而领导之以入于高尚纯洁之域，则人类大不庄严，争利殉财，与禽兽无异，而必多争乱矣。佛法戒杀盗淫，息贪嗔痴，超然尘埃之表，无用之用，为人类尊严，则佛法者人类之眉也。世界大战后人类重新建造，吾以为佛教徒之所有事，唯在内寂戒行以范世，外弘佛理以化世，以作宇宙之眉目焉，如是而已矣。在座诸人，复多问答。时历三钟，主客欣然。张纯一、陶冶公两居士均在山，相谈极契。次日辞下山，返家，已腊月中旬矣。今年将黄联科先生汇龟山之基金买得杨家沟水田二十二挑,土一斗五升,共去法币万四千元。黄先生之款初到时,可买得二百挑谷。本年只得二十挑谷。法币低落十余倍。再迟两年即低落至百余倍。虽失之犹得之也。

三十一年正月二十辞父母墓,赴内江开办东方佛学院。以去年过内江,仲权、泽周约至内江讲学,后时遂与自流井张介眉、陈戒予诸君子筹备,至秋冬之交,募得四万元,佃圣水寺大悲殿为院址。洋在内院,即来函聘请。洋在华岩,泽周复来寺面请。洋与厚生商量,厚生劝吾应聘,且许共弘法事。至渝,复遇戒予,过从甚欢。归家后,即为赴内江计。家事概委之妻,龟山书院交与悟超师,子女读书付与阳协尧,即偕行健、原声、赐川同行。叔涵来吾家送行焉。既至内江,乃院址犹未定。以大悲殿原为军队所驻未让出也,本扬和尚延居其退院寮。自流井佛学社来接讲《人生学》及《心经通释》约十日,介眉自富顺赶至听讲。初识罗筱园、曾子郁、吴冰国、廖树卿陪游各地,观井方盐业之盛。最后晤张杜若,宇眉之好友,忠信士也。返圣水寺,讲《二十唯识论》。厚生来。原声去。戒予复来寺商定院址而久无结果,洋即拟返家。仲权、泽周均茫然,戒予厉声曰,此地即是地狱,亦定请先生住几年,不然非菩萨也。予感诸君子心愿之诚切,更不忍见事业之败,遂耐心处之。继得徐晓堂先生来寺,直与郜处长商量,始将方丈院让东方佛学院。培修整理,略具规模。五月返家,行先父周年祭。便道过江津省师。转重庆。佛学社请讲法相学,匆匆三日而去。归家月余,仲权、泽周促返内江开暑期讲学会。回院时军部新收壮丁,复以大悲殿易方丈院。暑期讲学会,讲中国文教论及佛法总论。与会者,仲权先生、泽周先生父子三人、吴秉衡先生父子三人、王寿轩、余德修、刘南华、叶庆增、侯春福、黄世彦、谭显荣、圣水寺本扬和尚等,及本院厚生、行健。而叔涵亦于暑天来院，住月余。会毕赴江津见先师。杨一心自温江来。南华、春福、世彦先后执弟子礼。赐川本期入沱江中学。九月，城中通俗教育馆请讲五种性品。黄肃方先生自成都来会，同仲权、泽周及廖华平诸君子商院事。改东方佛学院为东方文教院。仲权读冯君友兰《新理学》，持以示予，意不满，嘱为文评之。再三催促，始反覆详读其书，则见过谬百出，因作《新理学评论》。予因是而有感焉，中国自与西洋各国交通，文化学说次第传来，我国学人亦往彼求学，最初但用力于翻译，继乃有志于著述。著述之道，多糅合中西更成体系，俾两方文化得综合而更新，此亦必然应有之势。若冯君此作，是其尝试者也。顾欲为此事业，非于两方学说均有深造而又能不宥于任何一方之说，对于宇宙人生之最高原理有亲证实悟者，始能取精用宏别建体系。或平章批判，各得其所。否则见理未彻，识力未充，不能驾驭东西之学说，将为异说所惑乱，反不如专治西学或专治中学者之严守门庭为有实得也。以吾观于《新理学》者，对中西学说盖未能超象外以得寰中。其为说之支离破碎而不能圆到整严，盖未得为成熟之作品也。顾其心愿之伟，亦可佩也。转瞬十月，复赴江津省师，光天同行。初至，师颇怒予，以去年冬腊及今年春夏间，与师复有学说上之诤辩也。转瞬四年，今者犹能得有严师教我、责我、怒我哉。在内院祝师寿辰毕，次日追悼周少猷先生。少猷先生亦宜黄人，对内院备极勤劳。晚年由法相唯识而修净土，住杭州武康上柏镇报恩寺数年。本年没于寺。追悼日，师哭泣至哀，同学俱悲泪。少猷先生哲嗣国隆兄，服务考试院，亦在会，哀感尤深。内院会毕，应钟镜和尚请，赴华岩，住五日。应重庆佛学社请，讲五种性品。复返内院省师。师至欢慰。谈笑风生，为师两年来所未有。次晨搭轮赴泸县。应泸县佛学社请,讲《心经》。罗俊生、薛伟成诸居士皆笃实敬信。往返皆住厚生家。讲经毕,返院。已是冬月。严立三先生来院相见,谈八点钟,意气殷切,勖勉备至。君子人欤。并请军部划大悲殿作文教院院址。文教院始正式成立也。腊月城中复请讲《心经通释》七日,讲毕已是腊月中旬,遂偕行健、赐川回家过年。厚生、存鉴一心留院。此一年中作《新理学评论》外,完成《杂集论疏·本事分》四品。全书完成共四十余万言,为予生平第一大著。窥基法师《唯识述记》而后,得此疏而不孤。《杂集论疏》既成,复作《瑜伽师地论疏》六卷,全书著成可能有三百余卷。若专精力为之,三年可成。唯后因作他书,此疏遂未续作。恐将期之晚年乃得成兹盛业矣。

三十二年正月在家,忽得内院急电,云师病危急。疾束装往省。以二十二日抵重庆,则闻师已于正月十九日西逝矣。悲夫!次日奔赴内院,真如、超如诸兄已至,欧阳浚明、邓蟾秋、张茂芹诸君复来,一面议殡葬,一面议内院继承事业,暂殡师于内院所购菜园。公推吕秋逸兄继师长院。秋逸兄不可,乃改期于先师百日大祭再议。师以清同治十年十月初八日生,民国三十二年正月十九日没,享年七十有三。综其生平,奋起于孤苦艰难忧患之中,大弘瑜伽、般若、涅槃之学。门弟子满海内。继仁山老居士之志,尤致力于刻经。刻成内典共二千卷。晚更发愿精刻大藏,芟夷疑伪,严别部居,共五千余卷。一以省学者时间精力,免入歧途。一以回向国难忠魂,以资拔济。惜筹划方始,不克睹其成,已舍斯世斯民而逝矣。忆我国文教,自受西学震荡而溃不成军。至清末民初,不绝如缕。非但彼方之压力过大,实乃自身之腐败消沉。儒学、佛学皆然也。正当新潮澎湃之际,而有千年绝学唯识法相之中兴。遂使故家文教,壁垒森严。学教之林,耳目为惊,作东方文教之重镇,且启未来人类文化之新机。非师之艰苦卓绝、笃实光辉、大往大来而英迈豪雄者,其孰能与于斯！内院于师之逝世,特出纪念专刊,海内贤达,咸致哀辞。同门昆弟,各述功德。洋曾有《追念亲教大师》一文,述师之一生及其关系于佛法及故国文教之重。词长不录。

　　二月自内院赴泸县,晤厚生,返内江。时院中只杨一心一人。马队纵横,时入厨下。予既至,始商于蔡团长仁清,筑土墙以隔内外。蔡君闽人,法国留学,明达有礼,对洋极亲善。文教院与军营共处而不相害者,蔡君之力也。存鉴、协尧并寂高比丘先后来院,诸人饭后,共工作一小时,整理菜园,余时读书,怡然而乐,予则日事著述。最初修改《源因略记》,去腊过遂宁,清福和尚弟子常念请吾修改者。改正毕,更其名曰《壮游记》,而另作《清福和尚传》。吾对近代高僧独敬清福者,以其朴诚真实,略无伪慢,而又洒落慈祥,真为有道之士也。次作《实有真空中道了义论》。空有之诤,千载不绝。今根据瑜伽、般若,说明空有真义及空有相待相入辗转一味之理,并详中观、唯识、法相之义,使正理昭明,邪见止息,庶几正见生而正行立,读者必有兴起者欤？论成,本扬和尚约游观音滩,并至彼私庙共住五日,归院。存鉴携来先时所作《论语疏义》,因据以作《孔子学案》。计共九篇：一志学,明孔子学问之宗旨方法。二执礼,明孔子立身范世之规模。三求仁,言孔子内心修养之工夫。三篇合为孔子之伦理道德学。四为政,言孔子之政治生活及其主张,即其政治学。五施教,言孔子教人之道,即其教育学。六知天,论孔子对鬼神生死、天命、性道之态度与认识,其形而上学纯理哲学也。七作圣,论孔子对人格人品之升华,自君子以至于圣人,为学之成果。八行赞,以孔子之行为证其所以圣者,皆实际的而非理想的,并赞美其功德,此圣人之所以异于哲学家也。九篇附之以群贤弟子，明孔子学说之源流。而冠之以叙论。孔子之学，本于《诗》《书》《礼》《乐》，衍于《易》，成于《春秋》。六经即皆成专学，故此不更论。自来记孔子之言行学说者，有《论语》《家语》《集语》《孔子世家》，唯《论语》独精到而真实，故《学案》特据之。孔子无不学，三人行，有我师，下自技艺射御，上至天命性道无不能，然曰："吾有知乎哉，无知也，有鄙夫问于我，空空如也，我叩其两端而竭焉。"盖学之极而超过知能思辩，实证忘言，大智无虑，此其所以圣也。孔子有教无类，门弟子三千，身通六艺者七十有二人，成德达才济济然也。而删述之功，制作之绩，集前圣之大成，立千古之正教，永为万世师表。治史者谓中国文献古在王官，学说专于贵族。自孔子始以之教士庶。子贡、子路、原宪、曾参、颜渊、闵子骞之徒，均出身贫苦。然后学说思想，自贵族移于平民。古者万国林立，风尚各殊，国异治，家异教，戎夏杂处，语文不通，自孔子设教，周游列邦，弟子群集于洙泗，声教远播，齐、晋、燕、楚、陈、蔡、吴、卫皆知有学。孔子之教，克己复礼，天下归仁，泯人我之界，息利害之争，永奠中国后二千余年一统之治。教化之力，思想之通，远较帝王之武力百千万倍。古者文教简质，虽周监二代，郁郁乎文，而性道之精微，学理之条贯，不得而闻。孔子因三代之文献，悟制作之本源，以德行之修省，契天命之幽深，而后学说思想自外而内，自粗而精，自形而神。修己治人、天命人事、人群自我、学理行为，一以贯之。使无孔子，则千载懵懵，行也不著，习也不察，终身由之而不知其道也。自是之后，孟荀踵兴。而子张、子游、子夏之徒，散而之四方者，流风余绪，衍而为诸子百家，则有老子之无为，庄周之齐物，墨翟、宗钘之尚同、兼爱、节用、非斗，韩非、李斯之法治政刑，乃至名杂阴阳诸家之学，风起云涌，洋洋大观，与印度之佛教及六宗、希腊之科学及哲学,为人类有史以来学说思想灿烂光明之三大宏流,导其源而畅其流者,厥为孔子也。故使中国无孔子,则前圣无述,后贤无法,文教不昌,思想不一,昧昧痴痴,永沉坠于榛狉洪荒分崩乱亡而不可知。故无孔子即无中国之文教,无中国之文教即无中国之文明历史,即无中国之民族国家。非必无之,其低落危亡不能如是之伟大绵远也。非曰孔子一人之力,非其一人者,开继之功、纲纪之力、圣德之型、精深之学,无人任之以奠定其文化之重心,则肢体倾颓,其形其质不知其当如何也。孔子之学,重德轻利,尚道贱力,仁义礼乐,严于自治而宽于待人。养成中华民族笃厚温柔最理性化之民族性。故不事侵略而能同化蛮夷戎狄。又虚怀纳善,而能吸收印度欧美之文明而次第消化之。无宗教之战争,无思想之屠杀,故其民族国家常在扩张绵续中,其文明常在进展发育中而未有止境也,是均我孔子之泽也。孔子之道崇伟如是,是以二千余年,国人信奉,俨同教主。称扬赞叹,曾无异辞。子贡曰:"仲尼,日月也,无得而逾焉。"又曰:"夫子之不可及也,犹天之不可阶而升也。"《中庸》曰:"仲尼祖述尧舜,宪章文武,上律天时,下袭水土,譬如天地之无不持载,无不覆帱,譬如四时之错行,如日月之代明,万物并育而不相害,道并行而不相悖,小德川流,大德敦化,此天地之所以为大也。"孟子曰:"伯夷圣之清者也,伊尹圣之任者也,柳下惠圣之和者也,孔子圣之时者也。孔子之谓集大成。集大成也者,金声而玉振之也。金声也者,始条理也。玉振之也者,终条理也。始条理者智之事也,终条理者圣之事也。"太史公曰:"天子君王至于贤人众矣,当时则荣,没则已焉,孔子布衣,传十余世,学者宗之。自天子王侯,中国言六艺者,折中于夫子,可谓至圣矣。"此古人之论赞孔子者也,将不免范围于神州之天下欤。汉魏之后,佛教来中国。唐以后,犹太耶回之教至。今海运大开,科学哲学云涌风驰于中土。于是有舍孔子之教而奉耶回之教者,有弃孔子之学而专科哲之学者。甚者震惊于欧美之富强,因崇拜其思想,对我先圣之教乃毁弃而厌憎之,以为不如西哲远甚。今者深究各方学说教义,静气平心评判之,则孔子之学,务民之义,敬鬼神而远之,尽人道以知天命,为仁由己而不由人,一日克己复礼天下归仁焉。为唯心的鬼神论者,为顺天理以驭天道者,为内在自发之道德论者,非摩西、非耶苏、非谟罕默德,而皆在其上,亦非唯物论之夸大人力以征服天然者。由行为以会至理,由明德以成大智,仁以为体,智以为用,知行一,体用备,理论出自修养,不同于一切哲学家极思辩之精,而不切于用,无行践之实,无反身之诚,无成德之功,而终止于戏论。辗转破立以无穷,而终无究竟。尚道德、轻功利,重内心、略外物。求整个生命之建立,向上发育以至于完成,而充塞于宇宙,净化之,调理之,而不向自然界枝枝节节分分寸寸观察推究试验论断,以求其所以然之理与所以利用之方,以活养人类,或以之摧毁对方,此不同于一切科学,是世界主义者,是文明进化论者,是尚德治礼治者。本天德以行王道,此其所以不同于一般国家主义、阶级主义、资本主义、帝国主义、法制主义者。以行为道德之相感,而启发学者之固有性能,以成其德、达其才,此不同于但授受智识之教育论者。孔子终身不居仁圣,学不厌,教不倦,始终以上求下化精进不已之菩萨自负自任,充分力行而实现之,此其不同于佛之天上天下唯我独尊十力四无畏之以极果自命者也。是故孔子之学,特自成一宗,不同于宗教、哲学、科学及今之政治、教育学等,而皆超越迈往在其前不在其后。方今世界一次、二次大战,科学只为残杀之具,哲学只为酿乱之媒,宗教无控制人心之用,纷纷藉藉,造成亘古未有之大劫,祸乱不知伊于胡底。将有为拨乱反正援拯沉溺而弭大难者，固非革变文教不为功。则舍昌明我、重德轻利、尚道贱力、仁义礼乐之孔子学说，将何以养人性于笃厚温柔，以移易其残暴凶狠之气，以理性的人性而变其诈伪贪婪之禽虫兽性也哉？是则吾《孔子学案》之所由作。凡读吾书者，愿共勉之也。

《孔子学案》既成，仲权泽周诸君子请并《实有真空中道了义论》及《新理学评论》印行之为《文教丛书》一、二、三三种。印费由泽周、介眉、秉衡、厚生、黄肃方、熊寥笙诸君子各出万元，又售预约二百部，而三书印成。是为文教院有著书行世之始。

五月初一日赴江津行先师百日大祭。到院者，真如、浚明、超如、忏华、东明、国隆、李安、唐君毅、卫立民、张茂芹等，而康寄遥、杨叔吉复自西安来，钟镜和尚自华岩来，黄艮庸、席朝杰等自北碚来，韩大载居士自江北来，及住院同学江津友朋四五十人。太虚法师复派谢铸承来院致祭。祭师毕，开院友会，议内院继承事业。公举吕秋逸兄继先师长院。组织院友会，院友会公举理事，组织理事会，助院长推行院务。被举者，真如、叔吉、浚明、茂芹、东明及洋，院长为当然理事，共七人。续开讲学会，秋逸、真如均有讲演。饱餐胜义。正会之余复有小组谈话，空气至为雍穆。会毕，寄遥、叔吉先行，西游峨山，送至江干，叔吉兄殷殷以砥砺信戒相嘱。诸友次第还去。予亦赴渝还家。至渝，佛学社复请讲经数日。赶归，举行先父三周忌祭，两姊堂族兄弟并集，细道先父、先母之德。其德泽教诲庇荫子孙者终无穷期也。住家两月，复返文教院。八月，自流井请讲经，先讲《新人生哲学》，次讲《力种性品疏》，并在刘济周家讲《八识规矩颂释论》《二十唯识论疏》。住长生街绍甫、介眉宅。此次始与张绍甫、曾锡瑜、刘济周、黄则周诸居士相识。绍甫起自艰难，而操行严正，色不能乱，财不能迷，有古人风。锡瑜、济周、则周皆善根深厚，不谓自贡市之多人也。闻介眉谈家教，尤令人肃然生敬。介眉之纯直醇厚，实为大乘中人，至难得也。讲经毕，返院，更作《大学新疏》《大学略释》。先是严立三先生寄余《大学考释》，对古本错简，厘正归本。对程朱误解及增补之文，明辨其非，而对阳明之谓古本无错简者，亦不谓然，遂将数千年来儒家对《大学》之一重公案与以解决，诚一大事也。至其解释《大学》之义，亦独具只眼，与宋明儒者异。严先生身负军政之重责，而专志儒学，行尤高峻，余甚敬之。其书成，特寄余商讨。余对其考订完全赞同，而对其论义理处不全同意，因作《新疏》与《略释》。亦欲从章句之订正，更得义理之订正，俾千年聚讼之儒学，得以彻底澄清，庶使学者免于歧义彷徨之苦。此诚复兴国学者当务之急也。

八九月间更作《孟子学案》。《孟子》一书，自幼读之，得其受用不少。一者孟子善鼓舞人之勇气，使人自信其有可以为圣贤之性，因而使人有志。二者教人以作圣之方，曰行有不得，皆反求诸己。洋自少即嘐嘐然古之人古之人，而行之不掩，频遭讥毁，然常自反而不责于人，以是无退堕。虽学佛后，犹恒以孔孟之道持身。圣贤之学，与菩萨不异也。昔在龟山作《孟子疏义》已，即欲作《孟子学案》而未果。今年既作《孔子学案》，此时复继作《孟子学案》。全书三卷十章：一叙论，简述孟子之生平而论其学问之大略。二仁义，明孟学之宗趣。三心性，论"性善""义内"说之建立。四学养，论修养省察之功。五天命，论知天立命尽性践形之学。六人伦，论父子君臣之道。七王政，论治国平天下之方。八斥外，述孟子对战国诸子学说之批评。九尚友，述赞往圣之德行，明孟学之源。十传承，言孟子之所教，述其学之流。孟学精义具于是，允为有志圣贤之学者必读之书。篇中对孟子仁非爱义非外之两义尤特别发明，以为儒者之学所以异于诸子百家者全在此，东方之学所以异于西方之学者亦全在此。知仁之非爱，而后一切道德行为为无要求、不占有、无忌妒、无斗争，而纯为自行其内心怍怛恻隐之不容自己。夫然乃有真正之道德。知义之非外，而后知一切道德行为出于内心之自觉自动而非出于外铄，非盲从、非徇人、非奴役，而有其真正之独立与自由。将欲救今世之大难，不但当提倡道德教育，尤当提倡真正之道德教育。西方人以仁为爱、以义为外，实为道德教育之根本错误，而国人正盲昧以从。苟非发明孟子之学无以救其弊而自救救世也。此孟学之价值，即《孟子学案》之所由作也。《孟子学案》既成，李廖诸君子复谋印行，而经费不足，适张君茂芹来内江，因与商定推销预约，茂芹慨任预约之半，因而集事。于是续印《孟子学案》《大学新疏》，及旧日所作之《老子学案》《王国维先生之思想》，为《文教丛书》第四、五、六、七种。校对者阳华，精勤细密，错误极少。

先是在先师百日大祭会毕，共订院友会在师三年丧内每年开会二次：一在正月十九，先师忌日。二在十月初八，先师生日也。洋故于十月初，复由院过泸县，偕厚生转江津。住院数日，会议圆满。刘文机君特设盛宴，重法也。会毕，方拟归院，而韩梓材特派人来接，至渝讲经。为之讲真实品七日。返江津，赴泸县。泸县先已约定归途讲经，因复为之讲《金刚经》七日。与会人士罗俊生、薛伟成、杨炳文、刘本立、萧哲夫诸君外，新识刘朴真、陈树云诸君。诸君子礼意至恭，于法极重。唯惜皆有业务在身，无多时间研索教理。般若深义，信非借多闻熏习如理思维不易悟入。要其至诚殷恳之情，加之以持戒修福，更不时听闻正法，得果殊胜定可必也。

讲经毕，返文教院，已是冬月下旬，复作《新人生哲学》及《金刚经释论》两书。《新人生哲学》旨在针对现代庞杂之思潮，与以彻底澄清之对治，而指示人类以最新做人之正道。中间凡杨墨老庄、耶回科哲及近代思潮，皆略与批评指正，更辨中西道德标准之不同与群治之差异，而以圣贤仁义忠恕礼乐之教，纳人类于真正的博爱平等自由解放与真正的民主大同之域，庶足以解决近代人生哲学之纠纷而示人类生活之康庄大道也欤。《金刚经释论》依据《天竺论释》，比较六译异同，折中至当，而与以条理明畅之发挥，使全经字字句句皆得其解，各章同异皆明其义。末复作全经总论，抉择奥义，解释疑难。以瑜伽法相五法三自性之义，疏释般若无法无非法之理，洞然明白，无所疑滞。不但般若之义明，性相两家之义益相得而益彰。门户之见既祛，是非之净可息。更复重辩二谛之义，觉昔人所释皆非。空论家言："胜义皆空，世俗皆有。一切有教，皆随俗说。一切空理，皆就真论。"此论则谓："真谛非皆无，俗谛不尽有。实智亲证曰真谛，随俗教化曰俗谛。真谛之中，因果历然。俗谛之中，我法空寂。因果历然，故真谛不违俗谛，而为俗谛所依。我法空寂，故俗谛不违真谛，而正诠显真谛也。虽因果历然，而自运行于不得不行，非干文字言说，则仍真谛也。虽我法空寂，而说空说寂，虽遣执尽净，仍假言说以行，是指非月，则仍俗谛也。是则二谛终有不同也。总而言之，因果历然，而我法空寂。证此为真，说此为俗。圣人既证真而说俗，凡夫则因俗而了真。证真说俗者，自根本而方便，慈悲大怀。因俗而了真者，由加行而见道，闻思修习。凡落言诠皆是俗，说有固俗，说空亦俗也。凡入实证皆是真，空固是真，有亦是真也。非无相不显实相，非幻身不见法身，真俗交融，有空不碍，此佛法之究极了义，夫岂真俗背驰而有空互碍者哉。"此亦佛学界一大发明，足以澄清千年纠葛者也。两书成，已是腊月中旬，乃散学归家。统计此一年中，三赴江津，两度讲经于重庆，一度讲经于自井，一度讲经于泸县，两度返家，共费去时间六个月，中间住院亦六月。著述《孔子学案》《孟子学案》《大学新疏》《大学略释》《实有真空中道了义论》《新人生哲学》《金刚经释论》及《壮游记》《清福传》，共九种。更有念亲教大师文，约共六十万言，平生著述，将以此一年为最丰，种类亦最多。然而父丧未满，师复逝世，奔走弗遑，亦人生之苦境。非夫佛力加庇，圣贤照临，安得有如此之成绩哉。

三十三年丙申，正月自家起身返院，陈志灵至院修学。住院者寂高、存鉴、一心、协尧、志灵及陈祖文六人也。厚生往来泸内，洋不在院，即代予照理。诸生各努力学业，兼司院务，不待言教，能自奋勉。二月初，广文师自蓉来聘，请赴成都转新津讲经。到蓉，住莲宗院。昌公老法师约赴犀浦觉觉佛学社讲演。其日遇卢师子鹤及邵明叔先生，已八年不见矣。随赴土桥，欢谈两钟，辞归莲院。次日广文师即同予赴新津。发起法会者，周锡五、卫良佐、汪伯渊、陈节夫等。初讲力种性品，继讲《心经通释》。周卫诸君子咸得法乐，礼敬备至，并延至中学及女子中学讲演。在津约住二十余日，观览山水名胜，游忠孝堂及观音寺。观音寺为大明蜀王所建，规模雄伟，佛座香炉雕刻之壮丽为他寺所无。清末民初住持无人，渐就颓毁。近年由广种上人接收而传之其女弟子觉静比丘尼，同住七八人，自食其力，亦复整饬有序。广种上人没葬寺园。予至上香，以答旧情。在津颇多闲暇，作《评新唯识论者之思想》一文。先在内江，仲权兄持《哲学评论》示予曰："此中有熊十力《新唯识论》答问，直将唯识教理推翻，奘基诸师无著弥勒诸菩萨上至于佛均遭受抨击,其人果已超佛越祖耶？抑唯识之教果不能立必待彼更新之耶？"予曰："何为然哉！何为然哉！"曰："然则不可不为正论以定人之信向。"予曰："可。"因取其文带至新津,细阅之,破绽百出,对古人学谬解重重,虚的放矢。自所持理,更矛盾万端,不成体系。杂糅中外古今之学以矜宏博,而不虑其凿枘不容。然可以吓流俗,谓其能博通综合,推陈出新,与《新理学》同有阐扬故国学说之功绩。嗟乎！故国学说得如此阐扬,几何其不断送入古墓深渊也耶？从而评之,不得已矣。文成十分之七,后返文教院始完成之,以入《文教丛刊》一期。讲经毕,莲宗院复请返成都讲力种性品。听众济济,与九年前在成都佛学社讲经时情形同。厚生自泸县来同住。宇眉夫妇时来问学。厚生好参证,以黄肃方先生介绍,数参大愚法师,颇得益。今来亦为大愚也。黄肃方先生约予与面谈,因设斋于其家。至者但怒刚、刘肇乾、刘亚修、李炳英诸君。愚师为人心切,初见即询予所学。予谓："予凡夫,知读经论耳。"曰："求证否？"曰："因缘时节,证可求耶？"曰："是可求也。"予曰："然则五位三劫之义云何？"曰："仁者安知其未满三劫。"曰："予诚不敢谓吾未经三劫,然亦更不敢谓其已至何劫,恐落上慢也。"曰："自有办法。"曰："奈弗能信何？"曰："功夫即在能信。"主人开席,入座,更谈。曰："今日素餐,饮酒否？"予曰："饮者饮,不饮者不饮。"酒来,愚师举杯向予曰："请。"予报以空杯曰："请。"曰："何必不饮。"曰："何必必饮。"愚师曰："然,知饮与不饮两来平等可也。"愚师谓肇乾曰："学贵实证,如无实证,临事拿不出来。"再三言之,众唯唯。予拍案曰："拿个甚么出来。"愚师曰："如何不拿出来。"予立身曰："一切现前,还要拿甚么。"愚无语,拍予肩曰："是也,是也。"转更多语,不复一一。愚更端曰："昔时紫龄(？)禅师遇一法师,问曰：'法师常讲经,不知会佛意否？'曰：'会。'因命侍者取碗盛水来，水中沉七粒米以双箸横碗上，问曰：'会老僧意否？'法师不能答。禅师喝曰：'尚不能会老僧意，如何能会佛意。'"因亦举箸横茶碗上，问予曰："会予意否？"予曰："汝意即是汝意，何消会得。"再问。予曰："便即此意也。"再问，予推倒茶杯。与座吓然。亚修曰："可惜鸟过张弓。"肃方曰："稍迟一著。"予曰："不然。寂默无言者上，微言指点者次。棒喝交驰，拳打脚踢，声色毕露，斯其最下，不得已矣。"众无言。席毕，愚对予颇致殷勤。曰："当今佛法多在白衣，愿广宏护之责云云。"予辞归莲院。法会中听众云集，即登座说法。万县程宅安先生东密阿阇黎，昔同能海师同主护国息灾法会于渝长安寺者，此次在蓉，偕其女公子二人，来听经，温恭静默，恂恂儒者。其女公子乐道，净信慧解，尤异常人。昔闻张安钦先生称程先生久，不意见于蓉，遂结久远之因缘，愿同归于觉道也。莲宗院讲经毕，赴乐山。广文师送我，临别赠言，多所勖勉。此次在新津在蓉，文师致敬尽礼，忠诚极感，故所望亦弥深也。

去年得武汉大学教务长朱孟实先生函，约往讲学。在成都时，复来函催促。故三月至武大。开讲《佛学概论》《儒学概论》，每周各三钟。公开讲演《新人生哲学》三周。学生初极踊跃，听者至教室不能容，转至大礼堂讲演亦室为之满。数周后人渐少。每次听儒佛概论者约得百人左右。最后两钟，普令学生发问，所问皆入深处，程度不寻常。待暑期试验，成绩尤优异。始欣然于三月教授之不虚，而觉可教之人为不少矣。《佛学概论》系就吾旧作之《佛学概论》《法相学》《心经通释》提要讲述。约讲得腹稿二分之一。《儒学概论》共讲五章：一、儒学在人类文化之地位。二、儒学之意义及其源流。三、唐虞之德治。四、成周之文教：A.周易之哲理。B.诗经之艺术。五、孔子之学说。五章尚未讲完。各章皆临时腹稿。后回文教院，将前四章作成，次第载于《文教丛刊》。若全书作成，可共得十八章，非数年不能终其业也。除正课外，曾为史学系讲演《历史学之原理》一篇，及纪念周为全校讲尚志及人生态度之三类型。武大同事中刘宏度、朱孟实、徐哲东、胡稼胎、叶石荪诸君子，均为予所钦佩。石荪兄昔年同学北大。余尽新知也。学生中时来亲近问学者亦多，不一一纪。而王滋源为故人伯安兄之子，十余年不相见，已住政治学系二年级，朴质笃厚而明达有父风，至足慰也。地方人士，遍能师、游子九、刘元昉、杨彦之、黄远朴诸君子皆时相过从，情意甚笃。而陈戒于本年任裕商乐山分行经理，尤得时时把晤。予初至住裕行，继迁南华宫，以时过乌尤凌云，览江山胜景，瞻仰大佛，并凭吊沅生先生及晞运居士墓，殊足乐也，亦可感也。授课毕，试题交教务处。圣观师自峨眉来，接予游山。五月初至万行庄。停一日，与慧明上人同登峨眉。自龙门上山，一日息毗卢殿，次日息洗象池，三日息接引殿，四日至金顶。在金顶住两日，并游千佛顶、万佛顶、明月庵各峰。下山一日息九老洞，二日息大坪，三日返万行庄。峨山各寺住持，均与以盛大之接待，衷心至为感谢。吾于峨山观感甚伟。溪谷之幽深，峰峦之崇峻，山形之千态万状、层出不穷，烟云之乍起忽开、变幻莫测，一山之内而寒温不同，一日之中而晴雨时易。人咸谓峨眉天下秀，吾谓秀不足以尽峨眉，唯崇宏、壮丽、繁变、富有，庶足以概之。吾游泰山，在北方已为崇峻壮阔，然远不及峨眉之富丽奇变也。唯巫山之奇峰叠出，而贯之以滚滚长江，山崎水流，互竞奇变，杜工部所谓"江间波浪兼天涌，塞上风云接地阴"者，一动一静，各擅风姿，可以并论耳。友人武进徐哲东，学问渊博，长文章，游峨眉，作赋，洋洋数千言，力追汉魏，对此山之峰峦瑰丽、阴阳变幻、物产形胜、历史古迹，莫不言之娓娓，辞尽而意不穷。藻绘峨眉者，无出其右也。古有《天台山赋》，著于《文选》，为历来模赞山岳之典范。吾读哲东赋后，再取《天台山赋》读之，便觉规模狭小，内容单简，非必古人文采不及今人，实天台雁荡之奇，远不及峨眉之胜也。在万行庄圣观师留住五六日，复送予返乐山。阅试卷毕，返内江。孟实祖饯，约以重来，并拟约同事多人共治佛法。予谓文教院不可虚悬。在外讲学，恐非可久也。返院过自井，息筱园居士家。筱园居士出自艰难，以精勤忠信起家。家裕而身病，身病而学佛日笃。非唯自度，亦且宏愿及人。《心经通释》，印送千卷。对文教院，尽力护持。慧解日增，病亦痊愈，难得也。次日还院。略整理在武大讲稿。忽至暑期。一事无所成就，散学还家。本院上年于三月出版《新人生哲学》一种，予在成都复印《金刚经释论》，托隆莲师校对。隆莲即游永康，子九先生之女。昔年从予听《摄大乘论》，随作《摄大乘论疏略述》，天才高俊，而持志清贞。厌薄尘染，出家作比丘尼。是年主教莲宗尼院。其父母兄弟并与予有法缘，予故特托以校对也。予七月在家，忽得戒于来书云，富顺余次青先生读吾书，慨然发弘扬文教之大愿，闻文教院经费艰难，拟为组织董事会，筹募基金，推广出版事业。予闻欣喜，即报以书，商讨办法。次青先生遂在自井召集会议，仲权、泽周及厚生同赴会。井方张绍甫、介眉、罗筱园、曾锡瑜、吴冰国、刘济周、曾子郁、唐述尧、陈戒于等，共组织东方文教院董事会。公推次青先生为董事长。基金筹得三百万，而罗筱园先生年任捐黄谷七十二石。此外更募出版基金数十万，对出版事业反覆筹商，对研究生尽力延助。文教院此时基础乃益定。次青先生始教学，次治军，继从政，近营盐业，朴质沉毅，寡言笑，有胆识。自云幼时常常梦身著袈裟,与两老僧共住一寺,寺清净光明,绝非尘境。意者其有所从来也。其父及妹皆割股疗亲,习于孝友。今观世乱之惨烈,故慨然有救世之宏誓,非偶然也。予秋收后返院。院董会即请开会,更行筹商,规定章程,兴办事业,复请予至贡井旭川公园,讲演《人生哲学与佛学》三日。住刘圣基居士家。圣基居士学佛极诚,念佛持咒动以数十万计。今勤阅经,亦有来历人也。返井后,共议迁院于乐山或峨眉。以圣水寺军队共住,房舍狭小,不足以发展。嘉定峨山山川形胜,且便印刷,又可与孟实哲东诸人共谋文教之发扬也。次青先生极主此议。洋遂赴乐山与哲东孟实及遍能子九元昉诸人商议。众共赞同,而院址一时不能得。孟实曾偕予游南郊整日寻觅寺院,无当意者。遍能师乃偕予赴峨眉,复住万行庄,择伏虎寺。议既定,返乐山,重印《孔子学案》。与徐刘朱胡叶诸子商讨学业于南华宫。次日忽得圣观师函,云保宁寺住持慨然愿以其寺让文教院讲学,复返峨眉视察。随即赴成都调查印刷情形,并收取上年所印《金刚经》。莲宗院复留讲《金刚经》七日。省府请开文献委员会,到会者二十余人,皆省中贤达也。返内江更问内江印书价,价乃低于乐山、成都,成乐纸价工价为一比二,内江则三比二也。遂将《说无垢称经释》付印,承印者贞利印刷生产合作社,为槐轩先生之门下所办,不徒为谋利者,故院中书籍先后几全由彼印行,亦一助也。九月,将贡井所讲《人生哲学与佛学》腹稿写出,十月付印,以作董事会纪念。转瞬又十月,先师生日至,赴内院。时日本攻占广西,贵州被兵。川中震恐。咸为避寇计。内院对此亦详议。真如兄谓江津居散地,将非争战处,可无虑。内院经费奇绌,文教院月助二万元,东明、真如亦各有捐助,足以维持。事毕,赴渝讲《金刚经》。一日真如兄来佛学社长谈,论吾过失甚多,词意迫切，约一钟之久。予欣然礼谢。计真如兄，前后对洋之忠谏，不下六七次。有中予病者，亦有不中者，肝胆照人，忠爱切至，良友岂易得哉。中心感激至矣。唯彼似不乐闻予谏，不能尽吾所欲言，朋友切磋，本求互济，有施无报，抱愧何如哉。万君、默君江西人，昔年读吾《人生学》，于佛法生信。三十年初会于《心经通释》讲会，自是每至重庆，必来问学。每听讲后，辄来细谈，并及国事。博学笃志、忠信明达之士也。其时正独山失守，人心危惧。予勉诸人以静待时变勿妄动。唐君毅兄妹，来社请至沙坪坝。赴之。并往见证刚先生，遇宗伯华教授。华佛生居士终日同行。晚归讲经。梅撷芸先生相宗前辈，而慈爱敬让，和气蔼然。每次在渝讲经均来听讲。此次独病不能来。毕讲之夕，彼忽重病，法会为之纷然。幸得好转。今犹卧病渝州也。洋归，车至青木关，而轮坏。往会马如云居士，息其家。次日返院。数日复赴自井，住筱园居士家。次青、绍甫、介眉、济周、锡瑜、戒于诸君子时来聚谈。归作《雪天清话》。编《文教丛刊》。其发刊词曰：

中华民族建国宇宙五千余年，生产足以自养，文教足以自治，傲然自足，鄙视四夷，乃近代西方文化、炫赫昌明，国力澎涨，威伏全球。我国商战、工战、兵战无不败北，然后自知不足，震吓不能自守，于是东施效颦，邯郸学步，尽弃所有，屈意从人，方期国富兵强，有以自立。功未及成而敌已压境。河山破碎，正难收拾。乃世界战起，惨烈非常。灭国覆宗，前后相继。科学之发明，工业之制造，只以用于侵略防御之途，而成摧灭人类之业。所谓西洋文化，不过如是而已乎？当今之世，从东方固有之文化，则曾不足以御侮立国。从西方新起之文化,则只以侵略而杀人。故人生趋向,世界前途,徘徊忧思,莫适而可。此非一人一国之忧,而天下人类之患也。

窃谓东西文化,各有所短。东方文化,既腐旧而不适于用。西方文化,又杂毒而难得其功。为中国计,为人类计,皆有另创文教之必需。

虽然,创开文教,谈何容易!譬之造屋,必有基础,必有器材,人力既尽,工作不差,而后可以成宫室楼台,供人栖止。欲创开文教,何独不然?亦必有所借所资。及其借鉴,然后乃有用心之处,而宏猷可成。非徒闭目冥思,忽然悬构,便可以指导人生开物成务也。然则新文教之创造,其所借所资所取为鉴者为何?曰:仍唯人类已有之文教而已矣。孔子不云乎?殷因于夏礼,所损益可知也。周因于殷礼,所损益可知也。又曰:述而不作,信而好古。故知文教大典,虽圣人不能创作。而人类文化,实随历史以次第演生。必前有所承,旁有所受,然后斟酌情势,因时损益。损者去其陈腐毒汁,益者增其滋养新机。如生物之发展,新陈代谢,消化排泄。旧种之上溉以肥料,本枝之上接以新苗,则根本不伤而生机勃茂。是故欲创新文教者,唯当研究整理旧文教,而与之以洗涤磨砻发挥滋养而已矣。

自私意观之,东西文教,虽各有所短,亦各有所长。大约东方人善于知人心而略于察物理。西方人善于察物理而忽于知人心。人心如何知?在挈情而内省。内省所以自知其心也,挈情所以知他人之心也。勤于内省,故自知其愆尤而改过迁善,以进德而修业。善于挈情,故推己及人而同情恻恻,所恶勿施。故正己以为义,忠恕以为仁。义故利害不亏其节,而人格崇高。仁故暴戾不生其心,而胸量宏伟。为学则为圣贤之学,为政则为王者之政。圣学故优然自得而受用不假于外物,王道故以德服人而不尚武功。其人生观不贵智、不尚力、不重利、不贪功,淡然自足而无累,与人同乐而不争。和平之中有深厚之味,此东方文教之效也。故其人也,重人伦而忘自我,无畛域而不知有国家。个人没于家族,国家浑于天下,以是有家族制度而无个人主义,有天下思想而无国家主义也。虽然,由其略于察物理故,科学不发达,工业不进步,利用厚生之道不宏,而听生死存亡于天命,此国之所以贫弱也。儒及道家皆不迷信鬼神,而阴阳灾异之说,充塞古今。拜鬼拜物之教,流行社会。则思辩之学不发达,而破邪显正之理论不足以资廓清也。政治本极富民主精神,理想尤高于民治,而对暴君污吏有过度之宽容,对母后幼君用逾量之忠厚,以致法治之精神不立,而国度常摇撼于宦官宫妾小人之手,以酿成藩镇流寇夷狄之祸,而国以不宁,是皆其所短也。记曰:温柔敦厚诗教也,诗之失也愚。其东方文教之谓乎?

物理如何察?在客观而实验也。客观者,详察事物之质性业用,而不挟以主观之成见私意也。目生眩翳,则空室生花。心起爱憎,则是非变乱。焉可以得物理之真相耶?客观则以物观物,而不以己观物。所谓以物观物者,物物还其本然也。不以己观物者,事事不起私意也。如此而后物之业用质性可得。继之以实验,则推理不落于虚谬,而且可以修正其判断也。且观察物理者,贵能制器以备用也。制器备用,又必先之以实验。实验成功而器用以出,则纯理科学焉得而不产生实用科学耶?西洋近代学理之精严,制造之炳焕,物质文明灿然大备。入海上天，巧技莫测，良有以乎？使用之，以利用厚生则善矣。虽然，设以观物者自观，则盲然无察于自心，以为脑髓、脊髓、细胞、血球而已矣，冲动、嗜欲、求生、谋利而已矣。设以观物者观人，则漠然无动于情感，如观犬马牛羊之足资器使利用而已矣。故西洋之人生，重利害而尚智力。道德以快乐为标准，人格以才力为高下。功利主义、个人主义、国家主义极端发达。有我无彼，有其国不有人国。而资本主义、帝国主义以侵略他人资养自我为手段与目的，直可谓强盗主义而已矣。迨世界之弱小民族人种既蚕食已尽，列强乃直接相争。侵略者不以异国之人为人，而恣其劫杀如牛羊。自视其民，亦不以为人而以为劫人杀人之工具，如犬马而任意牺牲。骨积成山，血流成江，曾不一动其悲悯。然则西洋文化之发达，并不为人类之利，而只以自杀而已矣。庄生云，哀莫大于心死，而身死次之。盖丧心者必病狂，心死者身必次。西洋人始终不知有心，亦无以慰安其心。逐物求利而不足，则肆为侵略，穷愁失败，则求助于上帝。始终内心空虚，而前后矛盾。则精于察物而忽于知心者之过也。记曰：絜静精微易教也，易之失也贼。其西方文化之谓欤？

当今东方文教既陈腐而不适于用，故近年国人多恶其迷信而不科学、专制而不民主、贫弱而不富强，遂判断其为已陈之刍狗，唾弃之无所顾惜，不知垢衣之中有宝珠焉。今人惊骛于西洋文明之光怪陆离，发明众多，威力强大，遂以为至高无上，当尽量接受，迎头赶上，而不知美食之中有杂毒焉。此吾国人之误也。然若谓我国之文化为已足，不淘泸其渣滓，不磨涤其尘垢，更不吸收西洋文化之长，以资磨砺而收滋补之效，则新机无由发生,而精华无由显发,有沉沦萎顿以消亡而已矣。此为我国文化前途虑者所不可不知者也。

再就西洋文化言,则科学之功、工业之用,及其所发生之器物,皆仅足为人类生养之资具,而人生之价值意义全不在此。且此工具善用之固足以为生养之资,不善用之,反足以为生养之害,故如无崇高之思想、宏大之襟怀、深邃之修养,以内定心志、外辑人群,则无以驾驭此物质文明而反自焚毁。此为西洋文化前途虑者所不可不知者也。

是故欲为人类前途计而谋创建新文教耶?其始当为东西旧有文化之研究,研究得其真相短长之所在而与之以选择去取。去取选择之权,有资于两者之比较与攻错。最后则双方之弱点尽去而精美毕现,然后转趋于融化而合为一体。以观心之道观心,以观物之道观物,反省挚情以治人,客观实验以驭物。以东方文教控制物质文明,使之利用厚生而不为害。以西方工业滋养东方文教,使之富庶发皇而不贫瘠。则身心交养,人己两得,人类之新文教成而宇宙宁平矣。……

《丛刊》印成,偕协尧、志灵返家过年。途中遇一乞丐,跛其脚,问之,乃远征军自缅甸以病归者,余深怜之,约与同行、同食且同寝,至遂宁境,去其家近,始分手。吾人既不能为国服役,对此壮士而病困者,能不寄与同情耶?此一年中,自家赴院,赴蓉,赴新津,赴乐山、赴峨眉、还院、还家。再还院,赴自井,再赴乐山、峨眉、成都、还院,赴江津、重庆、还院,赴井、还院、再还家。讲经四度,讲学三月,著述极少。印《新人生哲学》《金刚经释论》《说无垢称经释》,

再版《孔子学案》《人生哲学与佛学》及《文教丛刊》第一期。而院董会成立，基金奠定，并当大书者也。然院址迁移事终未实行，原因种种，弗能详矣。

三十四年乙酉正月十一，赴遂宁爱道佛学社讲《心经通释》，应去年之请也。主此事者为释真亮、释常念、释常端、张仁风、王典五、曾继先、郭咏皋等。七日讲毕。行健、协尧、赐川等来，遂同行至文教院。今年文教院依去年计划，分办研究、修学、问学、函授各部。研究、修学、问学三部共四十人，函授部亦三十人。圣水寺让出房舍数间，修葺备用。行健任教务主任兼教师。何敦厚先生任事务主任。李仲权先生讲文学。厚生讲《佛所行赞经》。予任《佛学概论》《荀子》。始至数日，资中来请讲经，田伯施、林翼如、刘哲雄、田公辅、释寂阆等发起。李师白、杨一心、游孟逸、侯春福同至资中。讲《心经通释》《二十唯识论疏》。更为各高中学生讲《人生学》大意。封司令、游县长、阮秘书、郑科长、各校校长，又谢天民君等，均至敬尽礼。以院务不克久留，十日遂归。至四月行开学礼，开院董会，招待内江各界。李仲权先生突于四月重病，五月寿终。内江各界为盛大之追悼，予为作行状哀词。文教发扬方始，而同志摧折，诚莫大之悲痛也。

本期作《荀子学案》成。孔子之后，孟荀并称。然唐宋以后，尊孟轻荀，以其言性恶，而非子思、子游、子夏、孟子，得罪先贤也。予昔在龟山读《荀子》竟，觉荀子自是圣门一派。盖孔子弟子传其学者曰曾子、子夏，子夏笃信圣人，曾子反求诸己。曾子传于孟子，故以仁义为固有，非由外铄，道德在扩充其所固有，故力言性善。子夏传于荀子，故以礼义纯出自圣王，积伪化性，始能改正其性情，而力言性恶。一者重内心之发展，一者重外力之修正。重内重外之分,乃孟荀之所由异。然非但孟荀有此异,古今中外之学说莫不如是而异也。前乎此者曾子、子夏以是异,后乎此者汉学、宋学以是异。宋学之中程朱陆王复以是而异。更推之则诸子百家与儒家亦以是而异。中国学说与西洋学说亦以是而异。西学之中科学哲学以是而异。哲学之中唯心唯物以是而异。经验理性以是而异。再及于宗教佛法以是异。佛法中小乘大乘以是异。禅宗净土以是异。重内者贵心,重外者贵理。重内者问动机,重外者问结果。重内者仗自力,重外者仗他力。重内者求心之所安,重外者求事之有济。重内者贵道德,重外者尚功业。重内者心即是理,是道,是义,是礼。重外者以理、以道、以义、以礼治心。重内者尊德性,重外者道问学。而内之中复分内外,外之中复分内外。即由如是内外轻重之种种不同,而一切学说宗教皆得其所。图表之则如:

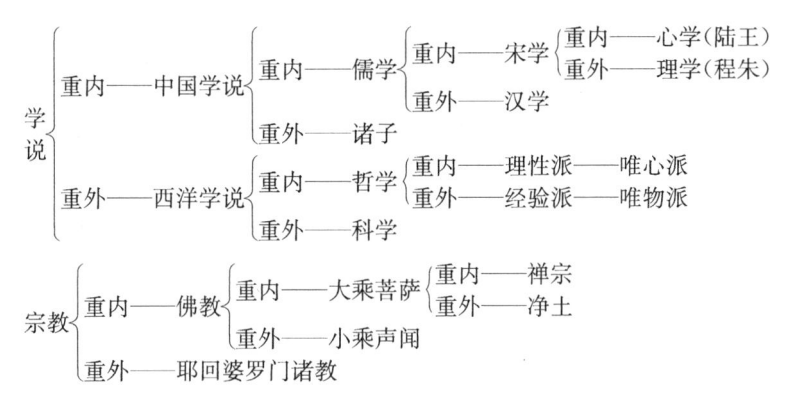

$$
\text{学说}\begin{cases}\text{重内}——\text{中国学说}\begin{cases}\text{重内}——\text{儒学}\begin{cases}\text{重内}——\text{宋学}\begin{cases}\text{重内}——\text{心学(陆王)}\\\text{重外}——\text{理学(程朱)}\end{cases}\\\text{重外}——\text{汉学}\end{cases}\\\text{重外}——\text{诸子}\end{cases}\\\text{重外}——\text{西洋学说}\begin{cases}\text{重内}——\text{哲学}\begin{cases}\text{重内}——\text{理性派}——\text{唯心派}\\\text{重外}——\text{经验派}——\text{唯物派}\end{cases}\\\text{重外}——\text{科学}\end{cases}\end{cases}
$$

$$
\text{宗教}\begin{cases}\text{重内}——\text{佛教}\begin{cases}\text{重内}——\text{大乘菩萨}\begin{cases}\text{重内}——\text{禅宗}\\\text{重外}——\text{净土}\end{cases}\\\text{重外}——\text{小乘声闻}\end{cases}\\\text{重外}——\text{耶回婆罗门诸教}\end{cases}
$$

若据上表作一说明,便可成一学说宗教比较论。今此不详。予既蓄此意,久欲作周秦诸子学案,即将始于孟荀。三十二年既成孔孟两学案,去年始作《荀子学案》数章。今年完成之。分述为:一导论,二略传,三为学,四修身,五隆礼,六论知,七解蔽,八正名,九论性,十论天,十一论政,十二斥外,十三传承及其他。荀子重学,崇礼,贵知而解蔽。所以然者,以荀子对心理上的观察,谓人的行动,出自情欲。情之所欲,在求生存与安乐。此可谓为人心之本能。求生求乐,必假于外物。外物有限,而求者无穷。以有限应无穷则必争。争则交相损害。生存不得反相灭亡,安乐不得反得忧苦。是诚盲目的冲动,而非理智之抉择也。故情欲不可纵,而贵有礼以节制之、智以指导之,而后归于正也。积礼义以改变性情,谓之起伪化性。是则天然的性情不可纵,必人为的学习始可贵也。故崇礼必重学也。夫性情不可恃,则可恃者唯知。然欲知之明,则必其无蔽。蔽有二,一者蔽于外物与邪说。二者蔽于情欲与私智。故欲无蔽者,必先使其心虚而无执。一而不贰,静而不乱,虚一而静,谓之大清明。如明镜止水,无尘垢之蔽杂,自可以烛照隐微,境像毕现。心无蔽者,清明如神,可以应万事而照众理,作圣之功全在此也。此重知者所以必解蔽也。荀子学说之根本重心唯在此。夫求生求乐,本非是恶,此亦人生应有之要求。苟以礼节之,以知导之,正亦何害?诚能安固守礼而真知无蔽,则即性情之用而皆止于美善。故曰,性也者,本始材朴也。伪也者,文理隆盛也。无性,伪之无所加。无伪,性不能自美。是则伪非舍性而别有,乃即性情之施以文理加以明智者耳。然若纵任情性而不节之以礼,导之以知,则必至于贪残鄙诈、好斗好争而出于乱,即一切恶行皆自性情而出。如是为严防性情而高扬礼智,则直以性为恶可也。故荀子积伪化性之说,进一步即主张性恶说也。荀子之说诚有苦心。然未申至理。盖人之为善,不全出于模仿古人,必其内心有怵惕愤悱不容自己之情,否则模仿即等于虚伪,而全无内容。纵模仿古人,亦必对古人有由衷之敬慕,对义礼有欣乐之同情者,始能学之而真,强立不返。人之为善,亦不全出于知。使全出于知,而无怍怛恻隐不忍不安之情，则唯有计较得失，趋利避害之心，不得为善行也。故孟子言性善，主于恻隐羞恶是非辞让之出于本心之不容自己者，非有所计较而然也。荀子并此而无之，将成无本无源之学，其何以能为善作圣耶？然荀子之力斥性恶，即正由其不忍不安于不善之情而思有以改造。其所以力崇礼义即正其崇尚善道之同情欣乐，当知此即善性也已。孟子虽主性善，然曰人之所异于禽兽者几希。庶人去之，君子存之。然则孟子性善，亦但就此几希之仁义而言，非谓全性皆善。特欲使不善之性不妄发冲动，则唯有尽力扩充此几希之善性，而使之广大流行，而一切非善之性，皆悉归于至善而不逾节。此孟子所谓形色天性也，唯圣人而后可以践形者也。故孟可概荀，荀不能概孟。虽然，此非荀子一人之失，乃重外贵知之学，无不皆然也。荀子唯其贵学贵知，是以不贵自然而力主人为。由其力主人为，故主征天而役物。更事求征验而不信灾祥与神鬼，力破迷信。又其论知正名，皆有极精湛之说理，为儒家中知识论之深造者。斥老庄之自然，祛阴阳之迷信，破名家之诡辩，毁宋墨之固陋，非申商之严刻。说理严正而缜密，为儒家固其壁垒，矫矫乎与希腊英美之经验论派哲学大师并美，而魄力气象犹过之，曷其伟哉。至其修身为政之道，以圣人王道为归，宗旨方略，与孔孟无二致，而详尽有加焉。则江河朝宗，终归大海，此其所以为中国之大师，而不同于西洋学者也。今之人方力崇西学，乃忘此哲人，不其瞉欤？吾是以力阐其学以继孔孟，而后知儒者之门庭，经验理性，两造其极矣。

《荀子学案》既成，即付印。先时并印《文教丛刊》第二期、《新人生哲学》再版，及《人生学》再版。暑期忽至，试验毕，余遂偕行健归。院事委厚生主持。

在家一月，助理农务，与农人相处，对中国社会组织、民情风俗，特有了解。收获既毕，返院。

去年意大利投降英美，今年上年德国投降盟国。七八月间美国以原子弹炸广岛长崎，而日本请降。九月，日本在该国海港之美舰上向同盟国美中英苏等国签字，正式无条件投降。同月九日，日本驻华军队在中国南京向中华民国签字无条件投降。世界第二次大战于焉结束。中华民国抗战胜利成功，国土光复。此为世界亘古未有一大事，亦为中国历史上空前一大事。

此事意义之重大，第一就人类言，人类亘古迄今，皆在弱肉强食之状态下。所谓强权即正义、优胜劣败为天演之公理者，尤为西洋近代人所崇奉，然而世界两次大战，胜利皆归被侵略国，失败皆归侵略国。以德日之初期侵略，咤叱风云，天地变色，以推山倒海急雷闪电之力，攻城夺地，灭国杀人，真有囊括宇宙并吞八荒之势，何其盛也。曾不数年，一一败北，身死国亡，人民奴辱，签字乞降，囚禁待戮，又何其悲也。《荀子》谓义立而王，信立而霸，权谋立而亡。《论语》谓羿善射，奡荡舟，俱不得其死然。《孟子》曰，仲尼之徒无道桓文之事者。《老子》谓强梁者不得其死。今经空前未有之大战，而将宇宙真理一一证明，强权即正义之为谬说，武力权谋之不可终恃，人类其将从此醒觉，世界从此太平欤，则两次空前之大战代价为不虚矣。

第二就我国言，则此次胜利，实为空前。所以然者，历观史册，吾国受外族侵略者，不一而足。五胡乱华，继以元魏。东晋南渡，历宋齐梁陈隋唐而后国土光复。五代之乱，沙陀入主，燕云十六州割于辽。金人崛起，南宋偏安。继以胡元浑一中国，又八十年，而后明祖中兴。乃三百年后，满清入主，宰割专政，二百六七十年。

乞民国而日本入寇。以日本与历代夷狄较，则文化、武力、政治、工业，无不优越历代诸夷，而民国肇造，二十余年。真正统一，又仅数载。（?）抗战伊始，一部分人士惶惶然有亡国且灭种之忧。乃不但不被其灭亡，仅八年而遽获全胜。此种胜利，实乃超越往古，领袖之坚卓强毅，军士之慷慨牺牲，人民之踊跃输将，友邦之大力扶助，用得成斯伟绩，真当大书特书。

或谓我国之胜利全出于盟国之赠予。使无广岛长崎之轰炸，西北利亚之出兵，日本终非我国所能驱逐出境。是诚然也。虽然，此次大战，乃世界的，而非一国的，互相维系，胜则同胜，败则同败，功罪皆非一国一民族所应独负。而此次大战，抗战最久者为我国。损失最大、被祸最深者亦为我国。使我国当德日胜利之日，与之构和，将为彼所梦寐求之而不得者。则彼将无后顾之忧，以其驻华大兵，南取印度，而北捣苏京，印度可以一举而得。苏俄腹背受敌，可以崇朝而下。则英美之势孤，天下大势又不知伊于胡底。然则中国对于抗战，其贡献又可没哉？故中国之胜，非幸也，宜也。

日本既降，我国从次殖民地，一跃而为世界四强五强之一。国际地位，居第一等。世界各国无不尊重敬仰。乃一年以来，内乱纷起，建设无从，民生凋敝，法纪荡然，国际地位忽又低降。友人张鼎铭自伦敦来函云："方日人之初降也，英国政府及人民团体开会，皆遍挂中美英苏四国国旗。近见我国内乱纷乘，国不成国，一切会场已不复见中国旗矣。"悲夫！强弱荣辱，何一而非自取哉。国人其当猛省矣！苟政治不改革，内乱不平靖，数年之后恐国非其国，胜利其可终恃乎。国人其当悔祸矣！

吾下期至院，为诸生讲《诗经》。作《论建设中国之道》，并上期所作《论世界大战与人类前途》，载于《文教丛刊》。

十月,先师生日,赴江津。道过泸县,薛杨刘陈诸君设宴论学,予与言《诗经》数章,皆对风俗转变发大感慨。过合江,偕受轩上岸。夏亮工将军延至其家,畅论终夕。辛亥光复,四川首义,夏率步卒数十人,自龙泉驿直捣重庆,建蜀军政府,成都震吓,清吏还政,全川遂光复。奇谋英勇,诚豪杰之士也。今者,年逾六十,须发已斑,学佛虔诚,将为生母起塔,以酬罔极。而议论慷慨,精神矍铄,情复肫挚,肝胆琴书,犹然当年豪侠气象也。固留予讲经,以内院期迫辞。即至内院开会,理事会仅东明洋及秋逸学长三人。会议迁院返南京事,以经费困难,未得要领。讲学会秋逸兄讲佛法与世间。时唐君毅来,共住两日。予偕师白赴重庆佛学社约,讲《说无垢称经释》。数日后全朴运书至。初拟讲两周。万县程乐道女士见报,特电请延长时间,赶至听讲。听众共恳延期。予允延一周。共讲二十一日,将上卷讲毕。会众中有许梁公者,安徽人。在军职多年,征缅甸,见杀戮之惨,发出世心,长斋持戒,皈依虚云老和尚,信心极笃,接引同志不遗余力,盖菩萨种性人也。介袁君经纶,数来见。袁籍江西,亦军人学佛者,且治唯识,极难得,发问多种。江西更有黄罗两贞女,自抗战辗转来蜀,任公务员,同心学道,欲归结净室,为终焉之计,请吾题觉因净室。吾为一联曰:"洁比荷蕖,贞如松柏。等慈应世,深慧观心。"陈君祖武,净信纯笃,吾每年至渝讲经,未尝不在会。续请书联,吾为题"梦幻泡影有为相,喜舍慈悲大士心"。更为书经文四幅,意在观感启发道心,不以文字也。张君汉元,年少学佛,富哲学思想,且极诚挚。段君绍祖,朴质厚重。武君炎亮,英伟诚笃,均时来问法。有贺幼云者,简阳人,字浙人何根良,夫妇同心学佛。幼云一日来佛学社,自言根良任乐西公路会计时,目睹当时工役之苦。政府本工给优厚,而主其事者,层层剥削，使工人食不饱，衣不暖，日日于悬崖万仞工作，偶不慎，即坠岩下，饲虎狼蛇蝎。死者十之七八，而后公路成。后时诸吞食公款剥削工资诸人，亦无不翻车坠岩以饲蛇虎，益信果报之不爽毫厘也。又言彼自西康乘车赴乐山，道经崇山深谷间，阴森寒冽，重裘不暖，暗无天日中，忽睹远处火光闪烁，即时觉神识出舍，直至光处，刹那间还在车中。因念中阴入胎，当即如是，而震怖生死之际坠落之速也。自是常思远离，独修净行，庶免堕三途六道之苦。予曰，勤修净行可也，怖畏退堕则不可。因果法尔，不相诳惑。宁有既修净行，复畏退堕者。倘前生有业，当堕恶趣，则杀人偿命，欠债还钱，慷慨清偿，亦何所吝。真于生死无怖无畏，然后于生死自在解脱。否则临变周章，终以自扰。幼云闻言，立即省悟，曰，凡此皆是执我自私。今闻先生之言，除我忧惧不少。始知先生之伟大，益觉自己之渺小。今而后任修何行，均当以无我为第一义。予曰，如是如是，善哉善哉。此优婆夷慧解如是，举一反三，诚不易得哉。

童君养年，江苏人也。任中央图书馆编纂，独身不娶，志意清简，来会听讲，专诚不倦。一日特持中央图书馆来函云：

> 渥承惠赠《荀子学案》，内容详赡，博涉多方，无任感佩。兹因英国远东菲洲学院、大英博物院东方图书稿本部、牛津大学、剑桥大学，及美国国会图书馆，亟需搜集此类学术刊物。素仰贵院对于国际文化合作致力赞助，用特恳请源源惠寄抗战以来出版刊物，每种五全份，以便汇寄，而利我文化之宣扬。相应函达，即希赐予办理见复为荷。

予得书，当即汇集本院先后出版《文教丛书》《文教丛刊》各五

全份交该馆转赠,并致书于英美五学说机关。函云:

顷得本国国立中央图书馆来函,敬悉贵学院搜集东方文化学说典籍刊物甚殷。兹特将敝院最近出版并最新著述之《孔子学案》《孟子学案》《荀子学案》《老子学案》《说无垢称经释》《金刚经释论》《心经通释》《人生学》《儒学大义》《新人生哲学》各一部,并本院《丛刊》一二两期各一册,托本国国立中央图书馆转寄贵学院,以便对东方文教儒佛思想之研究,而利国际文化之沟通。敝院窃谓当兹世界大战之后,人类和平亟需从文化学术积极建设,此之大任非全人类共同努力不为功。敝院有志于此,更求贵学院与以指导,共入坦途,不胜翘企之至。

一日,印度国际大学中国学院院长谭云山先生来访。谭先生,湖南人,刚健笃实,在国际大学辛苦经营中国学院,教诲生徒,以谋中印文化之沟通。与予谈论至恰,互询学院近况。予即赠以《人生学》《文教丛刊》。谭先生即请购《文教丛书》全部。次日余赴中印学会拜访,适国际宗教研究会来请其讲印度之宗教,予当即偕往听讲。谭先生讲述详尽而条理,令余得甚多之知识,快极。谭先生并约文教院与国际大学合作,是诚本院之素志也。安得全世界、全人类文化沟通思想互了,更汇全世界之文化学说冶于一炉,而重新铸造,为人类当来开新生命。是诚吾人之责,敢不勉欤。

予在长安寺,与太虚法师比邻而居,时相过从,并时见福善、苇舫诸师及熊道瑞君等。虚法师及熊君请在罗汉寺中国佛学会讲演。临时匆促,一无预备。予请听众提出问题,由予解答。时听众提问人类和平之道。予即题演述，词长不录。国际宗教研究会复请讲宗教与人生，词长亦不录。予至渝社，适社中新成立世界素食会中国重庆分会。此会由美国纽约发起，中国由李石曾先生太虚法师等响应。征求会员，予即加入。星期日开会，前后三次，予均在会。予建议，素食会宗旨，在改变残杀之风，普及仁慈之化，以消弭战争，引导祥和，使人与人及人与禽兽虫鱼均享和平康乐之福。其志愿为至宏远。故吾人开会，不可徒作一次之素食聚餐。既远集于此（有从北碚等地来者），即当有精神道义上之切磋砥砺。素食之后，宜作学说之讨论及讲演，使仁慈之教、救世之行、素食之理，得以昌明，身心两得快慰，而后素食会可以推行久远也。众共赞同。当时会众，即请予讲演。予略说素食原理约半小时。次有李居士（组绅）及太虚法师讲演，皆发精辟之理。窃谓此次世界大战，全赖美国，始得早日胜利结束。美国参战之始，即有《大西洋宪章》之提建。胜利之前，复有世界联合国之组织。伟大的政治家如罗斯福先生等，于战时即为弭战之计，深谋宏愿，真足仰慕。然为求人类之不互相杀戮，必应从人类之不杀生物始。盖此亦人类对弱小生物的残酷不仁之侵略也。所谓"欲知世上刀兵劫，且听屠门夜半声"。因果循环，理实如是。素食者，诚为至当不易之义也。而亦由美国人士倡始之。乃我国大乘佛教流行已二千年，学佛者，到处皆是。而素食之习，戒杀之行，近年反随密宗之流行而破坏。反躬内省，可耻孰甚哉。

内院派游君于默来渝，会真如兄，会商迁院事，即约茂芹、超如暨李一平君，共商分负募捐之责。一平，滇人，昔年学于内院，本年知内院艰窘，月助十万元。十月，院友会增加理事，与超如同选。予与一平，亦二十年不相见矣。

予在渝曾访任卓宣。而刘伯庄自新桥来会，皆幼年朋友。卓宣近年已数相见，独伯庄从民十分别后，已二十余年不相见。常思念之。今来乍见，且不相识。分别时吾人皆二十余，今则俱至中年苍老矣。相谈至欢，赠以近作各书数部为别。任昭明请吾书箴言。二十年前为反对佛法者，去年在成都相遇，乃为佛教信徒。热心边事，著书十余万言。吾为书《说无垢称经》一段。昭明赠吾藏铜佛一尊，意气殷勤，且规我以义，至难得矣。吾初到渝，即往特园见梁漱溟先生。张表方先生他去未得见。今昭明更促予往见，曰，师生之谊，不可太疏。且先生超然世外，无求取于人者，纵清坐一时，皆有益也。予次日遂往见表方先生。先生言近见学佛之人，其贪嗔痴反甚于常人。如某如某，真可怪也。予曰，烦恼人所共有，不学佛，岂能便无。学佛之初，每因克治过严，则有乘间暴发，反过常人者。要不可遂断其佛学之无益。至若阳奉学佛之名，而阴行贪嗔之实，此类人则又非但佛教徒有之，若儒若耶，乃至一切政党，其中无不有败类也。彼此唏嘘者久之。予曰，对治烦恼，在佛法最要为观空无我。孔子之无意必固我亦然。而《大学》复言，心有所忿嚏、恐惧、好乐、忧患皆不得其正。而之其所亲爱、贱恶、畏敬、哀矜而辟皆不能修身，则正谓人必须有超然无著大公忘我之修养，心不累于物、情不蔽于私者，而后可以正心修身以收齐治均平之效，亦正佛法所谓应无所住而生其心之旨也。表方先生喟然叹曰，圣贤之微言，可惜吾人从前皆只当文字读了也。梁漱溟先生继从外归来。时国共双方冲突正烈，予叩以近日局势可挽救否。梁先生曰，吾人当从远处着眼，近处下手，总当觅得办法也。并问共方何不放下武力，以从政治上竞争。梁先生曰，放下武力必有条件，不能无条件而放下也。予曰，常人行动，其自身皆有其历史性。每后后之行动,即受约束于其前前之行为。每造因一误,则后后虽欲返之而势不能。德日意皆如是也。设能转得了、放得下者,斯为豪杰之士,此佛法所以贵转依。然非所望于常人也。随业漂流,沉没无期,佛视有情为至可哀愍,不亦信乎。梁先生曰然。适张东荪先生入室,表方先生为吾介绍。言下,知其兄孟劬先生已逝世。又云,北方治佛学者,仍能安静研究。唯若政治社会不安静,则文化学说终亦少办法也。吾曰然。但若文化学说全无办法,则人心瞢瞢,政治社会全入黑暗,亦正难得澄清也。张先生曰然。所谓时势造英雄,英雄亦造时势,实互为因果也。季明父子留午餐。饭后辞归。

乐慧斌居士,印光法师弟子。笃实力行。自上海来渝,数数过从,且约为《弘化月刊》写文章。其人戒行严而心量宽,学佛真有得者也。张纯一先生,去冬今冬,两次来社听讲。直心快语,老而益少,与予论学,无所阿护。两俱无迕。出所为国学讲稿示予,且属载《丛刊》。又罗达存、丰子恺、苏渊雷诸君子皆来见。而绵阳吴植成先生与予谈尤深。深心望予修养,且劝修槐轩之法。言之恳切,深夜不休。情既不可却,理又不能从,真难于置答。最后应之曰,予少受庭训,及长读孔孟书,即志为圣贤。后治佛学,通唯识、般若之理,然于瑜伽大论,犹未能入。后吐血六年,久病心静,始通瑜伽声闻地止观禅定之法。阶梯层次,条理井然,真是步步光明,辗转入胜。四禅八定,出世解脱,如指诸掌。私心庆幸,遥礼兜率。快慰平生,其乐何极。唯是知之匪艰,行则非易。十余年来,勤于著述,略于观行,为人者多,自为者少,斯足愧也。今瑜伽圣道,百千万亿分尚未及行其一,何能更舍而之他欤。虽然,先生之盛意则既铭感之矣。讲经既毕,有杨涤非者求见,具道相慕之久。其兄曾欲从予学者也。此次两访梅撷芸先生,病重,均不得长谈。而韩梓材居士之岳父孙惠迪先生死，予往吊之。此吾在渝二十一日中大略情况也。至于经义敷陈，非此能述。次日黎明，钟镜和尚及夏致贤居士及门人李师白等送予行。致贤居士慈恳和惠领导信众不厌烦苦，人共称为夏菩萨也。予及全璞即日息荣昌，往视师白诸子焉。次日返文教院。

到院即编辑《文教丛刊》三、四两期付印。余次青董事长、陈戒于董事来院召开董事会，商议院务。七日后应曾锡瑜董事请，至自贡市讲学。赴自井，锡瑜即延至其家。锡瑜性孝友，年逾五十，父八十，孺慕情浓。今年为寿其父，特就祠堂，新修庭院，为补习学校，教同族子弟，以为纪念。院精洁幽静，真适于讲学事亲。中堂刻吾所为《养志斋记》。太翁须发皤皤，神气飘然，忠信笃敬，少欲多慈，宜其寿考康强，更宜其有贤子孙也。住三日，返自井，讲世界大战对人类之教训于市参议会。首叙大战之惨烈，次叙大战之原因，次论人类今后消弭战祸之道，次论吾人立身作人之则，历时三日。院董会复召开会于绍甫先生宅，到筱园、锡瑜、济周、圣基、戒于、绍甫、介眉，同日请刘朴、何玉琨两先生。洋来井，特访刘朴先生。玉琨兄同乡旧友。相谈至欢。次日刘何两先生特延予至工业专门学校讲优胜劣败新论。第三日返院。年假将近，试验毕放假。本年九月，昌圆法师逝世，今乘寒假之便，乘车赴省上香。莲宗院设宴，并请子鹤、子厚、次青、文畦、芸生、文通、石荪、肇乾、旭东诸先生。届时石荪并约朱孟实先生至，喜极。宴毕，文畦提商文教院迁蓉事，众共赞同，并共加入文教院院董。共加入者，邵明叔、卢子鹤、谢子厚、黄肃方、彭芸生、韩文畦、蒙文通诸先生及广文师。后更加入但懋辛、刘肇乾、王旭东先生，共十一人也。余次青董事长在省，特为欢迎。广文约文畦及予游南郊三教寺、甫澄墓园、武侯祠。文畦兄时初丧子,颇能自下,学佛之力也。对时局之观察及政治理想,均有特见,增予所未闻。在莲宗院见一罗女士,净信仁厚,艰贞卓越,道其身世至详,令人敬佩。年逾六十,真不愧女中丈夫也。予将返家,子鹤师忽告予李柏申先生约开文献委员会。予曰,年将终,奈何。曰,留蓉过年何伤。予曰,两日内召集,犹可留也。果于第三日开会。召集人,李柏申秘书长、刘明扬厅长;被邀者,谢无量先生、向仙桥先生、鹤师、文通兄、冯馆长等。会毕,已是夜十点钟。葛利民居士延余息其家。利民二十六年听予讲摄论于渝社。信心极笃,重情而好施。近年连丧子女,益增三界无安之感。予两到蓉,必细谈身世,并修省之道。此次特为吾备车,招待尽礼,夜先约次青先生共晚餐,盛情至可感也。次日,车息乐至。往访何敦厚先生,乃闻其已赴省。返家时已除夕矣。

三十五年丙戌正月居家,子女亲友,共叙天伦。得黄联科先生函,知其平安无恙,不胜欣慰。不通消息,已五年矣。其家业损失甚巨。与妻商议,昔年常受黄先生惠施,今当略为涓滴之助。因筹得微款,带向内江汇兑,乃至今犹未成汇,即吾与黄先生函亦似犹未交到也。正月十一叔涵在舍,其病已大愈,甚喜。与谈,多妙解。盖神清而寡欲,有守而好思,故所见能过人也。三日辞归,吾与同行赴县城。过五龙场,一人呼予,审视乃王作祥先生也。十年不见,时切驰思,以其境况之艰难,不知犹能温饱乎。互道近况,知其现在南充营电影业。回忆昔年,畅行长江,豪侠好义,几多落魄亡命,赖其济渡,营业既旺,益慷慨自喜。转眼间,家财尽丧,宅焚于火。世情冷暖,欤助无人。二十五六年,予讲经渝社、华岩,正彼生活难度之日,愧予无力以相援。即今容颜苍老,大异昔年。犹幸其精神健旺,热情依然。旅店相逢,感慰交集。彼所搭赴遂宁之汽车，忽鸣声呜呜，即匆匆作别。予告叔涵曰，此吾故人。昔为吾觅轮船自上海送予返家者。至城，息张安钦先生家。大佛寺大智方丈约晨餐，晤县府张秘书。次日赴伍非百先生晚餐。晤杨县长鹤鸣于街衢。张秘书为予介绍。自伍非百先生家返安钦先生家，张秘书等复至，张先生再开盛筵。予问张秘书，杨县长足著学生鞋，何俭也。曰，鞋，其母手做也。曰，何不命妻。曰，尚未结婚也。因言其早孤，母守节抚之，幼好学，中学时年暑假不下楼，戛戛孤造，学业大进。今虽县长，而刻苦勤俭犹昔时。奉母命唯谨。所以未婚者，未有女子当其母意也。彼出入城乡数十里，皆步行。未尝扰民。余喟然叹曰，可不愧民主国官吏也。设举国如此，富强康乐何难。杨县长坚厥操守，推孝为仁，前途可量哉。次日返家，家事毕，偕行健、协尧、蒲德渊、赐川、赐庸还文教院。

到院数月，小病三次，初咳嗽，次咯血，次腹泻，虽不久即愈，而精神不如往年，《文教丛刊》逾期弗及编。去年下期为诸生讲《诗经》及因明，今年续讲。《诗经》去年作疏至秦风，今年竟未续作。《因明入正理论释》，昔年在龟山作成十之七，本期已续成，欲作一叙论，因失血而未果。二三月间，重印《佛学通释》，阳华校。四月佛诞，李师白自荣昌请作佛教宣言，病中口授，由寂高笔记，成《伟大的佛教》一篇，师白印于荣昌。本期工作，至少成绩矣。廖泽周先生去冬赴沪，代文教院请回《频伽藏》全部，代龟山书院运回《碛砂藏》全部。四月十八日，文教院复向许云章先生廉价购得《四部备要》及《四库全书珍本》两大部书，以备研究，亦足记也。

上来五十自述竟。

总计此十年中，父母丧于前，恩师没于后，中间门人亲友死亡相继，为一生之大变。而国家则东北沦陷于前，中原板荡于后，山河破碎,京都播迁。三江五湖,敌骑踏遍。西南西北,烽火频惊。人民转徙流离,士卒肝脑涂地,八年抗战,历尽艰辛。是又亘古未有之巨患也。以世界言,则自日本发难于东亚,德义作乱于西欧,灭国逾十数,杀人五千万。五洲五洋,莫避祸害。海陆天空,尽成战场。人间地狱,天地铁围,岂非人类空前未有之浩劫哉!德日既败北投降,举世方喁喁相望太平之至。乃一年以来,国际问题,纠结不解。和平岌岌不可终日,三次大战大有山雨欲来风满楼之象。而国内则政乱俗偷,祸变突起。内忧外患,纷纷扰扰,有如乱丝,不可纲纪。嗟夫!岂人类浩劫尚未终欤?国家祸乱犹未极耶?论者谓世界第三次大战如果无法消弭,则当来战争之惨酷将百千倍于一次、二次大战。瞻念前途,隐忧何极。古人不云乎,学者当为天地立心,为生民立命,为往圣继绝学,为万世开太平。以洋区区,德薄能鲜。十年以来,内无进德之效,外无救于国家人类之忧。更何论于为生民立命、为万世开太平也哉?诚足愧矣。犹幸于古先圣人之学,若儒若佛,沉潜研索,识其旨归先后著述,四十余种。虽在劫火烧天之日,犹得从容刊行问世。明至道之精微,扬文教之光焰,圣人复起,不易吾言。文教院开办五年,院董诸君,热诚大愿,尽力护持,欲造真实之人才,弘此学于世界,为德不孤,尤深感奋。方今科学工艺、物质文明,已臻空前未有之盛。正足以造福人群,拯救贫困。然国人既浮慕虚声,尽弃其固有,一味盲从,而未能消化。西方人又无力控制,但为个人主义、帝国主义、求生竞存之思想,利用之以事斗争,为杀人自杀之具而已。是故有欲拨乱反正,去危就安,以为生民立命、为万世开太平者,必将发展克己求仁、慈悲智慧、礼让为国、普济有情、重德轻利、超世无住之儒佛学说东方文教,始足以胜残去杀,息贪嗔痴,洗涤人心,治理国家,奠安世界。

斯足以利用物质文明，以兴人类之福。斯足以控制物质文明，使不为人类之灾。如是则汇萃中西古今之文化学说德智才能于一炉，而重新更造。合同五洲列国五色人种为一体，而共享升平。前途光明，真无穷极。如非然者，则西方文化物质文明之偏倚发展，亦足以毁灭宇宙，为全人类之自杀。斯二者，一安一危，唯由人之自由选择。吾深信人类前途，虽不无甚多荆棘。要以人类之本能与智慧，终当避苦痛，就安乐，以趣正道而出险途。则吾人所学所志，终亦必有其发展而实现之日。此吾人所当极大乐观，而努力以赴者也。嗟吾同志，能不勉乎！能不勉乎！

1946年王恩洋述于东方文教研究院

佛学论丛

大乘起信论料简

　　无明彰,正智隐,似教兴,大法替,世界有沉陆之忧,慧日无烛幽之望。自昔衔悲,都非喜诤。痴迷苟警,僭妄何辞。南无佛法僧,敬礼性相轮,拔众出污泥,料简《起信论》。

　　依何料简?由何料简?依法正理,依佛及菩萨圣言,由闻思慧,净比量智而料简。以是义故,先示正法,后简似教。

　　所云内正法者,一切佛法二谛所摄,一者世谛,二者第一义谛。云何世谛?谓一切法缘生真实义,是有为故,有变转故,世间众生由此于此起妄执故,此之实义名曰世谛。云何第一义谛?谓即彼缘生诸法真实法性,是无为故,无变转故,出世间相不可上故,此之实义名曰第一义谛。又诸胜者所证觉故,又名胜义谛。一切佛法虽无量种,性相体用该备无余,不出此二,抉择此二,即抉择佛法尽。以是义故,先显缘生,后显法性。

　　所云缘生者,何谓缘生?何者缘生?缘有几种?缘生有何决定义?缘生有何相?缘生相如何?

　　何谓缘生者?待因及缘而后能生,不无因生,不自然生。譬如禾稼,必自种子及土壤、日光、人工等缘具备而后得生。以是义故,说名缘生。

　　何者缘生者?曰:一切有为法。缘何名有为法?具有生住异灭之有为相故。一切有为法有几种?曰:以能所分之有二种:一者心法，二者色法。此中心法亦摄心所，常相应故。色法亦摄大种，定所依故。所云心者有八种：阿赖耶识以持诸法种子执受根身变起器界为用，七识思量为性，前六了别为性，又第六意识作业最盛。心所五十一：遍行五、别境五、善十一、烦恼二十六、不定四。色法者有十一，谓五根、五尘及法处所摄色。大种四：地、水、火、风。复次，以染净分者亦有二种：一者流转法，二者还灭法。流转法者，苦集二谛所摄，即以上述诸法为性。还灭法者，灭道二谛所摄，灭谓无为法，道即前法中无漏之八识，遍行、别境及善二十一心所并无漏色法，外增正智。又有漏法顺趣还灭故，随顺还灭故，能作无漏开导依引发故，即彼一分亦道谛摄。

有几种缘？缘有四种：一者，因缘，种子现行能生能熏亲生自果故。二者，等无间缘，心心所法前聚后，自类无间等而开导故。三者，所缘缘，谓诸有法是带己相之心、心所所虑所托故。四者，增上缘，谓诸有法有胜势用，能于余法起顺违故，如二十二根等。

缘生有几？略有二种：一者，因缘缘生，谓即种子托余三缘及作意等力，能生起现行故。即彼现行生已，能熏八识，复成自种故。有是种现相生力故，能变能现，有诸色相，心心所起，亲生自果故，是名因缘缘生。二者，增上缘生，此复二种：一者流转增上缘生，谓无明行识十二有支，以前支为增上缘故，能引能生，令后支起，业力招感生异熟果，流转三界，轮回五趣，故名流转。二者还灭，谓听闻正法，如理作意，发无上愿，修菩提分等行故，有漏无间，无漏种得生，增上引发，成无上觉，断生死苦，证涅槃乐，利乐有情，穷未来际，故名还灭。此之二种，异类法为缘故，异类果得生，非作因缘而生彼果，故名增上缘生。

缘生决定义者，一者，诸法生起必有因缘，无因缘者不能得生。

是故定性二乘不得成佛，无性有情不得涅槃。所以者何？以彼无无漏种子故。种子者，功能义，无是功能，是故不能发生如是势用。势用者，现行也。由是世出世间所以有诸善法恶法生起者，皆以有是种子故也。无是种子而能生是现行者，是无因外道。

二者，诸法不但从种子生，必待余缘增上力故，方乃得生。是故盲者不能视，聋者不能听，虽有种子，无有根（指扶根尘）故。以是因缘，一切众生无始以来，虽种有无量而以得缘不得缘故，善染诸法，有生不生。虽有无漏种子，而以外无善友听闻正法力，内无发愿修持力，则出世道，终不能成。善法如是，恶法亦然。故断恶修善，于增上缘应远离，应亲近，应勿近习，应勤练根。如谓不待增上缘能生果者，是自然外道。

三者，诸法因缘但生自果，无漏因不生有漏果，杂染因不生清净果，色种不能生心，心种不能生色，大种不生造色，根种不生于识，乃至无明不生行，业不能生异熟。如谓异类因能生异类果者，麦种应生稻，豆种应生瓜，乃至佛应生恶业，无明应生正智，如是则成杂乱因。以是异因不生异果故，一因亦不生多果，多因亦不生一果。以同有如上过故，便有多因共因失。是故异种不能生异现，异现不能生异种。

四者，诸法增上缘必为同类同性，随顺增益者，始能招感，引发诸余法果。以故恶业唯能感三恶道果，无由感人天善果，无漏业唯引出世果，无由增长世间果。以是义故，无明不能熏长正智，正智不能熏长无明，以性极违反相障相治不相增长故。否则邪见恶业应可招圣道，福德智慧应反堕三涂，便成邪因论。

五者，因缘具备必定生果。四缘备则识等定生，造诸业已定有后报。若谓因缘备而果不生者，则世间应无法得生，以因缘虽备而不生故。善既无功，恶亦无报，则成断见论。

六者，因缘法中，种子周遍现行对碍义。此复云何？谓有漏种性俱无记作用未显，无漏种子虽非无记用，亦未生。盖种子是功能潜在义，功能潜在故，于一切法善染无记，俱不相违，以无相违之势用故，不相违故，有漏无漏可以并存于赖耶，坚湿暖动，不妨共集于一处。是故地狱众生有三无漏根，是种非现（见瑜伽）而十地菩萨微细烦恼习气，犹存一趣，众生具五趣种，一地众生具九地种，势用虽无，功能不失，无碍无违，是为种子周遍义。现行对碍义者，功能起用，是称现行。现行者势用义。顺违之谓势，损益之谓用，顺益于此者，必违损于彼，是名为对。对者，不遍义。助此生起者，则碍彼现行，是名为碍。碍者，障治义。又复一根但发一识，同识自类不得并生，必前识灭后识乃生，次第开导等而生起，是自类现行亦相对碍也。唯识如是，相应亦然。唯心如是，色法亦然。彼物理学家所云不可入性者似之也。但有色处，亦可有声等，与心并起有诸心所，皆不相碍，是异类随顺者不相碍也，但性极违者则必相碍，故水火不相处，有漏染识不与无漏净智相应也。以是现行对碍义故，善染不并存，漏无漏不两立，一个众生不能同时有二异熟识，一是人天，一是地狱，而与流转法相随顺者必损害清净法，此无明所以称能障，菩提所以称所障也。与还灭法相随顺者损害杂染法，此正智所以称能断，烦恼所以称所断也。是为现行对碍义。若谓种子不周遍而相碍者，则应三界九地诸趣种子不能并存于一地一趣一界异熟识中，如是一趣一界一地之业力既尽，异熟之受报尽时，既无他趣界地种子，则应不能生起后有异熟，则众生应即断灭。又无漏净种应不能寄存于有漏赖耶。无漏种子既无因故，即不能发出世道，成菩提果，则地前众生应永无见道成佛之日。由前之义流转不成，由后之义还灭不成，俱不成故。既坏世间，又坏出世，世出世间俱失坏故，则坏因果，因果既坏，修证无功，是则失坏缘生实谛，即失坏一切佛法，成大邪见。若谓现行而非对碍者，则三界九地五趣异熟应一时并生，造善业时应即造恶，善恶业果既并得起，则一切有情界趣差别善恶差别，俱不可得，于一趣界地中，不碍余一切趣界地，得并起故。又一有情诸趣异熟既得并起，即应一有情成多有情，以既受天身，同时复入人畜饿鬼地狱故。如是因果杂乱，仍失流转义。又诸现行无对碍者，五逆恶人应生正智，见道证如应生染业，无障无断，无法无行，如是仍失流转义，并失还灭义。是为失坏一切佛法，成大邪见，是外道也。

七者，缘生法中，能生所生，性必平等。如是一切诸法既皆由缘生，能生彼缘，亦定从缘生。何以故？以一切缘即一切法故，一切法既从缘生故，一切缘亦从缘生。譬如种子能生现行，此现行法从彼种生，而彼种者复从自前种等流生，或自同时现行熏习生。又此现行熏种种从现生，而此现行复由俱时种子等流生。因缘生法既然，增上缘生法亦尔，以增上缘亦不离此种子现行法故，但对异法名增上缘故，种现既皆从缘生是故，增上缘亦从缘生。是为能生所生皆从缘生义。复次，种既生现，现复生种；现既生种，种复生现。种生现时，种为能生，现为所生；现生种时，现又为能生，种复为所生。是故即一法也。对前名果，对后为因，为果时则为所生，为因时则为能生，是故无有能生非所生者。因缘自类相望如是，增上异类相望亦然，互为因果，互为能所，是为能生所生同在一法义。复次，一切所生法生已无不灭，故性无有常，即彼能生法亦无不生，已而即灭，故性亦无常。所以者何？一切能生皆所生故，俱有为故，但以所望而异名故，故性俱无常，是为生所生性不相异义。复次，一切所生法其数无边，一切能生法其数亦无边，有无边现行故，即有无边种子，有无边种子故，即应有无边现行，不能一因而生一切法，不能一切法咸共一因生。何以故？凡能生者皆所生故，俱有为故，但以所望而异名故，故俱无边，是为能生所生体俱非一义。如是能生所生俱从缘生故，俱属所生故，俱无常故，俱无边故，不异不一，平等平等，亘古亘今。以是义故，有为从有为生，不从无为生，是故真如不生一切法。诸有不知此义者，谓有真如能生一切法，果如是，则外道所执应亦皆能生一切法，谓有上帝、大自在天、大梵、时方、本际、自然、虚空及以我等，体遍一常，具诸功德，不从缘生而为万法主，能生万法，万法则非一非常，体不真实，如是生无生异故，一非一异故，常无常异故，实不实异故，有如是不平等，是为不平等因外道。

如上所述，诸法缘生必有因缘义，必有增上缘义，因缘但生自果义，增上缘必相随顺义，因缘具备果必生义，种子周遍现行对碍义，能生所生性相平等义，如是七义略摄一切缘生要义。依是义故，世出世间，流转还灭，心色体相，无量无边，诸法生起，是为缘生真实谛理。明此顺此者为佛法，迷此违此者为外道。外道之无因、自然因、多因、共因、邪因、断见、邪见、不平等因等皆有似是之理，一或不察，执之惑之，皆足坏因果，失正道，长夜沦迷，无已时矣！

所云缘生相者：一者，无主宰相是缘生相。以待因及缘而后得生，不自然生故。以是故诸缘生法名依他起。所待因缘如四缘中说。二者，不自在相是缘生相。以一切法相依相附乃得存在，譬如束芦互相倚持，若使独一即时倾败。诸法亦然，此有故彼有，此生故彼生，是故转识本识能熏所熏，见分相分能缘所缘，种子现行能生所生，心王心所能依所依，无明行识能引所引，诸如是等无量无边，都非独一所能成立。乃至如来无上正觉，净识正智分别无分别，及与大悲等，无不相依相待，无自在相。(《掌珍论》云：心境即是有为无为诸相，慧境即是有为无为所有空性。如契经云：无相分别，慧终不转，此意盖谓无分别慧与有分别心相依而后转也。即显正智无自在义，正智尚尔，余何不然。故有为法虽至佛果皆不自在。而云佛得自在者，谓无众生所起种种烦恼束缚，以自缚故，无此不自在故。云自在，非谓诸有为法不依他起，不依他在，云自在也。倘不依他而得起者，应自然起，则何劳于三大阿僧祇劫勤修精进耶？不自在如是，无主宰亦然，以诸法无我故；无常亦然，生已必灭故；不断亦然，利乐有情，穷未来际故。而诸契经或云：常乐我净者，遮执断执空等见说故也。)三者，无常相是缘生相。生已即灭不常住故，生住异灭名有为故，先无今有始名生故，有已而无乃名灭故，有无相禅是故无常。灭即无常，生即无常，刹那刹那无生不灭，故一切法无不无常。四者，不断相是缘生相。所以者何？一切法生无不有因故，一切法灭无不有果故，现由种起故，非从无而忽有，现生熏种故，非有已忽尽无，功能势用相禅相续，有漏种子乃至究竟位、无漏种子乃至穷未来际，前灭后生后生前灭，刹那刹那终古终古，是故缘生无断。诸契经中或为遮常见故说诸法空，亦为遮断见故说诸法常，而实诸法非空不空，非常无常。又复显示诸法缘生，无有常故，说诸法生灭，以诸有为无不生灭故，亦以生灭名缘生故，亦为显示诸法缘生无有断故，而说诸法不生不灭。以一切法从因而生，因更有因，前前无始，无初际故，非从于无而忽有故，以一切法灭必有果，果更生果，后后无终，无后际故，非从于有而忽无故。(前云：从无而名生有己还无名灭者，就现种自体说此，云不从无而忽有，不从有而忽无者，就种现相望说故不相违。)即彼顿生顿灭,常生常灭,而说无生无灭,不生不灭,以诸生灭无有息故,是故诸法非生灭,非不生灭,非非不生灭,诸执皆遣,是为诸法真实相。五者,不一相是缘生相。以一切有为能所染净性差别故,三界九地报差别故,善恶无记业差别故,因果凡圣位差别故,障碍对治用差别故,及以种性差别,修行差别,证果差别,乃至即于一切法对同类者为增上法,对异性者为障碍法,对前自因为果法,对后自果为因法,而一刹那复有生住异灭差别可得,如是缘生法中乃有无量无边差别相可得,不可说,不可计,是为诸法不一相。六者,不异相是缘生相。以一切法俱缘生故,俱有为故,俱无主宰故,俱不自在故,俱无常故,俱无断故,俱非空不空非常无常故,俱非生灭非不生灭非非不生灭故,乃至俱有无量无边不可说不可计种种差别相故,乃至同一法性平等平等无二无别故,是为诸法不异相。复次,诸缘生法无主宰故,不自在故,不常不断故,不一不异故,故一切法我不可得,是为诸法无我。此法无我,遍一切一味,是为诸法真实相,依此实相而诸法法性常住安立,具如法性章显。

所谓缘生如何者?曰:缘生相如幻,从缘生起,无自性故。缘生相如梦,唯识显现,无实物故。缘生相如电光,如石火,生已即灭,不能住故。缘生相如流水,如乐音,流动不居,转变相续,似常一故。缘生相如电气,如磁力,虽无实体,有功用故。缘生相如影,如响,如海市,如蜃楼,如露,如泡等,依缘显现,无实自体,刹那灭坏,自性不坚故。如是等有无量种,喻如诸契经,处处宣说。

上来已述缘生正义实相,自下别释妨难。

谓于此中有设难言,若云诸法实从缘生,因等众缘真实有,诸缘生法亦实有者,云何般若契经及三论等破于因缘,破于诸法,破于生灭?谓一切法自性皆空,无生无灭,本来寂静,自性涅槃,乃至广说。今既执有实缘生等，岂不同于外道实有我执？岂不同于小乘实有法执？答：此不然。般若经论所以破缘生等者，为遣遍计所执有实法实生等故，亦为显示诸法缘生真实性故，是故谓无法无生等。所以者何？以一切法如上所明，俱从缘生无主宰等，如幻梦等，显现似有，自性实无，而诸众生愚痴执著，谓有实法常住自在，起贪爱等，为显彼自性实无故，说之为空。所云空者，空彼所执自性，非空此依他幻有之法相也。是故《掌珍论》立有为法空，而曰此中空与无性虚妄显现门之差别。又谓此中空言遮止为胜，但遮于有，更不表无。又云：如为舍弃堕常边过，说彼为无，亦为弃舍堕断边过，说此为有。又云：如已遮遣执定有性，亦当遮遣执定无性。如是等言所谓空者，岂拨一切法皆无也。故谓一切俱无，是误解般若宗意。又《掌珍论》宗云：真性有为空，而因则云缘生故，喻则复云：如幻，缘生则显现生起而有，如幻则非若空花全无，如是言空但空自性，正符法相《深密》相有性无之义，亦合诸法无我之理，岂谓全无同断灭论也。又《中论》偈云："诸法不自生，亦不从他生，不共不无因，是故知无生。"释云：不自生者，万物无有从自体生，必待众因缘，若离余因，从自体生者，则无因无缘，又生更有生，生则无穷。自无故他亦无，何以故？有自故有他，若不从自生亦不从他生。共生则有二过，自生他生故。若无因而有万物者，则为是常，是事不然，无因则无果，若无因有果者，布施持戒等应堕地狱，十恶五逆应当生天，以无因故。如是所云，则所云无生义者更可知矣。谓一切法皆从缘生，故无自性，既无自性，故不自生，又自能生者，应不待因缘，如是则成无因自然外道论。自既无性，不能自生，他亦无性，以他亦从缘所生故，因等四缘俱从缘生，故俱无自性，故亦不从他生也。倘谓他有自性，能生自者，是他非缘生，应同外道所执，大梵时方上帝等，便成不平等因过。共生则有二过，无因复有无因邪见过。以是义而说无生，盖谓诸法无我，待因及缘如幻而有，是正合法相唯识依他起生无自性性真实缘生义也。且所云生者，但有为法上分位差别，无实自性，故名不相应行。诸法尚无自性，何况生得有自性。以无自性说无生，是正显示缘生实相如幻起也。问者曰：既般若言空不违缘生实相，则何故瑜伽言有而谓一切有为法有离言实性？既言有实性，岂不违缘生实相耶？如是岂不违自所立？答曰：此亦不然。谓般若宗遮实有性故说为空，今瑜伽宗为表有相故说为有。彼就性言，此就相言，故不相违也。复次，为显诸法无体故，或说为空，亦显诸法有用故，或说为有流转还灭，能治能障，集聚思量，及了别等因果作用，既皆实有，云何而可言无也。了意趣者，说诸空言，无诸过失，说诸有言，亦无过失；执有体性，执无相用，不达意旨，俱成过失。既达意旨，则虽说诸法无相有性，亦无过失。是故经云："一切诸法皆同一相，所谓无相。"而空、无相、无愿成三解脱门。此无相，言意显无体性耳。既有相可说无相，亦无性可说有性，离言实性，意显诸法，有相用也。诸法虽有相用，而不如诸愚夫随言之所计执。为遣无见、说自性言，为遣有见、说离言言；双遣二见，说有离言实性言。空有双遣，体用俱彰，远离二边，正处中道。是故离言实性，理善安立，不背缘生，不违法性。复次，缘生法性依相用而彰，即有以空，空非恶取。故清辨立空，以缘生之因而为能立。缘生法用体性而显，即空以有，有为妙有。故龙树《中论》颂云："以有空义故，一切法得成，若无空义者，一切则不成。"又云："汝若见诸法，决定有性者，即为见诸法，无因亦无缘，即为破因果，作作者作法，亦复坏一切，万物之生灭。"此意云何？谓一切法以空性空故，有生有灭。有作用转造诸业故，流转三有；修圣道故，能成菩提。世出世间,一切诸法由此得成。若性不空而决定者,则应常住,则无生灭,应同无为,无有作用,如何得有造业修道等事。是即世出世间一切法皆不成就也。又性既决定,应不从他生,不从他生,何用因缘。因缘无故,即无能生,无能生故,即无有生,无生故,则何有所生,是则失坏一切万法之生灭矣!以是因缘,万法之有,有于空也。于是为诸法妙有,此之真空,及以妙有,同属一法,性不相离。依是义故,说于诸法非空非有,中道教义。《辩中边论颂》云:"虚妄分别有,于此二都无,此中唯有空,于彼亦有此,是故一切法,非空非不空,有无及有故,使则契中道。"如是妙义,大乘经论处处宣说。诸有智者应审思择,勿执一边,妄于空有而兴诤论。既失缘生,即失法性,长溺苦海,甚可哀也。

复有难言:如汝建立缘义中,诸缘生法但从自因缘生,因缘唯能生自果,一因不能生多果者,云何击石燃油可以生火,水凝则为冰,暖则成汽,析为氢氧复有自然然他之用,金融则亦成水,诸如是等不可胜计。坚湿暖动转变非常,生自生他同系一法,既有如是诸相,云何而谓诸法不得相生,唯生自果,不生多果?答:此不然,一切诸法各有种子。如前所明,种子功能,性本周遍。非如现行势用,有对有碍,不得并存。性既周遍,故地水火风四大种子,得用一处。唯以增上缘力有现前不现前故,而诸大等有生不生。是故点油生火,非油生火也,乃与油同处之火大种子,遇余火现行增上缘力故,而自生起也。此火大种子既现行时,以火性水性不相容而相碍故,而彼水大因之以灭,是故火燃而油失。虽然,油非灭也,以势用不能现行,复转成种子耳,其功能固复遍一切也。燃油为火之义如是,余大相生亦然。以是义故,一切功能,无生无灭,不减不增,亘古如斯,恒相续住,而亦永无变易。无有本为水者,倏变为火,或地或风。四大如是，造色亦然。色法如是，心法亦然。一切诸法功能势力，但有隐显之相禅，种现之相生，从未有转变自性别生他法者。因但生自果，诸法无异因生，然共因生，无多因生，此理决定，靡可动摇。特种子之义，至妙至微，探之无状，察之无朕，非肉眼天眼所得缘，非余转识之所觉，但有依据圣言，用比量智，而略得其义耳。以是之故，凡夫不了，观诸法灭，便谓断灭，观诸法生，便谓实生，见木生火，便谓木变成火，见水成冰，便谓由水生冰，于是有元气变化之说、五行生克之论，分子、极微、原质、原素、元子、电子等论，及以自性三德化生二十五谛等。更有甚者，西方生理心理学家，乃谓心之神用，亦由神经细胞脑膜灰质运动变化之生起，更谓人类之生亦由单细胞动物演化进步而成，而法哲柏格森则谓动物植物同由一生原动力之所创造进化，愚痴执著，虚妄颠倒。若以佛理观之，心王心所且不同种子，大种造色尚不共功能，各有亲因，不相杂易，恶有不觉之色，能生灵觉之心。恶有一切有情无情同一原质元素及以所谓生原动力云云者。舍我佛妙理慧光而不求，凭私心小智以妄测，长夜颠碛，吁何抵哉！

难道复曰：如汝所说心既不从色生，种子唯生自果云云者，若尔，则心亦不应生色。答曰：谁云心能生色。难曰：若尔，则大乘诸经论中如何说三界唯心，万法唯识。又如何说藏识海由境等风缘作用得转，无断绝时。又如何说依止根本识，五识随缘现。又如何说识之所缘，唯识所变。又如何说一切唯有觉，所觉义皆无。有如是等无量圣言，复有无量教理，皆说唯心。而今乃云自心不能生余法，唯识之理当如何通。既违自教，复乖正理，若果然者，唯识之教岂不虚立也？答曰：唯识之教，理自安立，我说缘生，义亦符契。但中有妙义，勿妄计执。今为答此难故，亦为谬解唯识教者令生正解故,亦令修真唯识观者勿误入歧途故,略以三义抉择圣言:一者,所言唯识,非一切诸法皆识故而言唯识,亦非谓唯有一识更无别法故而言唯识,但以一切法皆不离识故言唯识。是故《成唯识论》云:"若唯一识,宁有十方凡圣尊卑因果等别,谁为谁说,何法何求。故唯识言,有深意趣。识言,总显一切有情各有八识,六位心所,所变相见,分位差别,及彼空理所显真如,识自相故,识相应故,二所变故,三分位故,四实性故,如是诸法皆不离识,总立唯识。唯言但遮愚夫所执定离诸识实有色等。若如是,知唯识教意,便能无倒,善备资粮,速入法空,证无上觉,救拔含识,生死轮回,非全拨无,恶取空者,违背教理,能成是事。"诸如是言,不可胜举。而奘师立真唯识量,亦曰:真故极成色,定不离眼识。以不离故,成立唯识,非即识故言唯识也。二者,藏识但摄藏诸法种子,不亲作诸法种子。是故藏识不作诸法因缘,以彼所藏种子自作诸法因缘,而此藏识但作诸法根本,俱有依增上缘耳。然依诸法皆由种生,而此一切种子皆摄于藏识,故喻藏识如海,境等风击,有作用转,以此海中所藏种子待缘而自起作用,非此海起作用也。倘谓藏识即种子者,藏识既一,种亦应一,则应唯一种子生一切法。云何经说"阿陀那识甚细,一切种子如暴流"耶?既种子云一切,是即知一切法各别有种子也。且藏识名识,识为现行,即非种子。以是义故,藏识不作诸法因缘,诸法不从共因别因生,但自因生。倘云八识为诸法共因者,一因生多果,即唯心言成不平等因,同于上帝梵天之说矣!三者,所云心识所缘,唯识所变等者,此识变言应更抉择。盖以识种生时,挟带色种生起,相分必依见分起故,识不变时色不能变故,以是义故,识生时,色随之生,识灭时,色随而灭,俱时生灭,为胜增上缘。以是义故,说名识变,色实由自色种变也。如业生异熟,大种生造色，根生识，有漏圣道生无漏圣道，此异熟等但从自识等种子生，非由业等种子生，然而说业生异熟、大种造色等者，就增上缘说，识变相分，亦复如是。虽识变见相，西方有二说：一者，安慧谓二分俱遍计所执；二者，护法二分皆依他起。第二说中复有二说：一者，见相同种，二者，见相异种。然今依护法正义，以俱依他起相见别种者为当理。所以者何？若相分无别种子者，法八识相分即根身器界及一切种子，此等既同见分种生，应皆有分别觉性，以见与自证同种生而有分别觉性故，则根身器界应非色法摄，如见分故。又种子亦应非种子，以同缘彼见分一种子生现行摄故。又此诸种子既同一种子生，如彼种子性应是一，性既同一，如何能生善染无记心心所等诸异性法。如是诸法差别，应不可得，即失坏世出世间一切法相，亦失坏一切因缘。种子既非种子，无所持故，亦应无能持，则八识应无持种义。不持种故，亦应不受熏。持种受熏之义既失，即复失坏八识，亦应成断灭论矣！见相俱依他以同种故，尚有此失，若二分俱遍计所执，如安慧所云者，过更无量。以遍计假法如空花故，则种子及根身器界等，云何得有种子根身器界用。是故八识相分，定别有种。八识既尔，余识亦然。故色生起非以识为因缘变，但依识增上变也。（按相见别种之说，《唯识述记》虽述护法之言，然未述其理。今略述此义于上犹未广明也。详之当俟异日。）依是三义，唯心唯识之言，不背前述缘生之义。抑岂但不违缘生义而已，亦为安立缘生实相，故说唯识教。所以者何？谓诸不违唯识理者，于诸因缘妄起种种遍计所执，或计大自在天生，或计上帝生，或计极微生，或计世性生，乃至元子元素生原动力等转变创化而生，如前所述，成不平等因、一因、多因等诸大邪见，失因缘义。故我如来破此等执故，说诚谛言，汝等众生各有自心，此心摄藏一切种子，能作诸法生起因缘。是故汝等众生，不从大自在天世性等生，因缘具足，遍虚空界，穷未来际，不生不灭，不断不常，造善恶业，受异熟果，正见修持，得离系果，皆自因缘，自作自受，匪命自天所能损益。了此缘生正理，便能修正加行，不堕无因、邪因、不平等因及断常见。是故因缘生法，得唯识之义而安立不摇，岂反因是而失缘生正理也。诸修唯识观者，应于此义，谛审思维，勿于圣言生外道见也。（窥基法师《法苑义林·唯识章》五重存，应取参阅。）

上来已述缘生义，自下别述法性义。

问者曰：所谓法性者何耶？答曰：即诸法真如实性，所谓无为法是也。虽然，如前所言，一切诸法皆从缘生，非一非常，如幻化等，更有何法可名真如，更有何性可名实性，更有何法得称无为。是故欲明真如，即当破此真如，欲知法性，即当知诸法无性，欲知无为，即当知无是无为。以是义故，清辨菩萨《掌珍论》云："真性有为空；如幻，缘生故；无为无有实；不起，似空花。"有为虽空，犹如幻起，无为无实，乃同空花。吁！所云真如，其义大可知矣！不但清辨菩萨如是，唯识之教，何独不然。故《成唯识》云："遮拨为无，故说为有，遮执为有，故说为空，勿谓虚妄，故说为实，理非妄倒，故名真如，不同余宗离色心等有实常法，名曰真如。"故诸无为非定实有。以是义故，吾师恒云：真如者，非表词，乃遮词也。所遮者何？曰：遮彼二我之假，显此无我之真，遮彼有执之妄，显此无执之如，如是而已。又云：空宗以遮作表，相宗即用显体，而我国禅宗亦最忌犯讳，倘有问真如为何物者，则当头受棒矣，故真如非实有物。

真如既非实有，诸法既皆无性，然则何以复云真如，复云法性耶？曰：真能了知真如非有者，即可以谈真如，真能悟入诸法皆无性者，即可以悟入法性。以是义故，今谈于无如之如，无性之性，此复云何？谓一切有为法如上所云皆从缘生，生已即灭，由缘生故，自无主宰，生即灭故，不得常住，乃至不一异等，以此诸义，都无有我，是为诸法无我。法无我者，无实体义无自性义。譬如幻等，显现似有，自性实无，又如梦中男女饮食，虚妄显现，实相全非。以是因缘，般若契经处处宣说一切诸法自性皆空，无灭无生，本来寂静。既一切法都无有我，自性皆空，是即诸法无我无性也。然而复云诸法真如法性云云者，以一切法皆无我故，皆无性故，即此无我无性之性，是为诸法实性，即此离我离性之相，是为诸法实相，即此无我无性之理，为诸法真理。此性此相此理，于恒恒时，遍一切法真实不虚，故称圆成实。真实不虚故，如如不动，故复名真如。即此真如，本自现成，是故不生，后亦无失，是故无灭，无明杂染所不能污，是故不垢，本来清净，不由正智无漏乃净，是故不净，圣人修习所不能益是故不增，凡夫邪执所不能损是故不减。如是不生不灭，不垢不净，不增不减，非世间相，非变转相，故名无为。如是诸有欲知诸法实性实相实理者，吾可正告之曰：即空性、空相、空理是也。诸有欲知诸法真如者，吾可告之曰：一切诸法皆如幻化，都无真实，于彼幻化，更勿生于真实之想，计在执取，是即诸法真如也。诸有欲知无为者，吾可告之曰：一切诸法皆是有为，生生灭灭，灭灭生生，刹那刹那，不得停住，常生灭故，常有为故，是故无常，即此无常，其性是常，常无常故，即此有为无常，是为常住无为。

如是真如法性之义已显，于此有当注意者。第一，应知真如非一实物，非诸法之本质，非诸法之功能。而诸法之空性、空相、空理也。是故非以有真如故生于万法。乃由万法生灭不息故，而真如之理存焉耳。第二，当知真如亦名无为，以无为故，离生住异灭之有为相。是故性非所生，亦非能生，非所生故，不违万法，生非能生故,不能生万法。第三,吾人当知此真如之与万法,若当体以彰名者,实相真如即一切法。是故经云:一切法皆如也,一切众生亦如也,至于弥勒亦如也。是故正智固真如,无明亦真如,佛固如,众生亦如。何以故?一切诸法皆同一相,所谓无相故。若对执以显理者,实理真如,离一切法。是故经云:空中无色,无受想行识,乃至无智亦无得。然则无明固非如也,正智亦非如也。所以者何?随言计著,一切俱非故。若就相以诠性者,实性真如与一切法非即非离,不一不异。所以者何?为无为异故,常无常异故,是故不即不一,离相无性故,遍一切法故,是故不离不异。诠此道理,处处经中广宣说。虽法性难言,多方开显,然此法性必遍一切法,于一切法平等平等。是故一即一切,即一离一切离,一不即离,一切不即离,断无于一切有为法中,可云某种为真如,某种非真如故。然如《瑜伽》则但摄真如为圆成实性,余之四法皆依他起,《深密》《中边》则俱摄真如正智为圆成实,余乃称依他起者,此以三性摄五法故。依漏无漏摄,则正智真如皆无漏也,即皆圆成实也。依为无为摄,则唯真如是无为,余之四法俱有为,是故但摄真如为圆成,余皆依他起也。以三性摄五法,则可尔,若五法相望,则既立五法,云何可摄正智于真如而余非耶?若如是,则立四法可尔,何用五。又真如应不遍一切法,即应非一切法,法性或正智应亦诸法法性,应亦遍一切法。何以故?以俱真如故。或无明亦应遍一切法,何以故?以俱有为故。如正智如是,则正智应即无明,无明应即正智,正智无明既尔,佛及众生亦然,染净互乖,法相淆乱,大不可也。然经有云:佛与众生平等平等者,依无为说,依法性说也。又云:烦恼即菩提,佛未成佛,以菩提为烦恼,佛已成佛,以烦恼为菩提者,此就取不取说,住不住说,非谓菩提烦恼自性无差别故而说也。菩萨希求菩提，不亡相故，有执有取有分别，此为菩提，彼为烦恼，即彼菩提而成烦恼矣！成佛以后，无执无取，心得无住，得无住故，都无分别，而以无相一相之行，缘一切法，照见诸法，自性皆空，平等平等，烦恼相不可得，菩提相亦不可得，以一切法性皆如故，烦恼如不异菩提如，菩提如不异烦恼如，就法性说，故云烦恼即菩提，以烦恼为菩提也。如必随名言而执著者，则佛既成佛，习气永断，岂尚有烦恼在，而以之为菩提。菩萨既未成佛，菩提本未成就，岂得以之为烦恼也。

诸有不达真如义者，以闻真如为诸法实性故，以闻真如常一故，便谓真如为诸法体，能生万法，如水起波，湿性不坏。又或谓无漏功德名为真如，能熏无明等。夫真如能生，应非无为，一法生多，因不平等。无漏功德为真如故，正智应非有为。正智能熏无明故，应不能起对治。法性既乖，缘生亦坏，对治不起，还灭不成，性相体用，一切违害，此则邪见谬执，是外道论，非佛法也。（按此中所明，但就实相真如说，此之真如遍一切一味，所谓胜义胜义者是也。若备说七真如者，流转四谛及唯识真如皆缘生所有，决定义理虽未广显，亦已略见于前章，他日当别为论列也。）如是明法性之义竟。

复次，上来虽已分别二论，别显法性缘生，然于此当知，法性之性依缘生而显体，缘生之相依法性而用彰。即有而空，空非恶取，即空而有，有非所执。即此非所执之有，名为妙有。即此非恶取之空，是曰真空。妙有真空，体非离异。既非离异，则即有而见除，即空而空相遣，是故相宗言有则曰假有，性宗言空亦复空空，非有非空，是中道义。若夫于缘生之外而别求法性，于法性之外而别求缘生，骑驴觅驴，怖影急走，愚妄可哀，实相焉解也。

复次，我佛说教，空有两轮。说缘生有，所以显示法相用故；说法性空，所以显示法性体故，知法有用，则能正起功德，知法无体，则能悟入无得，以功德故，劫量满而即得菩提，以无得故，烦恼断而毕竟涅槃，般若大悲，妙用斯尽。是故悟知缘生法性义者，即于佛法名为悟入矣！复次，我佛既以空有两轮说一切法，一切法俱不离此两轮，是故菩萨住持正法，亦不出空有两宗。文殊、龙树据《般若》以明空，空有空空，所以显法性也，弥勒、无著本《深密》以说有，能变所变，所以显缘生也。然空有不相离，故即空而用以显，即有而体亦彰，平等平等，无欠无余。即此二宗，摄大乘尽。真言秘密，金胎两界，金刚说有义本法相，胎藏说空理依法性。毗卢、释迦立教无二，文殊、弥勒，义不相乖，《般若》《深密》，俱了义教，或以密意方便言说，有了不了，诸有智者，固应随顺圣言，悟入实相，不可因言起执，伐异党同，以尊己卑人，谬相高下也。若夫误解经论，妄逞私心，执似我之真如，说一因之缘起，同外道言，违内法理，沉迷不返，自不知非，乃复谩自立宗，敢云判教，四时五时，支离臆说，褒贬小大，抑扬有空，须弥山王自处圆顿。夫如是则应我佛智悲，前后有其胜劣，法理法性，终始有其减增，二谛之外别有教理矣。理无可通，言无所据，吾何敢焉！（近复有人立真如宗名者。夫空宗旧称法性宗，法性是即真如，于法性外，别立真如，岂法性真如为二法者，如是差误，应勿固执。）

复次，二谛之理既明，观行之义斯立。诸有志者应始从缘生门中观法幻有，虚伪不真，依他待缘，自无主宰。以是义等，观法无我，观无自性，无我无自性故，悟入法空，观法空故，相不成实。是则无相有无相故，则入无愿以无愿故，则无希求，无所贪住，是则无住，以无住故，心则安住。心安住故，则得正定，由正定故，则发正慧，正慧起故，证得所得，则证如如，证如如故，实达如幻，达如幻故，故了性空，由此便从一切烦恼、所知二障而得解脱。如是精勤修习，便得渐成菩提。观行次第，略如是言。若夫其中精密功夫，固非吾侪始业者所能道也。经论俱在，诸大心正愿之士广寻求焉。遵大王路，自利利他。吾谁与归，断金莫喻。（作者按：读此文者，应并拙著《佛法真义》一文读之，内中有与此互相发明者，如三性义、学佛方法、释内宗差别等章，是有补充此中所未言者，如法尔如是义、方便善巧义，是佛法之真义，见《文哲学报》第三期。）

已显正义，次简似教。

自来相似正教诸伪经论虽无量种，而流行最广立义最乖者，《大乘起信论》一书为最，以是之故，特先料简。

将欲料简，先述此论要义。

立义分云：摩诃衍者总有二种：一者法，二者义。所言法者，谓众生心，摄一切世间法出世间法。依于此法，显示摩诃衍义，是心真如相，示摩诃衍体故；是心生灭因缘相，能示摩诃衍自体相用故。所言义者，一者体大，谓一切法真如平等不增减故。二者相大，谓如来藏具足无量性功德故。三者用大，能生一切世间出世间善因果故。

解释分云：显示正义者，依一切心有二种门：一者心真如门，二者心生灭门。是二种门皆各总摄一切法，以是二门不相离故。

此真如者，依言说分别有二种义：一者如实空，以能究竟显实故。二者如实不空，以有自体具足无漏性功德故。

心生灭者，依如来藏故有生灭心，所谓不生不灭与生灭和合，非一非异，名阿赖耶识。此识有觉与不觉二种义，能摄一切法，生一切法。所言觉义者，谓心体离念，即是如来平等法身，依此法身说名本觉。所言不觉义者，谓不如实知真如法一故，不觉心起而有其念,念无自相不离本觉。依不觉故生三种相,与彼不觉相应不离:一者无明业相,二者能见相,三者境界相。以有境界缘故,复生六种相:一者智相,二者相续相,三者执取相,四者计名字相,五者起业相,六者业系苦相。当知无明能生一切染法,以一切染法皆是不觉相故。

复次觉与不觉有二种相:一者同相,二者异相。言同相者,譬如种种瓦器皆同微尘性相,如是无漏无明种种业幻皆同真如性相。言异相者,如种种瓦器各各不同。

问曰:若心灭者云何相续?若相续者,云何说究竟灭?答曰:所言灭者,唯心相灭,非心体灭。如风依水云云。

复次,有四种法熏习义故,染法净法起不断绝。一者净法,名为真如。二者一切染因,名为无明。三者妄心,名为业识。四者妄境界,所谓六尘。熏习义者,如世间衣服实无于香,若人以香而熏习故,则有香气,此亦如是。真如净法实无于染,但以无明而熏习故,则有染相。无明染法实无净业,但以真如而熏习故,则有净用。

云何熏习起净法不断?所谓以有真如法故,能熏习无明,以熏习因缘力故,则令妄心厌生死苦,乐求涅槃,乃至久远熏习力故,无明则灭,以因缘俱灭故,心相皆尽,名得涅槃。

复次,真如自体相者云云。复次,真如自体用者云云……

如上所云,而《大乘起信论》之所立理可得言焉。就法而论,则曰一心。此之一心有二种门:一者真如门,谓即诸法真如体。二者生灭门,谓即真如自体相用。体谓体大,相谓相大,用谓用大,即此三大名为摩诃衍义。云何为体?可曰心之自体,亦可曰物之本质。何为相用?谓即心物之现象作用。即此真如体有其空不空二义。空者,以真如为一切诸法大总相法门体,而不可名言诠表计度想像故。所云不空者，以此真如具有相用诸功德，能生一切诸法故。而生灭门中又不即觉不觉二义：觉者，谓诸无漏功德，是名本觉，由此则能趋向涅槃，广济众生，实证真如。所云不觉者，谓即无明染心，由此而生三细、六粗，造诸恶业，受诸苦果，流转诸趣，不得出离。又此二种觉不觉义有其同相，以皆同以真如为体故，如瓦与瓶同微尘性。有其别相，以自相有别故，如瓦形异瓶。有一切诸法既皆同以真如为体，何以有于染法，则曰依无明熏习真如故，则有染相。又既染法起，云何净法得生？则曰以真如熏习无明故，则无明而有净用。以是因缘，一切诸法皆同真如而有染，一切染可趋真，流转还灭以是为本。

如上所明《大乘起信论》之要义率尽于此，复表列如次：

$$
心 \begin{Bmatrix} 阿\\赖\\耶\\识 \end{Bmatrix} \begin{cases} 真如—（体）—\begin{cases}不空义\\空义\end{cases} \\ 生灭—\begin{Bmatrix}相\\用\end{Bmatrix}—\begin{cases}觉—本觉—（法身报身应身）—还灭\\不觉—无明—妄心—（三细六尘等）—流转\end{cases}\end{cases}
$$

如是则此论所云之真如者，为一实物，其性是一。以其常故，性恒不变，以其一故，遍一切法，以为实物故，能转变生起一切法，而一切法皆此真如之现象及与作用。是故万法之生从真如生也，万法之灭复还为真如也。是故真如称为一法界大总相法门体。又说真如自体复有相用，又云真如即二义，一者空，总体之相，不可以言说，分别等如。是盖以言说分别等，但是别相，亦但能诠表于别相，如一微尘不能表示妙高山故，如一波浪不能表示大海水故，以是因缘一切分别言说，皆与此大总相法门体不相应，是故说之为空。二者不空，以具有无量功德能生一切世间出世间法故，是盖以一切法从真如生，真如总揽此一切法为体，有体有相有用，不可说真如体空，是故说名不空。如是空言表示真如至高无上绝对无待义，不空言表有体有用有无量无边功德义。真如之生万法也，则真如分而为万，如水起波。虽分为万，性皆真如，如波虽多，性皆是水。是故说云觉与不觉有二种相：一者同相，谓如种种瓦器皆同微尘，无明无漏种种业相皆同真如性相。万法之灭也，则理法合而为一，如波灭成水。是故说云唯心相灭，非心体灭，心体即真如也，心相即万法也。以是义故，说真如是一，万法非一，真如是常，万法非常，真如为真，万法幻起。真如之义既如此，此与般若、瑜伽真实佛法有何异耶？曰：如前法性中明其异有三：一者，佛法所云真如无实体，而是诸法空性，此则谓真如即体而诸法本质。二者，佛法真如都无有用，性非能生，不生万法，但以有万法故，而真如之理即存，而此则谓真如能生起万法，以有真如故，而万法起。三者，佛法云真如非以有一常住之体故，诸法依之而有生灭，但以诸法生灭无常故，而显此无常之常性，名之曰真如。此则以有一真如常住之实体故，诸法随之而生灭，有如是等差别可得。又此论中所云真如，以能生故，性是有为，即非无为，而佛法真如则是无为，为与无为亦各不同。既有如是之不同，是非不能并立，真妄岂得俱存。吾人既不能谓般若、瑜伽等所言者非佛法，更不能谓彼所诠真如为背法性，则《起信论》所立自真如为背法性，其理决定，是为此论第一大失。

复次，如是真如能生万法者，不但违失法性，亦失坏缘生，所以者何？如前缘生抉择义中所明，诸缘生法能生所生性必平等，凡能生者必为所生，能生所生俱为缘生，既为从余生者，即复可生余。所生无常故，能生亦无常。所生非一故，能生亦非一。今汝真如能生万法，万法从真如生，而真如不从余生，真如但能生而非是所生，真如性常一，万法非常一。有如是等之不平等，是为不平等因。因既不平等，则汝真如与诸外道、梵天、上帝、时方、自然、世性、我等，有何差别？又既诸法俱从真如生，而真如是一，是则无明、正智、有漏、无漏、善、染、无记共一因缘，共一因故，无明因即正智因，有漏因即无漏因，善因即恶因，恶因即善因。因既杂乱，无漏应生染业，三毒应起大悲，以是义故，失坏世间出世间一切法，是即第二失坏缘生义。

复次，如此论中所云，真如自体，从本已来，性自满足一切功德，又云一切凡夫、声闻、缘觉、菩萨、诸佛，无有增减，无生无灭，毕竟常恒等。体既如是，用亦应然。所生诸法应同一清净相，如何得有凡圣三乘，善恶业果，世出世间诸法差别。而彼答言：以不觉故而起于念，以有念故生于无明，无明风动故染心起。应复问彼，此之不觉同觉性否？此之无明从真如生否？而彼答云：依本觉故而有不觉，无明之相不离觉性。又云：觉与不觉有其同相，譬如种种瓦器皆同微尘，如是无漏无明种种业幻皆同真如性相。能生既同，性相既同，觉性既同，更凭谁何而云此是无明，此是无漏，此是觉，此是不觉？自语相违，无有是处。

难者云：若谓一切诸法同一真如便有如是等过者，然则汝云法性不遍一切耶？又汝教中岂不亦说万法唯识等耶？答：实是有言，然我不说法性为因，能生万法，但说因缘生法，同一空性，故我无过。又我所云唯识等者，如前已明，但遮外境，不谓心心所法漏无漏等诸法皆无，摄劣显胜言唯识等，岂谓善染共一种生，故我无过。

又汝所云真如无明互熏习故，染法净法起不断者，真如无为既非能熏，亦非所熏。能熏所熏义皆不立，如何得与无明相熏习起。倘云熏习应非无为，即非真如，自性差别如是乖返，甚可哂也。

即于此中有设言救，我云真如正智所摄，俱无漏故，皆圆成实。《中边》《深密》摄法既殊，故我真如性摄有为，性有为故，熏习何过。

此亦不然。真如正智，五法之名，圆成依他，三性之名。若以三性摄五法者，或摄正智以归依他，有为性故。或摄正智以归圆成，无漏性故。如是相摄，义则可然，若五法相望，真如名诸法法性，遍有为法。若谓有为法中一为真如，则一切真如若谓非如，一切非如，如何正智可独名如，苟正智可独名如，余不尔者，即立四法摄已周，何为多事更立五法，如此之义，于前法性章中已具显示，次不更说。诸有智者应据圣言，勿以私心擅改法相。如是五法不可增减，三性不可变易，亦然。遍计依他及与圆成性既决定义各有归，彻始彻终，如是如是，不可损遍计一分以归依他，亦不可损依他一分以入遍计，圆成实性义亦复然，苟无圣言而妄更动，私智自好，绝对不可。

抑又当知，纵如汝云此之真如净依摄，性有为故可相熏者，此亦不然。此熏习言因缘义故，如香熏衣，无者令有，名熏习故。正智无明，法既各别，如何乃得互相生起，异因生异法，如前已破故。纵若救言，此增上缘等无间缘名熏习故，如业熏异熟等者，此亦不然，正智无明有漏无漏，性极相反，能治所治，能障所障，是对碍因，两敌不并，尚不得并起，何能随顺相引相熏，作开导依增上缘？若谓正智无明得相并起者，则三毒五逆即不障于菩提，诸极恶人应得见道成佛，无分别慧既不对治烦恼，菩萨及佛应还堕诸三涂。流转还灭既并不成，即坏增上缘生道理。

若复难言：若谓正智无明增上义，则诸凡夫既并有漏，有漏无漏既不相生，如何得有见道成佛等事，多闻熏习，如理思维，法随法行，应皆无果？答：此非无果，但漏于无漏有可增上，有不增上，非无所简一切能增。漏中善性虽唯熏自，而愈熏愈强，遂能引发，无漏作胜增上缘，漏中无明，无引发义，不能增上。于其可作增上者，而得增上，云何无果？此复云何？谓有漏位中，虽有无明等烦恼心所，亦复有十一善心所及别境中念定慧等。以是义故，于有漏中亦有善染损伏等事，以诸善染不相并故，是故善心起时烦恼即伏。善心既有伏染之力，亦有引发增上开导无漏之功。所以者何？性俱善故，相随顺故，可增益故，伏损烦恼作前驱故。以是义故，信勤念定慧之有漏五根，能引生同类之无漏五根，无漏根生，同时则有根相应，心王之无漏净识及妙观察智平等性智起，此智起故。遂得见道，生如来家。闻法熏习，得果如是。又法为无漏等流，就闻边言，虽能熏是漏，而就法边言，则能熏是无漏，非谓不能直亲熏习，故并此资助引生而不能，但所引者善根，非无明耳。故我正教自无有过，还灭义成，即依此理，汝所持论还灭不成，所以者何？正智无明，不相生故，而《起信论》于染心中无善心所，三细六粗，心意意识，无不皆从无明生故。又云：无明能生一切染法故，善根无一，明慧何依，长溺迷途，曷其有极？

若复救言，《起信》自云：真如常住，具诸功德，无断坏故无是过者，即仍有前失，以既常住具诸功德，则彼极相违之无明不觉法，无因无缘，不得生故，亘始亘终，应无有染法起，则应世间法不成，若谓无因无缘，忽然念生，名无明者，无因而生，非释种故，应世出世法皆无因生，何劳别立真如、如来藏、阿赖耶等，又如何复说？又诸佛法有因有缘，因缘具足，乃得成办。若谓真如本一，而有无量无边无明，从本以来自性差别法尔有者，则汝无明应不与真如同性，应不依真如生，既不依生，如何云真如为一法界大总相法门体。又云觉与不觉同真如性，如种种瓦器皆同微尘，前后相违，自相矛盾，如是类等不可胜举。立义不坚，有如是过。

窥师有云：数论人立自性三德，随我思缘起造诸法，所成大等，相虽有异，后转变时，还归自性，故说大等皆无灭坏。今说真如起法心等，息妄归真还即真性，则同数论。然说性常色等生灭，此乃所立劣数论宗。如斯所云，唯《起信论》适当之也。

又《起信论》首说唯心，而曰一心开二门，真如、生灭等。以真如为心体，生灭为心相用等。此中真如生灭既破，彼所云唯心者其理亦破，以合真如生灭以为心故，彼二既破，故此亦破。故彼所云唯心，是似唯心，实背唯识之理。所以者何？以一真如体能生万法，有一因共因不平等因之过。真如既即心体，是即此一心体能生万法也，是即此心有一因共因不平等因一切过也，是伪唯心非真唯心。真唯心者，如前缘生章中释唯识难已备显示，故此不述。又彼定执依不觉，故生三种相——无明业相、能见相、境界相，是称三细。缘境界缘生六种相——智相、相续相、执取相、计名字相、起业相、业系苦相，所谓六粗。三细六粗俱依无明次第生起，故云无明能生一切染法。是则仍即共因不平等因失，又次第起故。于一有情八识五十一心所应俱起义。又无明为心所，八识为心王，心王从心所生，王劣所胜，应名唯心所，云何说唯心？又彼所云生灭因缘相者，所谓众生依心、意、意识转，故云云，而说一意有五种名：一者业识，二者转识，三者现识，四者智识，五者相续识。夫业用势强，智相应心分别染净，为第六识。异熟相续，五趣总报，是第八识。转识者前七之通名。现识者八识之共号，而今并为意之别名，将谓第七末那具第六造业之能，具第八异熟之报，复能通具八识功能，则立一末那斯已足矣！何为复建立赖耶及第六意识等？如此粗鄙，乃惑一世，又复云真如自体相者云云，此不再破。复云真如用者，乃至云法身报身应身等。夫法身无相无为，即如如理，报应根本后得，乃如如智，今乃云俱真如用，又云法身即是本觉，智如混乱，体用杂糅，盖彼既不知真如，固无怪其谬解法身也。

如上所破，大纲已竟，自余谬妄不烦琐述。总以三因摄诸过尽。曰背法性故，坏缘生故，违唯识故，是故此论定非佛法。虽则满篇名相，曰真如，曰无明，曰生灭，曰不生不灭，曰阿梨耶，曰如来藏，曰法身，曰不可说不可相，离四句，绝百非，离一切相，即一切法，非即非离，不一不异，诸如是等无一名非佛典中名，无一句非佛典中句，名句分别无非佛法中文，合贯成辞则无一不为外道中理。乃至自相差别，自语相违，理事前后自相矛盾，此论而可存，将三藏十二部经，空有两宗一切论义并皆可废矣！夫斯论之作，固出于梁陈小儿，无知遍计亦何深罪。特当有唐之世大法盛行，唯识法相因明之理，广博精严，甚深抉择，而此论者乃无人料简，灵泰、智周诸师虽略斥责，而不深讨，贻诸后，世习尚风行，遂致肤浅模棱，划尽慧命。似教既兴，正法以坠，而法相唯识千余年来遂鲜人道及矣！嗟乎！青蛇入座，秕糠迷目，法丧久矣，能不慨然。

复次，建立比量云：

《起信论》非佛教论，背法性故，坏缘生故，违唯识故，如《金七十论》等。

如是《起信论》既已料简，凡诸论义所述教理，同《起信论》者，皆依如是圣教正理净比量智一切料简，如《金狮子章》等。（作者按：《起信论》文中，处处以念与无明并举，即以念为生死染污根本，故证真如即以断念为本。若在佛法则念属别境心所，性通三性，非但为染，而五善根中念及定慧各居其一，七觉支中念通止观，至于佛果念仍相续，故曰大念慧行以为游路也。今以断念为修持之功,此何异于无想天外道也。关系至大,邪途正道几微之辨,即在于此,故不得不补述于此,其他小节,不能一一说矣。)

作是篇已,即有贤智长者致忠告言:如汝所述缘生法性二谛正义,不违圣教,不乖正理,此则可尔。然如汝料简《起信论》者,则辞失过当。夫此论文既题马鸣菩萨造,真谛三藏译,流行中国既千余年,古来大德推崇尊重逾越常经,注疏之多乃数十种。迄清末年,仁山老居士复加提倡,以是数十年风靡全国,因斯论而起信佛心者盖无数也。是则此论有功佛教,何可抹杀?虽则立说或与空有两宗异,然既自成一家之言,今至评驳之辞,乃云同外道论。夫亦岂不惧因是而堕人信佛之心,或生反动而起诸宗门户党阀之事,佛法前途宁不转生障碍,况汝师资上承师石埭,即于门下而自参差,静言思之未见其可。

答曰:唯唯仁者之见、忠善之谈,倾服于怀,至深感激。虽然,尚有未尽之义,故为长者一谈,亦将以祛天下人之疑惑也。辞如次。

我佛垂教以四依贻赠后人:一者,依法不依人;二者,依义不依语;三者,依了义经不依不了义经;四者,依智不依识。以是四依,教诸众生,善慧思择,不如是固不足以尽佛法之精微,入佛教之正轨,亦正恐像教末世有似是而非自论,诱惑世人,以是因缘,教人抉择料简而入真远伪也。马鸣菩萨人也,本不应依。《大乘起信论》语也,亦不应依。既非所依,则安得以论名大乘,人题马鸣,故而必依之?况以义求之,本非佛法,何论大乘?以人求之,则东瀛中土续学者流,既考证其非马鸣造,乃陈梁间人伪作耳。《起信论》及释《摩诃衍论》之为伪书,详见梁公先生所著《大乘起信论考证》,

精确有据,甚不易也。)古来大德虽极推崇,然彼既迷,恶乎随彼。至若谓彼数十年来颇起人信佛之心,功不可没,不当辟者,是亦不然。以是论说理既乖,同时亦生人之谬执故。录功去执乃得其平,岂可遂使彼相似之理,长障众生,对向我佛正法之心也。若谓以既成一家之言,故不当遮遣者,今当问此一家之言符正理否?如符正理,则吾何敢妄兴遮遣,既背缘生法性之正义,与佛法而极相违,是非诚伪既不两当,立破相待,抉择难和,邪若不摧,正何由显,调和笼统,大障慧行,简以别之,何容缓也。倘谓恐堕初学者信佛之心,起同道者门户之见,于法门前途大生阻滞云云者,是尤不然。唯问彼初学者,真起信心未?倘未真起信心,则不得云堕彼信佛之心,真起信心未?若已真起信心,正当显示我佛真实教理,令彼起真实修行,勿入邪观妄走险路,是则斯篇之作,不可缓者也。乃若既同修佛法,既同趣佛行,志道既同,自能虚己坦怀,忘我慢见,以比量智抉择圣言,依法不依人,依义不依语,以正理为准绳而共审思量之。倘此语而是者,正先得我心之同然,倘此语而非者,亦或因之而别启妙义,以饷世人。况乎佛法唯有一是,至理绝乎百非。宗派虽殊,同归一致,非如外道经论、哲学、科学,本无定理,辗转成难,诤论狂兴,终相矛刺,而不可会通者,则更何致因是而起党阀之见。且夫责善辅仁之道,世交且然,况乎共趣正道!向如来家,降烦恼魔,断所知障,则其有待乎善友同心以拔邪见而遣妄执者,宁可少也。以是义故,我今以闻思所得,毕吐于一切善友之前,本空有之两轮,示中道之正义,依三支之比量,遣似教之妄执,咸愿有情得真知见,成正等觉,岂无胜因,徒兴诤论也。且当今之人所以不能于佛法中起真信者,虽曰彼生种姓根器钝劣,要亦我佛正理暗而未明,以笼统之谈诠似是之说,自本不立无以破人,以是世人于轮回则视为迷信，于还灭则字曰妄想，乃一闻天演演进化之论，而叹为真实究竟之理，乍听物质不灭之说，则称为至高无上之学。嗟乎！长此以往科学日兴，佛法将坠，人且谓为野蛮神话之说，奚足起其信心也。故今显缘生之正理，今无因、一因、共因、不平等因诸谬说，摧破无遗，则于佛法自生希望有真实之想也。然此《起信》一论，与正理既极相违，若不简以别之，则人将为真是佛法，自既乖违，人胡生信。故若《起信》之论不破，终不能起人信佛之心也。又诸已信佛者，以不了达法性，故别于自心法性之外，执有外境之实如来，而不知如来者不可以色相见，不可以音声求，唯自了知真法性者，乃可悟入。是故经云："若以色见我，以音声求我，是人性邪道，不能见如来。"又云："若见诸相非相，即见如来。"又云"如来者是诸法如义"，而禅宗则常教人见自性佛。今我之作是篇，亦正为真信佛者显示以实修净土之道，令得真见诸佛也。如是未信者令信，已信者令行，人皆信行，佛法前途何至反障进行哉！复次，所云《起信》一论，既为石埭大师之所提倡，师资相承，便不当料简者，是尤不然。大师以弘法济生为怀，殊无定执一法之见，是故平生备历三藏广极诸宗，暮年精研尤专法相。慧日将西，以法事付嘱我亲教欧阳竟无师，《瑜伽》半部特在叮咛。我师十载以还，作《瑜伽大论》《杂集》《真实》《摄论》《佛地》《成实》诸论序，次第刊行，最后复抉择唯识，博大精微，妙味无尽，我佛遗教正义以彰。嗟夫！若我师者，可谓善成石埭大师未竟之志者也。惟法相唯识之正义既明，而《起信》似教之乖违未遣，以是之故，恩洋不辞愚弩，复举而料简之，勿令世人以大师方便诱人者执为究竟，而乖其弘法之本愿。夫我师资相承，亦唯利乐有情，令法久住，如斯而已。一真法界，无我无人，无住生心，何见何执。是故不泥旧说，不持门户，大法为公，不偏不党,以斯之心,上隆佛教,近答师恩。今恩洋作此,石埭大师弥陀会上当怡然也。虽然,读吾书者倘忘缘生法性之胜义,著《起信论料简》之言迹,竟起党伐,而长嚚慢轻薄之风,则恩洋之罪不可逭矣!

    释迦如来纪元后二千四百八十八年
    即1923年2月5日于支那内学院作

大乘非佛说辩

去佛弥远,正法日替,大士不生,群痴罔救,我佛大义尚未窥其支隅,凡心遍计遂已肆其妄执,大乘非佛说之已破义,又复甚嚣于今时。盖始自西洋人倡之,继有东洋人应之,今则中土人士亦多附和之,咸谓大乘契经皆后世伪作。佛法教理实由思想进化次第发展,非佛一人所创立也。蔽抑人心,将下侪世尊于耶苏之徒,齐等佛法于科哲诸学。今为正彼是非,以救护众生信佛向法之心,故作《大乘非佛说辩》。

将作是篇,别以二门,初申四义以发论端,次成二量以破外执。所云:初申四义以发论端者。

一者,法性安住性非所作义。此复云何?谓一真法界自性如如,本自无生,后亦不灭,无人无我无法非法。是故经云:一切诸法自性皆空,本来寂静自性涅槃。又云:是诸法空相,不生不灭、不垢不净、不增不减。又云:如来出世,若不出世,法性安住,法界安立,诸如是等不可胜举。以是因缘,菩萨得二转依,涅槃称所显得,不称所生得,而正智之于真如,但为能了因不作能生因。即以是故诸法法性非所作,非所作故,何有进化与不进化?(非所作则本然,本然者不能进故;非所作则任运,任运者不能进故;非所作则不动,不动者则不进故。)亦以是故,如来自云:如来者,即诸法如义。又云:无所从来亦无所去,故名如来。又云:所谓如来者,不出过诸法如义,此义云何？谓诸法法性既非所作,即无能作。无能作故,如来不能出生法性,但能如法法性而实证之,不出不过、不增不减,如其所如而如之,故名如来也。是故佛复自云：我自得道以来,未曾说一字,汝等亦不闻,所以者何？法性本如是,非佛所说故（何谓法性,见《起信论料简》篇中,此不备述）。于此当思,佛法与诸余外道等及科学哲学等根本不同,谓彼辈学问纯出于思想理智、世间比量、遍计非真之所成立,本不见法性真如,是故言人人殊,以思想进化而前后学说有其变化。我佛法理即诸法真如,性非所作,佛不作彼,但以究竟现观实证所得,复以诸善巧方便言说开示令余亦了。法性既非所作,佛尚不能作,故亦非菩萨所能作。法性既无变转,故亦不因思想进化而有进化,又法性既唯现观所能实证,则未得究竟现观者,绝不能但凭臆说敢于立言。是故菩萨造论必根据契经,而圣言量为比量根本（比量以现量为根本,圣言量者则现量等流,以他为增上而引生乎自之因缘,无人相、无我相、他相即自相,但图方便,不必用我不用人也）。以是义故,佛法教理非思想之所造作,前后如一亦无进化可说,而诸契经无由伪造。

二者,我佛说法教唯是一义。此复云何？谓如前说诸法法性平等一如,而诸众生愚痴执著,二障所覆,二执所执,日处法性之中而不达法性是何,如云覆天,如盲无目,有日月之明而不能知,长夜沉迷,出没苦海。我佛悲愍彼故,起大悲心,发无上愿,咸欲众生亦如于我,出生死泥,达究竟地,断除二障,实证二空。是故经云：所有一切众生之类我皆令入无余涅槃而灭度之,大智大悲平等平等。初不欲以小乘之教济度众生,是之谓教唯是一,然而于佛法中复有大乘小乘别者,此属于众生根,不关于如来教也。所以者何？谓佛智悲虽唯是一,而诸众生根则有三,于是有智悲薄弱者,于佛闻法不达究竟,固局人空,证解脱果,声闻独觉是称为小。复有众生,智悲广大,于佛闻法达其究竟,双解二空,得菩提果。菩提萨埵是称为大。以是义故,《无量义经》有言:初说四谛为诸声闻人,而八亿诸天发菩提心,中说十二因缘为求辟支佛人,而无量众生发菩提心,或住声闻。次说方等十二部经、摩诃般若、华严海云,演说菩萨历劫修行,而百千比丘,万亿人天,无量众生,得四沙门果,住辟支佛因缘中。故知说同而解有别,仁者见之谓之仁,智者见之谓之智,百姓日用而不知,同听乐音而会心各异,是故钟子期死伯牙终身不复鼓琴。世事且然,佛以一音演说法,众生随类各得解,此理固无可疑者也。了知此义,则知佛说契经本无大小之异,更不于中执此是佛说,此非佛说。

三者,大乘教名对小乘而起非本来有义。此复云何?谓如上所云:既佛说教唯是其一,如何得有大乘小乘教名,而今有是名者,盖以小乘人等于佛说教局一人空,不知法亦非有,以是造论立宗,部执群起。龙树提婆为破彼有执显示法性故,说于诸法自性本空。根据般若等经,造中、百等论。以彼局人空,故斥以小名。二空之理广大微妙,深契佛说,故标以大目。教分大小,从兹起矣!不然,岂有部经部等自名为小乘者?故知小乘教、大乘教之名唯后起也。大小乘教如是,空有两宗亦然,佛转法轮空有不偏废,说诸法空显彼无性也,说诸法有显彼有用也。性用不相离,故空有不单立。舍有言空,是恶取也,舍空言有,是所执也,故空有俱而后佛教成。然以对机别故,《般若》《深密》侧重不同,由是菩萨住法,亦以对执有殊,宗尚稍异。龙树、提婆既本《般若》等经显法性空,破小有执。无著、世亲亦为不如实知法性者,本《深密》《瑜伽》说缘生有用,破彼空执;有空俱遣,始名佛教;偏堕一边,皆不如理;诠表不同,遮遣各别。由是分宗,曰空曰有。然俱本圣言,非自妄立也。了此义者,始知我佛圆音理无不尽,但以二乘僻执始有小大之分,若达法性则但有大乘之教而已矣!又空有之教以所破遣之不同,故所诠显因之以异,若备明二谛则但有佛法而已矣!伪造契经及教理进化之说,何相及焉。

四者,大乘非佛说之说,本不始于今人,大乘真佛说之理久成定量义,谓如上明,当大乘斥破小乘之际,彼小乘者理不能自圆,量不能自立,于不得已之际始造作诬蔑之辞,谓大乘教非佛所说,冀以动人闻听,而自解纷。然以与事实乖违,立说无据,以大小乘经本俱行故,此则《显扬》等第二因"本俱行"也。又复不顾自宗转以自害。盖既自云自所依经为佛所说,又亦立佛十八不共佛法与罗汉不同。既无大乘,不同安在;即应无佛,既无有佛谁说小乘。故破大乘还同自破,此则《显扬》等论第五"有无有"因也。以如是等因,大乘论主广破彼执。至玄奘法师游学印度,造《制恶见论》,全印小乘无敢破者。自兹以往大乘真佛说遂成定量矣!生今之世乃复立人之所不能立,破人之所既已破,两造论争应知皆自扰多事也。然彼既重立,我不容不重破,窃愿诸主张大乘非佛说者多读经论,多详史实,斯免许多费辞耳。

所谓次成二量以破外执者,且初量云:

大乘真契经,佛说非余说。

自许一切智智内证境所摄,余智余境不摄故。

如增一等。

此中比量宗云:大乘真契经,佛说非余说。所云契经者,简大乘论故。大乘论藏我宗自许为菩萨所说,非佛说故。复云真者,简伪经故。亦有后人伪造非佛说、非菩萨说,而称经者故,如《高王经》等。复云大乘者，简小乘契经故，小乘诸经彼此共许为佛说，非所争故。为简如是过失，故但就自乘共许真实契经，如《般若》《华严》《深密》《楞伽》《法华》《涅槃》等立为宗有法。佛说非余说立为宗法，此中非余言，为简菩萨，以今人多谓为龙树、无著等菩萨所说故。亦简哲人，以多计为大哲学家、大思想家之所作。若对古昔小乘论师则亦简外道，以彼谓为空花外道之所说故，如是有法及法，合以为宗。

因云：自许一切智智内证境所摄余境不摄者，自许言简他不许故，无随一不成失。以此正因虽非余知，我宗自许故。云何一切智智？一切智言显遍知一切法，谓蕴、界、处、缘起、谛、食、菩提分等无量无边所有诸法，于此诸法无不尽知，故名一切智，谓即尽其所有性智。复云智者，显此无颠倒无分别根本智，谓能实证前此一切法无生灭、无增减真实法性，烦恼所知二障，我法二执随眠习气永断无余之所转得，即如其所有性智。如是一切智智谓即正等正觉。等简二乘，虽少有所知非遍知故。觉简十地菩萨，以虽遍知一切然于证法性未莹净故。双简凡夫、外道哲人、思想家等，彼非遍知，非如实知故。即此一切智智正等正觉即佛异名，以佛一切智智成故，正遍觉知一切世出世间法故。云内证者，简非量比量计度之所知识，亦表正智现量之所得故。所云境者，谓即宗中大乘真实契经。以此契经所说诸法无上无上、殊胜殊胜，超过一切思议寻伺少分现量境界相故。唯此一切智智之所行境，虽诸菩萨广大智慧尤未究竟证故，二乘圣者舍利弗等如痴聋故，何况诸余外道哲学比量非量智慧所能了知。既非彼智所能了知，即非彼智之所行境，故此中因言自许一切智智内证境所摄余智，余境不摄故，是为立因。此中所云无上无上者，谓所缘无上、正行无上、得果无上等，如《辩中边》中说。此中所云殊胜殊胜者，谓所知依殊胜、所知相殊胜、入所知相殊胜、彼入因果殊胜等，如《摄大乘》说。

喻云如《增一》等者，《增一》等四阿笈摩，其中所说三科、四谛、缘起等事及三法印等理，为一切智智内证所行境，非余外道比量非量智所行境，是故大乘小乘皆许为佛所说，非余外道哲人之所能说，今世东西洋学者亦共许为佛之所说。理符顺故，世共知故，立以为喻。

云何此中建立比量？谓就大乘真实契经是佛所说非余所说，以此契经自许一切智智内证境所摄余智余境所不摄故。凡为彼境者得为彼所缘，为彼所缘者得为彼所知，为彼所知者能为彼所说。如非彼境即非所缘，如非所缘即非所知，尚非所知如何得为彼所说，宣示开解觉悟于他。如《增一》等契经为一切智智内证境，非余智境故，为佛之所说，非余之所说，大乘真契经，既为一切智智之佛内证所行境，非余所行境，故为佛所说非余之所说。

如是虽已略建比量，然未广为抉择，今为开显此中义故，亦为广释外难故，复抉择于次。

如有主张大乘契经非佛所说者，应正问彼，汝云大乘契经非佛说者，汝已实信世间真有佛否？若尚不信世真有佛者，则汝不应言大乘契经非佛所说，以本无佛故。亦与世间共知相违，以世共许二千四百八十八年前释迦牟尼于印度境成正等觉说法度人故。如已实信世有佛者，则汝所云佛者为一切智智者否？为真实现观圆证真如法性世出世间究竟理否？如云我不信受佛为一切智智，亦不信受佛为实证世出世间究竟理者。则汝所云佛应非是佛，以非一切智智故，以未实证世出世间究竟理故。佛以一切智智成，佛以实证世出世间究竟理成，是故一切智智与究竟证会世出世间究竟理者一体异名。云何既名佛而不许为一切智智,不许实证世出世间究竟理?是则便有自语相违失,亦有他不共许失,我宗圣教不许如是理故。若云汝虽不许我自许者,则应问汝,汝以何因而云佛非一切智智,非实证究竟理者?若云以事理推测不应有如是人故,如现世无如是人者,则应告汝,所云佛者原非事理所能推测故。若佛而可以事理推测,亦如常人等者,则便非佛故,又世理范围法,尔不足尽吾人之量,如吾人之量故。若云尽,若云如,则亦不应有进化故;不能尽量,不能如量,如是世理不用为比量故;如是立因不成。复云如现世无如是人者,喻亦不成。何以故?以现在非有,不能断过去亦非有故,如现世虽无有如孔子之圣者,不能遂断昔之孔子非圣人故,是故不能以今世无一切智智之人遂断昔之佛亦非一切智智。因喻俱不成故,能立不成;能立不成故,所立即不成立,故汝应信佛真一切智智者,佛真实证现观究竟理者。

如是既已安立佛为一切智智,佛为实证世出世间究竟理者,复应问彼:汝云大乘契经非佛说者所云大乘契经,汝作何解?为以大乘契经违背佛说、违背法性故非佛说耶?为以大乘契经不背佛说、不违法性而以殊胜殊胜无上无上超越一切故非佛所说耶?若以大乘契经违佛说、背法性故非佛说者,理且不然,圣教正理久成定量故。谓昔在印度小大共诤,执小乘者辄谤大乘非佛所说,我大乘论中如《庄严》《显扬》《唯识论》等,慈尊、无著、护法诸大菩萨以多比量建立大乘真佛所说,彼小乘等莫能破故。玄奘法师在印度时制《制恶见论》一千六百颂广摧异说备显正论,彼小乘等俯首惕伏故。《成唯识论》为破此故,立比量云:

诸大乘经皆顺无我,违数取趣,背弃流转,趣向还灭,赞佛法僧，毁诸外道，表蕴等法，遮胜性等。

乐大乘者，许能显示无颠倒理契经摄故，如《增一》等。

是故谓大乘契经违佛说、背法性故非佛所说，不应正理，以无能有破此量故。

如谓大乘契经殊胜殊胜无上无上超越一切故非佛说者，应正问彼：既非佛说复是谁说，为高于佛者之所说耶？为不及佛者之所说耶？倘谓高于佛者之所说者，则佛应非佛，以尚有高于彼之人故。如谓为不及佛者之所说者，则如是殊胜契经佛尚不能说，彼智慧不及佛者如何乃能说？或应大乘契经非殊胜无上说，以非佛所说，不及佛者之所说故，如外道哲学书等。如是则大乘契经非大乘契经，以同外道书论故。尚不名佛说，何复名大乘？倘遂谓大乘契经非实大乘契经如外道等者，复违《成唯识》等所立比量，岂能成立？又若云：非谓高于佛之所说，亦非谓不及佛之所说，而谓佛所说超于世理，常情无据，有如神话者。是亦不然，神化是错乱，佛说有因缘故；神化无结果，佛说有所趋故。喻既不成，世理不如不尽，是以必须超越，所据常情唯得常情。又何为佛？

如前已说。复次，所云大乘契经非佛说者，为此契经非佛所知故佛不说耶？为佛所知故佛不说耶？若谓非所知故佛不说者，则佛应非一切智智者，以大乘契经殊胜无上非所知故。既非一切智智，还应非佛，若谓佛所知故佛不说者，则佛应非大悲者；以知大乘深妙法而不说以度众生故。既非大悲者，佛乃非佛，佛以一切智智成，一切智智由大悲起，既非大悲者，即非一切智智故。若谓佛虽一切智智者，佛虽大悲者，然佛以身教不以言教故，佛重躬行不重空谈故，佛重人之实证真如不愿与人诤论学理故，而不说法者。今应问彼,佛在世间曾说法否？如谓佛不说法者,云何复许四阿笈摩为佛所说？既谓佛所说四阿笈摩,而谓佛以身教不以言教,不应正理,亦有自语相违、世间相违失。佛既不但以身教,亦以言教,说四阿笈摩,则亦应说大乘经等,差别因缘不可得故,或不说大乘经故亦不应说四阿笈摩,故汝所立第一因理不成立。又应问彼,说法听法亦躬行事否？欲人行者需教人以道否？未闻道者能行道否？若谓说法听法非躬行事,欲人行道可不教人以道,未问道者便可行道。此与世间相违,亦与我圣教相违,以教授教诫多闻熏习皆躬行事故。闻思修三如戒定慧,次第因果不可乱不可越故,倘谓说法听法亦躬行事,欲人行者需教人以道,未闻道者不能行道,则汝如何复言佛重躬行不重空谈,不说大乘法又当问彼所云实证者,将何所证？将如何证耶？于证之前亦有事否耶？倘云不问何所证,不问如何证,亦可以实证真如者,则应一切凡夫一切外道皆能实证真如,以盲修瞎练者皆可证见真如故。倘于实证之前更无事者,则资粮加行之事皆属虚立,而闻思成慧皆可废弃,无因无缘遂可得果。如是所云,既违世间,亦违圣教,又背正理,谬妄重重,说何能立？且彼小乘为度一身,尚必听闻正法,如理作意,法随法行,而后乃能由正行证正果。况夫菩萨以度他为究竟,安可不闻正法广集资粮,妙达善巧,而能成其功者。菩萨既以闻思慧成,亦必听闻正法乃能证果,则佛何故不说大成契经？

复有于此施设难言,谓诸菩萨如龙猛等。既证法性已入大地,广大行愿遍知一切,大乘契经彼正所缘,如何不许亦为彼智内所行境？既得为彼境,如汝宗因,即得为彼说。又诸契经如汝所主若《般若心经》为观自在菩萨说,《密严》《维摩》等经多为金刚藏菩萨、维摩诘居士等说,如是大乘契经既得亦为菩萨境,大乘契经既亦得为菩萨说,如《密严》等,如是汝立比量有不定失。即不能成,自不成故,不能破他,故谓大乘契经龙猛、无著之所说,非佛说者,理未能动。

此似不能立,非真不能立,似不能破,非真不能破。盖我立因云一切智智内证境所摄者,就全部契经以为言故,就究竟证会圆满明净究竟理以为言故。如是全部契经究竟谛理唯为一切智智内证境,非谓菩萨于此契经一部一分都无所知,亦不谓彼全无内证。但非遍知故,或虽遍知如等觉菩萨,然证法性犹未莹故,故仍为有学,仍为弟子,不称无学,不称大师。如以遍知,知已究竟则便名佛故。故我立因,无不定失。又云如《心经》《密严》等为菩萨说喻不定者,此亦不然。盖在我宗凡云经者皆称佛说故,菩萨说者论藏收故,如是《心经》《密严》等虽菩萨说,然仍称佛说。所以者何?以佛菩萨同在一会,佛所印可,佛所认许。如国王下诏,诏虽不由国王作,然王所印可,王所认许,则称王诏,不称臣诏。否则政令法纪,便紊乱故。法王驭世其理亦然,虽菩萨说,亦称佛说。以彼经藏知所收,非论藏所摄故。如是我闻,从佛闻故,故我立喻无不定失。因喻俱成,宗亦得成,非余说言,无不定失。故我立量无能违害,故即亦能摧伏于他。

复次,即于此中应更审察,如汝所云龙猛等菩萨已入大地,已证法性,大乘契经亦彼所行境,故得为彼所说者,龙猛等菩萨已入大地,已证法性,故便许大乘契经得为彼说。云何一切智智已入究竟佛地、已圆证法性者乃不许说大乘契经?如是颠倒深为自害,否则佛应非佛,以其智曾龙猛等菩萨之不若故,或龙猛等菩萨非菩萨,以其智慧超于佛故,如是颠倒,更为自害。又如所云《心经》《密严》为菩萨说者,既为菩萨说,则即正云观自在菩萨告舍利子,不别云佛告舍利子,云金刚藏菩萨答如实见菩萨,不别云佛答如实见菩萨;既《华严》《般若》为龙猛菩萨说,《深密》《楞伽》为无著菩萨说,则亦正云龙猛、无著说而已矣!何所畏惧,何所恐怖,而必系之以佛,云佛所说,以欺世耶!

若谓虽非佛说,然以佛为世所重故,欲假其名以行其道故,虽窃佛名,然为度众生故无欺世之罪者。理亦不然,谓如世所许佛但如小乘之罗汉者,则在大乘经中处处呵责罗汉谓为小根小果,谓为无智婢子,谓为慈悲薄弱,既佛亦同罗汉则亦应同所呵摈,既所呵摈,云何复尊之为佛?冒其名以行,以反招小乘人之非难,内既自失其大乘之真价,外复招敌人以讥毁,是欲重反轻,欲速反滞,龙猛等菩萨虽至愚不出此也。倘谓佛真是佛故假之者,既真是佛云何不能自说大乘经以遗教后人,而必待于菩萨之伪造耶!抑菩萨既假佛名以求自重以期速行矣!则应凡所有作皆假佛之名以行,云何复作论等?如《中论》《十二门论》《大智度论》《集论》《摄大乘论》《显扬圣教论》,不名佛说,差别因缘不可得故。由此可知佛说自是佛说,弟子说自是弟子说,大小二乘三藏教中经论二藏各别所收,厘然不可乱故,如《增一》《发智》等。何所用其伪造?何所用其假冒?复次,菩萨造论,虽自证真性然所有作必本圣言量,苟违圣言,即不能成立。苟前无大乘契经者则将何所学,将何所据,而造论耶?若谓自造契经以为圣言量者,不应前乃胆大妄为,一味逞其自由,肆其意志绝不据何种圣言以造契经,后乃胆小志微,不敢越出圣言量范围一步,拘谨局促以自束缚其自由,而自奴役其志意,且其所用以自束缚者,仍即自所造之契经也。如是前后两人如蚕处茧,自作自缚,信如是则龙树、无著诸菩萨乃直至愚不灵,心劳日拙之一妄人也。宁有是理耶?抑更有进者,既谓《般若》《华严》为龙树作,《深密》《楞伽》为无著作,则二者皆非圣言量也。既非圣言量则异宗共诤,何不直斥其非圣言量?龙树时尚不论,且如清辨、护法之争,亦云烈也。相宗既后性宗晚出,则所造伪经当不能掩性宗人之眼目,云何清辨对护法不直斥其背圣言量,不直斥其所据者为伪经,而别出他途以相遮难而自劳也?嗟夫!西方菩萨于圣言量之价值亦既神圣视之矣!尚非敢违,奈何可以伪造哉?

问者曰:倘大乘契经皆佛所说者,云何龙树以前不见有大乘教?而无著以前曾不见有法相唯识之学乎?宁既有是经而于佛学界全不生影响者乎?以龙树等之博洽,宁于法相唯识之经竟不一读乎?答曰:此等皆不成难,盖学说之为物固有待于经籍,而经籍之行也则有待于人之弘之,此所谓人能弘道者也。而人之弘道也,又各以其素习者而弘之,不必尽弘之也。又必对治时宜而弘之,非时之所宜者可不必弘也。此如儒教然,宋学、汉学俱宗四书、五经,然汉学行于汉,宋学盛于宋明,至于清而宋学消沉,汉学复盛起,而汉人治经多有各专一经者。吾岂可以宋学晚出遂可断五经四书中所言身心性命之学,皆宋儒伪增者乎?以汉儒所宗固同此经也,是知宗经虽同,而见仁见智已各殊异。然不害其为皆孔子之书,则又安可以龙树以前无空宗,无著以前无相宗,遂谓大乘契经皆非佛说也。经虽俱时而有,然有行有不行者,则或于某时而生影响,或于某时不生影响,亦常有事。故汉学之影响不及于宋明,宋学之影响不及于明清,然安可无影响故遂断定其经为非有乎?若必以影响论者,则佛法生于印度,而今之印度所受于佛法之影响者为何欤?嗟夫!使非玄奘法师一部《西域记》者,则释迦牟尼佛之在印度,一入于西洋近日科学之方法历史之研究进化之公例中,已成神化上理想之人物,而印度千百数年赫奕庄严之文明,且冤蔑而不为今人所承认矣！是故吾人研究印度文化,研究佛法者,有不可不特别注意者数端:一者,吾人应知印度为非历史的文明,又为无历史的文明,吾人既无信史可征其文明演进之迹,而欲研求其文化之价值,即不得从历史上观察,而当于其所遗之经籍学说单刀直入的以穷其根而彻其本,而后乃能断定其价值。二者,吾人直接研究佛法时,千万勿以研究物质界自然现象之方法,所谓科学方法者而研究之,苟欲利用之亦但限于某一部分,切不可施诸一切。所以者何？以佛法者唯心的非唯物的,超乎自然的而非以自然界物质之研究为其对象者也。三者,西洋人所谓进化公例不能实用于一切,而以之观察印度文明,以之观察佛法,则尤为无当。所以者何？以进化公例约有数端:一者,天演之进行也,必由简而繁、由单而复、由野而文、由蠢而灵。二者,此种进行前者必为后因,后者必为前果,辗转蜕蝉要有其必然之关系与影响,是故无无端而生起者,亦无无端而消灭者也。三者,凡两种势力之冲突或调和必生第三之新势力。然若以此观察印度文明,则佛未出世以前盈印度皆外道也,佛之起也,盖破斥反对一切之外道毫无相因之理由,以其主张全然异也。此所谓无端而生不受丝毫之影响者也。及唯识法相发达至极之后,印度佛法乃倏然扫地以尽,至于今印度人几不知有佛,此所谓无端消灭不生丝毫影响者也。然则前后有何因果之关系？又有何蜕变之关系？是故进化公例之第二条全不适用。至印度人在佛出世以后至于戒日王驭宇之时,文明学说光长万丈,以其经论观之,则岂今世号称文明发达之西洋人中最高明之哲学家所能梦见？然至于今之印度人则又如何？直下等于半开化之野蛮民族矣！则所谓第一条之进化公例由简而繁、由单而复、由野而文、由蠢而灵者不适用。至于两种势力或冲突或调和必有第三之新势力生者,又不见然。佛法外道之冲突甚矣！第三势力鸣呼存？今之回教势力固曾代印度之佛法外道而兴也，然回教者他方之固有势力，非调和佛法外道之势力而生者也。是第三公例又不适用！问者曰：然则佛法不信因果律耶！曰：是鸣呼然？佛法固全讲因果者也，特所明与西洋人异，盖佛法以各个人各为一单位，各人各一宇宙，而不相摄入，各人各完成一因果流，永无断绝。各人与各人相互之间虽亦互有关系，然均不过为增上缘而止，绝无有此人与彼人成亲因缘而生出此种之因果关系者，虽父子师弟之关系犹然，外此者更不待论也。至于除各各众生自为因缘互作增上缘以外，绝不承认有天演之进行，与文化之进行，与所谓因果律者得主持其间。至各人因果之关系其几甚微，而影响长远，通夫三世，绝不限于一生。已故内容至复，绝不可以常理测，乃若一切有为法，自性无常、有生必灭、有盛必衰、有存必亡，则又绝不谓有所谓文明学说者有其常住性。总之佛法之言因果也，至深、至赜、至精、至微，可以通诸一切而无不当，固与西洋所谓因果律者异也。（参见《起信论料简》缘生章）夫然而安可应用彼西洋进化公例者而观察佛法哉！苟于此三者之理明，慎其道而用之，斯佛法少受诬蔑也欤！

又今东西洋学者于印度所发现之佛经中每见大乘经出世年代类后于小乘经，因斯后出者非佛说，而不知佛经之存于印度者，本灰烬之余，而小乘之发展也本先于大乘，则经之遗存者自宜小乘先出者多，而大乘之后出者少，以彼发展之时代既殊，则其流行之广狭自异，而灰烬之余自宜其最流行最广遍者得存也。岂遂可断定大乘契经先非有也？然在《庄严》《显扬》《唯识》等论立大乘契经为佛说比量第二因云：本俱行故，所云本俱行者，与小乘契经同时俱行也，既同时俱行，自当俱为佛说。若大乘契经同时俱行而非佛说者,应小乘契经亦非佛说也。此量安立,而小乘人无能破者,则本俱行因为当时所共许,既当时去佛未远,小大并行之际,而皆承认大乘契经,佛灭度后即同时俱行。今生数千年后乃以不可靠之故迹陈篇,比其先后,遂敢断大乘契经为后出,因断非佛说,奈何《显扬》《庄严》《唯识》诸论俱在而不一读之也?(关于此点及巴利文梵文文字不同之问题,章太炎先生所著《大乘佛教缘起考》,辩之甚明,见《太炎文录》。)

又当知非独大乘契经本俱行而已,即大乘教亦本俱行,禅宗为性宗之一支,而禅宗之初祖则迦叶也,迦叶者固一面传小乘教者也。是知大小乘经非独本来俱行,而教亦俱行,非但教俱行而已,而且为一师所兼行。然则大乘于龙猛以前非不行也,特不盛行耳,亦犹之禅宗之在印度非无有也,特不盛行,而但传之一人耳。龙猛之弘大乘于印度,亦犹之六祖之弘禅宗于中国,皆弘其故有者而已,非所伪造而假名于佛也。性宗如此,相宗亦然,唯识之教根本《十地经》,故龙树所传出也。法相三科四谛通大小乘,更非无著之私言也。

且今人之执小乘大乘佛说非佛说云云者,亦曾取大小乘经合观其究竟之理,分别其同异之义,决定教理之绝对冲突歧异如水火之不并容,而后断定其必出于两人所说而非一人说耶!或但凭臆想武断其为佛非佛说耶!若臆想武断者自不成立,以非量之所得遍计之所执,不成定量故。若谓由合观深究故得其绝不相同之理,而断定其非一佛之所说者,是事不然。以我大乘人备观一切契经,凡佛所说无不相同故。所以者何?诸佛语言,九事所摄,谓蕴、处、界事、缘起、食、谛事、菩提分事、佛弟子事、八众事是。一切契经所言义者,皆邬拖南所摄,所谓诸行无常、诸法无我、涅槃寂静、有漏皆苦是。四阿笈摩如是，余大乘经亦然，虽说事说义各有详略，然事不违义，义不离事，一遍一切，一切遍一，宁相碍也。故四阿笈摩与余契经理非歧异，既不歧异，何不相容？平等平等，何高何下？云何不为一佛所说？以是义故，四阿笈摩及余契经俱佛所说，说事说义无差别故，如《增一》等四阿笈摩俱佛所说。（四阿笈摩非但小乘经，实通大小，大乘契经不乖四阿笈摩，此义广明，如吾师欧阳竟无先生四阿含序，此不赘引。）倘有难者，谓四阿笈摩既通大小，即契经无有大小之别，云何复有大小二乘者？曰大乘小乘非以说法有别，但以悟解别故，是以教则唯一，乘则有三，此义俱如初发论端第二第三义中显。

复次，诸主张大乘契经非佛说者，不但失害大乘，亦且失害小乘。所以者何？谓若有佛说大乘经者，则有菩萨依法修行，圆满菩提，成正等觉，说小乘经，令彼二乘种姓依法修行，解脱烦恼，成阿罗汉。如无大乘经，则无所依修菩萨行，无此行故，则不能得佛果，既无有佛，谁能复说四阿笈摩等经度二乘者？是故无大乘者小乘不成，无大乘经者小乘经亦不成，此义如《显扬》《庄严》《唯识》中显，所谓第五有无有因者是也。有无有者，谓有大乘故得有小乘，无大乘者即无小乘也。（上云四阿笈摩非小乘经亦大乘经，经无大小，而此复云佛说小乘经等者，上述已正义，此就彼质难，故无自语相违失。）

即于此中有设救言，谓阿罗汉既于自乘而得解脱，即应以彼行境自所证得而教余人，奚必定如大乘所云佛者始得说法度声闻等？答：此亦不然，若如汝说则应四阿笈摩非佛所说，汝许阿罗汉所说故，如《毗婆沙》等论。若复救言即阿罗汉于自乘中诸漏永尽已得菩提，云何不可名佛？又《毗婆沙》本五百罗汉所造，而亦称佛世尊所造，故汝所难不能难我。应立量云：四阿笈摩真是佛说，以阿罗汉即是佛故，罗汉所说即佛说故，如《毗婆沙》等论。此更不然，若如汝说罗汉即佛，则佛与罗汉平等平等，应无差异，此则非特与大乘教相违，亦与小乘经论相违。所以者何？于小乘经论中处处宣说十力、四无畏、大悲、三念住及十八不共佛法故。此十八不共佛法非阿罗汉之所有故，又佛名一切智智名世尊等，声闻独觉不得潜称此名故。《毗婆沙论》"爱敬纳息"中云："复次大加行得故名大悲，谓必经三无数大劫修习百千难行苦行方得如是大悲，非如声闻极利根者经六十劫修诸加行便得菩提，非如独觉极利根者唯经百劫行诸加行便得菩提。复次，依大身起故名大悲，决定依止三十二种大丈夫相，所庄严身，八十随好，间饰肢体，身真金色，常光一寻，无能见顶，众生遇者，无不获益，大悲依止如是胜身，非如二乘所获功德依止矬陋肢体，不具诸根缺减无威德身亦能现起。（下略）"如是等言，广显如来所缘、所行、所证菩提、所起大悲、殊胜殊胜，无上无上，非诸小根小果智慧微劣慈悲薄弱之二乘人所能跻及，以是因缘，佛非罗汉，证果既殊，修行亦异，使无佛说大乘经者，依何修行成一切智智而说声闻教度此劣根者？又如复说《毗婆沙论》罗汉所造而得名佛造，以喻四阿笈摩亦罗汉造者，此更不然，以全不解《毗婆沙论》序中旨故。盖此论非以罗汉即佛故名佛造，特以佛智无上广大，声闻乘人所有智慧皆从彼闻，非自能有，故今虽造论仍述圣言，穷本追源名佛说耳。故此论序发端云："问：谁造此论？答：佛世尊。所以者何？以一切种所知法性甚深微妙，非佛世尊一切智智者谁能究竟等觉开示。……问：若尔此论何故传言尊者迦多衍尼子造？答：由彼尊者受持演说广令流布，是故此论名称归彼，然是佛说。……"嗟夫！今人之好持臆说者，非但不知大乘，即小乘教而亦昧之,乃更敢于中云佛说非佛说。夫大乘、小乘、佛此三名之自相且不之解,胡更于中连贯成辞以妄断其差别而自立宗也。故四阿笈摩是佛所说非罗汉说,以彼声闻智慧劣故,慈悲薄故,但求自脱烦恼障不能兴起广大行故,如独觉。四阿笈摩既佛所说非罗汉说,故大乘经定佛所说,以无大乘即无菩萨依教修行成正等觉说,四阿笈摩等契经成度他行故,如无佛说小乘经者,则诸声闻无所依法修行解脱成自利行。今有小乘经,故佛定说大乘经。

如上所说种种道理,大乘契经真是佛说比量安立,无能违害。诸发心者应依如是闻思慧故,审虑抉择大乘契经真是佛说,非是余说,亦应正信佛真是佛,非二乘等,一切智智大慈大悲无等无等,殊胜殊胜,生皈敬想,生倾慕想。谓舍于此更复依谁?又彼既然我胡不尔?发决定愿,修决定行,勇猛精进,直趣菩提,一切世间利养恭敬,他世异熟果报,奚足介怀?独觉声闻诸寂灭果,亦奚足介怀?如是则岂更于外道哲人等而介于怀?亦应正信大乘,教理真是大乘,佛所说故,所诠法性所示修行殊胜殊胜无与等故。依之修行定当成就大菩提果,因无上故,果亦无上,行无上故,证亦无上,既于此法得决定信,即于此法起决定行。如日光既出,一切黑暗即时顿破,正见既生,即更不为外道哲人所示教言、种种戏论遍计所执所能倾动。既得如是信解,坚固炽然,逾于金刚,如斯便入信解行地,堕菩萨数。故经颂云:一切菩萨行根本,是故发心信心难,若得信心必不退,进入无生初地道,化利自他悉平等,是故菩萨初发心。倘无信心而能进趣大地者无有是处,所信者何?曰:佛也,法也,僧也,大乘既非佛说,应大乘非大乘,是则无法也。佛既不说大乘,佛应非佛,是则无佛也,无法无佛,更安得有自度度他、精进勇猛大健有情之菩萨僧?无佛法僧,更依谁凭谁而起信心?信心不起,入佛何途？嗟夫！持大乘非佛说者，应审思之，勿坏佛法乃至坏众生信心以自陷于罪累也。

　　上来第一已显大乘真是佛说，自下别显佛法教理不由思想进化之所作，谓于今世有一类众生，以习于科学哲学理故，见一切学问、一切理想、一切技艺无不循进化之轨，天演之义而次第进化。以思想愈发达故，以伦理愈精密故，于是学术乃日进于高明，一切学问既无不如是，于佛法何独不然？况以迹寻之，则于佛法中小乘大乘空宗有宗盛行次第，既年各不同，是则已足征其教理实由于小乘进而为大乘，由空宗进而为有宗矣！进化之公理既如彼，佛法之事实又如此，由是遂断定佛法教理亦由思想进化之所造作。虽然于此有一大难题焉！即如谓佛法教理亦由思想进化之所作者，即应诸宗经论不得同出于一人或一时，此中论藏虽无疑难，本不出于一人一时，然造论者必本圣言，圣言者即经藏也。论之于经但可类别之，整理之，或发挥阐扬之，然绝对不能违背契经而别说异法。苟违契经而别有所说，是即外论，非佛法也。是故论中所有教理仍即经中所有教理，既一切契经皆佛一人所说，是则诸宗论议仍不出佛一人之所说，是则但有祖述之事，更无进化之事矣！如是西洋东洋学者所持进化之论，不能成立，于是乃比较近日于印度所发现灰烬之余之佛经，而审定其流布时代之先后，及以文字之雅俗等，遂下断言曰：大乘契经非佛所说，以年代后出故，既大乘契经非佛所说，而后人伪托，则经论可同出于一人一时之手。论既有进化之迹可寻，则经自亦循进化之轨以发达也。夫然，而佛法教理由思想进化之所作，此理安立，虽然，大乘契经非非佛说也。所以者何？一切智智内证境所摄，余智余境不摄故，又与小乘经本俱行故，诸如是等无量正因皆足显示成立大乘契经真佛所说。具如上篇，大乘契经非佛说之说既破，则佛法教理由思想进化之所造作者自亦不攻自破，由是建立第二比量云：

> 佛法教理非由思想进化之所作，
> 以大小两乘空有两宗所宗契经俱佛所说故，
> 如佛所说契经。

如是比量宗中有法所谓佛法教理者，谓即大小两乘空有两宗一切教所诠理。如佛所说契经者，谓佛一人所说契经既同为一人所说，如何得有进化事，经无进化故，依于彼经所立教理亦无进化，既大小空有宗派虽殊，而所宗之经同佛所说，是故一切佛法皆非思想进化之所作也。以是理故，比量安立。或有难言，如佛所说契经虽同出一人，然三时说法、了不了义，有上无上浅深既殊，亦应有进化之事，是则同喻有、所立法不成过。此亦不然，三时说教了不了义，密意说故，乘虽有三教唯一故，九事三印遍契经故，一切智智前后智悲无增减故，故诸契经所诠教理非有进化等事，无所立法不成过失，故此比量应正安立，此中义趣如前已显。

复有余因，谓我佛法所诠实理，一切智智现量净观之所证故，非由遍计执故，法性常住无转易故，非所作故，故佛教理非由思想进化之所作。

若复问言：佛法教理既非思想进化之所作，小乘大乘、空宗有宗何以别者？答：此于初发端第二第三义中已显，兹不赘述。

嗟夫！世出世间佛为第一，佛度众生说法第一，弟子持法大乘第一，学佛之道发心第一，于发心中信心第一，南无十方三世一切佛、法、僧，普愿三界五趣，胎卵湿化类，于大乘教得不退信直趣菩提,正法久住穷未来际,踊跃称心,欢喜无量,作《大乘非佛说辩》竟。

　　　　　释迦如来纪元后二千四百八十八年
　　　即1923年2月10日于支那内学院作

成立唯识义

唯识义者，可得说言："世间诸法，若有若无，若假若实，或由执起，或随心生，俱识所变，皆不离识。"又得说言："世间诸法若离识者，性相体用皆无所有，识以外法一切都无。"以是之义，说言唯识。有何依据，成立是理？

将立此义，文且分三：先述外执，次破彼义，后申正义结归唯识。先述外执者：

一切世间遍计所执虽无量种，然诸恒情总内执有我，外执有物。所云我者，是主宰义。所云物者，有实体义。我为主宰故，能见能闻，能受能想，能行能识，能驱役心识办种种事。物有实体故，可见可闻，所受所想，是所造作，是所了别，为心识等所行境故。若谓无有我者，谁则能见能闻，能受能想，能行能识，谁驱役心办如斯事。若谓无有物者，云何目见之而有色，手击之而有声，身触之而觉寒热，鼻嗅之而有臭香，又谁则为吾人所想像，所造作，所了别，谁则为心所行之境。即以是知，内实有我，外实有物，而此我物各别存在，各有自性。即以是义故，我之心识虽或不起，而彼物色相如色香等仍自存在。故心与物，非不相离。如斯执着，一切凡情共所计有。又诸心物二原论者亦属此计。

依于如上所计执故，随复生于宗教哲学科学家等种种计执，虽与上执有顺有违，然皆俱以上执为本。谓由计有我及物故，即推究此我为是常耶,为是断耶,为有所从来耶,无所从来耶,此我及物为有造作者耶,为无造作者耶,为有主宰者耶,为无主宰者耶。于是宗教家出而答之曰:我有常,灵魂不灭,有所从来,有造作者,有主宰者;此之主宰谓即上帝,能造众生及世界等,我之灵魂为出于彼。是为宗教家之主张,即哲学家中唯心一派亦属于此。

次复有人推究此我依心识有,而此心识依身而住,而此身者物质所成,又由饮食之所资长,故使无物,即无有身,使无有身,心又何有。故知心者物质所成,由诸物质种种和合即便得有种种用故。彼用殊妙,强说为心,实离物质都无所有。又复审观一切外物可见触者,破裂分析可成细故,应知粗物由细分成。分更有分,成分子原子电子等。一切粗物虽可破坏,性可转变,非是恒常;然原子等,为本质故,恒常不变,无有失坏,辗转化合成一切物,由物作用,形于心等。故我虽有断,而物质不灭。一切科学家皆同此计,而哲学家中唯物一派亦属于此,印度顺世外道开其先也。

由第一计有我有物,有色有心,二各别性。由第二计,我之与物俱上帝造,常无常别,故各别有,虽或说唯心,而义不究竟。第三计者,物质是实是常,心用是假是暂,心且不有,何言唯识。一切外计虽无量种,类以纳之不外此述。

述外执已,次破彼计。

初计我物定非实有。以云我者不离心心所等法故,所云物者不离色声香等法故,除彼等法别无实体名我名物,故我与物唯是假立。又心等法与色等法定不相离,故言别有亦妄所计。此复云何?谓诸凡夫计有我者依心用故,依彼心用能见色等,由是执有我见色等。实则能见色者唯眼识用,能闻声者唯耳识用,乃至能思量事者唯意识用,能觉苦乐唯是受用,能施名言唯是想用,能造作业唯是行用,更无于我见于色等,故但有识等别无有我也。若定执有我见色等者,彼眼识等为有为无?若云无者,与世相违,世现证知能见色等是眼识等故,有我无心,故成大过。若云识等有者,既我已能见于色等,此眼识等虽有亦复何用,以彼色等我已见故。既无有用,体亦应无,何复说言有眼识等?若谓我虽能见色等,然要依眼识等始有用故,如识与根齐兴作用,故二并有而皆有用。如是则离眼识等汝所执我应即无用,汝云我用要依识等始有用故。既依识等我用始成,是则汝我失自在义,失主宰义。无主宰故,不自在故,汝所执我意义全失,何得云我?又汝我用既待识等成,则汝我体应亦非常住,如于识等体用不离故,是则汝我应非常法,还非是我。又审问汝,既云识等体用非无,则此识等已能见色等,别执有我,复有何用?若谓识用待我用成,如识依根始见色等者,根有根用彼此极成,为识生长门故,汝我于识用为何等?若谓为生长门者,则即是根;若谓为策发因者,是即作意;何用于我?若谓为主宰者,应知一切法生都无主宰,以要因缘二俱和合法始生故,如眼识生要依根境。复应审思,如我能主宰令识用起者,既我能主宰则识之起可不待余若根若境,有主宰故。又我能主宰故,则应随意于一切时一切识生,有我能为主宰故。然此妄想与世全乖,故主宰用定不能成。又复应思,汝所执我能为识等作主宰者,汝我亦能自主宰否?若云能自主宰者,则汝我用不应待识等成,即彼我体已能见色闻于声等,别说有识还成无用故。若汝我用要待识等始得成者,如是汝我即自无主宰,自我于自尚无主宰用,况复反能主宰于他?故汝我用决定不成,识等之生不依于我,自能见色等。又复应思:执有我者,此我与心为异为一?若云一者,是即识等妄执为我。若云异者,应离心等有别体用。然此体用,如上推征都不可得,故离心我决定不成。复应审思：执有我者，彼我之体为一为多？若云多者，我义不成。多我相合，成假体故；我互相违，失主宰故；数我迭变，成非常故。若云我体唯是一者，我体既一，用亦应然，云何一身善恶前后迭互相违喜怒爱憎或时并起，理欲交战尤所时闻。我体既一，用胡成多，不见一法有善恶二性故。若云我体虽一虽常，然随外缘异故其用可多，如彼金银成钏环等，又如素绢染苍染黄。是则汝我失主宰义，可随外缘而转变故，如彼金绢，谁许为我？执一执多如是，执常无常亦然。进退推征体用俱失，故但妄情谬执为我，实离识等性相都无。如是略破于彼我执。

云何得知外物非有？有实体物理不成故，除色声等无别物故。谓世共许实有法者，要由现量亲证有故，要由比量比知有故。云现量者，谓现所量境，直接了知，不待推证；如眼识所见色，耳识所闻声，现前现在显现有故，如是境事可说为有。言比量者，依于现量等事以正道理推度思量证成有故，如六根等虽非六识所能现见，然依有发识用，由果推因证知是有。又如远见烟，比知下有火，以曾习见烟火常为缘故。今言外物实有云者，为是现知，为是比得？曰：亦是现知，亦是比得。云现知者，如吾人开眼即便见有瓶衣日月山河等故。云比得者，既彼瓶衣等物眼望之而有色，手击之而有声，乃至身触之而有冷暖等触。使无实物，云何得有如斯等用？谁见龟毛是白是黑，谁觉空花是臭是香，无实物故，用亦无有。故知心外有别实物。汝言非理，以汝所言现比二量俱非真故。云何非真？且如汝言眼见瓶衣等，理且不然，以眼识所见但为色故，耳所闻者但为声故，乃至身所触者但冷暖等故。如斯色等可云现量等境。汝言瓶等既有多法，而眼等识见色等等时但得一分不得余分，云何得言眼识生时现见瓶等？若眼见色即见瓶等者，应一切色俱是瓶等,俱是眼识现所见故。复应当思:眼见色时但有似色行相显现,亦且不作色等名解,以眼识等无分别故,色等实法现了知故;而色等名对待声等不同类法始施设故,纠合众多青黄赤等眼所见法始施设故。待异及同而设施者非现量境,非眼等识所行,是分别境,是意识所行。此眼等识现量证时尚不觉有色声等名,尚不别作色声异解,云何乃能现证瓶等?是故瓶等非现量得,现量决不证实外物。故汝现量言,唯尔妄所执。次复应辨,比量非真。此复云何?谓如汝言瓶衣等物既眼见其色,耳闻其声等,有多相状显现可得,是故定实有物为彼相体者。今当问汝:汝言实物为即色声等法耶,为异色声等法别有自体耶?若谓即色声等法者,应如于我,揽心心所以成除识等外更无别法故唯假有;汝实物亦然,即揽色声等以为自体故。既除色声等更无有别法,故汝外实物唯尔计所执。若谓异色声等有别实物者,应离色声外别可现量得,以有实体故,如彼色声等。今此外实物既非现量得,故知无别体。又汝若言外物实有,色声等法之所依故,如眼根等为眼识等依比知故有,汝量不然,喻不成故。所以者何?诸所依法依彼生者,决定不能离彼而生,如眼识等依眼根等,决定不能离彼得生。然色等法非定依汝所执实物以为体故而始得生,如镜中像,如水中月,如谷声响,如梦所见,虽离所执实物自体,而彼色等像亦可得生故。若离实物便无色等,云何得有是等境界为眼等识现量等知?又不可言有色等处定有实物。若谓然者,岂彼水中实有多月,梦中实有人畜等耶?由是可知色声等法非定依于实物体生,有色等处非定实有外实物等。故汝比量同喻不成。若复救言,镜中像,水中月,谷响梦境,彼色等法是假非实;瓶衣上色是实非虚,故喻不成者;汝言非理,云实有者,非现证有耶?言色等者,非眼识等所见耶?既镜中色等现在现前显现可知，眼等识了，云何拨为非实有法？彼瓶衣等非眼识见，非现量知，而翻执为是实有物？如是颠倒，斯为大谬。又复应思：既如汝言，实物既离色声等外别有自体，是则色等亦离实物而有自体，体自有故用亦自有，复执实物更有何用？况复许言异色等法物别有体者，既别有体应别有用；然汝物用若离色等，更不可得。是故可知汝执实物都无所有，唯依色等妄所计度，现量不可得故，比量不可得故，如龟毛等。又汝前言谁见龟毛是白是黑，谁觉空花是臭是香，故无实物即不应有色等起者，此难不然。如上所言，虽无实物等而色等生故，如镜中像、水中月等。已释此疑。况复世间眼眩翳者，虽复无有外实物等，而彼识上亦复现有红黄等色显现生故。声香等境亦可类知。故色等法决定不依外实物生，彼外实物决定非有。

上来已破我物非有，即破初计。初计破故，余计亦除，余计要依初计生故。我物本无，云何得有上帝原子等？谓要执有我者，方始推计从上帝等生故。所造既无，能造何有？别我既无，总我何有？一切有情既唯和合众多心心所法而成，即心等中尚自无主宰，离心以外执有上帝等云何得成。今且纵汝许有上帝等能做万物主宰者，彼上帝等性为是仁善，为是暴恶？若是善者，能造既善，所造亦应善，云何世间得有众多恶人恶法？若是恶者，能造恶故，所造亦应恶，世有善人善法为难亦然。况既有主宰，彼造恶业等者云何不立除谴，乃容并生使成恶杂世界。况诸有情生老病死众苦交横，彼主宰者云何不能稍与拔救？诸如是难，主宰不成，故唯妄言非真实有。又复应思：一切有情上帝为因，彼上帝者为复何因？若云有因，因则无穷，亦即应失汝主宰义。若云无因而自生者，彼一切物何不自生，须彼上帝为因生耶？彼此异因不可得故。又复应问：此上帝者为与万物是异是同？若云是异，是则万物离彼上帝而自有体，云何言从彼生，以彼为因者？若云是同，则万物有多故，彼上帝亦应多，即失唯一义。万物无常故，彼亦应无常；万物自无主宰故，彼亦应无主宰。故彼上帝但尔假立，诸宗教言唯是迷妄。破者众故，此不详言。

诸科学家执有物质原子等成，理亦不然。以彼外物本无有故，更执实有外物者然后可言彼外物体由原子等成。彼外物体以现比量辗转推求皆不可得，云何可言原子等成。如要实有林，然后可言此林多树成；林先不可得，何得别有树等。合别以成总，总无别无故。况彼所言原子等义自不成立，何得执为实物生因。谓诸愚夫于色声等境上执实有物故，继复见彼物可析成多分，由是转计一切外物皆由微细物质和合之所成就，此即极微论分子论及原子电子论等是也。如是等论皆不应理，破极微论，广如《二十唯识》《三十唯识》等论。今略述其意者，谓外道等说有极微性实常住，辗转聚集便生子微，子微复聚成粗色等，转更聚积成三千界；极微是常，色等生灭。此理不然。汝云极微辗转聚集便成色等者，汝此极微为有方分，为无方分？若有方分，应可分析。可分析故，便非极微。若此极微无有方分不可析者，无方分故，应如虚空，虚空无体，如何可能聚积成色？又汝极微为有质碍，为无质碍？若有质碍，便可分析，诸质碍者遇余碍时两互相撞有破坏故，故可分析。可分析故，仍非极微。若谓极微无质碍者，无质碍物如何集积成色等时便有质碍，如彼虚空岂多和合便成地等？又无质碍故便即无有集聚之用，以聚积用由质碍成故。极微无碍成有碍色理不成就，以果与因不相应故不随顺故。碍无碍如是，常无常亦然，谁见常因生无常果。且既常故便无生用，生义既无因义即失，谁复许汝常性极微生无常色？故诸外物从极微生道理不成。次破原子论等者，西方科学家言，世界万法由三因成，一者物质，二者能力，三者以太；由此三法辗转变化聚集和合，而诸世间万法生起，故诸物体均由原子等成。此原子等仍可分析成于电子，和合聚集复成分子，复由分子成色等物。故世间法，由电子成。此亦虚言，都无实义，以彼分子原子电子之说，次第转变自无定故。盖始自希腊创分子说，以诸色法有体质者可分析故，便谓物体由分子成。科学渐进步，分析术益精，便说分子还可分析成于原子。再进步故，再分析故，复说原子成于电子。然科学之进步无已时，方术之进步亦无已时，谁谓汝电子即真法因者。古语有言：一尺之棰，日取其半，万世不竭。原子电子，其义亦然。分更可分，分岂有竭；子更有子，子则无穷。如是辗转但尔戏论，欲得真因信如梦呓。故彼电子之说，无复价值。

如上已言极微电子非理，次复应思：诸有主张极微电子成粗物者，唯一理据以为大物由小合成也，此于世事乃大乖理。盖诸实事可由现量五识得者，绝不见有合小成大相故。譬如眼识见色，随识生时便见有色相显现；彼色相者随量大小皆顿时生，绝不见彼由小聚集。如镜照境，山河人物一切色相虽无量种，而皆顿时随量即现，非是要由众多聚集。色生如是，声香味触等亦然。是故诸法非由小合成。又诸色等性是无常，皆刹那灭；譬如乐音后音生时前音已灭，绝不停住与后和鸣，而诸聚集辗转生者，要历时久。历时久故，前法已灭，云何复能和集生后？故一切法非和集成。诸法既非和集所成，故谓实物为电子等成都无意义。

次复应思：彼电子等非五识境，非现量得，一切有情曾未见有。诸科学家所以异于臆想论者以彼尚感觉之实验，故不流于妄测武断也，既彼实物非现量得，成彼之因亦非现量得，又俱不可以比量证成，而必固执谓为实有，是诚所谓披龟毛衣自夸华美而不自知狂梦者也。

物质实在之论既摧，原子电子之说已破，则唯物无心之论自不待辞费而廓清无遗矣。物本无有，何复言唯？心现可知，云何非实？然意趣至故，亦略陈其未尽之义如次：

诸有执著心假物实心由物变者，意谓吾人之心依身而住，故身而坏心用亦无，生理变时心理亦变，由是推知心由物起也。然彼不知二法相依互损益者，此但增上缘，非即亲生因。如毂与辐两两相依，此亦坏时彼用亦失，然非彼此即互变成。又如生物动植相依，非遂可言有此无彼。如谓动植两物相依便可说言有植无动者，亦可说言动植相依植有动无故。然彼生物学家俱不许此，云何可言心依身故，物有心无耶？所以者何？心固依身而有动作，身亦依心持不坏故。如五识托根而得生起，又如意托唇舌手足而有言行，是心依身有动作也。无疾病人或因危怖或因失意狂悖死者，或命尽死者，彼身完固，以丧心故而即烂坏，是身依心而得住持也。诸生理起变化者心识固亦因之而有变化，然心理而有变化者，如极悲欢时身岂不亦随之而起变化？由是可知心固依身，身亦依心。既两相依，互为损益，云何可言身实心假，心从物生耶？若谓心依身故便谓有身无心，岂不亦可身依心故有心无身耶？如是偏执，实为自害。

次复应思：心固多有依身起用如彼五识，然在意识即不尽然。瞑目凝思遐想千里，梦寐之际意境万年。又诸外道亦有神游物表遗蜕形骸者，事多确据，乌可尽非。乃若深明佛法者，则无色界天不依身住，神通境界弥更难思。心既离身而独自在，执唯有物是实大乖。然此等理趣非彼所悉，骤然语之将非极成，故兹不详，更议他事。

诸有主张唯物史观者,谓世界变迁人类进化靡不随经济之变化而变化,是故一切历史皆物质变迁史耳。即人类种种行动思维造善造恶为智为愚靡不受物质之影响与支配而生其反应,以是推之,实无有心,但唯有物。心也者,物理作用之反应耳。此绝非理。所以者何?以彼所云唯物史观自不成故。云何不成?今且不破物质经济之变迁大有影响于历史之演化,而但问彼物质经济云何得有变迁耶?人与禽兽同为动物,千古以来同生息于此天地,彼亦须饮食物质之供求,此亦须饮食物质之供求,然在彼类之经济状态何以永无变化千古如一日?居犹是也,食犹是也,乃至一动一鸣无不犹如是;而此则自穴居野处而巢息宫室,自茹毛饮血而烹饪火食,农工技巧日臻其能,经济变迁至今而极。彼何因缘而无变,此何因缘而日新?虽执牧牛夫等而问之,彼亦将可决然答之曰:是人类心思智力之日有变化,而彼类之心思智力无有变化,故尔不同至于此也。然则历史之演进固多受物质经济变化之影响,然使此物质经济而不得长保旧观以日趋变化者,根本之根本固由人心之不安故常,而贪欲逐逐有以使之然也。今从表面观见社会之变迁有关系于经济,则曰历史唯物质之变化,世界唯有物而无心。苟从里面观见经济之变迁托命于心理之演进,不将转谓历史唯心理之变化,世界唯有心而无物耶?

心理行动受支配于环境,此说吾亦不全反对。然将进而问之曰:所谓环境也者,又岂能离于人群风俗之熏染耶?此人群风俗之熏染,又岂有更重于心理者耶?况夫心之感应于境也固非若机械之共趋于一途,或闻乐音而欢然,或闻乐声而泪下;或瞻明月而人我俱忘,或瞻明月而神魂皆断;其所感也同,其所应也绝异,岂因彼之神经细胞、脑膜曲折、身体肥瘦、肢节长短有殊？毋亦曰，自有不同之心绪情怀有以致然耳。今之人逐境忘心，迷事罔理，闻徇田横之志士五百，则曰此封建制度之环境使之然也；闻节妇之不嫁二夫，则曰此家族制度之环境使之然也。然却不思，同在封建制度之下也，岂不大有盗国之臣？同在家族制度之下也，岂不大有失节之妇？不求之于人心忠奸贞邪之异，而概以物质环境之同；事理俱在，岂一手能掩尽天下智士之目哉？谁谓童骏，愚痴至此。故唯物家言，都无是处。

即于此中有作斯难：既物与我皆非实有，然彼色心等法岂遂无有生起因缘？曰：非无因缘。色心种子，是色心因；即彼色法与余色，心法与余心，又色与心，辗转增上而互为缘；故诸世间有色心起，然都不由实我实物。今但破执，故不详言；后时随宜，当广宣说。

三申正义结归唯识者：如上所言，色法与心俱非无有，心色二故何成唯心。色等诸法不离心故，若离心者性相体用都无有故，以不离故，说言唯识。

云何应知色等诸法皆不离心？曰：由教及理，知不离心。所言教者，如《华严》《楞伽》《密严》《深密》经等，皆有明文，此不赘陈。所云理者，谓诸色等随心生故，心如异者其所见色亦随异故，心亲所缘唯自相故。譬如吾人远见青山，烟霞明灭，景象沉清，恍如画境，咸谓是诚山之真相，天界仙寰不是过也。爱慕之切，将不远千里而往就之，行行重行行，日与之近，则远望之山色景象必随之而迁改。即其足接身亲之，则前之所谓烟霞明灭恍如画境者，今乃石砾遍地，荆棘纵横也。前之所谓天界仙寰者，今乃寒风萧瑟，景物凄凉，而不可终日居也。由是观之，山色虽同，而随人观视之远近而乃绝异。使先之所见而是，则后之所见必非也。使后之所见而是，必先之所见者非也。既境界随观察之处而百千迭变，既不能俱是；必百千所见者而尽非也。此则随一人所见以远近不同而所见有异也。又此人者，于一生中，年龄少壮衰老有殊，视力明昧即随而异，则虽于一处同见一物，然其所见必又不同，其不同也，随其年之少壮衰老有殊耳。然此少壮衰也，非突焉而少，突焉而老，盖随年月而渐壮渐老。此年月者，又积日时以成。彼日时者，又积分秒乃至刹那刹那以成。则人视力之远近强弱，岂唯随少壮老之时代有异，必也随年月时日乃至刹那刹那而有异。然则吾人所见，直可谓刹那刹那无一相同者可也。今纵承认外境实有，有其实相，然既随人所见之远近先后而不同，是则人之所见必非外境实相也，是即不亲缘外境也。既非亲缘外境，则所见者必自心所变之色相耳。既此色相随心所变依心而生，是故应知色不离心，唯识安立，道理决定。复次：前云见色，就一人言。设于此处有多人者，则所见色必更歧异。所以者何？视力强弱，随人殊故，取境明暗，各不同故。吾近视也，与友人同入讲室，人见黑板有字，吾曰无焉；人见天也，吾曰大焉；与友人同游于野，人见远处有牛，吾曰狗焉；人曰张也，吾曰王焉。人咸笑我，以为不见真实也。然吾友人亦俱常人也，百里以外千里以上，彼其曰有曰无曰犬曰牛曰张曰王，不又与吾同欤？是知万象纷呈，而各随人之识力而如量以了。人之识力既万别千差，是必所见亦万别千差。断言之曰：尽聚世人于一处于一时间，使见同境，各人所见之天地人物、大地河山、动植飞走、白黑红黄种种色相，亦无有一同焉者；即各人自有其各人之天地人物、大地河山、动植飞走、白黑红黄种种色相，是即各各众生各有各个之宇宙也。即于此中得二结论：使果无外境耶？则各人所见固尽各自识境也。设信有外境耶？彼外境者，既随各人所见，即各人所见仍各随其识所变之色相也。既识所缘唯识所变，以是故知唯识之理决定安立。

上来所言，但就眼识所缘以明唯识，余耳识等例此可知，至于意识所缘，通三世境，过未非有，随意得缘，更易可知。

按此上所言眼见山河人物等相之相但指色相，即青黄赤白等显色是也。此外大小形色及山河等名言，皆非眼识所缘，皆非性境，随应即意识境界带质独影等收也。为对凡俗使易知故，说言眼识见山等，眼识实但见显色等。言总意别，幸勿致疑。

又此所言但言性境，若带质、独影境更易了知。如远见杌，执为鬼等；又如梦中见种种相，虽无外境而亦得缘，其为识变不烦言矣。又此中言，但就人趣同类有情而言各识所缘色相各异，以明唯识，乃若异趣有情则更为差别。故人之矢溺，狗之美食，蛆之安宅；人见清水，鬼见脓河；诸如是等不须广述。又若已得解脱、胜处、遍处、胜定神通者随意念力一切境界无不现前，已得自在智者随欲转变地等可成金等皆有实用，已得无分别智者一切境界皆不显现。如是诸因，已于佛法得胜解者无不净信，然非浅陋所可及知，非彼极成，故不多述。

即于此中有作是难：汝云识所缘境由所见相随时随处由诸有情所见各异种种相转，以是故知识所缘境但识所变者；汝理不然，以我外境原有种种别异相故。一切外境既本有多相，故随有情时处异故而各得其相之一分，故所见虽不同，而非无外境。此如于桌有其坚相是手所缘，有其显色是目所缘，击之有声是耳所缘，即此颜色音声随人所处之位置之远近或打击之轻重等异故，而明暗大小宏细等相又各有异，又此等相非但有识者可以得知，即非有识者亦可得也。如照相机及留声机，亦得取彼种种相故。故知外物非是无有，唯相多故故见有异。应知合彼种种异相，是即真实外境也。罗素之徒，所计如此。

此难不然。所以者何？汝言外物有种种相者，为是先有实物故然后有众多相生，为是先有众多相故后乃有实物？即先有实物后有众相生者，彼实物者为可知不？若非可知，应如龟毛。既不可知，何执实有？若是可知，还即是相。相有无边，得一相时仍非得实物。今观于相言见实物，是大不可。若先有众相，物合众相成者，多相相合是聚集假（按一切假法，于法相义略分三种：一聚集假，如军林等；二相续假，如有情等；三分位假，如生老等。此之三法，若离所依色心等法即自无性，是故说言唯是假有），即非实有。如诸凡愚于诸心心所上执有实我，又如于辋辐轮毂之外别执有车，是皆妄执，故汝实物唯诱愚痴。况外实物，如前推征种种破斥，见彼非有，如何今反执实有耶？又如汝言照相机留声机亦能取于色声相故，知实物有，非唯识变，此尤背谬，非如理言。所以者何？照相机中所印色相，留音机中所发声相，非即外物之相，而是别一相故。如人今日照相以明日死，人渐坏烂化为乌有。若谓此所照相即彼人相，彼人之为物即合此多相以成者，相即人故，其人既死，此所印相亦应随灭，云何人死而相可存？相即人故，此相存时其人虽死应实不死，有相存故。如是颠倒理事俱违，谁有智者而信此说？照相机如是，留音机亦然。机所发声自是机声，非人等声，人等死已，机仍可续发彼等声故。以是故知照相留音机亦非能亲照取外境，所印色声唯机自所起。以是证知识缘外境时，所见种种色声香味触等亦唯自识所变，非亲缘外境也。

外复难言：既如汝言诸识所缘唯识所变，是则外境一切都无，外境既无，应随吾人作意力故，随所欲见所见得成，云何吾人欲见泰山唯于山东得见不于余处，欲见满月唯于十五夜见不于异时？又既识所缘唯自识所变，应各所见唯各自知，云何众生得有共尝甘苦共觉苦乐等事？又若所缘唯识所变者，如梦等境虽得刀钱都无刀钱等用，而觉时境非无实用。既有如是种种疑难，云何说言外境都无但唯有识？又如上言照相机等虽无有识而亦得有色相等生，是知色等实自别有，非定识变。又如汝言识见色时不能亲取，既云不亲取明有疏境，今但非识所亲缘，彼疏境者即外实物，云何遮无外境但有识耶？

答：处时等难俱如《二十唯识论》中广解。谓如梦中虽无实境，所见众相亦有定处定时，非一切处时见一切相故。又如梦中虽无实物作用亦成，损失精血或流泪等俱有用故。又在觉时虽所见境多有作用，然岂遂无无作用者？一切凡夫终日颠倒妄想分别，时时生起错觉幻觉种种不息，岂亦遂有真实用者？又汝所言若无外境应随有情所见各异者，岂不前言一切有情识力异故见亦随异，一切有情各识所变宇宙各别无一同耶？然云有情共见一物共尝甘苦共觉苦乐者，此但相似非真共一。谓诸有情识虽各别，然以业力互相似故，其所受报亦各相似。又由所习名想语言约定俗成可互表示，言互了知言白言黑言甘苦等，实则各所感受各所了知实非是一，如在一人自识前后共见一色，随所在处远近异故色亦明暗而先后殊，然由相似故谓后所见还先所见。又如戴著色眼镜者，虽所见色绝异常人，然由宿习名言力故，即彼所见还有青黄白黑等分别。又复可告人曰，吾今与汝同见白黑，实各所见白黑各异。言共了者，应知假说。况复多人同听乐音浅深异感，共见明月悲欢各殊，人与犬等香臭异味，谁言众生共证一境也？

上来但就六识境界言诸众生所见各异色不离识,至于疏所缘缘八识相分微妙甚深,故未显示。此复云何?谓我自宗根本建立第八阿赖耶识,此识生时内变根身外变器界,根身器界由大种造色相互合成,根身为依令识等起,器界为依作身住处;即复此根身器界总聚之上别实大种造色为本质故,眼耳等识所变色等相分仗之得起。此眼等识所变相分色等为眼等识亲所缘缘,彼第八识相分色等为眼等识之所仗质,不亲取故名疏所缘缘,故识等生虽亦仗托外境,然彼本质色等即第八相分,随第八识势力生故,仍从识变不离于识。以是义故,唯识义成。此如第六意识得疏缘于眼等识色,然彼色等仍识等生,是故不坏唯识义理。然云何知,有第八识?别有此识,余文成立,此非专论,故不复陈。复云何知彼本质色不离八识?亦随有情所变异故,谓大地等虽诸有情业力同者有共相种互作增上辗转变生可互受用,然但相似处所无异,如众灯明各遍似一,非遂有情共缘一境。即于一地趣生异者共中还有不共相故,人天鬼畜虽同欲界,然彼所变互不相同。《摄大乘论》无性释云:谓于饿鬼自业变异增上力故,所见江河皆悉充满脓血等处,鱼等傍生即见舍宅游从道路,天见种种宝庄严地,人见是处有清冷水波浪湍洄。此等所缘托异熟(八识异名)境,既随趣生不同,而所见有异,明知彼本质色随彼第八异熟识生。理趣繁广,不劳详述。第八识所缘定不离自识,识所缘境故,如五识等境。唯识道理决定得成。即此亦释余所疑难。谓若唯识,云何缘泰山必于山东省,缘满净月必于十五夜者,前五识生要托第八识相分色等为疏所缘缘故,此疏所缘随八识生,八识之生缘宿业起,宿业定故,此识生时一类相续,所变色等亦常恒时一类相续,终于一生报未尽时成于定局无多转变。故五识等托彼生时,处所时间亦有定限。此理深远,未克广陈；非深研本宗，亦未克臻信；论时至故，聊述此耳。即于此亦见本宗唯识与外宗唯心论者不同。盖彼辈拨无疏所缘缘，但可解独影境；带质性境俱难解释。又为避过矫归外境存于上帝之心，斯更无味也。又汝所言照相机留音机等亦能变生色声等故知离于识别有色等者，此亦不然，以诸色等虽亦互作增上缘生辗转击发有众相起，然彼所发色声从本质言者是即第八识境故，从眼等识所缘言者是即前五识等境故，各随所应还从识变，非离识有，云何别执实有外色？

或复难言：对碍名色，是法相言。既诸色等随自识变，识有多故，色亦应多，即一时处有多色等起，有多山河大地等生，云何由何不相障碍耶？曰：对碍名色虽有是言，然随所应非定实尔。云何知然？此如坚性，能碍余坚，又如色等能互隐蔽，然此皆于自类始有是能，又非必尔，即于坚等同处得有暖等生故，是即地及火等得并时一处生，以异类故不相碍也。然在同时同处即同类者亦非定相碍，如光明等互相交遍不相碍故，故知色碍，但随所应，非定尔也。色法如是，心心所等亦然，诸自类识以同类故不得并生，是故一根一时但发一识。然异类者心王心所可同生故，六七八识及五识等遍行别境及善染等彼此随应相依生故。此在同一有情诸聚相望以类异故既不为障，其在多聚有情既色心等类各不同，如众灯明各遍似一，是故都无障碍等事。若复难言，若余有情色心异故互不碍者，云何有情异类相望得有杀害等事者。此亦不然，谓诸有情界地同者，业力同故，异熟识生有共相种内变根身外变器界，同时自他亦互变起他身扶尘（即根依处），以互可有增上用故。既诸有情色身互变互作增上，故诸有情有杀害事，此但增上力，非亲杀害余，障碍之用实自碍耳。若尔，杀生应无有罪？罪业因缘如余处说，此非时故不更广陈,此处但成唯识义故。

由上所言,一切世间无我无物,但有色心种种相转。此色与心定不相离,色随心生为识所变,若识异者色亦随异,若识无者色亦随灭。种种道理已并略陈,一切疑难已略除遣。由是应知唯识道理决定成立如大王路,诸有智者应共率由。

佛 法 真 义

将作是篇,别以十门:一者造论所由,二者佛法诠释,三者唯识义,四者三性义,五者法尔如是义,六者方便善巧义,七者学佛方法,八者大乘精神,九者明内宗差别,十者释凡外疑畏。

一

所谓造论所由者:世事变乱,荆棘纵横,欲解众生之倒悬,必求致乱之根本;而能穷究此根本者,舍佛法无有二,故造斯论。又济拔众生,必期其出离;倘出离而不究竟,则所作尽为无功;而真能与众生以究竟解决者,舍佛法又无有二,故造斯论。复次:自宋明而降,大法晦霾,印土之继承无人,东方之学问不讲,以致慧日光韬,潮音响绝,信佛者愚痴率走迷途,谤佛者颠倒咸兴妄执,乃至今日,益不堪问。今欲荡涤尘氛,重睹天日;示信佛者以正道,觉疑佛者之妄情;期以共发大心,咸成正觉。故造斯论。

二

所谓佛法诠释者:佛者,觉也。对迷名觉,迷复云何?谓即种种遍计所执，颠倒妄想。虽复无边，根本约四，谓于无常计常，于苦计乐，无我计我，不净计净。佛为对治此等邪执，故说诸行无常，取蕴皆苦，诸法无我及法性空。此之四义，通于大小乘教，对遣外凡，合此即佛法，背此即外道，用是先辩无常苦空无我四义。

云何诸行无常？曰：世间一切法，待因缘生，生必灭故。今先依世智明，就根身言，则生老病死之代谢是也；就器界言，则沧海桑田之变迁是也；此夫人而可知。更进而为科学之说明，则地球有其成毁，恒星有其坏裂；而人之一身，血轮回转，新陈相代，七年而后，则细胞组织，全非故我。更就哲学家言，则谓世间一流转耳，一变易耳，濯足长流，屈伸之间便非旧水。即此而无常之言，已得决定。然皆肤表，未睹真际。若在佛法，修习瑜伽，真现观中，则亲证五蕴无常，刹那刹那，顿起顿灭，种现熏习，前不至后，此不至彼；其恍若一相之绵延者，正若电影之相续，妄情之执著耳。由彼妄执，遂起贪求；于是过去则恋，未来则欣，现在则溺而不舍；彼彼相违，复兴于瞋，由烦恼而恶行，由恶行而招集纯大苦蕴，是之谓迷。了达无常，贪瞋不生，恶行自息，纯苦亦去，是之谓觉。

云何取蕴皆苦？曰：以无常故。无常者坏灭义，坏灭者苦义，诸行无常，故取蕴苦。复次：一切世法，摄于三受，谓苦受、乐受、不苦不乐受。苦受云何苦？逼恼为苦，是谓苦苦。乐受云何苦？变坏为苦，是谓坏苦。舍受云何苦？为彼二苦所依，不能自由，常能招集二苦为苦，是为行苦。惑业苦三迁流无息不自在故。生、老、病、死、怨憎会苦，此五苦苦摄。爱别离苦，求不得苦，此二坏苦摄。略摄一切五取蕴苦，此行苦摄。如是三苦，摄苦皆尽，摄世法尽，故诸蕴皆苦。然诸众生执为乐者，此如吸鸦片然：鸦片虽毒，暂有乐受；虽能杀身，暂有兴奋精神之用；由是贪恋，遂不能舍。世间之乐,亦复如是。贪欲逼故,执苦为乐,此之谓迷。达苦而无贪,无贪而证灭,是之谓觉。

云何无我?苦故无我。不自在故。复次:诸有为法,待因缘生,无主宰故。五蕴聚集,非实一故。何谓待因缘生、无主宰耶?一切诸法,不从自生,不从他生,不从共生,亦复不从无因而生;故依他起,名生无自性性;故无我也。譬如眼识生时,要由种子,此名为因;缘复有八:一者根,盲者根阙,遂不起故;二者境,境不现前,亦不起故;三者空,距离逼切,不可见故;四者明,暗室无光,遂不显故;五者作意,心不在焉,视而不见故;六者六识,睡眠、闷绝、不独起故;七者七识,八者八识,灭尽定中,无余依界,七八既寂,转识俱不现行故。如是因缘凑合,识乃得生,故无有我。余识余色,亦复如是。又复世间所执我者:要是其常;而诸行无常,前已成故,是故无我。云何五蕴聚集非实一耶?一切诸法,不外五蕴,所谓色蕴、受蕴、想蕴、行蕴、识蕴,合是五蕴,为一有情,如彼束芦总集一聚;云何有我?复次:又不可任执蕴中一蕴为我,余为我所;一一蕴中,复由聚集而成,亦非一故。譬之于色,有过去色,有未来色,有现在色,有内、有外、有粗、有细、有劣、有胜、有远、有近,总是诸色,乃称色蕴故。色蕴如是,四蕴亦然。又以类分,色复有表色、显色、形色、法处所摄色;乃至识复有眼识、耳识、鼻识、舌识、身识、意识、末那识、阿赖耶识;如是类等,此待彼生,彼待此起,性既非一,自体即假,云何有我?而众生迷执,于此非一非常之法,妄执为是一是常之我,譬若大江,滔滔不绝,本非常也,非一也,然即于彼滔滔不绝相续不断和合似一之相,妄执一常,千载长江,恍若依旧;众生于五蕴执我,亦复如是。由执生贪,轮回诸趣,是之谓迷。了达我法性空,诸法实相斯显,长拔苦厄,是之谓觉。

云何诸法性空？无我故空，自性无故。复次：一切遍计所执，但有假名，都无实义；诸法实相，性离言说，所有诠表，皆不相应；假名既不诠实相，唯是遍计所执，故云空也。何故谓假名不诠实相耶？此有四义：一者若谓假名能诠实相者：于一实事，得有多名，名既成多，事亦应多；事既非多，故名惟假立也。此如于狗，亦复名犬，倘皆诠真，狗应成二；而狗非二，则是狗犬之名皆虚。二者若谓假名能诠真相者，于一实事，可有异名，名既有异，实亦应异；而事非异，故名惟假立也。此如老庄云：圣人不死，大盗不止，倘皆诠真，则一人应成异物；而实非异物，则必圣人大盗之名皆妄。三者所谓名能诠实者，此名先于实耶？若谓名先于实，由此名故得有实者，则实未生时，名亦不起；世间诸法，要先有实，后起名故。既先有实，后乃起名；实之不存，名于何有？名且不有，何能诠真？而谓名前于实，因名得实，不应道理。四者，若谓名后于实，名能诠实耶？则名所计实，何于未起名时、实觉不起？如独角兽，未名为麟，见者即不作麟想；必待人指示曰：此麟，此麟；于是此意识中乃起麟觉；觉已示他，还曰：此麟也，此麟也。夫如是名先于实，则名且不生；名后于实，则实觉不先名起；是则众生虽依事起名，然名之所诠，仍彼名耳！于实无关也。是故诸法遍计，唯是空也。此上四义，瑜伽备明；今变辞喻，令其易解。又依唯识道理，谓名言唯诠共相，而不能得自性，是故说火，口不被烧；以是因缘，名唯假立。理趣繁广，此不备述。复次：因缘生法，有而不常，才生即灭，故无自性，即无有我；而诸遍计诠表，唯是自性我法，既诸法实相无是自性，无是我法，故曰诸法皆空也。复次：诸法无我，其性真常，此真常理，谓即真如；真如其性，无我法故；故说诸法性空。一切诸法，同是真如理故。由前第一，显遍计空，自性空故；即彼第二显依他空，离遍计故；即此后三，显圆成空，即无我空相为诸法实相故。是故说诸法皆空。愚夫不达，二障颠倒，长沦莫拔，故称曰迷。我佛菩萨，了是性空，不愚不谬，菩提正觉，是称为觉。故佛法者，觉法也。

　　世间一切苦蕴皆由无明不觉而起，由愚迷故执著，执著故贪瞋，贪瞋故恶行，恶行故招集一切纯大苦蕴。欲断此苦，应求此苦根本，则迷执是也。佛法者，固纯在此迷执上施救济者也。是故佛法为真从根本救治者，外此皆头痛医头、足痛医足之道，无有济也。复次：救众生者，当令成正觉，正觉起已，无明不生；无明不生，迷执永拔；迷执拔故，不造诸行，不堕诸趣，如是而一切苦蕴皆灭。故佛法者，究竟解决者也。外此皆一时苟安之计，随即坏乱随之；又或饮鸩止渴，割肉疗饥，利在一时，害乃千古，世间姑息之爱，孰不为大患之媒哉？吾人而不欲觉，而不欲根本救治，与究竟解决，则亦已矣！无需佛法。否则舍日月之光，求萤火之明，支离苟简，可悲也哉！

　　上来既以四义显示佛法，复有二类众生，不善了达法性，复于佛法又起迷执，则所谓断灭外道，虚无外道是也。闻无常故，遂执为断；闻法空故，遂执为无；而不知由彼非断，故说无常，苟一切皆断，则无常亦何从安立？无常云云，乃变转义，非断灭义也。遍计我法，依依他起，于彼依他，乃起遍计，有是依他之有，斯有是遍计之无，倘自始即无依他，从何由何而兴遍计？既颠倒执著而兴遍计，已应知有彼所依之依他起矣。否则既断既空，有何因果，因果既坏，修证无功，而顽痴应立证涅槃，菩萨应永不成菩提。何以故？恶可顿断，善不相续故。如是颠倒，知非正理。必也，断常双遣，空有俱遮，斯成正觉。故慈尊云：虚妄分别有，于此二都无，此中唯有空，于彼亦有此，是故一切法，非空非不空，有无及有故，是则契中道。

三

所谓唯识者，外人难曰：既云依他起性，体相非无，云何复谓都无外境？且既非常，云何由何复谓非断？此非常非断，相续如何？答曰：欲了斯义，当研唯识。一者诸法所缘不取外境义；二者一切诸法不离识义；三者赖耶持种恒转如流义；四者异熟招感业果无失义。

何谓诸法所缘不取外境耶？凡识生起有其四分：一者见分，二者相分，三自证分，四证自证分。见分所缘，唯自相分；离自相分，见即不缘，是故眼识不缘于声，耳识不缘于色，鼻舌身意亦复如是。而相见分皆依自证而起，故云唯识，以彼色相识所变故。夫在同一有情，眼耳且不相为缘，云何众生境界可互取也？

问者曰：众生所缘既各识变，云何一切众生能同证一境？答曰：此所证境，实各自相分，特以业力相似，互作增上，其所变者，即不大差，而若同证一境；实非一境也。何以故？即一类众生，其习性嗜好异者，同缘一物，美丑好恶已各殊故。更进于异类众生，则相差更远矣，是故人之尿粪，狗之美餐，蛆之安宅；人见河水，鱼见宫道；各别现故。倘实一境，云何所见各别。又若已信佛法众生，则更当知五趣众生所变尤为乖异。人见清水，鬼见脓河，人谓美膳，天谓浊物。又已证得心自在者，随欲变转地等皆成；已得胜定修法观者，随观一境众相现前；已得无分别智者，一切境相皆不现前。由此应知，唯识无境。

问者曰：境既非一，胡不相碍？答曰：若执实有境，则境可相碍；境既唯识变，识碍云何成？复次：此识不相碍，譬若众灯明；灯光各照物，而俱不碍故。然则手何以碍手，身何以碍身？曰：此实自识碍，他识实不碍。此复云何？谓一有情，阿赖耶识所变色相有根身器界等，亦复同时变他有情根所依处（外色浮尘），由彼变此可受用故。一切有情各互如此。由此理故，可互相障。似若此手障彼手，此身障彼身，实自浮尘自相碍，非彼此有情得相碍也。问曰：云何有情自识变而复自碍耶？答曰：间尝思之，凡一切法，自类恒相碍，异类即不碍。此如于识，自识同时不得并起。故一眼根不能并生二个识；必此灭已，彼乃得生，是为开导依。然在异识，即得俱起；一身八识，容俱起故；七八五六互为俱有依，增上缘故。识如是，色亦如是。于一时一处，不能同见二境，此色既起，彼色随障；是为同类不容俱起。然见色时，亦复闻声，乃至亦复思事，一时一处色声香味触法既可互起，是为异类不相碍也。色心如是，心所亦然。问曰：异类既不相碍，云何染净善恶不并起耶？曰：此非类的问题，乃性的问题也。性相违者，亦相碍故。然非必碍，无记中庸，不碍善染故。如是同类必碍，异类不碍，盖成定理。一根所发识，同时同处不能有二见分相分故。其根异者，可俱起故。夫在一有情中，异类色识即不碍矣；异有情所，自体各别，云何而得相碍耶？

问者曰：既无外境，唯有识变，然识生时，何以必待外境？谓如缘终南山，必于陕西，余处即不生起；如缘满净月，必于十五夜，余时即不变现；处时既定，宁无外境耶？曰：非外境，即第八识所变现也。此复云何？谓五识生时，要托本质，即疏所缘，此疏所缘为八识相分；八识生时，内变根身，外变器界，为识身依——根身为识依，器界为根身依——此之所依，由业力所感；业力既定，故此身土于一期中亦似有定局，局势既定，故五识缘时，亦有一定，余时余处，即不复起；是为性境；不随心转，故曰性境不随心。然境不必尽为性境，亦有带质境，此如七识缘八，执为实我；夜见树杌，妄执为鬼，虽亦托质变现，而不相似。即此可证自心所缘唯自相分。若缘外质，云何不与相似而别执为我为鬼？即此可证性境所缘亦自相分。又有独影境。此唯从见分变带而起，无疏所缘，如梦所现山河大地及缘过去未来等事，虽无实境，而得缘故。由此故知凡一切境但由心变，无境境得生故。即此可证八识非托外质。（业力同者，亦作增上缘。）

问者曰：梦中所缘，可知唯识；觉时所缘，云何不知？答曰：成唯识云：如梦未觉，不能自知，要至觉时，方能追觉觉时境色，应知亦尔。未真觉位，恒处梦中，故佛说为生死长夜，由斯未了唯识。

成斯唯识，理教无边，此之所述，略示方隅，欲求精详，有两唯识。——《二十唯识论》《成唯识论》。

所谓诸法不离识者：一法界中，原非只识；色及心所、不相应行与无为法，平等共有；何以云唯识？以不离识，故云唯识。此复云何？谓：心所法，心相应故；色法，心及心所之所变故；不相应行，即三法分位差别故；无为即四法实性故；皆不离识有，是故说唯识。不言唯所者，舍劣显胜故。不言唯色者，舍末归本故。不言唯不相应行者，舍假从实故。不言唯如者，有为易了，无为难知，方便立言，故说唯识。复次：诸法实相，摄于三性，一遍计所执，二依他起，三圆成实；识所执故，识自相故，识实性故，皆不离识，故曰唯识。

心不缘外境故，诸法不离识故，由斯理趣，唯识安立。

所谓赖耶持种恒转如流者，有情心识，总有八种：一眼识，二耳识,三鼻识,四舌识,五身识,六意识,七末那识,八阿赖耶识。前六又特名识,了别境胜故;末那又名意,恒审思量胜故;赖耶亦名心,集起胜故。又合前七,共名转识,染净起灭,多转变故。八识亦名本识,摄藏诸识种子,性唯无记,恒时相续,为诸识根本故。本识转识,互为因缘,亦互为增上缘。互为因缘者:诸法生起,要有因缘,因缘谓即种子,种子摄持于赖耶,是故本识为转识因缘。然本识种子,不能自生,要由现行熏习,此之现行,即前七识,是即转识复为本识因缘。是即二者互作因缘义。复次:种子云何?谓功能义,又习气义。有功能故能生起现行,为现行因。习谓熏习,气谓气分,现行虽灭,习气仍存,即现行果。种子者现行之因,又现行之果,即现行者种子之果,又种子之因也。如是种生现行,现行生种,种现生灭,因果俱时。其或众缘不备,暂不现行;然种子自类等流,刹那刹那,都无断绝,众缘备时,复为现因。如是种生现,现生种,种生种,是为诸法因缘相。因果相生,故无断灭;因果转变,故非恒常;不断不常,正理如此。复次:云何种子必持于赖耶不存于转识耶?曰:赖耶恒续,无暂停故。转识变时,不相续故。以恒相续,故持而不失。不恒相续,则随所依而亡。故种子不摄于转识,而持于赖耶。又赖耶无覆无记,性平等故。转识通三性,恒转异故。平等故无法不容,转异故异性相斥,是故种子不摄于转识而持于赖耶。

既云赖耶持种,法无断常;云何世间复见众生死亡相继耶?

答:异熟招感,业果无失故。方言转识本识互为因缘,亦互为增上缘;因缘已显,互增上者:一者八识为前七识增上缘,则必八识现行转识方转故。又八识为俱有依,生起七识;七识为俱有依,生起六识;七为染净依,六为了别依,生起五识;故八识若停,前七即不复起。又八识摄持五根,五识得依根现行;八识若舍,根身即坏,五识即无所依，不复生起。是本识为转识增上缘义。二者转识为八识增上缘义。谓依转识故，生起无明；由无明故，引生诸行，行即是业；由业力故，摄植习气；由斯习气，招引异熟，流转诸趣。则所谓无明缘行，行缘识，识缘名色，名色缘六入，六入缘触，触缘受，受缘爱，爱缘取，取缘有，有缘生，生缘老死之十二缘起是也。此中行缘识，识即异熟识。即八识也。识虽行缘，要依转识起；若无心王，心所不起故。是故转识为本识增上缘也。八识云何名异熟识耶？异类招感，业报成熟，显非因缘故。（此云非因缘，但就诸业感异熟言，非谓八识不从因缘生也。）《三十颂》云：由诸业习气，二取习气俱，前异熟既尽，复生余异熟。此复云何？诸业习气，谓福非福不动三业，福谓欲界善业，非福谓诸恶趣业，不动谓色无色界定地善业，受果有定，不转趋余处受故。二取者，谓相见、名色、心及心所、本末、彼取；能取所取，故名二取。一切习气，类别为三，谓一者有支习气，二者我执习气，三者名言习气，诸业习气，谓即有支，能感三有故（即三界）；此于当果（异熟）为增上缘。二取习气，即我执名言，此于当果（异熟）正为因缘。俱谓俱时，于彼俱时，能招异熟。前异熟者，谓前前生根身器界；余异熟者，谓后后生界趣差别；尽谓尽时，名言我执等流习气，受果无穷；诸业增上，受果有尽；业力既尽，异熟亦尽，则他业力，又复招果。是故生死流转，往来诸趣，靡有定常。虽无定常，而赖耶无断，种子恒存，此灭彼生，生生无已，岂以一期生死遂归断灭也？

上来总显赖耶持种，业果轮回，非断非常，因果法尔。然云何由何知有此八识耶？答：成斯八识，理趣无边，《成唯识论》总依八圣教十正理，备显其义。八圣教者，谓一者《阿毗达磨经》，由作用显；二者《解深密经》，由种子暴流显；三者《入楞伽经》，恒起识浪显;四者《庄严论》,七种因显;五者大众部,根本识显;六者上座部,九心显;七者化地部,穷生死蕴显;八者有部《增一阿含经》,四阿赖耶显。十正理者:一者持种故,二者异熟心故,三者趣生体故,四者有执受故,五者寿暖识互依故,六者生死时心故,七者识缘名色名色缘识故,八者依识食故,九者灭定不离身故,十者染净心故。理趣奥衍,此非专论,故即不述。又诸教理,旨趣精微,恐彼初学,闻而畏走!没由得益;真有志者,经论俱在,可自求也。

四

上来唯识义所明,但生灭流转法,一切诸法,实相云何?

答:诸法实相,不外三性。所谓一者遍计所执性,二者依他起性,三者圆成实性。遍计所执性,由六七识,无始时来,与无明俱,所知烦恼二障俱生,缘五取蕴执有实我实法;此唯虚妄,譬若空花,都无所有。依他起性,即一切有为相、名、分别及与正智,仗因托缘,而得生起;如幻如化,如影像、响应、光影、水月、阳焰、梦境。此非实有,无自性故;亦非全无,相宛然故。如诸幻师,变现象马,虽无其体,而有其相,依他起性,亦复如是。圆成实者,圆谓圆满,遍一切法;成谓成就,常无增减;实谓真实,理非虚妄;即一切法实性真如,真如其性故。此复云何?谓依他起,如幻缘生;遍计所执,实我实法皆不相应,是故非有;即此非有,其性实有,我法二性,常无有故;故此真如,即是二空所显。慈尊颂云:唯所执依他及圆成实性,境故,分别故,及二空故说。盖谓圆成非别物,即彼依他无二空性也。复次:此之真如,又名无为法,于常常时,于恒恒时,不待缘生，无起灭故。故《心经》云：是诸法空相，不生不灭，不垢不净，不增不减。如是略辩三性已。

问曰：此之三性，为一为异耶？答曰：非异非一。云何非异？遍计所执即于依他起上虚妄计度故，即由分别识虚妄计度故；即于依他起，即由依他起，而起是所执，故云非异。然遍计是无，依他是有，有是幻相，无是所执，有无异故，故云非一。是谓遍计依他非一非异。复次：即此依他起上无彼遍计所执，是名圆成实。依他无故，圆成亦无，俗谛无时，真亦无故。是故依他圆成，非实是异。然依他有为，缘生如幻；圆成无为，真性恒常；有为无为故，生灭不生灭故，常无常故，是故非一。复次：圆成实性，遍一切法；依他起中，正智无明，有漏无漏，两不并立；就体性言，真如皆遍；然正智非即无明，无明非即正智，有漏无漏，法相坚立，靡可动摇；是故就遍不遍言，依他圆成亦非即一。如是明依他圆成非一异义。复次：即于依他起计所执，亦即于彼显圆成实。遍计起时，真即隐故；圆成显时，执即无故；所依同故，非一向异。真故，妄故，有故，无故，绝非是一。是为遍计圆成非一，亦非一向异义。非一非异如是。不即不离亦然。

复次：诸有不达三性义者：或执依他起外别有遍计所执，依他既有，遍计亦有；如是则心外有境。或谓依他起性即遍计所执性，遍计既空，依他亦空；如是则一切断灭。又有不达真如与诸法非异者，于诸法外别立真如，真实恒遍，为万法主。如是则与上帝神我何殊？乃同外道。又有不达有为无为非一者，而谓一如来藏心开二门，一真如门，二生灭门，而谓真如熏无明，无明熏真如，体用既乖，法相淆乱。凡诸妄执与众生一切疑怖，或谓佛法为虚诞，或谓佛法在断灭，或谓佛法中有主宰，或谓佛法为矛盾之二元论，遂使

445

正法尘氛浊天。今本正理,明兹三性。遍计所执,唯是假立,体相都无。依他起性,幻相宛然,有而非真。圆成实性,即此依他,离执所显。非一非异,非即非离,披豁翳瞖,如实称量;诸有智者,应深信学。

五

问者曰:如斯所明,足显诸法实相。然云何由何而有是缘生?云何由何而有是唯识?云何由何而有是三性非一非异不即不离耶?答曰:

法尔如是。何谓法尔如是?曰:无所由故。无可说故。曰:如是岂不拨无因果?岂不有同神秘?曰:因果原非第一义谛。言说原非第一义谛。然即彼因果生灭法尔如是,此因果外更无因果,非即拨无因果。即彼诸法,法尔如是,真性呈露,不待言说,是岂有同神秘?复次:如必谓有因,则因更有因,因则无穷,云何得为诸法正理。如谓必待言说,然言说本不诠真,已如前述,空言虽多,戏论何益?当知此更无因果,即实因果;离言性相,即法实相;法尔道理,如是如是。

复次:诸法实相,法尔即是;而诸众生,舍厥现前,好求因果,耽著戏论,当知此之推求言说,即是虚妄,能兴邪执,招集一切苦恼,都无是处?此复云何?譬如宗教家然。宇宙自宇宙也,人生自人生也,而彼必推求所因,归诸上帝。谓上帝为世间主宰,有造化之能力,握赏罚之权威,谓如此则宇宙人生为有因矣。然宇宙人物既必待上帝而为因,上帝亦应有因,然彼则谓上帝以外更无所因,遂随即走入无因论，而自相矛盾矣，而为不平等因矣。既上帝可无因，人物亦何必有因，故我宗自不立因，即自无矛盾，而因缘生法，平等平等，都无主宰，各有功能，于是乃正处平等因矣。复次：既执有上帝矣，于是屈躬委节，俯伏趋奉，怖畏忧惧，靡有宁日，无利勤苦，所依为业，良足哀矣。又彼既崇奉彼之所尊以为最高无上，超绝无对矣；于是人苟复有所尊之上帝，则遂谓其侵犯我之上帝之严威，而失其无上无对之价值，是必排斥殄绝之而后可。由是对异教者残忍刻薄，芟夷斩伐，如草木焉。则犹太人之杀耶稣是也，摩罕默德之左手持经右手持剑征服非欧血染三土是也，十字军之东征横尸数百万积祸数百年是也，旧教徒之牿虐新教徒是也，教堂神甫之惨杀科学家是也。罗素谓宗教者杀人之利器——在北京讲演——此语虽过，然中心既有一绝对无上之上帝，对于异己者自难容忍而易起其嗔心，况又有护法升天之后望在死后，则宜其杀人不眨眼矣。吾闻之：耶稣教以博爱平等为归，而无救于欧洲此次之大战；又闻之：当彼两军炮火雷鸣之际，尚有宣教师者为诸军士祝祷，一者祝彼杀敌致果，二者祝彼死升天国也。——佛法制戒，十重中第一即戒杀，四十八经中第三戒食肉，第十戒蓄杀具，第十一戒作国使、作国贼、通国使命，二十一戒瞋打报仇，三十二戒损害众生，见梵网。——嗟乎！众生于五蕴执我，菩萨已重悲之，今复于此五蕴之外更别执有唯一独尊之主宰，何怪乎长夜暗暗无时旦哉？

宗教家既如此矣，诸有主张唯心唯物一元二元多元论者，愚痴诚为可愍。虽无积尸横野杀戮相寻之祸，然妄见执取隐覆真实，而诸家诘难聚党相攻，数千年来生心害政罪亦不小哉？又况乎天演论者优胜劣败、物竞天择之说，哮发人之私利狂，琢丧人之悲愍性，遂致今日世界之大难，而红黑黄种人之死于此说之下者，不知凡几,嗟乎,黠慧之士,可不慎于言哉?

复次:尚有疑者,此法尔道理,不同于自然外道,无因论者耶?曰:否。彼之自然,自为其然,是即我执;此则因缘生灭,法尔如幻,即无有自,即无我;有我无我,执不执殊,故不同于自然外道。又无因论,拨无因果;此则明因果之外,更无因果,并不拨有缘生因果;而岂同于无因论也?

六

问者曰:如(上)所明,诸法实相,法尔如是,更无有因,更无可说;然则亦无言无说而已矣;云何复言无常、苦、空,云何复言唯识,云何复言三性,乃至云何复言法尔如是,都无可说?然则大小乘教岂不虚妄,三藏十二部经岂不空劳耶?

答曰:方便善巧,度众生故。盖拔众生之执,不得不顺众生之情,是故实相则内证不可言,度生则妙有于方便,而无言说中,乃广兴言说矣。《瑜伽师地论》真实品云:"问:若如是者何因缘故于一切法离言自性而起言说? 答:若不起言说,则不能为他说一切法离言自性,他亦不能闻如是义;若不有闻,则不能知此一切法离言自性;为欲令他知此诸法离言自性,是故于此离言自性而起言说。"又《解深密经》:"解甚深义密意菩萨谓如理请问菩萨言:善男子,彼诸圣者,于此事中以圣智圣见,离名言故,现正等觉;即于如是离言法性,为欲令他现等觉故,假立名相,谓之有为,谓之无为。"由是可知诸所言说,但为方便,都非究竟。彼志所期,唯在实证彼离言自性故。然无是方便,则无从得彼究竟;于是言说文字,乃绝重矣。三藏十二部经,不厌其详,声闻独觉菩萨小大乘教,不厌其广;众生之迷执万差,我佛之说法亦万别;众生之根器既殊异,我佛之立教亦不同;如是说有说空,说顿说渐,说密说显,说权说实,如量称机,令为有种性者各于自乘而出离,无种性者亦依人天得善果。复又当知:凡所言说,都为遣执,众生执常,故说无常;众生执乐,故说为苦;声闻执实无常苦无我空,则佛又说常乐我净矣。《成唯识论》云:"为遣心心所外实有境故,说唯有识;若执唯识真实有者,如执外境,亦是法执。"又释真如云:"遮拨为无,故说为有,遮执为有,故说为空;勿谓虚幻,故说为实;理非妄倒,故名真如;不同余宗离色心等有实常法名曰真如。故诸无为,非定实有。"善达斯义,斯不于善巧方便中更兴迷执矣。

问曰:前既云名言所诠不得真实,周遍计度,法尔空无;然则方便起言,亦岂遽能使人实证离言自性法尔道理耶?曰:佛法立教,虽亦不能诠表实性,而能遮遣所执;虽非见道因缘,然是正行增上。由遮执故,邪见不生,烦恼随灭;多闻熏习,引生无漏;驯进不已,遂成正觉。是故云方便善巧也。

问者曰:方便善巧既非究竟,云何复云菩提为因,大悲为根本,方便善巧为究竟耶?曰:菩萨以他为自故,他度是自度故,众生未成佛,己终不成佛,是故众生未得究竟,己终不得究竟,众生究竟,斯己究竟,而度众生全赖方便,是故以方便善巧为究竟也。

七

问曰:佛法深广,信若子云;然此道出世间,理绝言议之境界,亦岂吾人所能实证？抑行之亦有道耶？

答曰：学佛可能者也，然与自暴自弃者无缘。佛法有道可证者也，然畏难苟偷者或中道而返。苟自信强而愿力坚，胸襟阔而精进勇，彼丈夫也，我丈夫也；发心已为天人师，三大阿僧如瞬息，夫何不可能不可由哉？孔子有云，我欲仁斯仁至矣。又曰，为山九仞，虽覆一篑，进吾往矣。

云何佛法可能者耶？曰：一者，法身真如，一切有情平等共有，本来寂静，自性涅槃，但由显得，不待新生，二障既空，真性自现，无散无缺，不外求故。学佛云何？实证法身而已矣。既不假外求，本来成就，则云何而不可能？

二者，无漏种子，法尔本有，虽凡夫位，诸行杂染，而八识中，无漏寄存，无始时来，不减不失，缘力既足，即得现行，学佛云何？成正觉耳。菩提正智，种既本有，胡不可能？

三者，凡夫位中，无漏种子虽难骤现；而有漏中，非无善种；五根五力，皆可现行。善根力强，烦恼斯弱；障碍既轻，增上缘胜。又复当知，等无间缘，为开导依，同性同类，即常相引；是故有漏无间，无漏得生。由斯二缘，正智得起。真见道后，遂正修习；金刚道后，菩提得圆。由是佛果虽非速及，方便可由渐跻；如是学佛，胡不可能？

已云可能，当示方法。依经论明：佛果功德，殊胜无边，非广大修，无由证得；由斯说修，要具大乘二种种性，能于五位渐次修行。二种性者：一本性，谓无始本有；二习成，谓正法所熏。五位者，一资粮位，从初发心，至始修四寻思观，十信十住十行十回向四十心是。二加行位，从资粮后，四种等持，谓暖顶忍世第一法。三通达位，即真相见道。四修习位，谓即十地。五究竟位，是即佛果。云何修？曰：先要发起大菩提心。因何发心？谓一者见闻佛神力，二者闻说大乘教，三者念法久住，四者悲愍众生。将欲发心，先具十胜德起三妙观。十胜德者：亲近善友，供养诸佛，修集善根，志求胜法，心常柔和，遭苦能忍，慈悲淳厚，深心平等，信乐大乘，求佛智慧。三妙观者：一厌离有为，无常苦故。二求菩提，佛果圆故。三念众生，悲摄受故。次应发心。如是发愿：愿我决定当证无上正等菩提，能作一切有情一切义利，常得逢事法界诸佛。先起信精进念定慧根，伏除障染；次发大愿，常逢善友以为胜缘，虽遇恶友而无退屈，是为最初修行。

次应修行：一略，二广。略复有三，谓境、行、果。云何境？谓观三性，遍计空无，依他幻有，圆成真实境。云何行？行虽无量，最唯唯识。观唯识者，一遣虚存实，遍计虚无，依圆有故。二舍滥留纯，境易滥外，识纯内故。三摄末归本，相见俱依自证起故。四隐劣显胜，所劣王胜故。五遣相证性，一真法界，性离言故。修此观时，以闻思修所成妙慧为能观体。于资粮位，但深信解。于加行位，起四寻思，四如实智，已能修观，而未证得。于见道位，真现观中，唯识遂证。修习位中修有差别：初四别证，五地合观，七地长时，八地任运，至究竟位，虽不更修，念念具能缘真俗识。所修有二：一种子，二现行。所言修者，令观种现辗转增胜，生长圆满。果相云何？有漏修能感世间妙果，无漏修能永灭诸障，得大菩提，穷未来际，广生饶益。说略修已。

广修云何？此亦有三：一所学处，二修学法，三能修学。初有五种：一所化处，二利他行，三真实义处，四威力处，五菩提处。如是五处，最先应达所化机宜，方应发起利他胜行，次知实义可断可修，于威力门修成自利，后于果位无上菩提受乐希求精勤修证。次修学法者:(初)于三宝功德三藏妙法净信胜解决定喜乐。(次)应求法,谓五明等爱重求闻,于内明处为自修习利悟于他,于因明处伏邪立正,于声明处典语生敬,医方明处息病利生,工业明处广生饶益;要于此五次第勤求,无障智生,资粮速满。(次)应为他宣说正法,说五明处随应利乐。(次)应修行,恶业远离,善业力修,静思所闻,观察称量,直心强信,异说无动,于离言境,专注系心,无扰乱想修止观等。(次)应教授,观众根器,随宜为说,处中之行,令其舍弃增上慢等。(次)应教诫,应遮有罪,开无罪行,暂犯谏诲,数犯呵摈,能正行者,称叹晓谕,令喜增修。(次)安三业,先以财物饶益有情,于有痴者当行爱语,于正事业应共修行。(次)修波罗蜜多,一者施,财施、法施、无畏施。二者戒,律仪戒、摄善法戒、饶益有情戒。三者忍,耐怨害忍、安受苦忍、谛择法忍。四者精进,加行精进、摄善精进、饶益有情精进。五者静虑,现法乐住静虑、引发神通静虑、饶益有情静虑。六者慧,于所知随觉真实慧、于五明三聚妙慧、作有情诸义利慧。如是六度,各有三种。(次)修四摄,一者布施,二者爱语,三者利行,四者同事。(次)供养三宝。(次)应亲近善友。(次)修无量,于苦乐舍三受相应诸众生所,修慈悲喜舍四无量故。(次)修惭愧。(次)修坚力。(次)修四依,谓依义不依语,依法不依人,依了义经不依不了义经,依智不依识。(次)应修愿。初有一愿,谓摄受正法。复有三愿:愿于生生得正法智,愿无厌心为众生说,愿舍生命财护持正法。复有四愿:一未离苦者速离,二未得乐者疾得,三未发心断恶修善者发心断修,四未成佛者早得成佛。复有五愿:一菩提愿,二受生愿,三所行愿,四者正愿,五者大愿。此复十种:愿供诸佛,愿续正法,愿如佛八相现化,愿行菩萨正行,愿普成熟众生,愿诸世界皆能示现,愿能净修一切佛土,愿诸菩萨同趣大乘,愿所修行皆不虚弃,愿当速证无上菩提。欲令所修果广大故,修一一行皆发此愿。如上所说,一切愿行,四十心中,通所修法位。复次:别修者:初发心位,学十种法,谓供养佛,赞菩萨,护众生心,亲近贤明等;亦修十力。如是余位各别有二十所修法。此位多修散行,少亦修定;谓将入加行位前,观生死染,修无愿三摩地;观真涅槃,修无相三摩地;观我法执,修空三摩地。次修四种法嗢陀南,谓诸行无常,诸行悉苦,涅槃寂静,诸法无我。修方便已,次于加行暖顶二位修四寻思,忍世第一法修四如实智。修自利已,通修五无量,起利他善巧。次于初地以无漏观证达理事,名真见道及相见道。从此位后次于十地,修十胜行,断十重障,证十真如。十胜行者,谓前六度,又加方便、愿、力、智四,总说为十。方便善巧复二:一回向,二拔济。愿复二:一求菩提,二行利乐。力复二:一思择,二修习。智复二:一受用法乐,二成熟有情。虽此十度,亦通诸位;十地所修,过前增胜,特名胜行。虽此十地,地地总修,就增上言,说十地别,谓初地修施,十地修智等。十重障者,谓十地别断俱生无明。又有十障,谓异生性障乃至诸法未得自在障。十真如者:一遍行,二最胜,三胜流,四无摄受,五类无别,六无染净,七种种无别,八相土自在所依,九智自在所依,十业自在所依。是十真如,地地别得。复次:一切菩萨应以四相,修前诸行:一者善修,自决定故;二者善巧,应机宜故;三者饶益,利乐他故,四者回向,求菩提故。复次:应以七相怜愍有情,谓非怖畏彼,如理劝授,无厌倦心,不待他请,无所希望,遭害不舍,平等无限。如是一切名所学法。三世菩萨,勤修此等,曾当现证无上菩提,更无增减。次能修学者,谓即依前所修习法,种行具修,成十一住,总摄一切菩萨皆尽。此后方得无上菩提,第十三住,成果圆满。云何十三住?一种

453

性住，二胜解行住，三极欢喜住，四增上戒住，五增上心住，六觉分相应增上慧住，七诸谛相应增上慧住，八缘起相应增上慧住，九有功用无相住，十无功用无相住，十一无碍解住，十二最上成满菩萨住，十三最极如来住。此中第一谓发心以前，第二谓发心已资粮加行二位菩萨，次三至十二即修习位十地菩萨，如次应悉。如是诸住，于无相修修证云何？谓胜解行位但能发趣，于次六住能渐获得，九住圆满，十住清净，十一十二领受修果，所作无量。复次：胜解行中十信第六，不退外道；十住第七，不退小乘；至极喜住所证不退，永无忘失；至无功用无相住修行不退，任运进修。如是三大阿僧祇劫虽遥，但得信心坚固，金刚不摇，得不退已，便顺趣入，都无疑阻。且纵不发心，志求佛果，三大阿僧祇劫，岂遂别有他道，得免轮回；而彼则出离无期，此则节节证得；诸有志者，应发深心、广大心、无畏心、无疑乱心，勇猛精进，有前无却，勿畏长远，勿希小果，菩提涅槃，意中事耳。如是说广修已。

上来所明，但尔略说，诸有志者，应更求详，杂集瑜伽，经论俱在；如畏繁广，探会綦难，则窥师心经幽赞，即便闻持，此中所云，即依于彼。恩洋学植浅薄，修持无功，自愧所言，不知而作；然深信乐，志在勤求；亦欲于他，同适大道；辄尔频数，不已于言；倘有闻而兴起，是诚快矣；又或督我言行未掩，尤所愿焉；嗟乎！生死长夜，苦海沉沦，欲期出离，应多缘力，凡发心人，悉为善友，彼此扶将，同舟共济；泰山不让土壤，故成其高；河海不择细流，故成其大；读吾书者，亦作如是观可也。

复次：佛法广大，宗趣无边，权实显密，非只一道；然在今日，科学盛行；不有理解学问，人将斥为迷信。又祖师不续，示教无人，不依经论，凭何而学？又况众生执著，随缘而迷；立教不详，破遣不密,则任意颠倒,便入外道。由是理故,法相、唯识、因明之学,应更求详。此宗苟暗而不明,他宗将同归于尽。何则?不善破立,有理难明,则彼科学哲学之徒,将视吾为宗教而共推翻之矣。然则学问一道,于今诚为当务之急,兴学校,植人才,整理旧籍,系统钻研,诸有志者,勿落人后。虽然,于今之世,复有但以学问思辩之意义而研究佛学者,与哲学一例而并观,此则谬误甚矣——佛法非宗教非哲学,已见吾师欧阳竟无先生讲演——当知我佛何为出世?彼之所期又复云何?舍厥菩提正觉不求,但嚼语言文字,买椟还珠,诚为可惜。总之:闻思信解,六度万行,两相辅翼,如车二轮,舍此则彼即坏,舍彼则此即毁;盖盲行者固徒劳而无功,狂慧者尤猖狂而入魔;一堕歧途,便难超拔,危乎悲哉,希自反也。虽然,行之与知,云何能一?学问修持,云何能备?曰:此非左右凑泊之可能,而有法尔一致之要道,则发大愿而已矣。发大愿者,悲为其一,智为其一,愿普度一切有情,愿成无上菩提,如是则名利恭敬,不足以介其心;忧患困苦,不足以动其志;欲成菩提,故必度众生,大悲为菩提根本故。是即不得不行也。欲度众生故,必求正法;方便善巧,由一切智智得故。是即不得不知也。知故必行,行故必知,知即是行,行即是知,要皆大悲大愿以为根本耳。嗟吾同志,愿共勉之!

复次:将修行者应离二种见执,应离二种颠倒。云何二种见执?一者执心外有境,谓涅槃菩提可由外得,佛身净土可离心有,于是贪染希求,欲心修习,能得正果,无有是处。当知涅槃即吾自性,清净菩提,即我无漏种子现行;前由二障隐覆不能显得,后由无明杂染,碍不现行;二障既空,真如遂显;对治既起,即是正智;是故佛果都非离心别有。而诸菩萨于我,但为增上缘;诸佛净土,于我但为疏所缘缘;因缘亲缘,皆吾自具。但若群光之相网,非若众矢之杂投；是故因缘不备，净种未起，不能于彼依持受用。云何可不仗自力，但倚外缘？怠惰者无功，执著者不返，是故第一当离有见。二者执果位断灭，以为入真见道，万相皆空；证涅槃时，诸法永尽；而不知彼云相空，所空何相？所云法尽，所尽何法？有体相相，有影相相；体相之相，如如实理；影相之相，依他相分；入真见道，正智亲证真如不变相分，挟带如体，故云无相。无影相相，非体相相。倘谓体相都空，则已断灭，云何见道以后，尚需十地勤修，始成大觉？云何名涅槃？云何名诸法永尽？涅槃者如义，本来寂静，无坏无失；但由二障，故不现前；欲彼现前，必尽二障。一切断言，皆就所执，非谓依他圆成，可有尽时。倘皆断尽，则佛果既圆，二障俱遣，涅槃界中云何复三身四智，妙用无边，利乐有情，穷未来际？此如《心经》言空，谓无智亦无得。然上文则既云行深般若，下文则又云得阿耨多罗三藐三菩提；云何得云无智无得？故彼所云，谓计所执，非谓依圆，色不异空，空不异色，色即是空，空即是色；——此谓不于依他起外别觅圆成——是诸法空相，——真如——不生不灭，不垢不净，不增不减，——此直显圆成——有明文故。是故诸读经者，当了我佛意趣，勿于果位作断灭想。云何二种颠倒？一者谓舍渐言顿倒，二者谓倒果为因倒。何谓舍渐言顿？谓诸佛法，志大乘者，要由三大阿僧祇劫，别于五位十三住渐断二障，渐证二空，功行既臻，佛果始得。趣小乘者，亦必经百千劫生死，历次四果——预流、一来、不还、罗汉——于烦恼障，渐伏渐断，始般涅槃。故无大乘小乘，一切一切，均由渐成，无顿证者。然云顿者，一对回心菩萨言直往菩萨，故言顿。谓不定种，于小乘既证果已，不般涅槃——此指罗汉，预流一来不还亦可回心——转向大乘；复经五位，三大僧祇，乃得成佛。由彼不由直入，从小乃入。故名为渐。而定性菩萨,由直入者,不由小故,即名为顿。即此顿言,仍是渐得。二果对因言,亦复云顿。谓断障证空,要由修习,彼修习因要历长时;然所得果,唯在刹那。见道成佛,皆如此故。故得云顿。然此之顿,非渐不成,如果成熟,顿时落地;然无渐因,则开花、受精、发荣、蕴结,俱无所从,云何有果?故即此顿果,渐因安立。三方便摄机,故说云顿。谓由权引入,令不生畏,故说顿因,非实如是。此如有云:放下屠刀,立地成佛;此立地成佛言,意在令彼放下屠刀,非谓放下屠刀即可成佛,然不放下屠刀则终不成佛,故方便言,令欣乐受。复次:云何必由渐耶?一者二障种子,无量劫来长时相续,不历长时,无由拔故。二者法身无量,佛法无边,一切智智,修集乃显,不历长时,难证得故。三者大悲度生,事业无量,不历长时,功无毕故。复次:二乘自利,慈悲薄弱;无智婢子,不断所知;小果易期,故唯千劫。大乘菩萨,不同于彼,悲大智大,果大因大,故要长时。诸有不知渐义者,刻意操著,苦志追求,见小欲速,便堕小乘。又或私心太重,追求过切,烦恼转增,身心俱败;遂毁佛法,谓劳无功,不若外道,苟偷易活。如是愚迷,深足悲悯,故修行人,当祛此倒。何谓倒果为因?学佛次第,曰闻思修,曰戒定慧,由闻而思,思有所凭;由思而修,修乃有道;是故资粮位中,多闻修习,四加行位,乃极寻思;既见道已,于修习位,乃正修习;未闻舍却资粮加行见道,而直入修习位者。云何可舍闻思,即事修证也?而今人则曰:待吾证得无生忍时,已得阿毗跋致时,再来修习法相唯识。此颠倒也。诸有不持戒,不布施,不忍辱——三者戒摄——而单研典籍者,以为闻思成慧,便足依持,何劳曲节虚仪,始成正觉。不知名言熏习,但尔六识法尘,此于身心有何关系?无事可资谈说,临变即付东流;而真智慧,由无漏生;此无漏种,要由引发,则有漏善根,信进念定慧等是也。由此有漏引彼无漏，非力行实践，使此善等心所数数现行，辗转增胜；菩提正觉，是焉可期？故由戒而定，由定发慧，诸求真实慧人，要从戒起。不换种子，但竞言说，此又今日学问中人之颠倒也。复次：真实现量，唯无分别智得。无分别智，复有其三：曰加行无分别智，曰根本无分别智，曰后得无分别智。加行无分别智，非即现量也，然真现量要由加行智起。则四加行位，极善思择，胜解既增，入真见道是也。此真见道，亲缘真如，可名圆成现量。见圆成已，始证依他，后得智生，入相见道。故此见道可名依他现量。二智因果，如是如是。故颂云：非不见真如，而能了诸行，皆如幻事等，虽有而非真。如是则知依他现量，要由圆成现量后起；而证圆成现量，要由思择加行；思择加行，即比量也。然则学佛云何？曰：由比量故，决择加行；由加行故，引得圆成现量；由圆成现量故，生得依他现量；因果次第，如斯显然矣。复次：善比量决择者为何识耶？曰六识也。入真见道初起何智耶？曰妙观察智，平等性智也。大圆镜智，成所作智，则虽十地，不能现起；必于佛位，乃可得起；而成所作智，但能缘事，唯是后得。与圆成相应净识，八识也，成所作智相应，五识也。而与平等性智妙观察智相应，则七识六识。如是由六七识见道已，八五现量证真证俗，要历十地两大僧祇而乃得生。所以能生，则又全由六七净识及相应智断十重障证十真如起十胜行功能所致。此其因果次第，又如是其显且著矣。而六识作用又如是其宏且重矣。然自元明而降，学问之道日衰，证空之义日盛，遂以佛法为灰心灭智之学，于是乃有废弃加行智而求根本后得智者，有废比量而直求现量者，又有以六七多比非量遂欲废而不用，纯用前五识现量者。然奘师《八识规矩颂》，颂五识云：带相观空唯后得，果中犹自不诠真。夫果中犹自不诠真，何况因中耶？因果颠倒，何若斯之甚也。

上来二种迷执，二种颠倒，虽非学佛正面，然去此负面之错误，乃较正面之积极修持者为尤要。何者？恐其流入外道，则不唯无功而反有害也。又佛法云何？亦去执去倒而已矣；执倒不去，即非佛法；故兹特详之。

八

云何为大乘精神耶？曰智无量故，悲无量故，勇猛精进，力无量故。盖菩提以一切智智成，一切智智由大悲起，大悲以不舍众生起，众生成佛菩萨成佛，众生未成佛菩萨终不成佛，菩萨以他为自故，他度是自度故，是故我不入地狱，谁入地狱，生死涅槃，俱不住故。长劫阐提，无疑畏故。如是大智、大悲、大雄大力，无量无尽，是谓大乘精神。

复次，云何由何而成佛耶？曰：以菩提为因，以大悲为根本，以方便善巧为究竟。菩提故不处生死，大悲故不处涅槃，方便善巧故不坏世法成就佛法，不坏假名而得实智。何谓不处生死，虽处生死，不依染法无明爱取而生死故，是谓不处生死，是故菩萨名最极清净者，为最极无漏者。何谓不处涅槃？虽处涅槃，而用无方，利乐有情，作诸功德，穷未来际，是谓不处涅槃。是故菩萨名无尽善根者，为无尽功德者。何谓不坏世法成就佛法，不坏假名成就实智？曰：欲度众生之执，必因众生之知，然后得与相应，如如成熟一切有情。因故，相应故，如如故，是方便善巧义。由前故即世间即出世间，次故即出世间即世间，由后故非世间非不世间。如是即世间即出世间，非世间非不世间，生死涅槃无碍无著，世出世法控御无端，异凡外之沉溺生死，异小乘之专趋寂灭，悲智无边，妙用莫测，是之谓大乘精神。

复次，云何名大乘？曰：无量甚深三藏正法为资粮故，大健有情所乘御故，无上菩提为所得故。辩是大乘，理教无边，中边无上乘品，特标三义。曰：正行无上，所缘无上，修证无上。逐录论文，文过繁衍；以意释者：一者正行无上云何？十波罗蜜广大长时无间无尽故。此复云何？谓摄受一切众生，他度以为自度，非自了故，故云广。回向正等菩提，不希世间异熟，不希声闻涅槃，非小成故，故云大。无施，无施者，无受施者，无戒，无戒者，无受戒者，乃至广说；三轮清净，我法俱空，不因贪欲戒取而行施等，不希果报而行施等，如是不为二障间杂而修行故，名为无间。三大阿僧祇劫长劫修持，难行能行，难忍堪忍，无怖无畏，无厌无倦，不速断烦恼，留受生死，终不于度有情而生厌怠，终不于成就佛法而生厌怠，长时大修，方成满故，故云长时。究竟位中，悲愿无尽，三身四智，度济无方；无余界中，作诸功德；利乐有情，长时无息，穷未来际，故云无尽。如是广大故，长时故，无间故，无尽故，是为正行无上。二者所缘无上云何？广大佛法，及真法界，远离二边，如实相应故。此复云何？广大佛法，谓三藏十二部经，声闻乘藏平等平等，菩萨方广殊胜殊胜，菩萨备学，为自成就无上正等觉故，为普度一切有情各于自乘般涅槃故。一真法界，谓即真如，性离言说，不思议故。是真法界为三乘教法所依，要缘真如，方于言说界中安立法故；亦是三乘教法所归；多闻思择要期实证故。二者相待相依，是故总为菩萨之所缘境。根本后得二智摄故，真谛俗谛二谛摄故。云何远离二边如实相应耶？于一切法，凡夫执著，兴于遍计，谓我谓法，迷谬颠倒，永无明觉；声闻独觉虽断烦恼，所知犹障，故不证真；由是二类众生，执有执无，执常无常，执我无我，执净无净，执一执异，乃至广说，是谓二边。唯我菩萨，于安立中，妙得善巧；于真法界，如实亲知；非空不空，非无非有，无我非我，无净不净，非常非断，非一异等。远离二边，正处中道；离二故无增益执，无损减执，无如其无，有如其有，是谓如实相应。是故菩萨所缘为真实不虚者，为不愚不谬者，圆明显发，周遍恒河沙数三千大千世界，洞达恒河沙数阿僧祇劫而不能尽，故云所缘无上。三者修证无上云何，涅槃菩提，三身四智，无边功德，无穷际故。此复云何？涅槃有四：一自性涅槃，本性清净，常恒无易，无起灭故。二有余依涅槃，烦恼既尽，苦依未灭故。三无余依涅槃，烦恼既尽，苦依亦灭故。四无住涅槃，二障俱空，生死涅槃，两都不住，悲愿无尽，用而常寂故。四涅槃中，初一为真如，后三皆择灭，断障证空，而显得故。所谓菩萨，谓即四智：一大圆镜智，纯净圆德，现种依持，能现能生身土智影，如圆镜故。二平等性智，大慈悲等，恒共相应，无住涅槃之所建立故。三妙观察智，善观诸法自相共相，无碍而转，于大众会，雨大法雨，断一切疑，令诸有情，获利乐故。四成所作智，为欲利乐一切有情，普于十方示现种种变化三业，成本愿力，所应作事故。如是四智，与八净识，及纯无漏遍行别境善等心所恒共相应；智为主故，特说于智；如说心王，亦兼心所。故此四智，总摄一切有为功德皆尽。如是涅槃菩提即佛法身，摄受有为无为无边功德为法身故。此法身相，如《三十颂》："此即无漏界，不思议善常，安乐解脱身，大牟尼名法。"性净圆明，诸漏永尽，故云无漏。含藏无边功德，能生五乘利乐，故得藏名。超过世间言议道故，微妙甚深自内证故，非诸世间喻所喻故，故名不思议。白法性故，清净法界极安稳故，四智心品极巧便故,是故名善。无尽期故;真如无生灭无变易故;四智心品虽有生灭所依常故,无断尽故;皆说为常。无逼恼故,清净法界,众相寂静,四智心品永离恼害,二俱能利乐他,故名安乐。二乘转依,唯断烦恼,无殊胜法,但名解脱身。大觉世尊,成就无上寂默法故,名大牟尼。此牟尼尊,所得二果,永离二障,亦名法身;无量无边力无畏等大功德法所庄严故。复次:即此法身,有三相别:一者自性身,二者受用身,此复二种:一自受用,二他受用,三者变化身。自性身即真如,自受用身谓即四智真实功德所起圆净常遍色身,他受用及变化身则四智影相显现,为度地上菩萨,及地前菩萨声闻独觉而别起故。所现身土,有净秽故,故二身别。虽皆四智现影,而他受用平等智胜,变化身成事智显,故或特云二智别现。如是涅槃菩提三身四智殊胜无边,超出一切世出世果,是为修证无上。如是证果,但就果位以明,若因果合说,差别有十:一种性修证,缘无阙故;二信解修证,不谤毁大乘故;三发心修证,非下劣乘所扰动故;四正行修证,波罗蜜多得圆满故;五入离生修证,起圣道故;六成熟有情修证,坚固善根长时集故;七净土修证,心调柔故;八得不退地受记修证,以不住著生死涅槃非此二种所退转故;九佛地修证,无二障故;十示现菩提修证,无休息故;如《中边论》说。

右三无上,即境行果,摄大乘尽。诸有不知大乘义者,妄执一二小乘教中四谛十二因缘理,谓知苦,断集,证灭,修道;及无明缘行,乃至生缘老死,及无明灭故行灭,乃至生灭故老死灭,以为即佛究竟之道。以为佛法唯在解脱生死,厌弃世间。又或不解所谓灭者所灭为何,遂执以为一切皆灭,成断灭见。而不知小乘教本为一类小乘种性悲智薄弱者设,我佛慈悲心重,亦复令彼各于自乘得果,岂究竟道?是故呼为无智婢子,为佛常所呵斥。执半为满,岂真佛法？所谓断灭,谓断烦恼所知二障,及彼所依染依他起。所谓苦集爱取有等,非为净分依他及圆成实理。菩提涅槃,为二转依故。二障既空,涅槃遂证;有漏既去,菩提即生;具如上说。诸有智者,应祛是迷,勿谬寻思,颠倒妄执。更应于大乘精神,深心信乐,勇猛修持,斯乃不负此身,生息天地。

问者曰:既云大乘精神生死涅槃两都不住,慈悲心重,不厌世间,云何佛告须菩提复云菩萨应如是降伏其心:所有一切胎生卵生……我皆令入无余涅槃而灭度之耶？曰:《杂集》云:涅槃差别者:于无余涅槃界,为欲利乐一切有情,一切功德,无断绝故。又云:于无余涅槃界,声闻独觉一切圣道由顿舍所舍,非诸菩萨;是故唯说诸菩萨为无尽善根者,无尽功德者;顿舍所舍者是究竟不现行舍义——但云不现行,不云体都灭,即此小乘岂果灭也——非诸菩萨所得圣道有如是舍,为欲利益一切有情皆涅槃故;由此因缘,无尽慧经等——此据圣教,等者等非一经——说诸菩萨为无尽善根者,为无尽功德者。又《成唯识》云:是四涅槃,一切有情皆有初一,二乘无学容有前三,唯我世尊可言具四。由是可知于一如来清净法界即名自性,示现变化名有余依,异熟尽空大圆智起,即无余依,四智功德,自他受用,及变化身,妙用无边,用而常寂,即名无住。如是即一法身,别得四涅槃名,岂舍无住涅槃,有别无余依涅槃也。空宗不坏假名经论,诠无余依,义同杂集。大乘精神,自一贯也。

问曰:如是佛既悲愿无量,无住涅槃,则今之众生,亦云苦矣,云何不见彼拔度,又云何不为吾人所见耶？曰:此即大乘唯心无境道理,此即佛法仗自力不纯仗他力精神也。此复云何？谓佛诸众生,平等平等,就因位言,各有八识,六位心所,所变相见,分位差别,及彼空理所显真如。就果位言,各有三身,四智,无边功德。以平等故，不能纯仗他力；生死流转，自业自受；二障二空，自证自得；诸佛菩萨，但作增上缘；亲因缘者，唯自种子；以是理故，自不造因，诸佛即不能强作增上；虽作增上，愚夫执著，亦复不受；故无缘者，诸佛即不唐劳其功。要有自因，菩萨乃从而开导故，盖佛众生，为平等者，非若外道所执上帝，有主宰人类万物之权威，又为创造众生之因缘，如是而众生乃敢造能造种种罪恶，彼之上帝乃不能度乃不能禁，是故彼之上帝为不仁者，不智者，否则为无有者；而此疑难，佛法不受。以平等故，非因缘故。云何唯识，凡识所缘，皆自所变，识所不变，即不复缘，故缘他身，亦自心现，彼身本质，亦作增上缘，如彼本质而变现故。然众生之托质互变者，要业趣功德等者，乃有是能；纵不相等，亦必相近。故六趣众生，于自趣——如人与人，或他趣——如与傍生，又佛与佛，佛与菩萨，皆互变影，而得为缘。其业力功德相悬太远者，即无此能，故人天地狱，不互为缘，地前菩萨亦不能见他受用身佛，但能见化身佛。虽佛菩萨威力不可思议，能缘于下，然欲令众生见者，亦必变化示现如人畜等，而后人畜乃始得见。但人畜虽见，只认作人畜，不知为佛也。然无缘者，亦不必现，以无功故。是故佛身虽复周遍恒常，而诸众生二障深重，不得缘，以不能如彼而变起相分故。是为唯识义。以是因缘，不可妄以愚情不测，遂拨非有也。苟能勇猛修持，因力既厚，入地见道，菩提正觉，则诸佛菩萨正伫立相待吾党之来也。

九

内宗差别者，外人难云：如上所云，虽复高广，然汝佛法，宗趣繁多，说大说小，说渐说顿，说密说显，说空说有，彼此矛盾，互相刺谬，将非一人而两舌，导众生以无所适从耶？

答：前既言之，法尔道理，唯是离言；三藏经论，皆为方便；众生之执著不同，故我佛之遮遣亦异；如是苟达其宗，无一语而不圆；若违其旨，无一宗而非过；岂若子之所疑云云也？诸宗立说互殊，而旨归则一；所谓殊途同归，一致百虑者也。未达斯理，且勿轻谤。今本斯义，明内宗差别；然欲一一备论，力有未能；大小乘异，如前可以略窥；故兹仅就大乘中空有二宗略明其致。

性相二宗云何歧异耶？曰：其故有八：一者所诠别故，二者所遮异故，三者根据殊故，四者缘境别故，五者宗旨殊故，六者权实异故，七者广略不同故，八者先后时异故。凡兹数义，俱从吾师所闻。

云何所诠别？前言之：一切法相，不外三性；而此三性，不一不异，不即不离；是故就遍计言，则一切皆空，无所有故。就依他言，则一切如幻，因缘生故。就圆成言，一切真实，皆以如为体故。性宗言空，就遍计言也，则固一切皆空也。相宗言有，就依圆言也，则固一切皆有也。是谓所诠别。云何所遮异？释迦圆寂，小乘盛行，蕴处界三，言多溺有，龙猛提婆，承文殊学，遂说空宗，破彼有执。自兹以往，空见偏多，无著世亲，亲承慈氏，瑜伽大论，广绎宏旨，破恶取空，故说于有。是为所遮异。云何根据殊？性宗就二谛明，故云真性有为空，而不遣俗境有。中百诸论，亦复云然。盖谓就俗谛言，则一切皆有；遍计所执，亦如应执著故，就真谛言，则实相离言，理绝寻思，依他如幻，都无自性。此性宗义也。相宗就三性言，则有无各殊，遍计非有，依圆非无，有即说有，无即说无，不落二边，正处中道，如如相应，乃称瑜伽。以是因缘，性相差异。是为根据殊义。云何缘境别？就根本智言，则实证真如，如如不动，言说不到，寻思不及，唯一性真，都无差别，一切一味，无减无增，一落言诠，便非实谛，是故性宗立教，唯说一空。就后得智言，则变相而缘，依他幻有，帝网重重，言说愈多，愈得善巧，是故蕴处界三，唯识三性，一切一切，诠表多方，法相一宗，无不研极。是为缘境别义。云何宗旨殊？观行瑜伽，唯在遣执，遣执不尽，实证无期，空空亦空，如如乃证，性宗盖为四加行修瑜伽者说法，故特言空。境事瑜伽，在诠法相，诠表不善，堕恶取空；拨无因果，何修何证；妄执不祛，行持无力；相宗盖为资粮菩萨，引发正见，故备言有。是为宗旨殊义。云何权实异？我佛说法，有权有实，是故不达四意趣，四秘密者，于佛所说教，难可通达；相宗就三性言，是故空如其空，有如其有，是为实语。空宗单就遍计明，依于三性立三无性，曰相无自性性、生无自性性、胜义无自性性，此皆权说。故《深密》无自性相品颂云："一切诸法皆无性，无生无灭本来寂，诸法自性恒涅槃，谁有智言无密意？相生胜义无自性，如是我皆已显示，若不知佛此密意，失坏正道不能往。"是为权实异义。云何广略不同？瑜伽立教，普被三乘；四谛、缘起、唯识、三性、三无性、四涅槃等，无不备明。空宗唯识，立法虽殊，而所被种性，俱简小乘，自性无住俱为菩萨。广略殊故。彼唯说空，但遣有执；此俱说空有，普被群机；如是两宗立说有异。复次：性宗诠遍计，相宗备明；性宗据根本智言，相宗非遂不讲；性宗言观行，相宗说分别瑜伽；性宗言二谛，相宗复明四重真俗；——见窥师《法苑义林》等书——是故清辩菩萨作《掌珍论》曰：真性有为空。窥师驳之曰：此真性言，理非极成，盖在我宗，就俗谛言，有空不空，三自性等，有无别故。就真谛言，非空不空，一真法界，性离言故。凡此驳斥，虽清辩不受，以彼空言，但遮于有，非表无故。然彼但遮于遍计之有，此则三性真俗备明，广略之不同，已具见矣。云何先后时异？真实法性，证得者莫不皆同；方便立言，则后来者率较前善；盖学问一道，愈经研究思辨之功夫，则其组织愈为精审也。此则如唯识因明之学是也。其在马鸣龙树之世，因明多同外道，更无其他深旨。唯心唯识则但话头语录而已，非有系统之组织也。——《大乘起信论》虽若裒然成册，特明唯识，然粗略特甚，乖舛尤多，最甚者则真如无明之相熏及三细六粗之生起是也。此直体用之不明，而谓世界为有初矣。此书是否马鸣所作，盖难辩明；即果是马鸣所作，智周演秘，亦谓译辞有乖；亦正可见当时唯识学之幼稚也。——待陈那天主出，而后佛法乃别有因明，精深谨严，特具深旨。而唯识自无著作《摄大乘》，世亲作《二十唯识》《三十唯识颂》，始特树宗风。迨十师造论于西方，奘师窥师继轨于东土，辗转破立，折中取舍，《成唯识论》出而后始壁垒森严，破无可破，疑无可疑，而《华严》《深密》《楞伽》《阿毗达磨》诸经所说之零章语录，遂蔚成巨观矣。因明唯识如此，瑜伽杂集亦然。性宗相宗，时有先后，先出者既已树宗风，后出者非别启新机，别有深旨，则何以自立？抑后出者研讨详，取精多，衡审失得也更有进，是故其立义为胜乎前也，是为先后时异义。凡兹数义，两宗各有理由，见道成佛，都无异致。然最后广略、先后二义，则不能不特尊法相唯识。嗟乎！慈氏为此方大师，继释尊而绍隆正法，于未下生，先垂大论，宏广普被，伟矣大哉！唯识后出，研讨特详；十师破立，最为护法；彼贤劫之一佛，迈群圣而高蹈，睿旨玄思，亦既精深矣；奘师天纵之英，窥师继起之杰，传译纂述，功亦伟哉！遗典在兹，惠我有情，孰有更甚于此者？然则舍兹法相唯识，我何归哉！虽然，众生痴愚，随事起执，是故真实正见，每从两极不同之学说中得来,不有性宗之空空亦空,法相唯识之所云云,亦未易深悉也。是故不学相宗而言空,固易流于恶取;不达性宗而说有,亦岂能免拘执名相,随事攀援,支离无归之弊哉?两相反而实相成,明于此者达于彼,是则在于学者之宏达精思,固非拘执门户者所可与言也。嗟乎!《掌珍》一论,吾获益多矣,胡可轻议?

十

释凡外疑畏者,宗教家言曰:汝佛家言,遮拨上帝,善恶果报,谁则主持?如是则作恶者奚惧而不为,为善者奚求而黾勉;且众生无主,生死何归;流离漂泊,将无所止矣。

答曰:法理自有诚伪,岂因利用而可诈言;上帝梵天,无即无耳,胡事伪言;至善恶果报,法尔自无佛差爽;异熟等流,轮回非从外铄,业力招感,何待上帝之主持也?且夫信道之不坚,即由存心之薄弱;为善而多伪,类本贪欲之追求,以祸怖人,既增人之怖畏,将使心志之弱者愈弱;以福诱人,更引人之矫作,益令贪求者日甚一日;然则根本澄清,唯有使之自觉自勉而已矣。是故宗教之迷信与宗教之威权,皆吾人之所当排斥,而奚假于彼哉?至于我自发心,我自成佛,平等平等,都无差别;但若光光之相网,非如主奴之相役,而奚用于归止?且夫一切法本无所住,本无所得,即以无住无得而为究竟。一真法界,无去也,无来也,无生也,无灭也,更胡为求归宿于外物哉?

科学家言曰:子言是也,虽然,汝佛家既破上帝迷信之说,而复执有因果轮回地狱人天种种谬说;吾人治科学者,以推证为方便,以实验为究竟;汝之地狱人天以及所谓佛菩萨者,可以数理推证者欤?可以望远镜显微镜察验者欤?如不可能,则亦得无同于迷信否?

答曰:奇哉!固执局守方隅,动欲以一介之长,自尊为无上之学。佛法云何?汝亦知否?经云三界唯心,论云万法唯识,盖就遍计所执言谓实有外境,实有我法,则无往而不破斥;岂特地狱饿鬼色无色天为非有,人亦非有也,山河大地亦非有也,地水火风亦非有也,空间非有也,时间非有也,乃至我亦非有、心亦非有、识亦非有也,万象皆空,一物不立,而岂有所流滞执著耶?凡此道理,世或疑惑莫定,怖畏而不敢从;以为物质实在,能力不灭,定律具在,胡可动摇?然自科学之进步,科学之自身亦自节节斩伐,自成矛盾矣;则柏格森之由科学出而排斥科学是也,罗素之分析物质而归之现相是也,安斯坦之别有发明而大反数百年来之定律公理是也。此后之科学为全体推翻乎,为根本改造乎,虽尚未定;然其自身之不足解释支配一切物理而必多改革,则断断然矣。夫科学之能事,在静的、笨的、无知觉的物质界而已多不足恃,则于变动不居周流六虚不可为典要之心识,更何力何能足以问津耶?盖自遍计言,则既一切而空矣,然就依他言,则亦既如幻而现矣,此之如幻变现,要皆不离吾识,因缘生灭,无一息停,宇宙非外物也,根身非实体也,唯识无境,前既详言之矣。阿赖耶中,此种遇缘,此即现起;异熟招感,唯视业力;既于无境之中幻有今日之山河大地,则亦何能禁后日之不依余业力而招余地狱饿鬼色无色天之境界耶?苟信唯识,即信赖耶;信赖耶者,即信异熟;信异熟者,轮回六趣,乃至出离世间,入地见道,涅槃正觉,无不可通,无不可知,而无不信之矣。而奚足异欤?地狱饿鬼,惨乎悲哉!菩萨诸佛,巍乎大矣!我云何而可度彼恶趣，我云何而可成彼正觉，急发信心，勿妄疑畏。若夫推证者当先读书——要算微分积分人人都知道先学加减乘除，对于佛法却无人肯读一卷书便要想懂得他的最高学理，闭著眼睛乱想，想不到时便说佛法为迷信为胡说，这也是一件最令人不可解的事。今人多以佛法不合科学为疑，吾谓人果真能以研究科学的法子来对待佛法，如像未懂得加减乘除时便莫要乱去疑心微分积分的不对，真想要懂微分积分便一步一步地将算学几何三角代数等等学了再说，莫要瞎猜；么，佛法也便少受许多冤枉幸运道谢的多了——然后比量可施；实测者当先修行，而后现量可证。闻思修慧，是其要也。及夫神通显发，天眼他心，六道众生，知之易易，诸佛菩萨，亦如友相接也。

哲学家言曰：汝以唯识之义，破科学家，发语诚辩；虽然，汝亦知唯心论之在今日哲学界墓木已拱耶？喑喑诤讦，亦希益也。

答曰：渺乎陋哉！奈何不读佛书，而轻事比拟？西方唯心家言，胡足道也？奈何与佛法唯识并为一谈？盖彼此之大小广狭绝殊，真伪假实绝异也。不嫌辞费，略述吾言。西方唯心论家但知散位六识而已矣，唯识家则根本建立阿赖耶识。据六识以言唯心，但能解释独头意识，缘过未及梦翳等境而已。若夫五识之必仗质而起，及夫五俱意识之所缘，则不能谓其唯心矣。何以故？如缘终南山，必于陕西起，余处不起故。如缘满净月，唯于十五起，移时不起故。虽唯识家不承认亲缘外质，唯亲缘相分，然疏所缘缘，决不拨斥。西方唯心论家则悍然执彼无也。此大反乎事实者也。使其顺事实而承认之，则唯心之论遂自破矣。佛法唯识，则异乎此，疏缘虽有，仍是识变，而非外境。盖八识起时，内变根身，外变器界，为识及身，依持受用，亦为自识之亲相分。五识起时，即托此质起；而此八识，异熟果故，所变身土，于定期内，业无转改，故成定局，都少变易；不若五识六识随时断绝，或突然现境；故五识缘时，亦即有定，此处见山，不于余处；此时见月，不于余时；而八识相分，并非外境。复次：西方唯心家言，既昧八识，于是有人问曰：既外物但随心变，心不在时，物应即灭，云何今日于此屋见椁，明日复于此屋见椁等？彼则答曰：虽不住在我心，而住在众人之心，故不即灭。人再难曰：人亦尽不之见也。彼则遁词矫说曰：虽不在人之心，而在上帝之心。夫既云他心所存之物而我得缘，则既承认有外境矣，又况推出心外实有之一假上帝以笼罩一切，而更何唯心之足云哉？佛法之言唯识，则异此矣。六识五识虽有断绝，而八识相续，曾无已时；不相续者相分见分固均不相续，无所谓存于他心也。其相续者，自尔相续，又何需存乎他心与上帝耶？复次：既言唯心，则六识转变，从何而起，不达赖耶持种受熏，则又将归于上帝也。佛法唯识，则又异此。在彼则疑网重重，但尔迷执。在此则坦坦大道，如应真知。彼此之不同，希甯天渊也。略举数义，余未及详；诸有智者，可自寻绎。

实用家言曰：汝驳宗教家科学家哲学家亦诚当也。虽然，卑之，无甚高论。当今时势亦云急矣，说空说有，果于现世生活有何关乎？于国家社会果何益乎？徒然空谈，不如其已。

答曰：嗟乎！最可哀而可悯者，孰有甚于沾滞一时之利害，而忘久远之大计者乎？乡之人，有以渔为业者，日杀生以百千数，人或告之以因果之说业报之理，彼非若科学家哲学家之慧黠，固亦赧然愧于心，惶然惧于罪。然转念则曰：不如是则无以给吾现时之生活也，遂复寻其旧业。愚矣哉，斯渔人也！苟明日而饿死，则即明日而少负百千之命债矣！岂不愈于永堕恶趣，无出期哉？嗟乎！

世之言实用言现世者，孰则能智于渔人哉？数年前德意志国富兵强，亦云极矣！恐恐然惧乎英人之独占海权，将使彼人无发展地，终坐困西欧有亡国灭种之祸也，于是特启祸端，大战数载，死人数千万，遗祸全世界，而卒以割地赔款以止。然在今日之德国，则亦未闻遂有亡国灭种之祸，在彼当日，使遂不作此妄想，不开祸端，而以其兵力财力向文化教育诸事发展，则岂遂有灭亡之祸哉？甚矣哉！为物竞天择优胜劣败之说之不仁也！遗毒人心胡可拔也！吾谓人心种种之疑惧、恐怖，皆执著耳！皆妄想耳！奚不早祛荡于心也哉？抑吾人又当问所谓现世者何耶？常者耶？乐者耶？有我者耶？实有者耶？如前所明，则亦无常、苦、无我、空而已矣。如是则何物哉？一幻影而已耳。于此区区之幻影，何为贪恋之而怖畏之也哉？且夫现世云云，时间上之一名词耳。其在时间，过去者已灭矣，未来者未生也，现在者不住也。刚言现在，已非现在，焉有所谓现世者哉？抑吾人之生，亦云暂矣。生老病死之相代谢乎前，能百年而死者几人欤？又何为贪恋夫富贵名利区区物质之崇奉而不念其远大者欤？吾闻之：始皇按剑，诸侯西驰，削平天下，同文共轨，此亦极人生之能事矣。然一旦魂断，宫车晚出。项籍以江东子弟，人唯八千，覆秦兴楚，威盖当世，此亦人生之大业矣。然垓下一败，姬马同哀。恨赋云：试望平原，蔓草萦骨，拱木敛魂，人生到此，天道宁论？千古人读此，孰不凄怆伤心者也。虽然，吾非厌世者，吾非恋生者，所以复云云者：为实用家之执著现世，示其无常无乐而已耳。虽然，世间事亦胡可不留之意焉？度济众生，要有于方便，高谈学理，亦属无益，是故治乱持危，要亦菩萨分内事。顾救乱要于其本，求治要期其归，则既前言之：世事之乱，由恶业起也，恶业由贪瞋起也，贪瞋由愚痴执著起也，愚痴由不如理作意起也，吾亦欲正人心,息邪说,以抵世事于清平。而得根本之救治究竟之解决也,则如理作意是也,如理作意佛法也。夫然而佛法者,觉法也,根本救治之法,究竟解决之法也。吾悲现世,是故吾不得不明佛法。

恩洋愚昧,长劫沉迷,此生托双亲之爱养,得求学于海内,三年之间,幸遇吾师宜黄欧阳竟无先生,授我大法,饮我甘露,由是发愤坚我信心,顾为时暂耳,所学几何？当今学说混沌之际,少年小生,辄好执笔为文,浅薄浮夸,学风益坏,余何人斯,胡不自惧？奈何助其澜而扬其波？虽然,佛法之不明,亦既千余年矣,我师于学绝道丧之后,披寻旧籍,上续唐人,凡所发明,云胡可秘？今遂以平日所闻,及读书所得,纂成斯篇,以公诸世。中间凡有一语之中尺度,皆经论之所备载,或吾师之所口传也。若夫谬误乖舛,则我才之下驽,学识之肤浅有然也。读斯论者,幸详察之。抑此中所云,吾虽已得胜信,而实未得受用,不知而作,遗笑贤哲。然吾又闻之,自未得度而先度他,是菩萨发心；众生成佛,菩萨成佛,菩萨以他为自故,他度是自度故；吾知此土多大乘根器,其或有因余言而遂触动其宿根、奋然而兴起者,论德论齿,吾当以师友事之。复次颂曰：

世间苦恼因迷执,欲得究竟拔根本,正法晦霾久不明,是故我今作斯论。

诸行无常苦及空,因缘生法无有我,众生颠倒兴邪执,故佛说法度迷情。

诸法虽有不离识,种现集起于赖耶,业力招感成异熟,流转生死故非断。

三性遍计及依圆,是为诸法真实相,自性无有如幻有,常遍无妄谓真如；

此三非异亦非一,不坏唯识及断灭,妄执似我及能熏,应知彼同外道见。

法尔如是更无因,自性离言无可说,为度众生妙起言,方便善巧惟遮遣。

学佛要由三大劫,五位勤修毋疑怠,不离二执二倒者,应知唐劳可哀悯。

大乘无上境行果,菩提大悲为因缘,生死涅槃俱不住,故名无尽功德者。

我佛垂教有权实,是故诸宗各不同,了达真性都无别,不于空有兴疑畏。

宗教哲学科学徒,实用现世外难者,应达佛法何所云,勿在门外起谤毁。

今本经论及师言,总显佛法真实义,顶礼法界一切佛,愿同众生成菩提。

1922 年

金刚般若波罗蜜经释论

吾幼读宋人笔记云,景德间有采煤者,凿山发现旧矿穴,至深处,忽闻诵经声。吓异之,穿其穴,则见伟然一老翁须眉皓白,神彩异常人。伏拜于地曰,神乎神乎。翁曰,予非神,乃矿工耳。曰,矿工何由在此?曰,昔采矿忽岩崩洞塞不得出,因诵《金刚经》以待死。久念心静,洞中忽现光明,饥渴欲饮食,掖下自有持食相与者,亦不知其人也。余念益虔,相续至今。问其寿,曰,穴中无昼夜,无岁月,不知也,但穴闭时皇帝姓李,时号开元。曰,若是则数百岁矣。

六祖少时,卖柴养母。一日担柴至某宅,闻人诵《金刚经》,至应无所住而生其心,脱然开悟。问是经何自来也,曰,自黄梅五祖。因安置母,北上求师。见五祖,命作行者。尽得五祖之法,并经及袈裟而归,开曹溪,为六祖。子孙千亿,五叶联芳,何其盛哉!

经云:一切诸佛阿耨多罗三藐三菩提法,皆从此经出。是故于此经中,下至受持读诵为人解说一四句偈所得功德,乃至胜过以恒河沙等财宝生命而作布施。当知此经义不可思议,果报亦不可思议。

此经流传世间最为遍广。上自儒宗学士,下至走卒贩夫,若比丘、比丘尼、优婆塞、优婆夷,乃至皇坛道士,无不持诵是经。而送死荐亡,富有力者,结界延僧,念诵回向,亦云普矣。然而僧道之所得,经资供养而已矣,未能成佛作祖也。庄生有云:"能不龟手一也。或以封,或不免于洴澼絖。"岂不以了义不了义之为异耶?

昔者先母死,予为诵经藏。先父死,予为诵律藏。今春先师死,同门共为诵《金刚经》。殡祭毕,返文教院沿途拟思作释,至院则以著他书不果。孟冬复至内院祭师,归途过泸佛社友人请讲是经,七日毕。今故依所讲而成释。回向遍虚空界过去现在父母师友。

1943年12月于东方文教研究院

《金刚经》前后六译,鸠摩罗什法师最初译于姚秦,名曰《金刚般若波罗蜜经》。菩提流支三藏译于元魏,真谛三藏译于陈,名同。达摩笈多三藏译于隋,名曰《金刚能断般若波罗蜜经》。玄奘三藏法师译于大唐,最后义净法师复加重译,二家俱名《能断金刚般若波罗蜜多经》。般若波罗蜜多者,此经之体,此译智慧到彼岸,略云慧度。无漏智慧,能度有情出生死海,至涅槃彼岸故。金刚,兵器之最坚者。秦魏陈译但云金刚,则喻无分别智,无法不摧,能断为体。唐译能断金刚,则所断为目,金刚以喻所知障,于诸障中最难断故。能断者般若之用,此能断彼故。隋译金刚能断,与唐译义同,辞顺逆故。译名既异,辞义亦多有不同。什译净译最略,奘译最详,相差近三千字。辞义最备,莫如奘译矣。然国人好简,读诵流行概为什译。今仍据什译作释。其有与余译异同者,随处亦略为指出。

释是经者,最为繁广。据所知者,印土则有无著世亲论释,流支译之名《金刚般若经论》,义净译之名《能断金刚经论世亲释》。

功德施《金刚般若经破取著不坏假名论》,地婆诃罗译之。并六译合本,支那内学院先后刊于南京江津。其在此方作释作疏者,充栋汗牛指不胜屈。盖流行既广,释者自多。然真伪杂滥,精粗混淆。更有假燃灯之名,阐丹鼎之义,乃六祖注等,讹义至多,不易董理。故知经义之不明反因疏释障之也。今兹所释,大义本之般若瑜伽,文字制裁断以自心,以上不背乎圣言,下能导引凡俗,庶几利乐有情令法久住。

> 如是我闻:一时佛在舍卫国祇树给孤独园与大比丘僧千二百五十人俱。"及大菩萨众。"_{依净译增}尔时世尊食时,著衣持钵,入舍卫大城乞食。于其城中次第乞已,还至本处饭食讫收衣钵,洗足已,敷座而坐。

此初序分,说经时处等。经初如是我闻者,显如是经是我亲从如来之所闻也。我佛在世,但口说法不曾著书,弟子亲闻辗转传授。佛灭度后弟子集结大小三藏,亦但聚集同门,推阿难等登座说法,如佛所说而重宣之。大众公认语义俱圆不违佛旨,即便传宣普及世界。故诸经首皆置是言。所以显示经为佛说,尊其教也。经之书于贝叶,盖在佛灭数百年后。即以是故,经传既久,遂有出入。六译不同,非全关于译者之文章学问见解有殊,亦所据底本不同欤。一时者,说经之时。自始迄终,总名一时。

在舍卫国祇树给孤独园者说经之地。国名舍卫,林名祇陀,园名给孤独。当佛之世有大长者性好施与周给孤独,以其慈善,人共称为给孤独长者,为子娶妇往于邻国,因闻佛名心大欢喜便往见佛闻法得果。即请如来到舍卫国度济有情。先自返国修建精舍。遍

477

求国中，唯祇陀太子林园佳胜，便求卖与。太子戏曰，能以黄金布地遍满林园则与尔也。长者喜诺，返家辇金敷其园地，唯缺一角而金已尽。太子叹曰，佛无胜德安能起彼如是大施。念彼既然我何不尔，遂舍其园自留其林同供养佛。佛故名以祇陀林给孤独园云。此译简称祇树也。

与大比丘僧千二百五十人俱者，翼从之众。净译复有"及大菩萨众"。说是深经应有菩萨也。依经后分，亦有比丘尼、优婆塞优婆夷、一切世间天人阿修罗等，所受化者非唯比丘。

尔时世尊食时等者，显是说法在佛乞食后时也。佛制僧众不蓄资财，日中乞食以维生命，亦为众生令修福智，是以入城次第乞食，不择贫富，皆令彼有施济功德也。饭食既讫，晏坐寂然。

　　时长老须菩提在大众中即从座起偏袒右肩右膝著地合掌恭敬而白佛言：希有世尊如来善护念诸菩萨善付嘱诸菩萨。世尊善男子善女人发阿耨多罗三藐三菩提心，云何应住，"云何修行"五译皆有是句，云何降伏其心。

第二须菩提虔恭请问。长老者，年德俱高众中上者。魏译慧命，陈译净命，隋译命者，唐译具寿，各据一义。须菩提者，十大弟子中解空第一。隋译善实，奘译善现，义译妙生，皆以义译。此须菩提已得无学回向大乘，兼欲般若大法流传世间，故为礼请发于正问。袒肩膝地印度最敬之仪，犹之免冠稽首也。希有世尊者，天人之师位超三乘十地。又佛出世难，如优昙花时乃一现，德尊难遇，故名希有。降伏四魔具六种德名薄枷梵，义译世尊，超越众流，功德无上故。如来者，积集福慧等三世佛来世间故。又如法实相而证入故，如众生机而度脱故，名为如来。菩萨者，菩谓菩提，此译为觉。萨谓萨埵，此译有情。志求正觉度诸有情，悲智双具，故名菩萨。因位为菩萨，果即成如来。菩萨正是如来之所教化，故此说言如来善护念付嘱诸菩萨也。对根熟者心常护念。护谓护持，令无违犯，福慧增长。念谓系念，常不忘失。诗云心乎爱矣，遐不谓矣，中心藏之，何日忘之。如来之护念菩萨亦复如是。则其所以教诲之者当其机而不失时，故云善护念也。对根未熟者意常付嘱。付谓付托，嘱谓嘱累。根既未熟不得亲承佛教，则佛以彼付托根已成熟诸大菩萨，令将此法辗转传授开导未学，则三宝不绝群生有赖矣。既佛如是大慈悲愍一切菩萨，则必有以教诲之者。故发三问，谓诸发趣大乘心者，云何应住，云何修行，云何降伏其心。今此译本缺修行一问。

善男善女并发心者，菩萨不简男女故。阿耨多罗三藐三菩提者，义译无上正等正觉。阿者无也，耨多罗者上也，三者正也，藐者等也，菩提谓觉。显异外道，邪觉非真，故云正觉。显异二乘，少觉非遍，故云等。又显无漏出世智故，异诸世智，有漏分别，故复言正。更显不同菩萨，虽正虽等而未至极果，是有上故，复云无上。即是如来极位之智也。菩萨发心，唯求佛果。佛以无上正等正觉为体，故发是心。言佛如是，我亦如是，誓成彼也。

已发无上菩提心者，当知所应住，所应修行，及应降伏其心之道。《不坏假名论》云："云何住者，于何相果心住愿求。云何修行者，当修何行而得其果。云何降伏其心者，降何等心，使因清净。"三相具足，则真菩萨，故总为三问。

佛言，善哉善哉！须菩提，如汝所说，如来善护念诸菩萨，善付嘱诸菩萨，汝今谛听，当为汝说善男子善女人发阿耨多罗三藐三菩提心应如是住，"如是修行"，如是降伏其心。唯然世尊，愿乐欲闻。

第三佛正答三问也。于中初赞慰许说，次答应住，次答修行，次答降伏。此初也。善哉以下，赞之也。汝今谛听以下，开许为说也。佛既开许，善现故庆乐闻。慈和爱语，委曲温存，如坐春风也。

佛告须菩提，诸菩萨摩诃萨应如是降伏其心。余译多作当生如是心所有一切众生之类，若卵生，若胎生，若湿生，若化生，若有色，若无色，若有想，若无想，若非有想非无想，我皆令入无余涅槃而灭度之。广大最胜如是灭度无量无数无边众生，实无众生得灭度者。至极何以故？须菩提，若菩萨有我相人相众生相寿者相，即非菩萨。无倒

次答如何应住也。此译应如是降伏其心，则总合三答为一。于此文中，一明所度，谓所有一切众生之类，若卵生等。言众生者，具生命物，即诸有情。植物有生而无有命不名众生。众生类别有其多种，就生起方式而别则有四种，谓卵胎湿化。卵生者，有父有母从卵而生，如鸟虫等。胎生者，有父有母从胎而生，如兽等。湿生者，无有父母但凭湿暖纲缊而生，如微虫等。化生者，无有父母自化现生，如地狱诸天等。（六欲诸天亦有父母，但不从母腹生，自化生于父膝顶上，但寄生耳。）就有色无色而别则有二种：一者有色，谓欲界色界五趣众生。色谓形色，内具色根身，外居器世界。无色者，谓无色界，色身器界二并无有，但以神识相续而住。就想

差别又分三种：一者有想，除有顶天及无想天，余诸众生皆是有想。无想者，谓无想天，此天一生除生死二刹那中皆无想故。非有想非无想者，谓有顶天，此天离诸有无等想，又不同于无想天全无有想，想极细微，故名非想非非想天。又《不坏假名论》云：空识二无边处名有想，无所有处名无想，有顶名非有想非无想，但就无色分别为三。如是一切摄众生尽，皆是菩萨之所化度。论释名此为广大意乐，意愿宏广，度尽众生故。《不坏假名论》释此以为无边心。

二明度所至处。经云，我皆令入无余涅槃而灭度之。云涅槃者，此云圆寂，烦恼寂静，功德圆满故。谓诸有情从诸烦恼造一切业，从业感生受种种苦。厌坏苦故，志求出离。出离之道，当寂烦恼。烦恼既寂，业苦不生。由斯便得净法圆成，超然解脱，名为涅槃。此之涅槃复分四种：一本来寂静自性涅槃，即无为法，法性真如，一切有情平等共有。由不悟此，起惑轮回。悟入彼故，断惑转依。二有余依涅槃，诸修行者断惑证真已至究竟，苦依未尽，有余漏身，如阿罗汉未入涅槃，还同众生受身苦故。三无余依涅槃，烦恼既尽，现报亦终，引火焚身，不受后有，所余依身皆寂灭故。入真法界，不灭不生，善常安乐，即此名为无余依涅槃。四无住涅槃，诸佛菩萨大智悲力，不住生死，无垢染故。不住涅槃，愍众生故。穷未来际，作诸功德，用而常寂，故名无住涅槃。今此无余涅槃，即无余依涅槃，三乘极果，共所证故。然《不坏假名论》云："无余涅槃者何义，谓了诸法无生性空，永息一切有患诸蕴，资用无边，希有色相圆满庄严，广利群生，妙业无尽。"当知唯就大乘无余涅槃说，佛度有情本愿如是，皆欲令成佛涅槃故。然诸声闻弗证此果，但寂苦恼，弗利生故。而灭度之者，灭其苦惑，度至彼岸故。《论释》谓此为最胜意乐，拔济有情至究竟故。《名论》谓此为最上心。

三明无外无取如是而度。经言,如是灭度无量无数无边众生,实无众生得灭度者。二论俱云：菩萨摄受有情以为一体,视他如自,故灭度他,即自灭度,非自身外别见有众生也。此即慈悲摄受意乐,故云无外。《论释》名此为至极意乐,《名论》目此曰爱摄心。又诸菩萨已断我法执,无分别智不见我法,度及所度都无所得,即无执取。无执取,故虽度众生而不见有一众生得灭度者。《论释》名此为无颠倒意乐,《名论》目此为正智心,而皆以释有我相等即非菩萨之文。今谓实无众生得度一句已具悲智二心,我相等文释其所以,何以故句连属上句故。我等相者,魏译三相,无我相。陈译四想：我想、众生想、寿者想、受者想。净译四想：我想、众生想、寿者想、更求趣想。名论亦四想：我想、众生想、命者想、取者想。奘译八想：有情想、命者想、士夫想、补特伽罗想、意生想、摩纳婆想、作者想、受者想。凡此皆是我之异名。就所缘言,名之为相,取彼相故。就能缘言,名之为想,起彼想故。我者主宰为义,执五蕴身有其实我能作主宰故。人者对我而立,自他差别,异我为人故。众生者,统摄自他一切有情。寿者者,于一期中随业势力寿命决定,我有是寿,名为寿者。此论四相义也。更求趣者,即是补特伽罗,义译数取趣,于五趣中死此生彼,数取诸趣故,亦即取者。奘译士夫,即是众生。意生者,中因之身随意生故。摩纳婆者,此名寻香,亦目中因,寻香受生故。我能作业,我复受果,故名作者受者。虽具有八名,若依二论,唯取我众生寿者及数取趣。我正属于能度之我,众生即赅所度一切有情,寿者指现生安住,即是命者。更求趣指死后更生,即摄意生、寻香、作受皆尽。何故有我等相想即非菩萨耶？自他既别,一体义失,慈悲不至故。违法实相空无我义,有执取故。缘五蕴聚积,假说为人,因缘所生,无作受者。相续流转,非有实我，于中常住。即此聚积相续因果感赴故，自他生死各别成流，缘是发生我人等执，名为凡夫。菩萨实智观法真相，故不应有我人等执。由此说言有我等相即非菩萨。

统观菩萨住心而大乘精神可见矣。菩萨发心志求无上菩提。而求菩提者不应唯求自觉，必先灭度众生。度众生者，悲愍他人也。悲愍之量，随人大小。一切凡夫知有妻子，一家之外悲愍不生。爱国之士唯知有国，他人之国侵略无忌。大同主义知有人类，禽兽之属杀非不仁。若是者名曰凡夫心量，未能普济群生故也。有以一切有情为一体者则量伟矣。摄他为自，故必同其苦乐。同其苦乐，则必与乐拔苦。然而人之所谓苦乐云云者，其认识又至不同也。贫者贱者视富贵荣显为可乐。餍饫富贵则以山林恬静为可乐。神仙山居复以生天为可乐。天有欲色无色界天，辗转相望则一切下地以诸上地为可乐也。既所谓为乐者各各不同，则其所希望自得之而兼以度济他人者亦各异。或施人衣食，或除其危难，或治平天下，或令生天国，至矣尽矣，靡以加也。佛则不然，彼谓三界无安有如火宅。地狱饿鬼傍生无论矣，人则八苦交煎，生苦、老苦、病苦、死苦、怨憎会苦、爱别离苦、求不得苦、一切无常五取蕴苦，谁则远离。六欲诸天五衰相现，其乐极者其苦益增。色无色天虽无重苦，而受报命终还复堕落。五趣轮转宁有出期，是则诸天亦非究竟。故佛视三界无可住处。胎卵湿化乃至非想非非想天，均是可悲可愍之者。则其所以度众生者，必不以三界生死为已满足，而以出离三界无生无死者斯为究竟。然而一切众生生死相续，云何得令无生无死耶？佛言，老死名苦，苦缘于生，生缘于业，业缘于惑。惑也者无明爱取是也。生死之苦由业所感，业自惑生。则苟无惑，业自不起，不造彼彼业何从而得彼彼苦耶？既生有所由即灭有其据。如是修行圣道，断除杂染，即得解脱涅槃。涅槃也者，永断惑业永毕众苦是也。由是如来不以人天福利度众生但以出世解脱度众生。故言所有一切众生之类我皆令入无余涅槃而灭度之也。又诸世间建立我相度脱众生，必有能度之人与所度之众。自他差别而后化度事立，功德事成。然诸菩萨又异于此。大慈悲力视他如自，摄受一体，复何自他。故度他如同自度，不作我人等想。又诸菩萨大智慧力，通达诸法性空无我，我既本无，人等不立。由斯无住不见众生。以是故言虽度无量无边众生不见有一众生得灭度者。此与凡俗之情我人众生寿者等想相续不停，稍有功德便自矜异，由有执故功德还失，迥乎异矣。是以为而不有，功成不居，智慧慈悲广大无尽。此又菩萨超越凡俗者也。故曰若有我人等相即非菩萨。无有差别度一切生已自为难，度诸众生皆至究竟更复为难。虽度众生无外无执，乃至不见有一众生得灭度者，最为难矣。虽然，若不度生入涅槃者，即不能度一切众生。若执有众生，即复不能灭度众生。故度一切生，必于彼涅槃。度彼入涅槃，必无我等相。三事一事，不相离也。知如是义，可与言菩萨学矣。

复次须菩提，菩萨于法应无所住行于布施，所谓不住色布施，不住声香味触法布施。

次答云何修行也。修何等行，所谓行于布施。云何布施，所谓菩萨于法应无所住等。净译此文，则云菩萨不住于事应行布施，不住随处应行布施，不住色声香味触法应行布施。《论释》云：不住于事者，此显不著自身。不住随处应行布施者，此显不著报恩，于利养恭敬等，求恩望益之处事有多途，故云不应随处生著而行布施。

不住于色等者,谓不著果报。何须如是行不住施耶?由顾自身不行其施,为欲离其不起心故,莫著自身速应行施。由望恩心及希果故,遂舍正觉菩提果性。为于余事而行惠施,是故当舍求余行施。颂曰:

为自身报恩,果报皆不著,为离于不起,及离为余行。

此中于法应无所住,法名即摄事及随处,住者贪著也。上云何应住之住作操持存养解,发大乘心者应如是操持存养其心,令无驰散颠倒也。此无所住,即是不住向余事而起染著。故一住言有正邪二义。染著何等事耶?一者顾恋身财不行于施,故欲行施当先不爱著所有,乃至生命亦不惜故。由其视他如自,故能舍己为他。不能舍己者亦不能行利众生事也。二者希求报恩图现前利益。三者希求果报图他生利益。是则非为施他,但求自利而已。不为成就无上菩提,但求有漏小果而已。是皆不得为菩萨行。故菩萨行施都无所住。

或问菩萨之行无量无边岂一布施便已满足。曰,即此布施摄万行故。所以者何?菩萨万行六度所摄。施有三种,复摄六度。谓财施无畏施及与法施。财复二种,内财外财。内财手足耳目等。外财货财田宅等。一切皆施名为财施,即是布施。无畏施亦二种,一者身语意业顺道正行不损恼他而与利益,是即持戒;二他身语意不道邪行损恼自身大量宽容不瞋怒彼而行反报,是即忍辱。法施摄精进禅定及与般若。精勤不倦,寂静自心,如内所证为他说故。《论释》颂云:

六度皆名施,由财无畏法,此中一二三,名修行不住。

六度摄万行,布施摄六度,故一布施能摄菩萨修行尽也。问,六度万行何独以施说耶?曰,菩萨发心,所有一切众生我皆令入无余涅槃而灭度之,度诸有情必修度他行。度他之行施为最胜,施为显著,故特以施摄于万行。即显万行皆为度众生也。唯度他人不自度耶？曰,度他必先自度,自度还以度他,尽其所有皆以布施而无所住,即是慈悲无量而烦恼尽除。如是度他,即自度已竟。又菩萨摄受有情以为一体,此中既无我人等相,即亦不见有度自度他分别矣。

须菩提,菩萨应如是布施,不住于相。何以故,若菩萨不住相布施,其福德不可思量。须菩提于意云何,东方虚空可思量不。不也,世尊。须菩提,南西北方四维上下虚空可思量不。不也,世尊。须菩提,菩萨无住相布施,福德亦复如是不可思量。须菩提,菩萨但应如所教住。

二论俱云,此答降伏其心也。云何降伏？谓降伏相。此何相耶？谓施者受者及所持用以为施者即是三轮。心住三轮分别取著即是有漏布施,得人天福不得菩提。故此说言菩萨应如是布施不住于相。净译云,菩萨如是布施乃至相想亦不应住。是即三轮清净无漏施也。或有疑言,凡施必有施者受者及所施物然后布施事成。三既都无施于何有。此由不得胜义布施而有此疑。据事而观三相是有。据理而说三相应忘。如善泅水者人与水化,则不见有水而用力不劳。初泅水者有我有水,我今泅水反致沉溺。行步亦然,放步而行岂见有我我行,及所行路。稚子初步则三相炽然,而举步艰难矣。鸟之飞空、鱼之在水当亦如是。常人行步,足之所履不过数寸而无倾跌。升千仞之冈,临百尺之涧,悬岩壁立,则虽数尺之路不能举步,勉强行之战慄戒慎而竟至倾跌丧身失命者,取相故也。俗人行施，小惠及人，退有得色，矜夸自誉，而受者赧然。或有施恩于人求报心切，不如所愿，而恚怒乘之，则恩反为怨，亲反为仇，兄弟转成路人，良朋忽为敌者，世多有之也。故家用童仆，必用朴质厚重，不矜功，不取巧，而老实作事之人。国用良臣，必用大仁大勇，国忘家，公忘私，而忍辱任重之士。用人如是，行己交友概可知矣。庄生有云，忘履者足之适也，忘衣者身之适也。故知无住相布施德之厚而施之盛者也。视人如己，举重如轻，但觉我心之未尽，宁复执有功德而希果报哉。若是者，布施遂无福德耶？是又不然。书云，汝唯不矜，天下莫与汝争能。汝唯不伐，天下莫与汝争功。故知不矜其能，其能转大。不伐其功，其功转多。本自不失，人莫能与争之也。易上九，敦艮吉。象曰，敦艮之吉，以厚终也。大德必得其禄，必得其位，必得其名，必得其寿，大德必受命。夫岂有求之之心哉。是故经云，东方虚空可思量不，南西北方四维上下虚空可思量不，菩萨无住相布施亦复如是不可思量。经云菩萨但应如所教住者，结言菩萨住心但应如佛所教，以无所住而住其心也。净译无此句。奘译云，菩萨如是如不住相想应行布施。唯结降伏，修行清净。

须菩提于意云何，可以身相见如来不。不也，世尊，不可以身相得见如来。何以故，如来所说身相即非身相。佛告须菩提，凡所有相，皆是虚妄。若见诸相非相，即见如来。

上来经文总标宗趣令识旨归。自下决择深义释诸疑难。共十六义。

（一）佛身非相离相见佛

凡夫之情皆取有相，于佛亦尔。佛以三十二相具足成就号曰如来，故诸凡夫由见胜相即谓见佛。既佛由相见，云何乃谓菩萨布施不应住相耶？故此经言，不应以身相得见如来等。既佛不可以身相见，用证菩萨不应住相施也。

此经中云凡所有相皆是虚妄，若见诸相非相即见如来者，应于诸法实相略加显示然后解义。详夫诸法实相三相概之。一者依他起相，待缘而生，生已即灭，如幻显现非常非实。二者遍计所执相，依依他起幻相宛然，于中遍计有实我法体常安住执以为实，如于幻马执有真马，如梦所见执为实境，即此一切名遍计所执相。而彼依他起上于常常时恒无彼所执法相，即彼无相之相是法真相，即此名为圆成实相。是即有情本有法身也。同于一法，愚者执有智者达空。执有者遇事生住，达空者于相离执。生住之至见佛而犹自昧真。无执之至即妄而见彼实性也。是故经中须菩提言如来所说身相即非身相。此谓凡夫所执之身相即非诸佛本有之身相也。佛言凡所有相皆是虚妄者，法离遍计执相，一切执相皆是虚妄也。若见诸相非相则见如来者，若见诸计执相皆非诸法真实相，既知诸相非相，则见诸法本来寂静离计执相圆成实相常住法身，则是真实见于如来也。夫三十二相依他幻现本不足以显示如来，如来常住法身所显故。而凡夫执三十二相胜妙身相以为如来，是则误矣。然所谓常住法身者，又岂定离三十二相胜妙身相哉？即彼依他幻现具相胜身，了知所执相非彼有，知非有相故，即便见于依他相上圆成实相，即见如来矣。身相如是余法尽然。以佛眼观则草芥烦恼皆是法身。以凡眼观则菩提涅槃亦同计执。故修行菩萨应离诸相见法实相，以无所住住其心也。

须菩提白佛言，世尊，颇有众生"于当来世后五百岁正法灭时"净译得闻如是言说章句生实信不。佛告须菩提，莫作是说，如来灭后后五百岁有持戒修福"具慧"净译等增者，于此章句能生信心，以此为实。当知是人不于一佛二佛三四五佛而种善根，已于无量千万佛所种诸善根。闻是章句乃至一念生净信者，须菩提，如来悉知悉见是诸众生得如是如是二字净译无无量福德。何以故，是诸众生无复我相、人相、众生相、寿者相、无法相，亦无非法相。何以故，是诸众生，若心取相即为著我人众生寿者。净译无是十七字若取法相即著我人众生寿者。何以故，若取非法相即著我人众生寿者。是故不应取法，不应取非法，以是义故，如来常说，汝等比丘知我说法如筏喻者，法尚应舍，何况非法。

（二）法及非法二并不取

夫云无住布施，修行不住相也。佛身非相，是证果亦无相也。于此无住甚深经典岂诸凡愚所易生信。将无虚说空无果耶？故须菩提而有是问，颇有众生于当来世后五百岁正法灭时闻说是经生实信不。《不坏假名论》则言后五十岁，意谓此间人寿不过百年，前五十岁自弱而强，升进之象。后五十岁自老而衰，退没之象。佛法亦尔，正法住世，有教有行并有证果。像法住世，有教有行而无证果。末法之世，无行无证但有教耳。由人根转劣，法以渐衰，是以喻如人生后五十岁衰老之象也。五百岁者，则依正法住世五百年说。像法住世亦五百年，末法住世则有千年。诸经所说年数不一，此其一说也。当正法世闻此深经信解不难，故特以后五百岁为问。佛则答言，莫作是说，勿说后五百岁遂无信者，当知彼时有持戒修福者（净译云有菩萨具戒具德具慧）闻是章句能生信心，以此为实。

所以者何，当知是人不于一佛二佛三四五佛而种善根，已于无量千万佛所种诸善根故。所谓善根，即是信戒闻思慧舍惭愧等。又即信勤念定慧等。闻法发心，生极净信。由信故勤，精进修习。由勤得念，正意常持。由念得定，心净无垢。由定得慧，正观法性。根者因也，能起果故。以此善根，故能具戒具德具慧。戒谓戒行，威仪具等。福谓福德，摄尊贵等。慧谓智慧，离我执等。既具如斯善因善果，故闻是经能生信心，以此为实。所以者何，诸大菩萨悲愿无量于无佛世正法灭时乃发宏誓，入火宅以度众生，演大乘而照昏夜，如龙树提婆无著世亲，皆于正法灭时弘大乘教高建法幢。久积善根事无量佛，乘愿而来，于是深经不但信解而已。

佛复告须菩提闻是章句乃至一念生净信者（此句净译等作乃能于此经典生一信心，读在上文，此译文义则应属下），须菩提如来悉知悉见是诸众生当得无量福德。云悉知者，不以肉眼以心慧知故。复云见者，现量观察不以比度知故，云何一念净信便得无量福德？要由甚深智慧离我法执，乃能通达诸法实相于此深经生实信故。故经言是诸众生无复我相、人相、众生相、寿者相、无法相，亦无非法相等。

然我法二执，两论各有四种。《论释》云：

能断于我想，及以法想故，此名为具慧，二四殊成八。

此明我想有四，法想亦四，故成八想。颂曰：

别体相续起，至寿尽而住。更求于余趣，我想有四种。

我想四者，谓是我想、有情想、寿者想、更求趣想四种不同。此于别别五蕴有情自生断割为我想故。见相续起，作有情想。乃至寿存，作寿者想。命根既谢转求后有，作更求趣想。法想四者，颂曰：

皆无故非有,有故不可说,是言说因故,法想有四种。

法想四者,一法想,二无法想,三想,四无想。此谓能取所取诸法皆无故,法想不生即无法想。彼之非有法,无自性,空性,有故,非无法想。即彼非有,有非有性,非言所诠,故非是想。是言说因故,非是无想。由想力故,虽非言显而以言说,故有八义不同。

彼意说言,法想者,遍计所执能所二取,凡夫执以为法名为法想,达彼体空皆无有故,离于增益执之法想。无法想者,然无性之性,空性,无我性,理是有故。恶取空者拨为都无,是为无法想。达彼真理实法有故,离于损减执之无法想。依他圆成二种法性,离计所执,不可说有遍计执性,亦不可说彼性都无。虽非全无,而不可说非言所诠,即非言想之所行故。而诸凡夫不可想处妄起言想,以为是言所诠,是想境界,即名为想。离彼妄想,故无彼想。然此依他圆成实性虽非言诠想所行境,然实言想生起因故,愚者拨为都无彼想是为无想。今知是言说因,想随彼起,故言非无想。如是我想四种既去,我执断除。法想四种复去,法执无有。二执既去,乃名智者。今此译文,唯无于法相非法相,无彼后二想及无想。想既译相,义不可译。设具译者,亦可译作法相、非法相、有相、无相。法非法相,就自性别。有及无相,就差别诠。法执亦可具四相也。

何以故下经复申言云何菩萨不可取法非法相耶？以取法非法相者同时亦即应起我等执故。所以者何？我佛如来为除我等执,始说于正法。如是正法亦假施设,非真实有。若于如来假设之法不以遣执反执为实者,法执既起,我执仍生。是故说言若心取相若取法相即著我人众生寿者也。然若谓此法非即是法,则亦不可。所以者何？如是深经随顺正理,度诸有情,除我等执,因言遣言,令随悟入无言无执性故。若定拨为非法,则是彼心有非法执生。既有非法执生,我等执还起。是故不应取法,亦不应取非法。法喻如筏,已得渡者,筏亦随舍,非所至故。如未得渡,筏不可无,能有所至故。法亦如是,度生方便,而非究竟。执法者,不至究竟。执非法者,方便亦无。两俱为障,则有沉溺我等执中永无出离也。由是可知:

要离法执,乃能通达如是深经。如是深经,原亦为遣凡夫法执。法执既遣,要亦正当为诸众生如云说法。法及非法,都无著也。

须菩提,于意云何,如来得阿耨多罗三藐三菩提耶,如来有所说法耶。须菩提言,如我解佛所说义,无有定法名阿耨多罗三藐三菩提,亦无有定法如来可说。何以故,如来所说法,皆不可取,不可说,非法,非非法。所以者何,一切贤圣皆以无为法而有差别。

(三) 如来无证亦无所说

为恐众生生如是疑,如来证得无上菩提,了达诸法真实性相,故次为他如其所证而为说法。既有证有说,云何说言一切法非法相皆不可取。既都无取,如何修行而成正觉耶?为释此疑,故佛问言:如来得无上正等觉耶?如来有所说法耶?答言:无有定法名无上觉,亦无定法如来说。净译云,如来于无上菩提实无所证,亦无所说。盖佛证菩提非如凡夫执有我相是其能证,执有法相是其所证,以此能证之我证于所证之法,名为菩提。如来实证大菩提者,谓即最极究竟清净妙智,离诸戏论,绝诸分别,于诸有情一切执著而永出离,无取无著,都无所得。既无所证亦不立于能证之者。觉慧空寂,清净湛然,破诸迷执,永尽习气,即此名为证得阿耨多罗三藐三菩提。是故佛得菩提,以无证而证无得而得。如少有所得,少有所证,即不名为无上正觉矣。证既如是,说亦如之。佛证诸法皆空无相,空无相法何可说耶?然为众生解除执著,亦于无可说中假以言说。既假言说即非实相。故不可取,不可说,非法,非非法也。不可取者,不可执取言说以为实法。不可说者,说不止于言谈,要离说而观其不可说之义也。非法者,非可以是为究竟法。非非法者,方便门中顺实法故。下复释言,一切贤圣皆以无为法而有差别。净译以诸圣者皆是无为所显现故。《不坏假名论》云,以无为相说名圣人。此意谓圣人之所以成圣者,以其实证真如无为相故,非是依于言说施设有为之相得成圣也。以诸圣人有因有果,有全有分,四果既殊,十地复异,故此说言而有差别。意谓圣贤皆证无为,所证浅深有殊,即施设贤圣差别。但若全不证于无为,则不名为圣人也。此中无为,义显如如,如其所如,本然法尔无所为故。

须菩提,于意云何,若人满三千大千世界七宝以用布施是人所得福德宁为多不。须菩提言,甚多,世尊。何以故,是福德即非福德性,是故如来说福德多。若复有人于此经中受持乃至四句偈等为他人说其福胜彼。何以故,须菩提一切诸佛及诸佛阿耨多罗三藐三菩提法皆从此经出。

(四)佛从法生持经德胜

此初功德较量也。已说佛身非身,法不可取,无证无说,甚深义趣,则必有其功德胜利矣。故佛说言满大千世界七宝布施所有功德不如此经一偈受持为他宣说。所以者何,七宝布施虽多无量但为人天有漏福因。此经乃为出生诸佛无上菩提因故。佛从法生以法为师,经是法聚故能生佛。净译此中福德性句为福聚非福聚。释云:"聚有二义,一聚积义,二肩荷义。由福聚义说为福聚,是有为故。由肩荷义说非福聚,不能肩荷大菩提故。"此意说言,有漏功德幻起幻灭受有尽时不毕众苦,是故福德即非福德性。以能暂引人天福,亦说名为福德多也。于此经中受持乃至四句偈等者,西天梵语四句为偈,有类我国骈文诗歌,文字美妙音韵铿锵,易可受持。译为中文,便至朴拙。然奘译文字整齐细密,犹存旧观。一四句偈极言少分,如云一言终身行之也。少分尚尔,全经何如。宝施则极其多持经则极其少,以少况多福犹无量,极言法之可贵,固不教人但持一偈也。受持自度,为他宣说则为度他,自他兼度菩萨行也。诸佛及诸佛阿耨多罗三藐三菩提皆从此经出句,净等诸译分作二句云:"妙生,由诸如来无上等觉从此经出,诸佛世尊从此经生。"《论释》云:"初是法身无为言出。后是应化有为言生。"

须菩提,所谓佛法者即非佛法。须菩提,于意云何?须陀洹能作是念我得须陀洹果不。须菩提言,不也,世尊。何以故,须陀洹名为入流,而无所入,不入色声香味触法,是名须陀洹。须菩提,于意云何。斯陀含能作是念我得斯陀含果不。须菩提言,不也,世尊。何以故,斯陀含名一往来而实无往来,是名斯陀含。须菩提,于意云何。阿那含能作是念我得阿那含果不。须菩提言,不也,世尊。何以故,阿那含名为不来而实无不来,是故名阿那含。须菩提,于意云何。阿罗汉能作是念我得阿罗汉道不。须菩提言,不也,世尊。何以故,实无有法名阿罗汉。世尊,若阿罗汉作是念我得阿罗汉道,即为著我人众生寿者。世尊，佛说我得无诤三昧人中最为第一，是第一离欲阿罗汉。世尊，我不作是念我是离欲阿罗汉。世尊，我若作是念我得阿罗汉道，世尊即不说须菩提是乐阿兰那行者。以须菩提实无所行，而名须菩提是乐阿兰那行。佛告须菩提，于意云何。如来昔在然灯佛所于法有所得不。不也，世尊。如来在然灯佛所于法实无所得。

（五）佛法非实证时不取

持经福多，恐执文字故说非法。复就二乘四果及佛所证均无所得，以证法不可取也。所谓佛法即非佛法者，法假施设非实法故。须陀洹等，如次即是声闻四果。初名入流，余译预流，由修四谛创得现观，名为见道，已得无漏人空圣智，已断分别所起我执，初入圣流，故名入流。不入色声香味触法者，此显见道无所得义，更不执我入于色等相故，由斯证得无我空智，由斯得入圣者之流。设有所入，有执有取，则是凡夫，不名圣流矣。次斯陀含，义译一往来，往返人天经三生已，除障圆满，入般涅槃，故名一往来。实无往来者，唯由业果染习相续，有其往来，更无实我往生天上还来人间故。阿那含者，此译不来，余译不还，断欲界欲已至九品，没生色无色界，当于上界成阿罗汉证于涅槃，更不还来生人中故。实无不来者，本无实我往彼不来，但以业果生彼界故。净译此二，作无有少法证一来性，无有少法证不还性。就无实我证二三果，内不见我，亦不见有所证果性故。此译则就无有实我往来生死，显亦无我证于果故。第四阿罗汉者，义译名应，应断烦恼，应出生死，应受供养故。谓即声闻至无学位，戒心慧学已至究竟，一切烦恼无明爱结皆已断尽，生死已尽不受后有，随报尽故入般涅槃，是故说名阿罗汉果。三界流转无流转者,还灭涅槃无涅槃者,依于五蕴假立有情,故无实法名阿罗汉。具足证得无我理故成阿罗汉,故彼不念我得阿罗汉道。设作是念,即有我等相故。当知预流等三果亦尔,若作念言我得预流等者,亦即有于我等执故。为证阿罗汉等无我能证证于果故,须菩提自说所证,佛说我是无诤第一,第一离欲而我不念我是离欲阿罗汉,我若作是念佛则不说我是无诤行者,以无所行说名为行,实证彼行者都无所得故。云无诤者,烦恼名诤,由爱恚等多生诤故。已断惑尽,故成无诤。阿兰那行即无诤行。具显四果皆无得已,次复告言佛于燃灯佛所于法有所得不。谓释迦如来于前多生,身是儒童,随师学艺,艺成就已,循游四方,储金五百,将报师恩。至某国邑,见多人众,各执香华行施供养。儒童问言,仁等虔恭供养于谁。众报之言,有佛出世号曰燃灯如来,应正等觉,度诸有情出生死海,今此香华将以供佛。儒童闻佛生大欢喜。自念佛出世难,如优昙华。此五百金当先作供,后更觅金以报师恩。至城买华,华已卖尽。路逢童女持五茎莲华光明香洁。即告彼言,唯童女,我五百金买华不得,愿将此金买尔五华持以供佛。童女报言,我之此华亦以供佛,谁愿尔金。儒童报言,念我远方来游买华不得,惠我何如?女复报言,若如是者,当满我愿。尔愿伊何?女言,华作二分,同尔供佛。此身与尔,常作夫妻。儒童报言,分华可尔。我志出世,不恋居家。且乐布施,国城妻子在所不悋。汝宁可作我之妻耶?女言,但满我愿,我于汝志亦不留难。意既相同,遂共持华前行供佛。是时天香普薰,天乐自鸣,四众八部王臣宰官及诸天人其数无量随佛而至。儒童见佛功德巍巍,远道顶礼,匍匐在地,并以其发直覆道衢。心发愿言,佛鉴我诚,愿以佛足履发及脚从我身过。佛如其愿果从身过。儒童欢喜得无生忍,踊身虚空。

佛为授记,当来作佛号释迦牟尼。此其事也,于余经中,佛告海慧,海慧当知菩萨有四,初发心菩萨见色相如来,修行菩萨见功德成就如来,不退转菩萨见法身如来,一生补处菩萨非色相见,非功德成就见,非法身见。何以故,彼菩萨以净慧眼而观察故。依净慧住,依净慧行。净慧者,无所行,非戏论,不复是见。何以故,见非见是二边,远离二边是即见佛。若见于佛,即见自身。见身清净,见佛清净。见佛清净者见一切法皆悉清净。是中见清净智亦复清净,是名见佛。海慧,我如是见燃灯如来,得无生忍,证无得无所得理。即于此时上升虚空高七多罗树,一切智智明了现前。断众见品,超诸分别,异分别,遍分别,不住一切识之境界,得六万三昧。燃灯如来即授我记,汝于来世当得作佛号释迦牟尼。是授记声不至于耳,亦非余智之所能知,亦非我惛蒙都无所觉,然无所得。亦无佛想无我想无授记说授记想,乃至广说。是为如来于燃灯佛所于法实无所得也。既四果及佛于法都无所得,由是证知佛不证法亦不说法。一切贤圣皆以无为法而有差别,此其事也。

即于此中两论有异。无著颂云:"在然灯佛所,言不取证法,由斯证法成,非所取所说。"世亲释云:"此言世尊在然灯佛所亦不以言取其证法。"《不坏假名论》云:"或曰言语不能取证于法,非智不取,此说违经,经说第一义非智之所行,何况文字故。……复次,无生忍者是心法,非语法故。复次,证于无得无所得者,以法无性,无能取得。此无得理有可得耶? 都无所得,岂智能取。复次,断众见品,超诸分别,见品分别,智法非语。复次,不住一切识之境界,不言不住一切语境。故无所取是智境界。云何余师固谓遮语。"初谓不以言取,后谓智亦不行。此云何通? 答,根本智中都无所得。都无得故,智何所行。即此无所得境,为度凡夫,还以语说。云无所得,是无生忍,以语说故,还是有得。要无分别,实智起时,乃于无得真有所证。对遣愚夫,或加行道,以有得心观无所得,故说彼境非言所行,非言境界。此一义也。又一切法非有非无。凡夫所观,唯名言境。圣者所观,冥契如如。此如如理及如如事,自相共相,虽不如言之所计有,而非如空华性相皆无。云智无得,不得言说性相。言说所依,亦不拨无。是故圣人亦于离言理事而起言说。如无所得,无生法忍,皆亦有故。为遣言说性,说智都无得。为显非全无,说非名言境。两家立义,各有指归,固不相碍。

须菩提,于意云何,菩萨庄严佛土不。不也,世尊。何以故,庄严佛土者,即非庄严,是名庄严。是故须菩提,诸菩萨摩诃萨应如是生清净心,不应住色生心,不应住声香味触法生心。应无所住而生其心。

(六) 无住生心不取净土

严净佛土,作大法王,亦不取相,乃得成就。谓有疑言:既一切法都不可得,云何菩萨发宏誓愿,我当庄严净佛国土作大法王摄受众生耶？故此问言,菩萨庄严佛土不等。今于此中于净土义应加研析。依唯识言,三界唯心,万法唯识。譬如一处同时,有多有情,共缘一境。人见清水,鬼见脓河,鱼见安宅,天见宫殿宝庄严地。修空定者,见彼虚空。是知无实境界,境随心起。业力有异,所变遂殊。国土染净,亦由此耳。凡夫以有漏业得垢秽土。圣人以白净业得清净土。土之垢净,全由自心,自心不净,由贪痴等。痴故迷执外境,贪故染著希求。故欲心净,先除贪痴。菩萨厌苦生悲,故欲庄严佛土。然欲庄严佛土,当先庄严自心。庄严自心,当自除贪去痴始也。设以爱著之心希求富乐，以愚痴之心迷执外境。则与贪夫殉财，众庶凭生何殊。以是而求庄严，即非庄严矣。唯能了知爱著迷执即非庄严者，内净其意，淡泊寂然。发大悲心，积诸功德。心净土净，由是感得无边功德宝庄严土。以无取著而自然得，如是乃为真正庄严也。为离取者，故言所谓庄严即非庄严。离取著故，是名庄严也。以是故言，诸菩萨摩诃萨应生如是清净心，不应住色生心，不应住声香味触法生心，应无所住而生其心。心离取著，不住外境。而生其心，修行功德。离住异于凡夫。生心异于二乘。以如是殊胜净心，斯乃成就庄严佛土矣。菩提萨埵，谓觉有情。摩诃萨埵，谓大有情。此方应名觉者大士也。

须菩提，譬如有人身如须弥山王，于意云何，是身为大不。须菩提言，甚大，世尊。何以故，佛说非身是名大身。

（七）法身无相大身非身

净土既然，佛身亦尔。于净土中佛作法王，他受用身，广大无量，具诸相好，非常所知。故有颂言：阿弥陀佛身金色，相好光明无等伦，白毫宛转五须弥，绀目澄清四大海。如是大身不诚伟欤！须弥山王众山之主，以喻如来众中之尊，非定佛身如须弥也。然此佛身所以大者，非由执取我有如是广大身故，于诸众中巍然迥出。由诸菩萨无量劫来，离诸身见，我我所执。即亦离于贪爱骄慢。于诸众生，和敬谦抑。为利众生，舍生命等。由此成佛感得大身。而于彼身都无执取。是故经言：佛说非身，是名大身。若执是身，则河伯望于海若，须弥望于虚空。有形有量，终亦失其所以为大矣。是故应化非真佛，真佛唯法身。法身无形相，非心意所取。以无执取,是以成大。

须菩提,如恒河中所有沙数,如是沙等恒河,于意云何,是诸恒河沙宁为多不。须菩提言,甚多,世尊。但诸恒河尚多无数何况其沙。须菩提我今实言告汝,若有善男子善女人以七宝满尔所恒河沙数三千大千世界以用布施得福多不。须菩提言,甚多,世尊。佛告须菩提,若善男子善女人于此经中乃至受持四句偈等为他人说,而此福德胜前福德。

(八)持经德胜三宝不绝

二番较量功德。佛身净土亦皆无取,说义转深,功德弥大矣。故此复为较量功德。一显德多,二显人处并胜,三宝具足。言德多者,若人满恒河沙数恒河沙数三千大千世界七宝持用布施,得福之多,犹不如受持此经四句偈等为他人说所有福德,则其福德诚无尽矣。此云布施,施有情也。净译陈译及隋译奘译皆云奉施如来,则供佛也。财供养不如法供养故。

复次,须菩提,随说是经乃至四句偈等,当知此处一切世间天人阿修罗皆应供养如佛塔庙。何况有人尽能受持读诵。_{地胜}须菩提,当知是人成就最上第一希有之法。_{人胜}若是经典所在之处,即为有佛,若尊重弟子。_{佛僧具足}

次显人处并胜佛僧具足。所以者何,佛之出世,为度有情也。度生第一,谓说法也。经之所在,即法之所在。法之所在,即如佛在僧在。绍隆三宝使不绝者,经之力也。

尔时须菩提白佛言：世尊，当何名此经，我等云何奉持。佛告须菩提，是经名为金刚般若波罗蜜，以是名字汝当奉持。所以者何，须菩提，佛说般若波罗蜜，即非般若波罗蜜，是名般若波罗蜜。

(九)法名金刚慧慧度非慧度

法门奉持。谓名金刚般若波罗蜜等，义如题解。既云此经名为般若波罗蜜，以是名字汝当奉持，复言佛说般若波罗蜜即非般若波罗蜜者，谓真实般若唯证智境。非言所行即非可说。诸所说名般若波罗蜜者已非般若波罗蜜矣。此如大富长者，以其遗产庄田债券录之簿籍，遗之子孙，令其守用。子孙不肖，执其簿籍，谓我祖父已将所有遗产悉数交我。我今但守簿籍，饮食衣服资生什物均已在是，乃竟不知耕耨田土，经营业务。以至饿困，反怨祖父，谓为妄语。彼之祖父岂受其咎。不善学法亦复如是。闻佛说言此经是般若有无边功德，更不了知思维其义实证其理引发真智断障证真，徒执是经以为般若。愚痴莫救佛亦岂任其咎哉。是故佛既说言此经名般若汝当奉持，随即说言所谓般若即非般若。真实般若唯在当人自心实智现行，非可求之语言文字。离言求义乃真善奉持者也。宗门有指月之喻，以指指月当依指观月，既得月则不观指可也。亦即前筏喻义也。若不依指观月乃便执指为月，则愚之甚也。是故废除语言文字明自本心见自本性，可谓得经意旨者也。亦犹明慧子孙不执簿籍而耕种其田园者也。是名般若波罗蜜者义有两解：一者若能了知所谓般若即非般若者，则知离于文字语言实智现行名真般若矣。二者文字般若虽非真慧，指月须指，渡水须筏，方便引导，则即此文字般若亦名般若也。后之禅宗扫除已过，教义不通。指月废指,渡水废舟,瞎炼盲参,面墙而立,岂有真得实智之望哉。佛法之衰,耽著语言者固其罪,妄弃经论者罪尤大也。

须菩提,于意云何,如来有所说法不。须菩提白佛言,世尊,如来无所说。须菩提,于意云何,三千大千世界所有微尘是为多不。须菩提言,甚多,世尊。须菩提,诸微尘如来说非微尘,是名微尘。如来说世界非世界,是名世界。须菩提,于意云何,可以三十二相见如来不。不也,世尊,不可以三十二相得见如来。何以故,如来说三十二相,即是非相,是名三十二相。

(十) 说法尘器具相并虚

为欲证成佛说般若波罗蜜即非般若波罗蜜故,次复以说法微尘世界身相四事以显其义也。云何说法而无所说耶?真实法性离言诠故,非是可说。以凡所说皆不离于我人众生寿者,法及非法,有及非有故。然而佛复有所说法者,但为遮遣凡夫所执我法名想令达实性,非于本无所有法中而有建立施设。故佛虽说而无所说。既无所说,则此般若波罗蜜多亦非般若波罗蜜多矣。微尘非微尘世界非世界者,实尘实界非言所说,如人说火口不被烧,故说尘界皆非其实。知此非实,实者可知。或随世俗方便诠表。是为此中义也。又诸凡夫以为极微聚成世界,世界分析还归极微。此微尘即极微。据法相义,色声等法幻相宛然,不待聚析而体自有。依他起性非全无故。聚色成器界,析界成极微,此皆有情总执常执计度故有,故离色等体如龟毛。依唯识义,境随心生,如梦所见,心寂境寂,微世皆虚。依般若义,诸法缘生,自无定性。知彼无性,则见真性。由斯等义,具显尘世皆非实有,但随世俗方便说也。三十二相即是非相者,此如文字,不得法性。三十二相不显真身。佛之实身二空所显,一真法界唯圣慧证,非肉眼等粗计知故。故前说言,凡所有相皆是虚妄等。云何可以三十二相见如来耶?昔佛在世上升忉利天宫为母说法,三月不下。阎浮众生,深生渴仰,遣目犍连上天请佛。佛默然许,刻期下降。即于彼日,众共承迎。有莲华色尼身证四果,自以女身不得在前先迎见佛。因以神通自化其身作转轮王,四兵严卫,七宝随从。得于四众国王之前,最先见佛。即于晨间须菩提尊者居于山岩,补缉衣服。念言今日佛从天下,我当前往顶礼双足。转念诸法皆空如幻,谁是佛者。不起于座,因便不往。佛至法堂问诸大众,今此世间谁先见我。莲华尼言,我以变化转轮王身最先见佛。佛言不尔。先见我者须菩提也。彼念诸法皆空如幻,是则名为真实见佛。三十二相非是真佛,大可知矣。

须菩提,若有善男子、善女人,以恒河沙等身命布施。若复有人于此经中乃至受持四句偈等,为他人说,其福甚多。

(十一)持经福胜能生实相

财施二种:一以外财,施珍宝等。二以内财,施身命等。如释迦佛于因位中修菩萨行割乳济饥舍身饲虎种种难事,皆以身命而作布施。或谓施身都无意义,于己害多,于人利少,曷如爱其死以有待,守其身以有为? 曰,是固有之。虽然,至情所至,忘己为他,如父母之于子孝子之于亲忠臣之于国,苟不得已赴汤蹈火杀身成仁,自古有之,固未有谓其非义者。此之谓牺牲精神。菩萨视诸有情平等平等,亡亲疏,一生类,凡有血气莫不慈悲。是以割乳救人而可为，舍身饲虎而不惜。是固不得以常理责之亦各充其慈愍之量而已矣。夫内财之施其难弥甚，故其得福较施珍宝尤多。然以恒河沙数身命布施犹不能及持于此经四句偈等为他人说者，盖以身财布施但能招得有漏之福，福虽甚多，终有穷尽，受报既终，转复堕落。人天往返五趣轮回，终不能毕世间诸苦。且有漏之福易生懈怠及与放逸，由懈逸故易趣退堕。既退堕已受极重苦。厌坏苦故复勤修善法。由施等故转生上趣。生彼受福怠逸复生。如斯升沉往而复返，为诸世间轮回实相。是故有漏福因不如此经功德。受持是经广为他说，断除障惑，得大转依，能证菩提及得涅槃。永毕世间一切苦故。以是因缘持经功德视彼身财功德无边。

尔时须菩提，闻说是经，深解义趣，涕泪悲泣，而白佛言，希有世尊，佛说如是甚深经典，我从昔来所得慧眼未尝得闻如是之经。世尊，若复有人得闻是经，信心清净，则生实相。当知是人，成就第一希有功德。世尊，是实相者，即是非相，是故如来说名实相。

难逢胜事功德第一。凡人之情受感至深内外冥契，则因同情而陨悲泪。于可悲事固然，于极欣喜敬爱等事亦无不然。游子离母，十年不归，音信既无，已成永诀。忽然好音天外飞来，或见其子突然还家。母子相见喜出意外。此其为乐盖可知矣。然而母子相抱号啕大哭，是则何耶？世间苦乐相待而生。不有至苦，何来大乐？由大乐之来而转念昔时苦痛之备至，则乌能止其涕泗交流也。须菩提闻是深经深解义趣涕泪悲泣者，今闻深经开其实慧，转念无始生死，愚暗痴迷，受种种苦，则其感激焉得而不涕零也。是故赞言，我从昔来所得慧眼未尝得闻如是之经。善现证阿罗汉，已得人空实智，名为声闻乘慧眼。未曾得闻如是大乘法空无相甚深经典故。次就所证而复叹言，若复有人得闻是经信心清净，则生实相。当知是人成就第一希有功德。此云实相，余译实想。信心清净，故于经生实想。以彼为实，无虚妄故。此云实相者，由净信故，生实慧。由净信实慧，则能断除一切疑惑尘垢，而诸法实相生起现前矣。实相是可生耶？就证彼心，言生实相。生唯在心不在实相也。生实相故，乃能顺趣菩提成正等觉。故此功德希有第一也。实相非相等义有二解：一谓是实相即非实相，言说之相不诠实相故。而随世俗说名实相。二谓是真实相即是非相。诸法无相为实相故，是故如来说名实相。

世尊，我今得闻如是经典，信解受持不足为难。若当来世后五百岁，其有众生得闻是经信解受持，是人即为第一希有。何以故，此人无我相无人相无众生相无寿者相。所以者何，我相即是非相，人相众生相寿者相即是非相。何以故，离一切诸相即名诸佛。佛告须菩提，如是如是，若复有人得闻是经不惊不怖不畏，当知是人甚为希有。何以故，须菩提，如来说第一波罗蜜，即非第一波罗蜜，是名第一波罗蜜。

(十二)深经难信离相方知

上言是法难遇，遇则生大功德。此言是法难信，信者必为第一希有之人。所以者何？执我等相者即不能于此经生信解故。故于经生信者其人已无我等相者也。是故稀有。盖经既稀有难遇，人亦稀有难信也。我相即是非相等者，计所执起本无体相故。离彼执相尽即名为诸佛。佛印可须菩提言故云如是如是。若复有人得闻是经不惊不怖不畏者,惊谓乍见异境,非所习见故惊。怖谓惊己,怖其损恼。畏谓怖己,于彼正法不敢修行。常人之情恒执于我等。今闻是经法相亦无,惶惑无据,若惊若怖及以畏惧,是其情也。不惊怖畏,故是稀有。如来说第一波罗蜜即非第一云云者,此般若波罗蜜于六度中最胜,故名第一。即非等义,如前佛说般若波罗蜜即非般若波罗蜜义释。净译此云,最胜波罗蜜多,是如来所说诸波罗蜜多。如来说者,即是无边佛所宣说。是故名为最胜波罗蜜多。意显甚深之经诸佛同说,是故最胜,亦即难信也。

须菩提,忍辱波罗蜜,如来说非忍辱波罗蜜,是名忍辱波罗蜜。何以故,须菩提,如我昔为歌利王割截身体,我于尔时无我相,无人相,无众生相,无寿者相。何以故,我于往昔节节支解时,若有我相人相众生相寿者相,应生嗔恨,须菩提,又念过去于五百世作忍辱仙人,于尔所世,无我相无人相无众生相无寿者相。

(十三)忍辱离相割截不嗔

上来正显般若法门不应住相。次余诸度亦不住相。此言忍辱。盖若执有我行忍辱,我忍他辱,此是忍辱法门,则便有我等执,即不能修真实忍辱矣。真行忍者,不见我人,无所忍能忍,亦不见有忍辱之事。故此说言忍辱波罗蜜即非忍辱波罗蜜是名忍辱波罗蜜等。歌利王割身事者,谓佛因中,行菩萨行,修行忍辱。在一山中静心修行,时有国王名曰歌利,带诸彩女入山佃猎,王既劳倦,寝息树下。彩女散去,入山深处。见彼仙人相貌端严威仪寂静,乐观不舍,便尔忘归。王既苏觉,不见彩女。入山寻之,则见彩女围绕彼仙凝视不散。心生忌妒,发大嗔怒。执问仙言,汝是阿罗汉耶?仙答言否。汝不还耶?曰否。汝离欲耶?曰否。王心益怒,既非罗汉又不离欲如何得观我诸彩女。因便以刀掘取其目,次割其耳,次割其鼻,次手次足,问言汝今生嗔恨耶?答言不尔。王言,汝自畏我何敢言嗔。仙言,若我诚心不嗔尔者,应此肢体还复如故。誓愿毕已,肢体眼耳,还生如故。即时大地六种震动。是为菩萨忍辱事也。由不取相,无我等执,故能于彼不起于嗔。又念过去五百世中作忍辱仙人者,谓菩萨修行忍辱,有一恶魔变化其身为五百健骂士夫,常扰菩萨,令不宁静。菩萨悲愿,不生于嗔,五百世中安忍不动。由无我等相故,亦不受于忧恼等苦。

或谓六度之中忍最无益。暴恶之人侵恼仁贤,是正当与以惩罚,止其凶焰。既可以减其罪恶,又可令勿恼人群。一味安忍,长凶人之恶,贻众生之害。以是劝修有何义利?曰是亦有一面之理,然未能得忍辱之真义也。详夫人群相处,小之家庭之内,大之宇宙之中,性情不必相同,意见不必一致。在此不同不一之情见下,自不免有冲突龃龉。其冲突龃龉也,不必尽合理也。于不合理之事,若必事事与之计较,争其曲直,论其是非,则愚者既无受教之心,贤者亦乏容人之度。中也养不中,才也养不才,故夫仁智之士,唯有大量包容忍辱任重而已。唯能忍辱而后能容人,唯能容人而后能格物。终至于慢我者转而敬我,仇我者终至于友我,怨我者终至于亲爱我。此之谓至诚动物,此之谓精神征服。故君子修身不尤不怨,待人接物犯而不校,如此斯能成其仁。尤其为一群之领袖一国之元首天下之师表者,不可不具如斯宏阔的胸怀、坚毅的忍力。如非其然,便不能调和群众,协理万邦。而大乱必多,争夺易起。菩萨发愿为众中尊,领导四生同出苦海,故其所需于忍辱之力者益大。则其所以修习磨炼其心者益不得不有超人之量,是以死生无变于内,杀戮骂詈无动于心,如此乃能负荷有情罪苦重担,令趋出离也。至于得位乘时秉国钧持正法治乱持危除暴安良明赏罚昭公义,此即摄于方便善巧无畏施中,与此忍辱相反相成不相违也。盖无善巧方便固不能收悲愍容忍之功,而无忍辱之量者,亦正未易大公无私如理如量也。

是故须菩提,菩萨应离一切相发阿耨多罗三藐三菩提心,不应住色生心,不应住声香味触法生心,应生无所住心。若心有住,即为非住。是故佛说菩萨心不应住色布施。须菩提,菩萨为利益一切众生故,应如是布施,如来说一切诸相即是非相,又说一切众生即非众生。

(十四)不住相施实语劝导

般若忍辱所以得为到彼岸者,均以都无所住不取我人等相也。是故菩萨应离诸相发菩提心,不应住色等生心,应生无所住心。以无住故乃得安住菩提正道。若心有住,贪著外境,散乱驰求,即为非能安住正道者也。发心如是,修行亦然。故佛先说菩萨不应住色等相而行布施。唯当了知诸相非相其相本空都无所取。了知众生即非众生其体亦空。但为悲愍一切有情不达空性爱取沉沦故,以无相无取之心,财法无畏施济有情同趋圣道。

须菩提,如来是真语者、实语者、如语者、不诳语者、不异语者。须菩提,如来所得法,此法无实无虚。

为显无住发心，无住修行，义理真实，故佛复言如来是真语实语如语不诳语不异语者。语之虚妄厥有五因：一自未证真，随其妄计而说，则所说不能显诸法真相，妄故非真，名非真语。二于其所知，好为增益，虚饰其辞，则浮而不实，名不实语。三谬解僻执，好与世违，本来有者，拨为非有，不如法性，名不如语。四蓄意不善，诳惑他人，有而说无，无而说有，是者说非，非者说是，名为诳语。五心无定守，智无真见，随人起倒，前后相违，名为异语。如来究竟证法真性，不为增益，不为损减，不为诳惑，智见确然。是以真语、实语、如语、不诳语、不异语。故佛所说最足崇信，依倚修行，大悲恻惕，能不兴感！如来所得法，此法无实无虚者，如彼凡夫遍计所执之实，佛尽除遣，习气亦无，故云无实。见是真见，知是真知，不如外道虚妄计度，故云无虚。所得法无实无虚故，所说法是真是实是如是不诳不异。然此五种语，余译唯四。《论释》云：立要说下乘，及说大乘义，由诸授记事，皆无有差舛。由佛自立要期，元求佛果，无有妄谬，是为实语。为声闻说四谛乘教，名为如语。为诸菩萨说法无性诸大乘义，名不诳语。于一切时过去未来现在所有授记事无有妄谬，名不异语。《不坏假名论》复以四谛配四种语，及余诸说。

须菩提，若菩萨心住于法而行布施，如人入暗即无所见。若菩萨心不住法而行布施，如人有目，日光明照，见种种色。

此复显示住不住施二种差别。有住之施，但有布施而无智慧，如彼盲人行于道路，亦有所行，行不定遵正道，亦难免入悬岩，纵有所至，所至不远。有漏之施，住我人相，或有过失，违于正道。或因行施,骄慢放逸,便入悬岩。但至人天不能远至涅槃也。不住法施,既有布施,复有智慧,如有目人,遵循正道,不入悬岩,远有所至。无漏之施,不住我人法非法相,离诸取著,直至涅槃也。故此喻如入暗无见,及如有目日光明照见种种色也。

须菩提,当来之世若有善男子善女人能于此经受持读诵"为他演说"净译增即为如来以佛智慧悉知是人悉见是人,皆能成就无量无边功德。须菩提,若有善男子善女人初日分以恒河沙等身布施,中日分复以恒河沙等身布施,后日分亦以恒河沙等身布施。如是无量百千万亿劫以身布施,若复有人闻此经典信心不逆其福胜彼。何况书写受持读诵为人解说。须菩提,以要言之,是经有不可思议不可称量无边功德。如来为发大乘者说,为发最上乘者说,若有人能受持读诵广为人说,如来悉知是人悉见是人,皆得成就不可量不可称无有边不可思议功德。如是人等即为荷担如来阿耨多罗三藐三菩提。何以故,须菩提,若乐小法者,著我见人见众生见寿者见即于此经不能听受读诵为人解说。

(十五)胜施身命荷担正觉

四番较量持经功德及其因由。一如来知见持经功德。二一日三时,以恒河沙等身布施至无量劫,不如有人闻此经典信心不逆。三功德因由复三:一唯为大乘说故,是最上根之所被机。二持经荷佛道。此经能生起诸佛,能出诸佛菩提故。三小根不能受,住我人等见故。是故此经最胜无上。或谓一日三时恒沙身施安得如是众多身者。曰,此经原是充类至尽之辞,亦是纵许如是之义。实有其理而不必有其事也。原诸佛如来，纵观有情无始时来舍身取身无边无量，而皆不离有漏因果。纵修小善受福暂时，不毕众苦，还同虚受。唯闻此经，受持修行，既可自度，又可度他，绍隆三宝，令不断绝，则真无量身命以用布施，其福亦终不及闻于此经而生信心者也。如感人之德者，说粉骨碎身亦难图报。恶人之恶者，说滔天之恶罪不容诛，情真理亦真。然粉骨碎身既难图报，即不更问其何以报。罪不容诛，即不更问何以治其罪也。

须菩提，在在处处若有此经，一切世间天人阿修罗所应供养，当知此处即为是塔皆应恭敬作礼围绕以诸华香而散其处。复次，须菩提，若善男子善女人受持读诵此经，若为人轻贱，是人先世罪业应堕恶道，以今世人轻贱故，先世罪业即为消灭，当得阿耨多罗三藐三菩提。须菩提，我念过去无量阿僧祇劫于然灯佛前得值八百四千万亿那由他诸佛悉皆供养承事无空过者。若复有人于后末世能受持读诵此经，所得功德于我所供养诸佛功德百分不及一千万亿分乃至算数譬喻所不能及。须菩提，若善男子善女人于后末世有受持读诵此经，所得功德我若具说者或有人闻心即狂乱狐疑不信。须菩提，当知是经义不可思议，果报亦不可思议。

（十六）灭罪生菩提供佛福不及

五番较量功德。于中复四：一依处尊胜。二消罪成觉。三胜供诸佛。四义果难思。初义易知。云何消罪成觉耶？谓诸有情无始生死造无量业，或善或恶，难一时受，转趣他生次第受之。故生人中有地狱等业。生恶趣中亦有人天趣业。唯待缘熟而便受之。

以是为因，凡学正法修正行者，不可因少善根便求福利也。每有修善而反蒙辱，则前世恶业之所招也。亦有作恶而反得福，则前生善业之所感也。然修善蒙辱非其祸也，大罪小受，转趣清净也。作恶得福非真福也，大福小受，堕落益深也。三世因果，谁其知之。故小人不可获利自得，君子不可遭祸心馁。空乏拂乱，忍性动心。百折炼磨，乃成大器。故读诵此经为人轻贱，先世罪业即为消灭，当得菩提。智者亦何疑于此经功德哉。云何承事诸佛功德不如持诵此经耶？曰先时事佛，以财供养，但事色身。诵持此经，以法供养，乃事法身。供色身佛能增长福。供法身佛亦增长慧。佛以智慧成，佛以法身见。故此功德胜前功德。然佛既历事诸佛，岂不闻于是经，岂不增长智慧。充类之辞，显其高下，令诸有情无著住色身增其迷执。当离相离言内证实慧也。四义易知。

　　尔时须菩提白佛言，世尊，善男子善女人发阿耨多罗三藐三菩提心，云何应住"云何修行"依余译增云何降伏其心。佛告须菩提，善男子善女人发阿耨多罗三藐三菩提心者，当生如是心，我应灭度一切众生。灭度一切众生已，而无有一众生实灭度者。何以故，须菩提，若菩萨有我相人相众生相寿者相，即非菩萨。所以者何，须菩提，实无有法发阿耨多罗三藐三菩提心者。

　　此下经也，显无能度，重兴问答。初总问答，次别抉择。
　　上来上卷问答深义已至究竟。云何此中重申前问。《论释》颂曰："由自身行时，将已为菩萨，说名为心障，违于无住心。"《名论》云："欲具显因清净相故。谓所修因非但离于三事相想，即名清净。

要当远离我住我修我降伏心,如是诸想方得净故,如经应生如是心,乃至实无有法名为发菩萨乘者。此复云何？第一义无有众生得般涅槃,亦无有法名为菩萨发心住果修行降伏,于无有中而起有想,是颠倒行,非清净因。"盖上经特遣执有众生是我所度。下经特遣实有我性,发心修行,能度众生。能所俱遣,内外无得,斯于菩萨正行究竟清净。或问既无能度亦无所度,修行度生事云何成？答,诸法无性,是法实性。由迷实性,妄执我人。自他既别,爱憎情生,由此沉沦,不出众苦。了知诸法空无相故,自他不隔,内外情通。执障既空,分别不起。无相之智,无缘之悲,普度众生,速归觉岸矣。

须菩提,于意云何,如来于然灯佛所有法得阿耨多罗三藐三菩提不。不也,世尊。如我解佛所说义,佛于然灯佛所无有法得阿耨多罗三藐三菩提。佛言如是如是。须菩提实无有法如来得阿耨多罗三藐三菩提。须菩提,若有法如来得阿耨多罗三藐三菩提者,然灯佛即不与我授记,汝于来世当得作佛号释迦牟尼。以实无有法得阿耨多罗三藐三菩提,是故然灯佛与我授记,作是言,汝于来世当得作佛号释迦牟尼。何以故,如来者,即诸法如义。若有人言如来得阿耨多罗三藐三菩提,须菩提,实无有法佛得阿耨多罗三藐三菩提。

决择深义共十六段。

(一) 实无有法能得菩提

为证实无有法发菩提心,故此具言实无有法得阿耨多罗三藐三菩提。上经说言:"如来得阿耨多罗三藐三菩提耶","如来有所说法耶","无有定法名阿耨多罗三藐三菩提。亦无有定法如来可说"。"如来于然灯佛所于法有所得不。如来于然灯佛所于法实无所得。"于彼皆就所得言。此则唯就能得言。所以无能分于所得能得者,五蕴聚集假说为人。戒定慧悲合故名佛。此慧悲等即名菩提。故除菩提更无如来,更无有佛。如来菩提既非别有,云何可说如来能得菩提所得于菩提外别有少法是如来能得于菩提耶？故此说言实无有法得菩提。若实有法得菩提,则彼法即是佛也。佛既本有如何可说汝于来世当作佛等耶？以实无有别法得菩提。但就五蕴之身前后相续,流转还灭,染净虽殊,因果成流。于纯染位说名凡夫。凡夫发心趋菩提故,乃至未成纯无漏位,说名菩萨。成纯无漏转依究竟即名为佛。依彼因果相续成流,是故说言某名菩萨当得无上正等正觉。非别有佛得于菩提。何以故？如来者即诸法如义。诸法如义者,诸法实性也。实性与法,宁有二事。故非别有如来得于菩提,乃即就戒定智悲等法如义,实证无谬,名为如来。而能证者,仍即定慧等法。是故非有二法,以其能得得于所得也。故若人言如来得菩提者,实无有法如来得菩提也。

须菩提,如来所得阿耨多罗三藐三菩提,于是中无实无虚。是故如来说一切法皆是佛法。须菩提,所言一切法者,即非一切法,是故名一切法。须菩提,譬如人身长大。须菩提言,世尊,如来说人身长大,即为非大身,是名大身。

(二)凡一切法皆佛法所谓大身非大身

如来所得菩提于是中无实无虚者,于自心外别无所得计执实法,是故无实。即证诸法如实性故,无虚。此如实性,即是真如,遍一切法,平等一味。是故如来说一切法皆是佛法,皆不离如故。既一切法皆即真如,本性法尔,恒常如是,则更何有凡圣染净高下等别。是故说言所言一切法者即非一切法,同一如故。是故名一切法者,随顺世间说名一切法故。法既如是,身亦复然,人身长大即为非大身,真如法身离相离言,无大非大故。随俗以说,是名大身。《无垢称经》:"无垢称言,尊者慈氏,唯佛世尊授仁者记,一生所系,当得无上正等菩提。为用何生得授记乎? 过去耶,未来耶,现在耶? 若过去生,过去生已灭。若未来生,未来生未至。若现在生,现在生无住。如世尊说,汝等苾刍刹那刹那具生老死,即没即生。若以无生得授记者,无生即是所入正性。于此无生所入性中,无有授记,亦无证得正等菩提。云何慈氏得授记耶? 为依如生得授记耶? 为依如灭得授记耶? 若依如生得授记者,如无有生。若依如灭得授记者,如无有灭。无生无灭真如理中,无有授记。一切有情皆如也,一切法亦如也,一切贤圣亦如也。至于慈氏亦如也。若尊者慈氏得授记者,一切有情亦应如是而得授记。所以者何,夫真如者,非二所显,亦非种种异性所显。若尊者慈氏当证无上正等菩提,一切有情亦应如是当有所证。所以者何? 夫菩提者,一切有情等所随觉。若尊者慈氏当般涅槃,一切有情亦应如是当有涅槃。所以者何? 非一切有情不般涅槃,佛说真如为般涅槃。以佛观见一切有情本性寂灭即涅槃相,故说真如为般涅槃。"昔法眼文益行脚至罗汉琛处。天霁辞行,琛送及阶,指阶下石曰:"仁者,通常人言三界唯心,此一片石是心非心?"益对曰:"是心。"琛曰:"一个好人平白地如何安一片石头在心上。"益闻大吓。因止参究,日夜不休,仍不得解,再辞去。琛复送至门。益有问。琛曰:"若论佛法,一切见成。"益闻开悟。予作偈曰:"水流山峙,犬吠鸡鸣,若论佛法,一切现成。"诸法实相,平等一味,在凡不减,在圣不增,凡夫二障所蔽,不得正知。本性如如,更无所见。乃更别觅能证所证,能得所得。头上安头,空中寻空,或复逃避虚空,怖头吓走。一切增益损减颠倒狂思,亦何可愍。诸佛菩萨,断障离染,契会如如。本地风光,昭然显现。虽云显现,本无灭生。能所并忘,凡圣不二。非染非净,无实无虚。故知一切法即非一切法,所谓大身即非大身。如如实际,永离分别。

> 须菩提,菩萨亦如是。若作是言,我当灭度无量众生,即不名菩萨。何以故,须菩提,实无有法名为菩萨。是故佛说一切法,无我无人无众生无寿者。须菩提,若菩萨作是言,我当庄严佛土,是不名菩萨。何以故,如来说庄严佛土者,即非庄严,是名庄严。须菩提,若菩萨通达无我法者,如来说名真是菩萨。

(三)度生严土起心便妄达无我法是真菩萨

以一切法都无我故,无我法者即是诸法空无自性无我实性。既能了知诸法皆空法无我性,即无有我能度众生,能净佛土。又亦了知一切有情本自成佛,一切国土本自严净,所以者何,皆空无性,皆即如故。更何劳人度之净之。是亦本自现成义也。能知此者,真是菩萨,已得真见直趋圣道故。《论释》颂曰:不了于法界,作度有情心,及清净土田,是名为诳妄。于菩萨众生,诸法无自性,若解虽非圣,名圣慧应知。

> 须菩提,于意云何,如来有肉眼不。如是世尊,如来有肉

眼。须菩提,于意云何,如来有天眼不。如是世尊,如来有天眼。须菩提,于意云何,如来有慧眼不。如是世尊,如来有慧眼。须菩提,于意云何,如来有法眼不。如是世尊,如来有法眼。须菩提,于意云何,如来有佛眼不。如是世尊,如来有佛眼。须菩提,于意云何,如恒河中所有沙,佛说是沙不。如是世尊,如来说是沙。须菩提,于意云何,如一恒河中所有沙,有如是沙等恒河,是诸恒河所有沙数佛世界,如是宁为多不。甚多,世尊。佛告须菩提,尔所国土中所有众生若干种心,如来悉知,何以故,如来说诸心,皆为非心,是名为心。所以者何,须菩提,过去心不可得,现在心不可得,未来心不可得。

（四）佛具五眼了心非心

云五眼者：肉眼,天眼,慧眼,法眼,佛眼。肉眼者,异熟色根,大种所造,清净色为性。此但发识,为眼识根,通五趣有,能见外色。天眼有二：一者异熟眼,谓欲界天及初禅天所得天眼,亦色为性。二者神通,谓人中修定得天眼通,能见远近巨细障及不障五趣形色。此初二眼凡圣皆具。三慧眼,谓根本智,观法空性。四法眼,谓后得智,观察法教教化有情。此二唯圣,通于三乘。或有说言,慧眼声闻二智,法眼菩萨二智。能达人空名为慧眼,俱达法空故名法眼。然佛既具慧眼,则不但声闻。须菩提慧眼闻经,则亦不但为根本智。当知但言慧眼则摄二智。并言慧眼法眼则本智后智二智各别,随处不同也。五佛眼,唯佛所得,无上佛智。或谓即前四眼在佛位通名佛眼。或谓除前四眼别有佛眼。然除本后二智亦更何有余智余眼也。如是五眼佛皆具足。是故如来一切尽知,外观色等,内观心行,及以诸法真如实性假言说性教理行证无不具知。此但说言恒河沙数恒河沙数佛世界中众生心行,如来悉知。如何知耶?曰根本智知,知其心性。言心性者即空无性。所谓过去心不可得,已灭故。未来心不可得,未生故。现在心不可得,无住故。随缘而生,刹那不住,念念变灭,新新生起。既无实性如梦幻事,如何得耶?故说诸心皆为非心是名为心。此之谓明心见性。既能如是了知心性无障无碍,后得智中亦能差别了彼众生一切心行,若善不善,若漏无漏,若定非定,若贪嗔痴。随其根行意乐不同施诸教法。令得调伏舍其妄心成就清净明慧慈喜之心。

须菩提,于意云何,若有人满三千大千世界七宝持用布施,是人以是因缘得福多不。如是世尊,此人以是因缘得福甚多。须菩提,若福德有实,如来不说得福德多,以福德无故,如来说得福德多。

(五) 施福多少随执有无

若福德有实者,执有实福德故。既有执取即成有漏,受报速尽还受众苦,故佛不说得福德多。福德无故者,能善了知如是福德从业因生显现似有如幻如化都无自性,即无执取。无执取故,体成无漏,受报无尽,速尽众苦,故如来说得福德多。由是可知,修行布施,若业若果,均不可住也。无著颂云:"应知是智持,福乃非虚妄,显此福因故,重陈其喻说。"意谓有无漏智,善观福无,福成非妄。若无实智,执有福故,福即成虚也。

须菩提,于意云何。如来可以具足色身见不。不也,世尊,如来不应以具足色身见。何以故。如来说具足色身,即非具足色身,是名具足色身。须菩提,于意云何。如来可以具足诸相见不。不也,世尊,如来不应以具足诸相见,何以故。如来说诸相具足,即非具足,是名诸相具足。须菩提,汝勿谓如来作是念,我当有所说法。莫作是念,何以故。若人言如来有所说法,即为谤佛,不能解我所说故。须菩提,说法者无法可说,是名说法。

（六）相好不见佛说法亦非真

佛之色身有三十二相八十随好。此中具足随好名为具足色身,是故为二。色身相好粗显之形。法性真如真实之佛。故人不应唯观相好以为见佛。佛观诸法皆空无相不可言说。但为息除诸言说执而有所说。故谓如来有所说法即为谤佛不能解佛所说,皆为除相非立相也。是故说法者无法可说是名说法。

> 尔时慧命须菩提白佛言,世尊,颇有众生,于未来世闻说是法生信心不。佛言须菩提,彼非众生,非不众生。何以故？须菩提,众生众生者,如来说非众生,是名众生。

（七）重显深经难可信解

《论释》意云:信解此经者,彼非众生,非凡夫众生故。非不众生,是圣流众生故。

> 须菩提白佛言,世尊,佛得阿耨多罗三藐三菩提为无所得耶？佛言如是如是,须菩提,我于阿耨多罗三藐三菩提乃至无有少法可得,是名阿耨多罗三藐三菩提。复次须菩提,是法平

等,无有高下,是名阿耨多罗三藐三菩提。以无我无人无众生无寿者修一切善法,即得阿耨多罗三藐三菩提。须菩提,所言善法者,如来说即非善法,是名善法。

(八) 菩提平等相无我修善得

菩提实相,执障分别,寂灭尽净,故无少法可得,如是乃名菩提。有少法可得,即非无上菩提也。又是法平等,无有高下,是名无上菩提。证一切法,法性真如,平等平等,一切一味,无染无净,无高无下,是名菩提。次显得因,谓以无我人等相而修行一切善法,即是无住生心,以是为因,即得无上菩提。凡夫著我,二乘著空,是故不能以无住心修行一切善法,即便不得无上觉也。然而所谓一切善法者,如来说即非善法,是名善法。要于此善法亦不住相,固不执有我修一切善法,亦不见善法是其所修行。空寂湛然,修而无修,如是乃名真修善法者也。

须菩提,若三千大千世界中所有诸须弥山王,如是等七宝聚,有人持用布施。若人以此般若波罗蜜经乃至四句偈等受持读诵为他人说,于前福德百分不及一,百千万亿分乃至算数譬喻所不能及。

(九) 重较功德,持经为胜

须菩提,于意云何。汝等勿谓如来作是念,我当度众生。须菩提,莫作是念,何以故。实无有众生如来度者。若有众生如来度者,如来即有我人众生寿者。须菩提,如来说有我者,即非有我,而凡夫之人,以为有我。须菩提,凡夫者,如来说即非凡夫,是名凡夫。

(十)佛不度生我即非我

诸法无我,谁是能度及所度者。或谓我非无有,但如来不作我等想不取我等相耳。是故佛亦常说于我,如云然灯佛与我授记等。今此故言,非是有我,而佛不取。诸法无性,本无我故。是故有我,即非有我,但凡夫之人执之以为有我耳。然若执实有凡夫,则岂不凡夫圣者画然别异,则仍有我矣。故复说言,凡夫者即非凡夫,是名凡夫。一切法皆如也,一切众生皆如也,空无我性,有情平等。自第一义,何处得有凡夫圣者。

> 须菩提,于意云何。可以三十二相观如来不。须菩提言,如是如是,以三十二相观如来。佛言,须菩提,若以三十二相观如来者,转轮圣王即是如来。须菩提白佛言,世尊,如我解佛所说义,不应以三十二相观如来。尔时世尊而说偈言:
> 若以色见我,以音声求我,是人行邪道,不能见如来。

(十一)佛非色声相不可以相求

佛具三十二相及得无上清净言音,世间众生见色闻声谓得见佛。就世俗谛,亦得种植善根福德资粮,然若著是色声等境以为如来,则即留滞有为,不入圣道。言圣道者,谓无漏无分别智,彼无漏智,观见诸法自性皆空,真如实性,即是证见自性法身,见自性佛。亦见三世十万一切诸佛。一切有情一切如来等一法身,性无差别故。是故此言,若以三十二相观如来者转轮圣王即是如来,以转轮圣王虽未离欲，染者烦恼，而以福业，亦得三十二相故。岂唯转轮圣王，魔王亦得变化三十二相，自称是佛故。《大涅槃经》，阿难见魔以为即佛，听其说法，是即著于色声行邪观者。故此说言，若以色见我，以音声求我，是人行邪道，不能见如来。后世禅宗呵佛骂祖，是亦不取住于色声佛者耳。丹霞行脚，夜寒烧木佛取暖，寺主问之，曰，烧取舍利耳！曰，木佛岂有舍利？曰，既无舍利，烧之何害。赵州侍者，夜间礼佛。州曰，何为？曰，礼佛亦是好事。曰，好事不如无。岂不以了知色声非真佛耶？余译此颂，皆有八句。净译云："若以色见我，以音声求我，是人起邪观，不能常见我。应观佛法性，即导师法身，法性非所识，故彼不能了。"思益经云："诸法从缘生，自无有定性，若知此因缘，则达法实相。若知法实相，是则知空相。若知空相者，则为见导师。"《说无垢称经》观如来品复广宣示胜义观佛，此弗能引。嗟夫，佛法之遣相去执，一至于此！呵斥著相观佛以为邪道，盖欲学者之反求自心离相证真实地成佛也。倚门傍户，赖佛已非。等而下之，乃更皈依恶魔夜叉罗刹凶丑淫乱之相，不知羞恶，恐怖希求，生贪生著，观相礼拜，唯恐弗至。而以为无上秘密，威德金刚明王明妃。是真所谓迷乱颠倒，痴迷可愍者也。执为众生，执破为佛，破执为法。诵是《金刚经》者，其亦离我人众生寿者法及非法佛及非佛种种妄想哉！

须菩提，汝若作是念，如来不以具足相故得阿耨多罗三藐三菩提。须菩提，莫作是念，如来不以具足相故得阿耨多罗三藐三菩提。须菩提，汝若作是念发阿耨多罗三藐三菩提心者，说诸法断灭。莫作是念，何以故，发阿耨多罗三藐三菩提心者，于法不说断灭相。

（十二）发菩提心不说断灭

既遣执相以求见佛，然恐谓佛遂竟不以三十二相而得菩提，是则如来唯具空性，毕竟无有利乐有情诸功德事，等于外道断灭，或同声闻于色等蕴不复起用，是则诸佛悲愿亦空无果也。故此特遮，勿作是念，不以具相成就菩提，发菩提心于法不说断灭相也。盖佛既证得真实法身，亦复随起应化之身，随诸有情说法教化。现身尘刹，普应群机，相好音声，大作佛事，此亦正足显示法空无我实性，岂谓离相更有空性耶？不断不常，非空非有，远离二边，正处中道矣！

> 须菩提，若菩萨以满恒河沙等世界七宝持用布施，若复有人知一切法无我，得成于忍，此菩萨胜前菩萨所得福德。何以故，须菩提，以诸菩萨不受福德故。须菩提白佛言，世尊，云何菩萨不受福德。须菩提，菩萨所作福德，不应贪著，是故说不受福德。

（十三）得无我忍不受福德

一切法无我者，无我义具二种：一一切法中别无有我，即是人空无我。二即一切法体空无我，即是法空无我。知法聚积相续成流，假立有情，都无主宰常一之我，是名通达人空无我。知一切法待缘而生，生已即灭，如幻如化，都无自性，是名通达法空无我。最深通达，坚认不移，有大力势能摧疑惑，名为得忍。云何通达无我得成于忍者所得功德胜恒河沙世界七宝施耶？一者能除悭垢，发起施故。二者不希果报，果转胜故。三者证法实相，趣正觉故。云何破除悭垢发起施耶？谓诸有情由执我故，爱执我所。执我所故，于自身财发起爱著。由爱著故，悭吝不舍。以是不能起种种施。今知诸法本无有我，我无有故，我所亦无。一切身财既非我有，爱著不生即无悭吝。由是能起广大布施。是则欲行布施，以通达无我为其因也。云何不希果报果转胜耶？虽同是施，一有希求，一无希求。有希求者，慈悲薄弱，还同自利。是则其施虽多而少功德。知无我理，作受皆无，于何生起希求贪恋。由是布施纯为利他，慈悲诚挚。施心既净果报无边。云何证法实相趣正觉耶？谓此一切法无我理即是诸法空无自性。即此空性是法实性，实性即实相即真如。证真如智名为正觉。由此造因，果成无上正等菩提。而诸世间所有布施但得有漏人天福耳。倘以法无我忍，修行布施，无住生心，即趣正觉。是则欲行胜施当具法无我忍。以是三因，此之福德广大无边。虽然，所谓福德者，亦岂有希求心得彼福德耶？若有希求爱恋，是则仍有我执法执，即彼福德还成虚妄。既达无我，福德不受，于彼一切无有贪著，无求无著，福乃胜耳。

须菩提，若有人言，如来若来若去，若坐若卧，是人不解我所说义。何以故，如来者，无所从来，亦无所去，故名如来。须菩提，若善男子，善女人，以三千大千世界碎为微尘，于意云何，是微尘众宁为多不。须菩提言，甚多，世尊。何以故。若是微尘众实有者，佛即不说是微尘众。所以者何。佛说微尘众，即非微尘众，是名微尘众。世尊，如来所说三千大千世界，即非世界，是名世界。何以故。若世界实有者，即是一合相。如来说一合相，即非一合相，是名一合相。须菩提，一合相者，即是不可说，但凡夫之人贪著其事。

（十四）如来无动微界皆虚

此中如来，就法身说。法身无为湛然不动，何有去来坐卧等事。去来等事唯应化身，为度众生方便示现。既非真佛故不可以观于化身，便执如来有去来等。又化身佛随机应感，化缘既毕遂般涅槃，故有去来出生等事。法身常住寂然无为，何有去来。是故说言，言如来者，无所从来亦无所去，如其所如而现证故。不增不减是名如来。微尘世界非一非多，是假非实。聚尘为界，界故非一。析界成尘，尘体非多。实则既不聚尘为界，亦不析界成尘，随缘顿现，转趣坏灭。新新相续，故故常迁，非有实体而幻相宛然。故微尘即非微尘世界即非世界也。此中一合相，净译聚执。聚执故非实，而凡夫之人贪著其事耳，微尘世界之喻显何理耶？显一切皆空无有我义。尘界既妄则境界都无，唯心所现也。

> 须菩提，若人言佛说我见人见众生见寿者见，须菩提，于意云何，是人解我所说义不？不也，世尊，是人不解如来所说义。何以故，世尊说我见人见众生见寿者见，即非我见人见众生见寿者见，是名我见人见众生见寿者见。须菩提，发阿耨多罗三藐三菩提心者，于一切法，应如是知，如是见，如是信解，不生法相。须菩提，所言法相者，如来说即非法相，是名法相。

（十五）我法本空正知无相

我法本不有，随俗假说故。菩萨发心，不应于假说而执有实相，故说于一切法不生法相也。一切法者，遍计依他圆成诸法。遍计空无，本无彼法。依圆事理虽有，而以离言性故，不可言说法及非法。故一切法皆不可生法相解也。云法相者，遍计执性，本非法性，亦但随俗名之为法相耳。

须菩提，若有人以满无量阿僧祇世界七宝持用布施，若有善男子善女人发菩提心者，持于此经乃至四句偈等，受持读诵，为人演说，其福胜彼。云何为人演说，不取于相，如如不动。何以故。一切有为法，如梦幻泡影，如露亦如电，应作如是观。

（十六）正智说法深观梦幻

经之功德无量无边，然要深解经义者乃得如是功德。故其说法亦当以正智通达经旨，不可如言取相，便成死法，不达如如实性，而与法之实相相违矣。云何执相便与法相违耶？以一切有为法如梦幻泡影露电，非有似有非无亦无，不可执为有为无亦有亦无非有非无等故。既不可说有无，亦不可说是法非法。从众缘生，唯识所现。本体无有，显现非无。了知法性如是，何法相之可取耶。由不取法相，始达真实法相矣。了法如是，说即非说，顺契真如。又能了知人生世界皆如梦幻泡影露电者，自能通达唯心所现，诳惑世间，无常无恒，不坚不固。去其无量贪爱骄慢及诸痴见。修行圣道，不怖生死。虽处生死，不染生死。无住涅槃由斯建立矣。此之一偈共唯六喻，余译九喻。净译云：一切有为法，如星翳灯幻，露泡梦电云，应作如是观。余译亦然。《论释》释曰：

此集造有九，以正智观故。

由此星等九事为同法喻，喻九种正智而观于境。何谓九观？应知即是九种所观之事。何谓所观？颂曰：

见相及与识，居处身受用，过去并现存，未至详观察。

此中应观见如星宿，谓是心法正智日明亦既出已光全没故。应观所缘境相如翳目人睹发团等是妄现故。应观其识犹若于灯，此能依见由爱腻力而得生故。应观居处由如于幻，即器世间有多奇质性不实故。应观其身譬如露滴暂时住故。观所受用犹若水泡，其受用性是三事合所生性故。应观过去所有集造同于梦境，但唯念性故。应观现在事同于电，疾灭性故。应观未至体若重云，阿赖耶识在种子位体能摄藏诸种子故。作斯九种观察之时，有何利益，获何胜智？颂曰：

　　由观察相故，受用及迁流，于有为事中，获无垢自在。

　　此义云何？观有为法，有其三种：一由观见境识故，即是观察集造有为之相。二由观器界身及所用故，即是观其受用，于此由彼所受用也。三由观三世差别转故，即是观其迁流不住。由此观故，便能于诸有为法中获无障碍，随意自在。为此纵居生死，尘劳不染其智。设证圆寂，灰烬宁昧其悲。义净法师更有赞述，此弗详矣。

　　　　佛说是经已，长老须菩提，及诸比丘、比丘尼、优婆塞、优婆夷，一切世间天人阿修罗，闻佛所说，皆大欢喜，信受奉行。

　　说经究竟，闻皆信受。义不更释。

　　上来释经文义究竟。重为论曰：
　　金刚般若波罗蜜经者，示菩萨之正行，显诸法之实相者也。
　　智求正觉悲愿度生是曰菩萨。正行者无所住而行。实相者永离一切相。正觉者于法无所得。度生者无众生可度也。是故经言如是灭度一切众生已实无众生得灭度者。所以者何，若菩萨有我相人相众生相寿者相即非菩萨。又说菩萨于法应无所住而行布施。又说菩萨不应取法不应取非法。又说如来得阿耨多罗三藐三菩提于法都无所得，如来亦不说法。又说菩萨不庄严佛土，所谓大身即非大身。又说般若即非般若，所谓忍辱即非忍辱。又说实无有法发菩提心，实无有法得阿耨多罗三藐三菩提，所言一切法即非一切法。又说诸心皆为非心，所谓善法即非善法。又说实无众生如来度者。又说色声见佛为行邪道，所谓微尘即非微尘，所谓世界即非世界，我人等见即是非见，所言法相即非法相。诸如是等杂染清净邪行正行，凡夫圣人我相法相，所度能度所证能证，法身净土，一切一切皆斥非有。

然而又说菩萨当度无量众生。又说菩萨以大千世界财宝身命而行布施功德甚多。又说持经功德尤不可量。又说是经能生诸佛。又说持经能荷菩提，能生实相。又说持经灭罪成佛。又说若见诸相非相则见如来。又说一切法皆是佛法。又说发菩提心不说诸法断灭相。

诸如是等，义如何通。

功德施菩萨金刚般若波罗蜜经破取著《不坏假名论》云："佛所说法咸归二谛：一者俗谛，二者真谛。俗谛者，谓诸凡夫声闻独觉菩萨如来乃至名义智境，业果相属。真谛者，谓即于此都无所得。如说第一义非智之所行，何况文字。乃至无业无业果，是诸圣种性。是故此般若波罗蜜中说不住布施，一切法无相，不可取，不可说，生法无我。无所得，无能证，无成就，无来无去等。此释真谛。又说内外世间出世间一切法相及诸功德，此建立俗谛。如是应知。

即于此中更有难言：以何义故在俗谛中一切便有，有业有果，有法非法，有我有人，有能度所度，有能证所证，有功德罪恶。于真谛中便无业无果，无法非法，无我无人，无能度所度，无能证所证，无功德过失。此之二谛，岂不互违，自相矛盾。以斯义故，转令生疑。云何如来自设二谛，空有互攻，将无乃同外道戏论？

故我今者依于法相五法三自性理，于是深经重显深义。

云五法者，谓相、名、分别、正智、真如。言三自性者，谓依他起、遍计所执及圆成实。所云相者，即是世间共所识取，所见所闻所觉所知一切诸法。彼能见能闻能觉能知，即名分别。所云名者，即于相上依分别力，施设众名，所谓色声香味触法，眼耳鼻舌身意，眼识耳识鼻识舌识身识意识。所见所闻所觉所知，能见能闻能觉能知等。以种种名，诠种种相。相有众多，名亦众多。言正智者，谓诸菩萨诸佛如来于诸事理不迷不谬，远离分别，证见真实，所有妙慧。言真如者，是即诸法实相实性，离言离相，真实义境。此中正智及与分别差别云何？分别谓是凡夫心识，于诸所缘随意想力分别取故。正智即是圣者心慧，于诸所缘更无分别如实知故。分别以何为所缘？谓以相名为所缘，随于诸相起诸名言，以诸名言而诠彼相，于此以为自所知故。正智以何为所缘？谓以真如为所缘，即于诸相境事，更不以名诠其义境，正缘彼彼真实义故，然此真如亦非离诸相名分别正智而有，即彼相名分别正智所有离言真实性故。

三自性中依他起性者，谓有为法从自种子增上势力待因及缘和合而生。不无因生，不自然起，故名依他起性。如禾稼等从自种子雨水等生。此依他起不自生故，自无主宰。生已不住，随缘相续，故复无常。尢主无常，犹如幻事，亦如梦等，故说彼性相有体无。是故亦说彼无自性。此依他起法复是何等？谓即相名分别正智。相名分别体是其染，正智唯净。故依他起有其染分及与净分二种不同。

遍计所执性者,谓此自性本性无有,相亦都无,但从自心分别势力遍计执有。此如何等？如诸愚夫见宫室等是所造,有造作者。后时遇见风吹雨降雷鸣电光,即便遍计有其作者,于是执有风伯雨师雷公电母能行风雷等,作种种事。又如心怖蛇者,夜见绳动便吓是蛇。战败畏敌,见于草木皆吓是兵。由其自心有其作者风伯雨师蛇兵等名想势力,后时遇见风雨雷电绳动林影一切诸相,即便执有风伯雨师乃至蛇等。如是一切世间共了,但由计执非实有性,名遍计所执。此遍计所执性,由诸分别缘名及相计执而生,谓以彼彼名缘彼彼诸相,即执彼相是名言性。如见四足两角体大之物,说此是牛是牛。见四手伏行之物,说此是猴是猿等,乃至是人是马,是张三是李四,又彼是色是声是香是味是触是法,是青是黄是红是白,是好是丑,是净不净,是常无常。如是一切名依彼彼相计于彼彼名,即执彼相是此是彼,名相系属不相离性。如是一切统名为遍计所执性。此遍计所执性,能遍计能执者,谓即分别（心及心所）。其所遍计谓即诸相。用何遍计？用名遍计。于何起执,即于彼相执实有彼名言自性。此遍计所执虽无量种,约而言之,唯有二类：一者自性,二者差别。自性复二：一者我自性,二者法自性。我自性者,谓于五蕴聚积相续总执为一常恒之我。谓是主宰,能有造作,能受果报。随其赋义立有多名,所谓我人众生寿者,数取趣者,异生寻香,作者,受者,如是等。以类区分,复有天人、地狱、饿鬼、傍生阿修罗等,比丘、比丘尼等,预流、一来、阿罗汉等。就每一个人而分,则为天授、佛授、刘备、张飞、凯撒、但丁等。如是等等统名为我。法自性者,谓即上说色声香味触法、眼耳鼻舌身意如是等。

以如是等等名,诠于彼彼相,谓有彼彼性,世间极成,谓为真实。云何说言彼皆是执非有自性耶？于此当思，如我自性，唯就五蕴诸法聚积相续而立。聚积故假，如军林宫室等。相续故假，如歌曲文章流水等。以除散五蕴，更无有余主宰一常之我于中住故。故说依于诸法假立有情，云假立者，即唯有其名想言说遍计执性，除名想言说遍计执我外，更无别我，是故我非实有。又法自性如色声等，亦但依于色等共相舍异取同，假想施设。彼实色等，待缘而生，生已即灭，现现别转，更无实常恒一色等为色等性。谓如说色，乃就青黄赤白种种诸色有其共相，谓眼所行，眼识所缘，总名为色。色但是名，除青黄等别无色也。青等亦尔，青必有其所青，如花青叶青种种之青，除各别青外，亦更无有常一之青在诸青外。青等色等如是，声香味触咸苦辛酸冷暖饥渴亦然。唯依诸相假立名言施设遍计，谓为是此是彼，故诸言说之法，皆就诸相假想建立。彼实际色声等相自性更无色等诸名，名言自性唯计所执。故于冷润之相立以水名，而说水不寒。于温热之相立以火名，而说火不烧其口。说食不饱，说衣不暖。故知法有二种：一者实法，即是眼等所见诸相，此有相用，而非彼名。二者假法，即是意识所计名想言说之法，此唯有名，除其名外，别无体用。即是遍计所执，非是实有。我法自性外差别计执者，谓于我法性上计其常断好丑曲直是非染净善恶无记种种差别，诸所言说亦唯计执。实常实断好丑曲直是非染净善恶无记皆非名言之所能诠故。故所言说差别亦假。

圆成实自性者，谓即依他起上遍计所执实无有性。依他唯是依他而起，别无主宰，是一是常，非我非法。凡云我法，皆非是有。如斯实理，名圆成实性。又诸凡夫缘依他起性，随即以彼遍计所执若我若法以为彼性。是故所得唯是名言执性，并不得彼离言自性，一切圣人我法执断，二障俱空，直缘现境，更不取于我执法执，此我

531

法执，譬如云坌。彼离言性，譬如青山。云坌既尽，山性自现。我法执去，实性自现。即此圣者所缘离执之性，二空所显名为真如。亦名实相，亦名胜义。如是实理实相，名圆成实。圆谓圆满，本自具足。成谓成就，本自现成。实谓真实，本无虚妄。一切诸相本来法尔，各各有其实自相故，一切皆无计执性故。一切诸法一切有情同此一味我法二空无我性故，即名法身。在凡不减，在圣不增，离一切法，即一切相。是为诸法圆成实性。

又前所说依他起性色等诸相，既从自种及缘所生，生已即有相用可得。相谓自相，体性各具。用谓业用，能有所为。彼何所为？能于余法作缘令生故。如心心所既得生已，即便有其缘虑领受想像造作等用。色等生已，即于能缘彼者作所缘缘，令其生起缘虑领受想像造作等用。由是彼此互作缘起，辗转引生，前后相续。随其业用种种不同，故其感果亦种种别。谓有某法能生善果，有某某法生不善果。随其生果有善不善，故其自体亦善恶别。实则由其自性善恶业用异故，所生果法善恶亦异耳。即以如是业用引生善恶差别，故为诸法自性差别安立所依。设本无有如是诸相，遍计所执亦无由起故。由是虽无遍计执性，而依他起诸法自性差别体非全无。有心心所色，善法烦恼，根及境界，诸般相用。有善不善染净差别。由此能生业及果报。三界五趣，种种不同。世出世间，体用各别。

又诸有情常一真实主宰之我虽是非有，而诸五蕴色心心所前后因果业报互殊，各自成流，各为体系。既各成流各有体系，以是造业受果人各不同。自作自受，不作不受。虽无作者受者，而作受非无。非此聚识等造业，而彼聚识等受果。自造善，自受福。自作恶，自受祸。自沉迷，自流转。自觉悟，自解脱。由是世间既建立五趣等殊,出世亦建立三乘等异。凡圣尊卑而皆得成。诸佛菩萨声闻独觉亦各别异。此则实我虽无,而我执所依因果流变亦实有也。

又复当知,凡圣尊卑善恶染净以何因分耶?曰,因虽无量,总略言之,亦唯视其有执无执耳。能离我法执,是名为圣人,其智为正智,所缘为真如,于依他起中名净分依他起性。不离我法执,是名为凡夫,其心为分别,所缘为名相,于依他起中名染分依他起性。

吾人既知遍计所执依相名系属不相离起,是则欲观真如法身实相,要当离夫文字语言而后实证于真如等。执著语言文字等相,即不能得法实性矣。

虽诸文字语言不能实诠诸法实性,为遣愚夫名言等执仍必说于言说诸名。设无所说即无所遣。若无所遣亦无所证。由是诸佛于无可言说法中而起种种言说。凡夫执有无量,佛亦说法无边。般若深经为遣诸言说相,仍以言说而宣说。倘能依言观义,则得鱼可以忘筌。倘依名执义以为义即在此言中,则赵括读父书覆军折将自救不得。

吾人了知如上诸义,《金刚经》一切异义无不迎刃而解。佛何故说如来善护念诸菩萨善付嘱诸菩萨耶?出世流中佛菩萨各自成流故。何故说菩萨应如是住如是修行如是降伏其心耶?依他起性实有如是发心修行降伏心故。何故说所有一切众生之类卵生胎生湿生化生有色无色有想无想非有想非无想我皆令入无余涅槃而灭度之耶?世间众生差别成流随自业感实有如是四生五趣种种异故。有是流转受苦不穷,理应度之令入无余涅槃,得还灭出世间故。何故复说如是灭度无量众生实无众生得灭度者耶?五蕴聚积相续各自成流,假立有情是诚有之。然若于中执有实我常一主宰之众生体,则是遍计所执,根本无有矣。既有所度人执,即便得有我执众生执寿者执。是故说云:若菩萨有我相人相众生相寿者相即非菩萨。所以者何?自无觉悟,不生正智,缘于相名分别起故。由此有是人我之执,非菩萨也。何故复说应无所住行于布施耶?色等诸相幻相宛然,非有自性,不可执故。由执生爱,是即烦恼,则其所施不得清净。依他起性既有染净,不应修行染分依他起,当令生起正智之心净分依他起故。云何无住相布施福德不可思量?净无漏因,感无漏果,法尔如是,因果成故。云何不可以身相见如来耶?身相示同世间相,佛以正智如如为相故。随相计名,谓此如来即于无我相上计有实我故。云何所说身相即非身相耶?依他遍计非是诸佛实身相故。云何凡所有相皆是虚妄耶?相名等相分别所缘唯是妄故。云何若见诸相非相即见如来耶?于相名等了知依他起都无有自性,无我法执性,即见法实性,实性即真如,真如即法身,法身名如来。是则即于相名分别以正智观,得彼如性,即见如来也。云何法相非法相皆不可取耶?取法相者,谓依经解义执佛言说以为究竟,不能舍指观月,不能舍筌得鱼,不能舍筏到彼岸,是则如来所不能救,故不应取法也。佛所说法尚不应取,况诸世间凡夫外道所执法耶?取非法相者,若谓如来所说妙法竟非是法,则是指月而不以指,取鱼而不以筌,度水而不以筏,盲人瞎马,一无凭藉,更何所至也。故虽不可执法而迷真,更不可执非法以面墙。云何言佛不得菩提佛不说法耶?此之菩提是言说相,得菩提时,遍计不行,言说皆息,云何有定法可名菩提耶?实相不可言,佛唯示实相,如何有定法是如来可说耶?既佛不说法,云何持此经功德胜宝施能出生诸佛耶?此经遣执法亦自遣,顺趣菩提,能成佛智,是故法尔因果不虚。云何四果及与如来都无所得耶?我执法执本来非有，圣证实智，执相泯除。不得我法，故无得也。何故菩萨不严净土？执有净秽，执有实土，是亦虚妄，不证真实。真净土者，所谓法性，证诸法性，空无我性，心智既净土自净故。净土既如是，大身亦复然。凡有所取皆分别相故。相土皆虚，何故持经反得胜福？经遣诸相，顺生正智，能积三宝使不绝故。云何般若非般若？言说般若非真般若。离诸文字反求实慧，是真般若故。云何实相非相？离诸相名分别之相，斯证如如真实相故。云何离诸相即名为诸佛？断遍计执尽，入圆成实性故。云何忍辱即非忍辱？有我能忍，忍受他辱，即有我人法等执，即不能忍重苦事故。云何说诸相非相众生非生？法执之诸相我执之众生如兔角龟毛，本来非有故。云何如来所得法无实亦无虚？无有遍计实执故，而得圆成实性故。云何再四宣说是经功德果报不思议耶？极顺出世，无分别理，发生正智，证于如如成佛果故。云何重问降伏其心？显无实我发菩提心故。发心如是，证果亦然。发心即发心，证果即证果，下雨雨自下，吹风风自吹，既无风伯雨师，亦无菩萨发心，如来证果，是故不执我度众生，亦不见有实法菩萨，亦不执我庄严佛土。若菩萨通达无我法者，如来说名真是菩萨。净分依他正智现行，实证如如空无我性，是一清净因果之流异彼凡愚杂染之流，故此说言真是菩萨。云何佛具五眼知一切心而说诸心皆为非心是名为心耶？了知心性皆空如化，是则名为知心性故。云何执实福德非多福德无故得福德多耶？有执心取，分别相名。无执心取，如如正智。染净既殊，因果别故。云何相好不见佛言佛说法即谤佛耶？方便示现，权引众生，离相证性，离言观义，如斯乃名善学者故。云何诸法平等无高下耶？无我空性遍一切一味故。云何无我等执修行善法得菩提耶？无我等相不起增益。修一切善不起损减。无住生心正处中道,舍一切杂染成无上清净,得无上菩提,真不二法门也。善法非善法,是名为善法,善法又何可执哉?不可以相见如来,发心亦不说断灭。除遣妄执显示中道亦犹是也。故恒沙宝施福,不如无我忍。如来无所来,亦复无所去,微尘非微尘,世界非世界,我见非我见,法相非法相,或论于圆成,或说于遍计,义准知矣。最后颂言:一切有为法,如梦幻泡影,如露亦如电,应作如是观。此则揭出依他起性,总为遍计圆成所依。所以者何?梦幻泡影,无实体也。虽无实体,相宛然也。相虽宛然,无主宰也。转变速灭,不常住也。即此无实体无主宰不常住之幻相,幻生山河大地草木含生,作善作恶受乐受苦,三界以是而别,五趣以是而分,解铃还是系铃人,发心修行度众生成菩提,亦仍唯此幻相缘生有为之法。菩萨于法更何可住耶?亦不住于生死亦不住于涅槃。未得正觉则一切皆遍计。既得正觉则一切皆圆成。一切皆遍计执者,度众生执也,发心执也,证果执也,布施执也,忍辱执也,智慧执也,庄严佛土执也,见佛持法皆执也。何以故?以不离于我法执故。一切皆圆成实者,度生无执故,发心无执故,证果无执故,修行无执故,不见净土,不见如来,不见是法,不见非法,而一切诸相即非相,凡所有法皆佛法,举念息念起足下足世界尘刹胎卵湿化,何处非净土,何身非法身。无住生心,无我法忍,由证自性涅槃而得无住涅槃。如斯故能所有一切众生之类若卵生胎生湿生化生、有色无色、有想无想、非有想非无想,我皆令入无余涅槃而灭度之。运无缘慈无相悲,善巧方便摩诃般若,穷未来际作诸功德。须弥莫喻其高,沧海莫喻其大。虚空无边法界无边我佛菩萨慈悲智慧愿力功德亦复无边,虽欲赞叹更无以为辞矣。

准斯理以论二谛,真谛非皆无也。俗谛非尽有也。实智亲证曰真谛,随俗教化曰俗谛。真谛之中因果历然,俗谛之中我法空寂。因果历然,故真谛不违俗谛,而为俗谛所依。我法空寂,故俗谛不违真谛,而正诠显真谛也。虽因果历然,而自运行于不得不行,非干文字言说,则仍真谛也。虽我法空寂,而说空说寂,虽遣执尽净,仍假言说以行,是指非月,故仍俗谛也。是则二谛终有不同也。总而言之,因果历然,而我法空寂。证此为真,说此为俗。圣人既证真而说俗。凡夫则因俗而了真。证真说俗者,自根本而方便,慈悲大怀。因俗而了真者,由加行而见道,闻思修习。以此说二谛,则凡落言说皆是俗,说有固俗,说空亦俗也。凡入实证皆是真,空固是真,有亦是真也。非无相不显实相,非幻身不见法身,真俗交融,有空不碍。此佛法之究极了义。夫岂真俗背驰而有空互碍者哉!

执有众生则不能度众生,我与众生为二也。不见有众生而实度众生,摄受以为一体也。二则有见,一反不见,此一辩证也。住相布施如盲入暗,有漏功德,丧其功也。无住相布施,如人有目日光明照,无漏功德,其德无尽也。丧其功者,有其功者也。德无尽者,忘其德者也。是故若福德有实,如来不说得福德多。以福德无故,如来说得福德多。此又一辩证也。法不可取,不诠真也。法喻如筏,示当舍也。舍法则应取非法也。然而曰,法尚应舍,何况非法,以见非法更不可取也。如是常见当去,而断见更当去。故佛常以空相除遣我相,然而曰,宁起我见如须弥山,不起空见如芥子许。故实有非有,真空不空。此又一辩证也。佛无所证,亦无所说。然而无证之证,证大菩提。不说而说,如云如雨。若有法得菩提,燃灯佛则不与我授记,汝于来世当得作佛号释迦牟尼。以实无有法得菩提,是故燃灯佛与我授记汝于来世当得作佛号释迦牟尼。若言如来有所说法，是为谤佛，是人不解我所说义故。然而有人持于是经乃至四句偈等为他人说，胜于宝施身施供养诸佛，则为有佛若僧，荷担菩提，出生诸佛，则生实相，经义不可思议，果报亦不可思议。多番较量无有功德及持是经者。诸如是等，莫非辩证。所谓微尘非微尘，所谓世界非世界，所谓众生非众生，所谓我见非我见，所谓庄严非庄严，所谓大身非大身，慧度非慧度，忍辱非忍辱，充塞全经莫非辩证。然而离一切相即名诸佛。凡一切法皆是佛法。非有亦非无，非常亦非断，执相尽遣而实相现成。是又与辩证以辩证，夫岂流于诡辩戏论哉！昧其旨者，穿凿迷离。达其义者，欢喜踊跃。是故乐小法者不能信受。如来唯为发大乘者说，发最上乘者说。

禅宗明心见性，立地成佛，不依门傍户，不寻声捉影，反求自心当体现成，语言文字皆为扫除，甚者呵佛骂祖。只缘此经佛说，凡所有相皆是虚妄，若见诸相非相即见如来。所谓诸心皆为非心。是故有时说即心即佛，有时说非心非佛。问，明何等心？曰，一切诸心皆为非心。见何等性？曰，一切法无性。故曰，去年贫尚有立锥之地，今年贫连锥也无。然而猿抱子归青嶂里，鸟含花落碧塘前。一茎二茎斜，三茎四茎屈。我有一机，瞬目视伊，若还不会，别唤沙弥。明明又是此经，如来者即诸法如义。一切法皆是佛法也。竖指扬眉，以棒以喝，明明又是此经，若人说如来有所说法即为谤佛也。是以禅宗古德师徒授受以此经印心。有由然也。德山川中义虎闻南方禅者谤毁佛教，作《金刚经青龙疏抄》，出川较量，将倾巢倒穴，杀尽魔子魔孙，汉贼誓不两立。行至龙潭山下，路唤吃点心。有婆子问曰：经云，过去心不可得，现在心不可得，未来心不可得，法师点那个心？山无辞对。可见虽作《疏抄》，犹未能了义也。

夜至龙潭喝道,久闻龙潭,今日到来,潭也不见,龙也不现。潭曰,子真到龙潭也!辞去。天黑,向潭讨火。潭度与。山伸手接,潭便吹灭。山忽契悟。因烧其疏,作潭弟子。自后棒打天下人,纵横自在。门下出了若干魔子魔孙,魔杀天下人。自我看来,后世禅门之弊仍是住于有心。扫除已过。教义不明,未度舍筏,取于非法,为害真非小小。当知谓佛说法固是谤佛,谓佛不说法更是谤佛。与其瞎打瞎喝,何如细穷经论。但是执著文字不了实义,又安能免于德山棒杀哉?

本经释论,初版印于成都,数月而毕。纸版模糊,更以三号字排于内江。初版校刊释隆莲、释能潜,再版校刊阳华也。

王恩洋识

图书在版编目(CIP)数据

王恩洋文集/王恩洋著.—北京：商务印书馆，2022
（中华现代佛学名著）
ISBN 978-7-100-20594-8

Ⅰ.①王… Ⅱ.①王… Ⅲ.①唯识论－文集 Ⅳ.①B946.3-53

中国版本图书馆CIP数据核字（2022）第012946号

本丛书由南京大学人文基金资助出版。

权利保留，侵权必究。

中华现代佛学名著
王恩洋文集
王恩洋 著　习细平 选编

商 务 印 书 馆 出 版
（北京王府井大街36号 邮政编码100710）
商 务 印 书 馆 发 行
江苏凤凰数码印务有限公司印刷
ISBN 978-7-100-20594-8

2022年4月第1版　　开本 889×1194 1/32
2022年4月第1次印刷　印张 17¼
定价：95.00元